Dieses Buch bewegt sich in den Problemzonen zwischen Weltliteratur, Populärkultur, Massenmedien und Alltagsmythen. Ecos Interesse gilt den Einstellungs- und Ausdrucksverflechtungen der »hohen« mit den »niederen« Kulturtätigkeiten. Indem er ihre Unterschiede bestimmt, macht er zugleich ihre Zusammengehörigkeit sichtbar: die vielgestaltige Einheit der »Zeichensprachen«, die, sofern sie lebendig sind, Kultur als einen offenen Erfahrungs- und Erfindungszusammenhang erst begründen.

Eco entziffert die Beispiele dieser Symbol- und Zeichensprachen mit jener Beharrlichkeit und jenem Spürsinn, die der intelligente Detektiv vor dem »corpus delicti« beweist. Seine Gegenstände sind Comics, der Kitsch, die Ästhetik des Typischen, die Romane von Eugène Sue, die James-Bond-Geschichten, »Steve Canyon«, der »Mythos von Superman«, die »Welt von Charlie Brown« und die in diesen populären Mythen verkörperten Phantasie- und Verständigungsrituale. Und er setzt sich kritisch mit den »apokalyptischen Warnungen« vor den angeblich zerstörerischen Einflüssen der »Kulturindustrie« auseinander.

Umberto Eco, geboren 1932, ist Professor für Semiotik an der Universität Bologna. Wichtige Werke: ›L'opera aperta‹, 1962 (dtsch. ›Das offene Kunstwerk‹, 1973); ›La struttura assente‹, 1968 (dtsch. ›Einführung in die Semiotik‹, 1972); ›Segno‹, 1973 (dtsch. ›Zeichen‹, 1977); ›Lector in fabula‹, 1979; ›Il nome della rosa‹, 1980 (dtsch. ›Der Name der Rose‹, 1982).

UMBERTO ECO

Apokalyptiker und Integrierte

Zur kritischen Kritik der Massenkultur

Aus dem Italienischen
von Max Looser

FISCHER TASCHENBUCH VERLAG

FISCHER WISSENSCHAFT

14.-15. Tausend: Juli 1994

Ungekürzte Ausgabe
Veröffentlicht im Fischer Taschenbuch Verlag GmbH,
Frankfurt am Main, Oktober 1986

Titel der italienischen Originalausgabe: ›Apocalittici e integrati‹
© 1964, 1978 Gruppo Editioriale Fabbri-Bompiani, Milano
Für die deutsche Ausgabe:
© 1984 S. Fischer Verlag GmbH, Frankfurt am Main
Die deutsche Ausgabe beruht auf einer Textzusammenstellung
durch den Autor
Lizenzausgabe mit freundlicher Genehmigung des
S. Fischer Verlages GmbH, Frankfurt am Main
Alle Rechte vorbehalten
Umschlaggestaltung: Jan Buchholz/Reni Hinsch
Druck und Bindung: Wagner GmbH, Nördlingen
Printed in Germany 1986
ISBN 3-596-27367-6

Gedruckt auf chlor- und säurefreiem Papier

Inhalt

Vorwort zur deutschen Ausgabe 7

Einleitung 15
Massenkultur und »Kultur-Niveaus« 37
Die Struktur des schlechten Geschmacks 59
Lektüre von »Steve Canyon« 117
Die praktische Anwendung der literarischen Person . . . 161
Der Mythos von Superman 187
Die Welt von Charlie Brown 223
Eugène Sue: Sozialismus und Trost 233
Die erzählerischen Strukturen im Werk Ian Flemings . . . 273

Vorwort zur deutschen Ausgabe

Apokalyptiker und Integrierte wurde 1964 in Italien veröffentlicht. Das Buch enthielt einige Texte, die in diese deutsche Ausgabe nicht aufgenommen worden sind: Texte über Unterhaltungsmusik, über das Fernsehen, über Science fiction, über Werbung. Ich habe sie weggelassen, weil sie mir zu eng an die italienische Gesellschaft der sechziger Jahre gebunden erscheinen. An ihrer Statt habe ich die Aufsätze über James Bond (1964) und über Eugène Sue (1965) aufgenommen, die an anderer Stelle veröffentlicht wurden. Der Beitrag über James Bond ist zwar bereits auf deutsch erschienen, aber ich hielt es für angebracht, ihn in die vorliegende Sammlung einzufügen, weil er mit den übrigen Aufsätzen, die von Figuren und Problemen der Massenkultur handeln, ein homogenes Ganzes bildet.
Die italienische Ausgabe war aus einer Reihe von zufälligen und akademischen Anlässen entstanden: Zu Beginn der sechziger Jahre war die Rede davon, an den italienischen Universitäten Lehrstühle für Massenkommunikation einzurichten, und ich hielt es für nützlich, meine einschlägigen Arbeiten in einem Band zu versammeln. Ich hatte damals die Absicht, dem Buch einen sehr ernsten Titel zu geben (etwa: *Untersuchungen über die Massenkultur*); mein Verleger Valentino Bompiani jedoch, der stets ein Gespür für wirksame Titel bewiesen hatte, stieß beim Durchblättern des Manuskripts auf eine kurze Anmerkung (die in der vorliegenden Ausgabe fehlt): »Apokalyptiker und Integrierte«. Er legte mir nahe, dem Buch diesen Titel zu geben. Ich zögerte und wies darauf hin, daß er lediglich einen Aspekt meiner Argumentation umschreibe; aber Bompiani blieb hartnäckig, und so war ich gezwungen, die lange Einleitung zu verfassen, die der Leser in der deutschen Ausgabe wiederfindet. Freilich handelt es sich dabei nicht um eine simple Einführung, sondern um eine Abhandlung über zwei Einstellungen zur Massenkultur oder vielmehr um eine Erörterung des Begriffs der Massenkultur. Diese einleitende Darlegung rückt die einzelnen Aufsätze in

eine neue theoretische Perspektive – ein Beweis dafür, daß die sogenannte »Kulturindustrie« dem Autor nicht nur Produktionsrhythmen aufzwingt, sondern auch seine Denkweise beeinflussen kann. Ich frage mich, ob dies einzig im Umkreis der Massenkultur gilt. Wir können uns wohl vorstellen, daß Homer einen kurzen Hymnus über den Tod Hektors geschrieben hätte und eines Tages jemand zu ihm sagte: »Warum machen Sie aus dieser Geschichte vom Trojanischen Krieg nicht ein Epos? Ich biete Ihnen Unterkunft und Verpflegung, bis sie damit fertig sind, sowie einen Helfer, dem Sie diktieren können, da ja Ihr Augenlicht nicht mehr sehr gut ist...«

Gleichwohl ist dieses Buch beiläufig entstanden. Die einzelnen Aufsätze wurden zu verschiedenen Zeitpunkten und aus unterschiedlichen Anlässen geschrieben, und ich gebe zu, daß es methodisch nicht einheitlich ist. Einige der Texte (wie der erste) sind noch soziologisch angelegt – sie handeln von dem, was man »the state of the art« zu nennen pflegt –, weil damals die Analysen zu Massenmedien fast ausschließlich von Soziologen stammten. Der Aufsatz über Superman war ursprünglich ein Beitrag zu einem Kongreß über »Entmythisierung und Bild«, an dem Mythenforscher wie Karl Kerényi, Hermeneutiker wie Paul Ricœur sowie katholische und protestantische Theologen teilnahmen. Ich bin ihnen allen dankbar dafür, daß sie keinen Anstoß nahmen, als ich eine vollständige Sammlung von Superman-Comics auf den Tisch legte. (Ich habe sogar den Verdacht, daß bei jener Gelegenheit ein paar Hefte in den weiten Ärmeln einer Dominikanerkutte verschwanden.) Der Essay über die »Anwendung literarischer Personen« läßt meine Interessen an der Ästhetik erkennen, während »Die Struktur des schlechten Geschmacks« – 1963, nach Veröffentlichung von *Das offene Kunstwerk* geschrieben – bereits meine Annäherung an die strukturale Linguistik und die Semiotik bezeugt. Eindeutig semiotisch geprägt ist der Aufsatz über James Bond; derjenige über Sue – ursprünglich als Einleitung zu einer vollständigen italienischen Übersetzung der *Geheimnisse von Paris* verfaßt und später für eine von Lucien Goldmann herausgegebene Aufsatzsammlung zur Soziologie des Romans überarbeitet – bewegt sich polemisch zwischen Semiotik und Literatursoziologie.

Wenn es einen innerlichen Zusammenhang zwischen diesen Texten gibt, dann besteht er darin, daß ich zu verschiedenen Zeiten auf ein und dasselbe Problem verschiedene analytische Werkzeuge anzuwenden und damit zu erkennen suchte, welches Instrument am

besten geeignet wäre, zum Verständnis des umfangreichen und ungeordneten Gebiets der Massenkommunikations-Phänomene beizutragen.
Weshalb interessierte ich mich seit Ende der fünfziger Jahre für die Phänomene der Massenkommunikation? Dafür gab es mehrere Beweggründe.
Zunächst einmal, weil es sie gab und weil ich, wie alle Menschen, mitten unter ihnen lebte. Mir erscheint dies als ein guter Grund, sich mit einem Gegenstand zu befassen, auch wenn viele damals nicht mit mir einverstanden waren. Zudem beschäftigte ich mich in jener Zeit mit Joyce und der künstlerischen Avantgarde und Neo-Avantgarde unseres Jahrhunderts, und mich fesselte die Dialektik zwischen »schwieriger« und »einfacher« Kunst. Besonders beeindruckt war ich von einer Bemerkung des jungen Joyce: »Music Hall, not poetry, is a criticism of life.«
Der zweite Grund ist der, daß man gerne über die Dinge spricht, die einem gefallen, wie Edgar Morin am Anfang seines Buches *L'esprit du temps* (Paris 1962; [2]1975) schreibt: »Auch ist es wichtig, daß der Beobachter am Gegenstand seiner Beobachtung Anteil nimmt. In gewissem Sinne muß ihm das Kino Freude bereiten, muß es ihm Spaß machen, ein Geldstück in die *juke-box* zu stecken, sich mit den Groschenautomaten zu amüsieren, die Sportkämpfe im Radio und Fernsehen zu verfolgen, den neuesten Schlager mitzusummen. Er muß sich unter die Menge mischen, Tanzlokale und Sportveranstaltungen besuchen und dem Volk aufs Maul schauen. Er muß diese Welt kennen, ohne sich darin fremd zu fühlen.« Ich las Comics und Kriminalromane, ich liebte die Filme von Fred Astaire und das Musiktheater des Broadway. Vielleicht schämte ich mich heimlich dafür, da viele berühmte Schriftsteller mir sagten, daß dies alles nichts tauge. Und vielleicht habe ich diese Aufsätze nur geschrieben, um mir selbst und den anderen zu beweisen, daß man von derlei Dingen sehr wohl fasziniert sein konnte, ohne sie deshalb um jeden Preis zu rechtfertigen (oder zu entschuldigen). Später bewunderte ich Walter Benjamin, weil er, im Unterschied zu seinen Freunden der »Frankfurter Schule«, die Massenkultur mit großer und wacher Neugier und ohne Vorverurteilung studierte.
Meine eben geschilderte Haltung erklärt auch die Darstellungsform dieser Aufsätze: Heute könnte ich dieselben Themen viel lockerer erörtern, doch damals mußte ich – mir selbst und den anderen – beweisen, daß man über sie auch in »akademischer«

Manier schreiben konnte. So habe ich wohl bei den »Bildungszitaten« und in der »wissenschaftlichen« Formulierung übertrieben (ich ging sogar so weit, dem Text über Steve Canyon ein lateinisches Zitat von Roger Bacon voranzustellen). Man muß sich jedoch die Zeit vergegenwärtigen, als ich diese Aufsätze verfaßte.

Als das Buch erschien, meinte ein italienischer Rezensent (ein äußerst gebildeter Humanist), ich hätte ungebührlich »feine« Mittel zur Untersuchung frivoler Gegenstände benutzt. Als ob man bei der Erforschung von Affen wie Affen gestikulieren und nicht wie Darwin sprechen sollte ... Zugleich bekundete dieser Kritiker sein Entsetzen darüber, daß an den Universitäten künftig Doktorarbeiten über das Fernsehen und über Kriminalromane verfaßt würden und daß die Dichter am Ende gar Schlagerverse in ihre Gedichte einbauten. Er wußte nicht, daß solche Arbeiten schon damals geschrieben wurden, und vermutlich auch nicht, daß T. S. Eliot in seinen Gedichten bereits Schlagerverse zitiert hatte.

Ich hatte 1954 mit einer höchst akademischen Dissertation über mittelalterliche Ästhetik promoviert, aber kurz darauf in der Abteilung für Kulturprogramme beim Fernsehen in Mailand Arbeit gefunden. »Kulturell« waren von den Programmen, mit denen ich mich befaßte, die allerwenigsten, und da ich in der TV-Welt lebte, hatte ich Gelegenheit, das Fernsehen von innen, in seinen Mechanismen, kennenzulernen. Das war ein Glücksfall, weil die Intellektuellen damals, wenn sie über Massenkommunikation sprachen, dies aus großer Distanz taten. D. h. sie schauten sich einige »Produkte« an und kritisierten sie dann in Grund und Boden. Ich dagegen konnte beobachten, wie diese Produkte entstanden – eine, wie ich meine, wissenschaftlich gute Konstellation, weil ich unmittelbaren Zugang zu den Themen hatte, über die ich sprach. So bereitete ich für den internationalen Ästhetikkongreß 1956 einen Vortrag über die ästhetischen Probleme der direkten Fernsehaufnahme vor. Ich hielt dies für richtig und sinnvoll, doch in der intellektuellen Welt im Italien der sechziger Jahre galt es als unseriös, sich mit Television statt mit Goethe zu befassen.

Mißtrauen bekundeten nicht nur die Konservativen, sondern auch die Fortschrittlichen – sogar die Linksparteien hielten sowohl die Massenmedien selbst als auch deren Analyse für eine Ausgeburt des Kapitalismus. Dies erklärt, weshalb ich in der Einleitung und in den einzelnen Aufsätzen so sehr auf der »politischen« Notwendigkeit insistierte, diese Sachverhalte aus der Nähe zu untersuchen –

ein Insistieren, das heute fast überflüssig erscheint, doch damals war es dies keineswegs, und ich hatte das Gefühl, einen kulturellen Kampf ausfechten zu müssen.

Ich berichte dies, um dem deutschen Leser meine damaligen Einstellungen verständlich zu machen, insbesondere das Festhalten am Gegensatz zwischen Apokalyptikern und Integrierten. Einerseits war ich konfrontiert mit den Autoren der »Frankfurter Schule«, die damals in Italien übersetzt und gelesen wurden und die uns das Modell eines Intellektuellen vor Augen führten, der auf die Vulgarität der industriellen Welt mit entschiedener Ablehnung antwortete; andererseits mit vielen amerikanischen Soziologen, welche die Merkmale und Wirkungen der Massenkultur studierten, ohne ideologische Zweifel anzumelden – sie akzeptierten die Welt, wie sie war. Dies erklärt meinen Versuch, eine »mittlere« Lösung zu finden (ein Rezensent charakterisierte mein Buch als »Jalta-Abkommen über Massenkultur«). Man bezichtigte mich des »Reformismus« und des übermäßigen Optimismus, weil ich, besonders im ersten Aufsatz, zu politischem und kulturellem Handeln innerhalb der Kulturindustrie anregte. Ich weiß nicht, ob ich heute noch ähnlich optimistisch wäre, ich muß allerdings einräumen, daß inzwischen in der Massenkultur selbst interessante Transformationen zutage getreten sind.

Ich war nicht der einzige, der so dachte. Ich erinnere mich an ein Gespräch mit Adorno, ebenfalls in den sechziger Jahren, in dessen Verlauf er mir sagte, wenn die *Dialektik der Aufklärung* nicht in den USA der vierziger Jahre geschrieben worden wäre (wobei er das Phänomen des Rundfunks untersuchte), sondern im Nachkriegsdeutschland und anläßlich einer Analyse des Fernsehens, dann wären seine Urteile minder pessimistisch, weniger radikal ausgefallen. Betrachte ich heute das italienische Fernsehen, wo eine regelrechte Schlacht zwischen einigen Dutzend unabhängiger »Kanäle« stattfindet, wird mir klar, daß das Spiel der Konkurrenz dazu beiträgt, die Produkte immer vulgärer werden zu lassen. Denke ich aber an die Rolle, die das amerikanische Fernsehen und seine Nachrichtendienste während des Vietnam-Kriegs gespielt haben, wird mir bewußt, daß die Massenmedien nicht allein dazu bestimmt sind, Trost zu spenden und ihr Publikum gegenüber der Realität optimistisch zu stimmen. Der »Fall Watergate« gibt Aufschluß über die »demokratische« Funktion der Massenmedien, auch wenn er uns zugleich deutlich macht, daß sie die öffentliche Meinung in »globaler« Weise beeinflussen können.

So haben sich beispielsweise zwischen den verschiedenen Kulturniveaus Verschmelzungen ergeben. Ich glaube heute weniger denn je, daß man an der strengen Einteilung in High-, Middle- und Lowbrow-Kultur festhalten kann. In den sechziger Jahren lebte und arbeitete ich in engem Kontakt mit Komponisten der Neuen Musik (die einen erheblichen Einfluß auf mein Buch *Das offene Kunstwerk* ausübten), und natürlich war die neue, nach-webernsche und elektronische Musik weit von den Schlagern entfernt, die am Radio gesendet wurden. Ich erinnere mich allerdings daran, daß schon damals Luciano Berio einen Essay über Rockmusik schrieb und daß Henri Pousseur im Zusammenhang mit den Beatles zu mir sagte: »Sie arbeiten für uns.« In Wahrheit arbeiteten Pousseur und seine Freunde auch für die Beatles. Unterdessen sind zahlreiche musikalische Erfindungen der Neuen Musik in die Rockmusik eingegangen, und dieselben Jugendlichen, die Rockkonzerte besuchen, schätzen auch John Cage. Auf dem Weg über die Pop Art hat die Avantgarde den Comic strip entdeckt; die »experimentellen« Comics sind unverkennbar von der Malerei der Gegenwart beeinflußt. Ist ein Science-fiction-Autor wie Kurt Vonnegut ein »populärer« Autor oder ein »Bildungs«-Autor? Welche geheimnisvollen Bezüge verbinden einen Erfolgsfilm wie *Raiders of the Lost Ark* mit dem »intertextuellen« ironischen Spiel der postmodernen Literatur (oder des Films)?

Ich könnte mit der Aufzählung von Problemen fortfahren, doch dann müßte ich ein neues Buch schreiben, während ich doch nur zugestimmt habe, daß einige meiner früheren Aufsätze ins Deutsche übersetzt werden. Der erste Aufsatz in diesem Band hat meines Erachtens vornehmlich dokumentarischen Wert; er hilft die Probleme und Diskussionen der sechziger Jahre verstehen. Was die Texte über die Figuren angeht (Superman, Bond usw.), so meine ich, daß sie auch heute noch Interesse finden werden, obwohl ich sie heute anders schreiben würde, vielleicht mit Hilfe von feineren und einheitlicheren semiotischen Werkzeugen. Ich würde heute auch vor der schroffen Gegenüberstellung von Apokalyptikern einerseits und Integrierten andererseits zurückschrecken, die sich Ende der sechziger, Anfang der siebziger Jahre ergab, als man die Positionen Herbert Marcuses mit denen von McLuhan kontrastierte.

Überdies habe ich in den siebziger Jahren das Thema der Massenkommunikation unter einem weiteren Gesichtspunkt zu betrachten begonnen. Beharrte ich in *Apokalyptiker und Integrierte* auf

der Frage, wie man die Massenkommunikation *von innen* verbessern könnte, so überlege ich nun, wie sie sich *von außen* verbessern läßt. Mit anderen Worten, ich insistiere jetzt weniger auf dem Problem der *Produktion* von Botschaften als auf dem ihrer *Rezeption* und einer anderen Erziehung zu ihrer Rezeption. 1967 sprach ich von einer »semiotischen Guerilla«, um anzudeuten, daß (und in welcher Weise) kulturell gut vorbereitete Gruppen den anderen helfen könnten, das Fernsehen, die Zeitungen, die Unterhaltungsliteratur und die Werbung »zu lesen«. Ich gebrauchte damals ein Schlagwort: Das Problem besteht nicht darin (wie viele Politiker immer noch glauben), den Sessel des Fernsehintendanten zu besetzen (um die Programme zu verbessern), sondern darin, einen Sessel vor jedem Fernsehgerät zu besetzen, um die Zuschauer dazu zu bewegen, über das Gesehene zu diskutieren und die Sprache der Unterhaltung, der Nachrichten und der Propaganda kritisch zu prüfen. Wenn man so will, war mein Traum der, daß jeder Superman-Leser in der Lage sein sollte, im Comic das zu lesen, was ich in meinem Aufsatz vorgeschlagen hatte. Dies erschien zwar als eine Utopie, hat sich aber *tatsächlich* in manchen Formen des politischen Handelns und der erzieherischen Tätigkeit in die Wirklichkeit umgesetzt, während die semiotischen Untersuchungen vielen Leuten nützliche Werkzeuge zur Forschung und für die Diskussion geliefert haben. Seit einigen Jahren erlaubt (und fördert) ein neues italienisches Gesetz den Gebrauch von Tageszeitungen in den Schulen. Man kann die Sprache, die Geschichte, die Rhetorik (die Mechanismen der Überredung sowohl im politischen Leben als auch in der Organisation des Konsums) und vieles andere mehr kennenlernen, indem man Zeitungen von ein und demselben Tage miteinander vergleicht und die ›Welt‹ als etwas wahrnehmen lernt, das nicht außerhalb von uns existiert, sondern als das alltägliche Produkt der Diskurse, die über sie geführt werden.
Der Umstand, daß zum Zwecke solcher Analysen viele Studenten und Leser auch (immer wieder) *Apokalyptiker und Integrierte* benutzen, mildert meine Befürchtungen, zu ›gemäßigt‹ und zu sehr ›Aufklärer‹ gewesen zu sein, als ich, vielleicht mit allzu feuriger Sympathie, Phänomene aus der Nähe prüfte, bei denen die gute humanistische Bildung dazu riet, sie lieber aus der Ferne zu betrachten: mit nobler Arroganz und ohne sich die Hände schmutzig zu machen.

Juli 1984   Umberto Eco

Einleitung

Es ist zweifellos höchst ungerecht, menschliche Haltungen – die ja überaus vielfältig und nuancenreich sind – unter zwei so allgemeine und polemische Begriffe wie die des »Apokalyptikers« und des »Integrierten« zu subsumieren. Es erscheint daher unerläßlich, den folgenden Aufsätzen ein paar Bemerkungen voranzustellen, die einige allgemeine methodologische Anhaltspunkte benennen: Um anzuzeigen, was man *nicht* vorhat, erweist es sich als bequem, eine Reihe von kulturellen Sortierungen nachdrücklich zu typisieren, die dann, natürlich, konkret und sachlich zu untersuchen wären – das ist die Aufgabe der Aufsätze, nicht dieser Einleitung. Nun bezichtigen wir allerdings gerade diejenigen, die wir als Apokalyptiker oder als Integrierte bezeichnen, äußerst allgemeine Begriffe (»Begriffsfetische«), von denen wir uns selbst tagtäglich nähren, in Umlauf gebracht und zu fruchtlosen Debatten oder für kommerzielle Operationen benutzt zu haben.

Um den Charakter der folgenden Aufsätze zu kennzeichnen und uns dem Leser vorläufig verständlich zu machen, sind auch wir gehalten, einen so allgemeinen und mehrdeutigen Begriff wie den der »Massenkultur« zu Hilfe zu nehmen. Er ist so allgemein, so vieldeutig und unscharf, daß gerade ihm die Prägung der beiden Einstellungstypen zu verdanken ist, die wir (mit barscher, aber unentbehrlicher Polemik) in einigen Hinsichten bestreiten.

Versteht man unter Kultur eine ›aristokratische‹ Tatsache, die eifersüchtige, beharrliche und einsame Übung einer Innerlichkeit, die sich stetig veredelt und der Vulgarität der Menge entgegenstellt (Heraklit: »Warum wollt ihr mich überall hin ziehen, ihr Ungebildeten? Nicht für euch habe ich geschrieben, sondern für den, der mich verstehen kann. *Einer ist mir so viel wert wie Zehntausend, wenn er der Beste ist*«), dann ist allein schon der Gedanke einer von allen geteilten, einer offenen Kultur ein monströser Widersinn. Die »Massenkultur« erscheint dann als die Antikultur. Weil aber die »Massenkultur« in dem Augenblick entsteht, da die Gegenwart der

Massen im Gesellschaftsleben zum auffälligsten Merkmal des geschichtlichen Gesamtzusammenhangs wird, gilt sie nicht für eine vorübergehende und begrenzte Verirrung: Sie wird vielmehr als Zeichen eines unwiderruflichen Zerfalls gelesen, angesichts dessen der »Kulturmensch« (der letzte Überlebende der zum Untergang bestimmten Vorgeschichte) ein letztes Zeugnis im Sinne der Apokalypse zu geben habe.

Dem opponiert die optimistische Antwort des Integrierten: Da Fernsehen, Zeitung, Radio, Kino, Comic strip, Unterhaltungsroman und *Reader's Digest* die Kulturgüter nunmehr allen zur Verfügung stellten, indem sie die Rezeption von Ideen und den Empfang von Informationen erleichterten und angenehm machten, erweitere sich die Kultursphäre, so daß sich schließlich, unter Beteiligung der Besten, die Zirkulation einer »populären« Kunst und Kultur durchsetze. Ob diese Kultur »von unten« sich entwickelt oder »von oben« für wehrlose Konsumenten zubereitet wird, ist für den Integrierten kein Problem. Das hat einen zusätzlichen Grund: Während die Apokalyptiker gerade dadurch überleben, daß sie Theorien über den Zerfall ausbilden, versagen sich die Integrierten weitgehend der Theoriearbeit; sie erzeugen und übermitteln ihre Botschaften in unbefangener Leichtigkeit, tagtäglich, auf allen Ebenen. Die Apokalypse ist eine Besessenheit des *dissenters*, des Andersdenkenden; die Integration ist die konkrete Realität derjenigen, die *nicht* abweichen, *nicht* anderer Meinung sind. Das Bild der Apokalypse zeichnet sich ab, wenn man die Texte *über* die Massenkultur liest; das Bild der Integration ersteht bei der Lektüre der Texte *aus* der Massenkultur. Doch haben wir es hier vielleicht nur mit den zwei Seiten ein und derselben Medaille zu tun? Sind die apokalyptischen Visionen möglicherweise das raffinierteste Produkt, das sich dem Massenkonsum darbietet? Die Formel »Apokalyptiker und Integrierte« stünde dann nicht für den Gegensatz zwischen zwei Einstellungen (und die beiden Wörter hätten nicht den Wert von Substantiven), sondern für die Prädikation von zwei komplementären Adjektiven, die sich gerade und insbesondere auf die Produzenten einer »Populärkritik an der Populärkultur« anwenden ließen.

Im Grunde genommen *tröstet* der Apokalyptiker den Leser; er läßt ihn, vor dem Hintergrund der drohenden Katastrophe, die Existenz einer Gemeinschaft von »Übermenschen« erahnen, die sich über die Banalität und den »Durchschnitt« zu erheben vermögen

Einleitung

(und sei es auch nur durch Ablehnung) – im Extremfall die reduzierfeste und auserwählte *community* des Schreibenden und des Lesenden, »wir beide, du und ich – die einzigen, die verstanden haben und gerettet sind; die einzigen, die nicht Masse sind«. Das Wort »Übermensch« spielt auf die nietzscheanische (oder pseudonietzscheanische) Herkunft solcher Haltungen an. Gebraucht haben wir es im Gedanken an die Arglist Gramscis, der das Modell für Nietzsches »Übermenschen« in den Helden der Feuilletonromane des 18. Jahrhunderts verankert sah: im Grafen von Monte Christo, in Athos, in Rudolph von Gerolstein oder (mit einigen Konzessionen) in Vautrin.

Falls der Vergleich befremdet, vergegenwärtige man sich bitte, daß für die Massenkultur schon immer kennzeichnend war, vor den Augen eben jener Leser, denen eine disziplinierte »Durchschnittlichkeit« abverlangt wurde, die Möglichkeit aufblitzen zu lassen, es könne – trotz der bestehenden Verhältnisse, ja gerade ihretwegen – eines Tages aus der Verpuppung eines jeden von uns der »Übermensch« hervortreten. Der Preis dafür ist, daß dieser »Übermensch« die fundamentale Ordnung der Dinge wahrt: das Laster des Kleinreformisten Rudolph in den *Geheimnissen von Paris,* das nicht nur Marx und Engels, sondern – gleichzeitig mit ihnen – auch Belinskij und Poe bemerkt hatten, in zwei Rezensionen, die in eigenartiger Weise die Polemik der *Heiligen Familie* nachzuahmen scheinen.

In einem der folgenden Aufsätze beschäftigen wir uns mit einem »Übermenschen«, der für die heutige Massenkultur typisch ist, dem Superman des Comic. Uns scheint die Schlußfolgerung erlaubt zu sein, daß dieser mit Kräften und Gaben überreichlich ausgestattete Held seine schwindelerregenden Wirkungsvermögen dazu benutzt, ein Ideal absoluter Passivität zu verwirklichen, indem er auf jeden Plan verzichtet, der nicht von den Katasterbeamten des offiziellen Gemeinsinns genehmigt wurde. So wird er zum Muster eines redlichen Gewissens, dem der politische Unruheherd fehlt: Superman wird sein Auto niemals im Parkverbot abstellen, und er wird niemals revolutionär sein. Wenn wir uns an die von Gramsci erwähnten »Übermenschen« richtig erinnern, so ist der einzige unter ihnen, der ein politisches Gewissen hat und der sich vornimmt, die herrschende Ordnung anzutasten, Dumas' Joseph Balsamo. Aber, wohlgemerkt, Balsamo (alias Cagliostro), der in seinen vielen Leben die Französische Revolution voranzutreiben sucht (wozu er Illuminatensekten und mystische Versammlungen der Freimaurer organisiert oder galante Intrigen spinnt, um Marie Antoinette in Verlegenheit zu bringen), vergißt schlicht, die *Enzyklopädie* zu redigieren und den Sturm auf die Bastille mit anzufachen (zwei Tatsachen, eine der Massenkultur und eine der Massenorganisation).

Auf der anderen Seite der Barrikade haben wir den »Übermenschen«, wie er vom apokalyptischen Kritiker entworfen wurde: Er setzt der grassierenden Banalität die Weigerung und das Schweigen entgegen, erfüllt und angetrieben von einem dichten Mißtrauen gegenüber jeder Aktion, welche an der bestehenden Ordnung zu rütteln versucht. So gerinnt die Rede vom »Übermenschen« zum nostalgischen Mythos, dessen historische Bezüge undeutlich bleiben und der ebenfalls zur Passivität einlädt. Die aus der Tür gejagte Integration kehrt durchs Fenster wieder zurück.

Diese Welt nun, die von den einen vergeblich abgelehnt und von den anderen akzeptiert und frohgemut erweitert wird, ist keine Welt für den »Übermenschen«. Sie ist vor allem die unsrige. Sie entsteht mit dem Aufstieg der subalternen Klassen zum Genuß der kulturellen Werte und mit der Möglichkeit, kulturelle Güter mittels industrieller Verfahren herzustellen. Wie wir sehen werden, erscheint die Kulturindustrie mit Gutenberg, mit der Erfindung der Druckerpresse mit beweglichen Lettern, ja sogar noch früher. Deshalb ist die Welt von Superman auch die Welt der gegenwärtigen Menschen. Sind sie dazu verdammt, »supermen« und damit Unterbegabte zu werden? Oder wird es ihnen gelingen, die Kraftlinien für ein neues kultiviertes Zusammenleben festzulegen? Ist diese Welt nur für den »Übermenschen« geschaffen oder kann sie auch eine Welt für die Menschen sein?

Wir sind der Ansicht, daß dann, wenn wir *in* einer und *für* eine nach menschlichem Maß gebaute Welt wirken wollen, dieses Maß nicht durch die Anpassung der Menschen an die tatsächlichen Bedingungen bestimmt werden kann, sondern vielmehr allein *im Ausgang von diesen tatsächlichen Bedingungen*. Ob wir es anerkennen oder nicht, das Universum der Massenkommunikation ist unser Universum. Und wenn wir schon von Werten sprechen wollen, dann sind die objektiven Bedingungen ihrer Kommunikation diejenigen, die von den Zeitungen, dem Radio, dem Fernsehen, der reproduzierten und reproduzierbaren Musik (Musikkonserven), von den neuen visuellen und audiovisuellen Medien geprägt und bereitgestellt werden. Diesen Bedingungen entkommt niemand, nicht einmal der Tugendhafte, der, empört über die unmenschliche

Einleitung

Natur dieses Informationsuniversums, seinen Protest über die Kanäle der Massenkommunikation, in den Spalten der einflußreichen Zeitungen oder durch Taschenbücher im Linotype-Satz, die an den Bahnhofskiosken feilgeboten werden, vergesellschaftet.

Dem apokalyptischen Tugendhaften verdanken wir einige Begriffsfetische. Ein Begriffsfetisch hat die Eigentümlichkeit, das Gespräch zu blockieren, den Diskurs in einer emotionalen Reaktion zum Stillstand zu bringen. Nehmen wir als Beispiel den Begriffsfetisch »Kulturindustrie«. Was ist mehr verpönt als die Kombination des Begriffs Kultur (der eine private und subtile Berührung der Seele andeutet) mit dem Begriff Industrie (der an Fließbänder denken läßt, an serielle Reproduktionen, an die öffentliche Zirkulation und den Tausch von Gegenständen, die zur Ware geworden sind)? Offenkundig war der mittelalterliche Meister, der Bilder für ein Stundenbuch anfertigte, in einem handwerklichen Verhältnis verankert – jedes Bild verwies einerseits auf einen Glaubens- und Sittenkodex, andererseits richtete es sich an den jeweiligen Auftraggeber und stellte zu ihm eine klar bestimmte Beziehung her. Aber kaum war die Drucktechnik des Holzschnittes erfunden, welche die Seiten einer Bibel in mehreren Exemplaren zu reproduzieren gestattete, wandelte sich die Konstellation von Grund auf. Eine in mehreren Exemplaren reproduzierte Bibel kostet weniger und hat nicht einen, sondern mehrere Adressaten. Wird eine an mehrere Personen verkaufte Bibel nicht eine minderwertige Bibel sein? Also wird man sie *Biblia pauperum* nennen. Gleichzeitig jedoch verändert der »äußerliche Faktor« (Verbreitungsmöglichkeit und Preis) den Charakter des Produkts selbst: Die Zeichnung schmiegt sich dem Verständnis eines breiten, literarisch weniger gebildeten Publikums an. Ist es da nicht nützlich, die Zeichnung mit Hilfe eines Kartenspiels, das bei näherer Betrachtung an den Comic strip erinnert, mit dem Text zu verknüpfen? Die *Biblia pauperum* beginnt sich einer Bedingung zu unterwerfen, die einige Jahrhunderte später jedermann mit den modernen Massenkommunikationsmitteln in Verbindung bringen wird: Sie stellt Geschmack und Sprache auf das »durchschnittliche« Rezeptionsvermögen ein.
Dann erfand Gutenberg die beweglichen Lettern. Das Buch entstand, ein serielles Objekt, das die Sprache mit den Auffassungskräften eines alphabetisierten Publikums in Einklang bringen mußte, das nunmehr (und dank dem Buche zunehmend) zahlreicher war als dasjenige der Handschrift. Mehr noch: Indem das

Buch ein Publikum schafft, bringt es Leser hervor, die es ihrerseits prägen.

Man betrachte die ersten populären Drucke des 16. Jahrhunderts, die zu weltlichen Belangen und auf der Basis eines verfeinerten Drucks das Modell der *Biblia pauperum* wiederaufgreifen. Sie werden im Auftrag fahrender Händler und Bänkelsänger von kleinen Druckereien hergestellt und auf Märkten und öffentlichen Plätzen dem niederen Volk zum Kauf angeboten: Ritterepen, Klagen über politische oder alltägliche Ereignisse, Possen, Witze oder Märchen, schlecht gedruckt, häufig ohne Erwähnung von Ort und Zeit, weil sie bereits das Mal der Massenkultur aufweisen: zum Verbrauch vorgesehen, also von hoher Vergänglichkeit zu sein. Auch tragen sie bereits die primäre Konnotation des Massenproduktes: Sie bieten Gefühle und Leidenschaften, Liebe und Tod als Stimuli an. Schon die Titel enthalten die reißerische Werbung für und das explizite Urteil über den angekündigten Fall, sozusagen den Rat, wie er zu genießen sei: *Danese Ugieri, Ein schönes und gefälliges Werk über Liebe und Krieg; neuer und verbesserter Druck, diesmal mit dem Tod des Riesen Mariotto, in den vormaligen Ausgaben nicht enthalten;* oder *Neuer Bericht über den grausamen und bedauernswerten Vorfall in Alicante, wo eine Frau ihr eigenes Söhnchen getötet und seine Eingeweide einer Hündin und seine Gliedmaßen dem Ehegatten vorgesetzt hat.* Zu schweigen von den Bildern, die nach einem stets anmutigen, aber bescheidenen Maßstab nivelliert und auf die Darstellung von Gewalteffekten ausgerichtet waren, wie es sich für einen Feuilletonroman oder einen Comic strip ziemt. Freilich handelte es sich hierbei nicht um »Massenkultur« im heutigen Verstande. Die historischen Umstände waren anders, ebenso das Verhältnis des Druckers der Bildergeschichten zum Volk und auch die Schranke zwischen der Bildungskultur und der Populärkultur, die eine Kultur im ethnologischen Wortsinn war. Wir bemerken jedoch schon, wie die Reproduzierbarkeit des Gegenstandes sowie die Vervielfachung der Kunden und die Erweiterung der gesellschaftlichen Szenerie diesen Publikationen ein ganzes Netz von Bedingungen auferlegte, das ihren Charakter formte und sie zu einer selbständigen Gattung mit einer eigenen Bedeutung des Tragischen, des Heroischen, des Moralischen, des Heiligen, des Lächerlichen zusammenband, die dem Geschmack und dem Ethos eines »Durchschnittskonsumenten« angepaßt war – dem »Durchschnitt« an der untersten Grenze. Indem diese Bücher den Rahmen einer offiziellen Moral unter dem Volk verbreiteten, besorgten sie das Geschäft der Befriedung und der Kontrolle; indem sie den Ausbruch bizarrer Launen begünstigten, lieferten sie das Material für Ausflüchte. Letztlich aber stützten sie die Entwicklung einer Schicht von »literarisch Gebildeten« und trugen zur Alphabetisierung ihres Publikums bei.

Schließlich wurden die ersten Zeitungen gedruckt. Damit wird der Konnex zwischen äußeren Bedingungen und kulturellem Faktum noch enger. Was ist eine Zeitung anderes als ein Produkt mit einer festgelegten Seitenzahl, das täglich erscheinen muß und bei dem das Gesagte nicht nur bestimmt ist von dem, was es zu sagen gibt, sondern ebenso durch den Umstand, daß man einmal am Tag soundsoviel sagen muß, damit soundso viele Seiten gefüllt werden? Hier nun bewegen wir uns bereits vollständig im Feld der Kulturindustrie. Sie ist ein System von Bedingungen, die jeder kulturell Arbeitende beachten muß, wenn er mit seinesgleichen kommunizieren will, und heute sind alle Menschen auf dem Wege, zu seinesgleichen zu werden – der kulturell Arbeitende ist nicht länger der »Funktionär« eines Auftraggebers, er wird zum »Agenten der Menschheit«. Sich in ein tätiges und bewußtes dialektisches Verhältnis zu den Bedingungen der Kulturindustrie zu setzen, ist für ihn zur einzigen Möglichkeit geworden, seine Funktion zu erfüllen. Nicht zuletzt deshalb, weil das Wechselspiel von Zeitungskultur und Demokratie, die Verflechtung der sich ihrer selbst bewußt werdenden subalternen Klassen mit dem Programm des politischen und staatsbürgerlichen Egalitarismus seit der Epoche der bürgerlichen Revolutionen nicht zufällig sind. Und es ist ebensowenig zufällig, daß derjenige, welcher die Kritik der Kulturindustrie radikal und schlüssig zu Ende führt, für das »Übel« nicht die erste Fernsehsendung haftbar macht, sondern die Erfindung der Druckerpresse und damit die Ideologien des Egalitarismus und der Volkssouveränität. Denn im Grunde bezeugt der unterschiedslose Gebrauch des Begriffsfetischs »Kulturindustrie« den blanken Unwillen, diese historischen Ereignisse und mit ihnen die Perspektive einer Menschheit, die ihre Geschichte selbst in die Hand zu nehmen weiß, ernstzunehmen.

Wie Pierre Bourdieu und Jean-Claude Passeron dargelegt haben, hat die »massenmediale« Untergangsvision ihre Wurzeln nicht in der antizipierenden Wahrnehmung neuer Kräfte, wie sie glauben machen will, sondern in einer pessimistischen Einschätzung des Menschen, dieses ewigen *anthropos*, der in Eros und Thanatos gespalten und unrettbar verloren sei. Zwischen der Sehnsucht nach einem grünen Paradies frühkindlicher Kulturen und der verzweifelten Hoffnung auf eine Zukunft nach der Apokalypse schwankend, zeigen die Propheten der Massenmedien das verwirrende Bild einer zugleich donnernden und stammelnden Prognose, die sich zwischen »der proklamierten Liebe zu der von der Katastrophe bedrohten Masse und der heimlichen Liebe zur Katastrophe nicht zu entscheiden weiß«.

Sobald aber die Kulturindustrie korrekterweise als ein System von Bedingungen verstanden wird, das mit den oben angedeuteten geschichtlichen Entwicklungen zusammenhängt, verläßt die Diskussion die Ebene der Allgemeinheit und betritt die komplementären Zonen der analytischen Beschreibung der Phänomene und ihrer Interpretation anhand des geschichtlichen Kontexts, in dem sie auftreten. Das als Kulturindustrie bezeichnete System von Bedingungen erlaubt nicht, von zwei voneinander unabhängigen kulturellen Projekten zu sprechen: einerseits der Massenkommunikation und andererseits einem »aristokratischen« Vorläufer, der jener vorangehe, ohne von ihr bedingt zu sein. Das System der Kulturindustrie knüpft vielmehr ein Netz reziproker Bedingungen derart, daß der Begriff der Kultur *tout court* davon betroffen wird. Auch wenn der Terminus »Massenkultur« ein Mischgebilde ist, das nicht erkennen läßt, was Kultur und was Masse bedeutet, ist gleichwohl klar, daß man sich Kultur nicht mehr als etwas vorstellen kann, das den ehernen und unbefleckten Gesetzen eines *Geistes* folgt, der nicht durch die Existenz der Massenkultur historisch konditioniert wäre. Das heißt allerdings, daß der Begriff der »Kultur« selber reformiert werden muß.

»Massenkultur« wird so zu einer anthropologischen Definition (vom selben Definitionstyp wie »Alora-Kultur« oder »Bantu-Kultur«), die einen unverwechselbaren historischen Kontext umschreibt (den Kontext, in dem wir leben), in dem sämtliche Kommunikationsphänomene – von den Angeboten der Zerstreuung bis zu den Appellen an die Innerlichkeit – dialektisch verbunden erscheinen, wobei jedes einzelne Phänomen durch den Kontext eine genauere Bestimmung erfährt, so daß es nicht mehr aus analogen oder verwandten Phänomenen in anderen Epochen hergeleitet werden kann.

Die Einstellung gegenüber dieser Situation muß daher die gleiche sein wie einst die gegenüber dem System der Bedingungen des »industriellen Maschinenzeitalters«, für welches das zentrale Problem nicht war, wie man zur Natur, d.h. hinter die Industrie zurückge-

Einleitung

hen könnte, sondern wie ein neues Bild vom Menschen im Verhältnis zur gegenwärtigen Lebenswelt zu gewinnen wäre – eines Menschen, der nicht von der Maschine befreit ist, sondern der *frei ist im Verhältnis zur Maschine*.

Nichts behindert die konkrete Untersuchung dieser Phänomene so sehr wie die Verbreitung der Begriffsfetische. Zu den bedenklichsten unter ihnen müssen wir die der »Masse« und des »Massenmenschen« rechnen.
Über die methodologische Untauglichkeit dieser Begriffe wird in den anschließenden Aufsätzen einiges gesagt werden (dort wird versucht, den Diskussionsbereich abzugrenzen, innerhalb dessen sie gebraucht werden können). An dieser Stelle sei wenigstens an die geschichtliche Herkunft dieser manichäischen Entgegensetzung der einsamen Geistesklarheit des Intellektuellen einerseits und der Stumpfsinnigkeit des »Massenmenschen« andererseits erinnert. Ihre Wurzeln liegen weder im *Aufstand der Massen* (Ortega y Gasset) noch in den *Unzeitgemäßen Betrachtungen* (Nietzsche), sondern in der Polemik jener Gruppe, die wir heute als »Herr Bruno Bauer und Konsorten« zu bezeichnen pflegen, d.h. jener Junghegelianer, die an der Spitze der *Allgemeinen Literatur-Zeitung* standen.
Das schlimmste Zeugnis zugunsten eines Werks sei der Enthusiasmus, mit dem die Masse sich ihm zuwende. »Alle großen Aktionen der bisherigen Geschichte waren deshalb von vornherein verfehlt und ohne eingreifenden Erfolg, weil die Masse sich für sie interessiert und enthusiasmiert hatte [...]. Der Geist weiß jetzt, wo er seinen einzigen Widersacher zu suchen hat – in den Phrasen, in den Selbsttäuschungen, in der Kernlosigkeit der Masse.« [MEW Bd. 2, S. 85 f., und Anm. 27, S. 656.] Diese Sätze wurden 1843 geschrieben; doch sie klingen nicht unvertraut. Sie könnten durchaus heute wiederaufgenommen werden und lieferten Material für ein ausgezeichnetes *Feuilleton* über die Massenkultur. Wohlgemerkt, wir wollen niemandem das Recht bestreiten, zwischen *Geist* und *Masse* einen Gegensatz zu formulieren und die Spannung der kulturellen Tätigkeit in diese Begriffe zu fassen. Es erscheint uns jedoch angebracht, ja geboten, die Herkunft und den historischen Ort einer Polemik zu klären, die im makroskopischen Rahmen der Massengesellschaft erneuert worden ist.
An einigen der (pseudomarxistischen) Thesen der »Frankfurter Schule« zum Beispiel wird die Verwandtschaft mit der Ideologie

der »heiligen Familie« Bauers und der dazugehörigen Bewegungen deutlich. Dazu gehört auch die Überzeugung, daß der Denker (der »Kritiker«) sich der Eingriffe in die gesellschaftliche Praxis zu enthalten und allenfalls seine eigene abweichende Meinung zu bekunden habe. »Die Kritik macht keine Partei, will keine Partei für sich haben, sie ist einsam – einsam, indem sie sich in ihren Gegenstand vertieft, einsam, indem sie sich ihm gegenüberstellt. Sie löst sich von allem ab.« [*MEW* Bd. 2, S. 167] Jede Bindung ist für sie eine Kette. Auf diesen Passus aus dem Heft VI der *Allgemeinen Literatur-Zeitung* antwortet der Beitrag Köppens in den *Norddeutschen Blättern* vom 11. August 1844 zum Zensurproblem: Ihm zufolge steht die Kritik jenseits der Affekte und Gefühle, sie kennt weder Liebe noch Haß für irgend etwas. Deshalb stellt sie sich nicht gegen die Zensur, um sie zu bekämpfen. Die Kritik verliert sich nicht in den Tatsachen und kann sich nicht in den Tatsachen verlieren; deshalb ist es widersinnig, von ihr zu verlangen, daß sie mit den Tatsachen auch die Zensur verneint und daß sie der Presse jene Freiheit verschafft, die ihr gebührt. – Es ist wohl nicht illegitim, diesen Bemerkungen die Thesen Horkheimers an die Seite zu stellen, die ein Jahrhundert später formuliert wurden, in der Polemik gegen eine lebenspraktische Kultur, die beschuldigt wird, durch aktivistische Programme die Reflexionskräfte abzulenken und aufzuzehren – Programme, denen Horkheimer mit der »Methode der Negation« erwidert. Und nicht zufällig hat ein so geneigter und gewissenhafter Schüler Adornos wie Renato Solmi bei diesem Autor eine spekulative »Kritik der Praxis« beobachtet, die verhindert, daß der philosophische Diskurs bei den konkreten Bedingungen und Modalitäten der »Überwindung« verweilt, die das Denken gerade in dem Augenblick leiten müßten, da es sie einer radikalen Kritik unterzieht. Adorno selbst beschloß seine *Minima Moralia* mit dem Ausblick auf die Philosophie als den Versuch, die Welt mitsamt ihren Brüchen so wahrzunehmen, wie sie eines Tages im messianischen Licht erscheinen wird. Bei dieser Tätigkeit verwickelt sich der Gedanke jedoch in eine Reihe von Widersprüchen derart, daß er, der sie alle hellsichtig zulassen muß, auch noch die eigene Vergeblichkeit zu begreifen hat: »Gegenüber der Forderung, die damit an ihn ergeht, ist aber die Frage nach der Wirklichkeit oder Unwirklichkeit der Erlösung fast gleichgültig geworden.« [Theodor W. Adorno, *Minima Moralia*, in: *Gesammelte Schriften* 4, Frankfurt a.M. 1980, S. 281] Dem läßt sich nun freilich die Antwort entgegenhalten, die Marx Bruno Bauer gegeben hat:

Wenn die Massen »ein Klassenbewußtsein« erlangen, können sie die Lenkung der Geschichte übernehmen und sich »Ihrem ›Geist‹« als eine reale Alternative gegenüberstellen (»Man muß das Studium, die Wißbegierde, die sittliche Energie, den rastlosen Entwicklungstrieb der französischen und englischen Ouvriers kennengelernt haben, um sich von dem *menschlichen* Adel dieser Bewegung eine Vorstellung machen zu können.« [*MEW* 2, S. 89]), während die Antwort, welche die Industrie der Massenkultur ihren Anklägern implizit gibt, so lautet: ›Nachdem die Klassenunterschiede überwunden sind, ist nun die Masse die Protagonistin der Geschichte, und deshalb ist ihre Kultur, eine für sie produzierte und von ihr konsumierte Kultur, die zentrale Tatsache.‹ Vor Hypothesen wie dieser beweist der Einwand des Apokalyptikers seine Gültigkeit – er überführt die optimistische Ideologie der Integrierten der Unwahrheit und der Unlauterkeit. Unwahr und unlauter ist diese Ideologie aber (wie wir in einigen der Aufsätze zeigen werden) gerade deshalb, weil der Integrierte – ebenso wie der Apokalyptiker – mit erstaunlicher Unbekümmertheit (er ändert nur das Vorzeichen) den Begriffsfetisch »Masse« übernimmt. Er produziert für die Masse, plant eine Massenerziehung und wirkt so, offen und insgeheim, an der Zerrüttung der Subjektivität und der Subjekte mit. Ob die sogenannten Massen mitmachen oder nicht, ob sie wirklich einen stärkeren Magen haben, als ihre Manipulatoren glauben, ob sie gegenüber den angebotenen Konsumprodukten Unterscheidungsfähigkeit bewahren können, ob sie in ganz anderer Absicht gesendete Botschaften in positive Anreize aufzulösen vermögen – das ist ein anderes Problem. Daß es Leute gibt, die zwar für die Masse produzieren, in Wirklichkeit aber die Massen für Profitzwecke benutzen, ist freilich erwiesen. Und die kulturelle Arbeit wird zu Recht nach den Intentionen beurteilt, die sie verfolgt, und danach, wie sie ihre Botschaften strukturiert. Bei dieser Beurteilung muß man jedoch dem Apokalyptiker (der uns dabei hilft) eine Erkenntnis entgegenhalten, die zu teilen er sich hartnäckig weigert, nämlich jene, die Marx den Theoretikern der Masse nachgerufen hat: Wenn der Mensch von den Umständen geprägt wird, müssen die Umstände menschlich geprägt werden.

Dem Apokalyptiker ist vorzuwerfen, daß er niemals eine konkrete Analyse der Produkte und der Formen, in denen ihr Gebrauch und Verbrauch sich abspielen, versucht. Er reduziert nicht nur die Konsumenten unterschiedslos auf den Fetisch des »Massenmenschen«, sondern er verkürzt auch das Massenprodukt auf den Fetisch –

während er gleichzeitig den »Massenmenschen« beschuldigt, sogar die Kunstwerke auf bloße Fetische herunterzubringen. Mit anderen Worten: Statt das Massenprodukt im einzelnen zu analysieren, negiert er es, insgesamt. So scheint es denn bisweilen, das erste Opfer des Massenprodukts sei sein tugendhafter Kritiker selbst. Es ist eines der merkwürdigsten und bewegendsten Phänomene, daß sich die apokalyptische Kritik an der Kulturindustrie als deren eklatanter Bestandteil erweist. Es scheint hier eine mühsam verhüllte enttäuschte Leidenschaft am Werk zu sein, eine verratene Liebe, oder eine unterdrückte Sinnlichkeit, ähnlich der des Moralisten, der ein Bild der Obszönität anklagt und dabei dem Sog des Gegenstandes, dem er seine Verachtung bekundet, zu erliegen droht.
Dieses ambivalente Verhalten fiel übrigens zuerst an vielen Polemiken gegen den Kitsch auf, besonders im Bereich der deutschen Kultur. Karl Markus Michel bemerkte vor einigen Jahren – da »selbst einem, der sich gegen jede Infektion gefeit glaubt, mitunter Tränen die Wangen herab[laufen], obwohl er ganz genau weiß, welch erbärmliches Rührstück ihn da überwältigt« –, das Bedürfnis nach Kitsch sei bei manchem Kritiker so stark, daß es noch in seiner Verurteilung und in einem Lob der hohen Kunst, das bisweilen selbst zur kitschigen Schwärmerei gerate, Befriedigung finde. In der Tat, der Gestus des Intellektuellen, der sich vom Kitsch bedroht sieht, gleicht dem des Reichen, der, von einem Bittsteller bedrängt, seinem Diener befiehlt: »Wirf den Kerl hinaus, er bricht mir das Herz!« [Karl Markus Michel, »Gefühl als Ware. Zur Phänomenologie des Kitsches«, in: *Neue Deutsche Hefte,* 57 1959, S.33]
»Wirf den Kerl hinaus, er bricht mir das Herz!« Man muß an diesen Satz denken, wenn man die folgende Passage von Günther Anders in seinem Essay über das Fernsehen, *Die Welt als Phantom und Matrize,* liest:

»Auf einer TV-Ausstellung hatte ich die fragwürdige Chance, einen Schauspieler, der im Nebenraum einen Sketch spielte, und gleichzeitig dessen sieben TV-Projektionen zu sehen und zu hören. Bemerkenswert war dabei 1., daß der Schauspieler sich fürs Auge zwar in sieben identische Brüder aufspaltete, aber nur eine einzige, durch die zwei Räume schallende, unaufgespaltene Stimme hatte. 2., daß die Bilder natürlicher wirkten als das Original, da dieses, gerade um den Reproduktionen Natürlichkeit zu verleihen, sich hatte arrangieren müssen. Und 3. (und das war mehr als bemerkenswert, nämlich erschreckend), daß die siebenfache Verkörperung des Schauspielers schon nicht mehr erschreckte: mit solcher Selbstverständlichkeit erwarten wir bereits nur noch Serienprodukte.« [Günther Anders, *Die Antiquiertheit des Menschen. Erster Band. Über die Seele im Zeitalter der zweiten industriellen Revolution*, München ⁵1980, S.132, Anm.]

Soweit der Textabschnitt. Aus ihm wird eine prekäre Fasziniertheit vom Geheimnis des Spiegels und von der Vervielfältigung des Menschenbildnisses deutlich. Ihr liegt eine Art metaphysischen Schreckens zugrunde, ähnlich dem, den der Primitive bestürzend erlebt, wenn er gewahr wird, daß ihn jemand porträtiert, und er glaubt, ihm werde von dem Bildnis die Seele geraubt. Nun ist freilich gegen eine poetische Reflexion über das Geheimnis des Spiegels ganz und gar nichts einzuwenden; im Gegenteil, sie kann, wenn sie einer der Paradoxien der Phantasie nachspürt, zu unvergleichlichen Einsichten führen. (Rilke: »Spiegel: noch nie hat man wissend beschrieben, was ihr in euerem Wesen seid...«; Borges: »Ich verdanke der Konjunktion eines Spiegels und einer Enzyklopädie die Entdeckung Uqbars. Der Spiegel beunruhigte das Ende eines Ganges in einem Landhaus der Calle Gaona in Ramos Meija. [...] Der Vorfall ereignete sich vor etwa fünf Jahren. [...] Vom entfernten Ende des Ganges her belauerte uns der Spiegel. Wir entdecken (in tiefer Nacht ist diese Entdeckung unvermeidlich), daß Spiegel etwas Schauerliches an sich haben. Daraufhin erinnerte sich Bio Casares, daß einer der Häresiarchen von Uqbar erklärt hatte, die Spiegel und die Paarung seien abscheulich, weil sie die Zahl der Menschen vervielfachen.« [Jorge Luis Borges, »Tlön, Uqbar, Orbis Tertius«, in: ders., *Universalgeschichte der Niedertracht und andere Prosastücke*. Übersetzt von Karl August Horst u.a., Frankfurt a.M., Berlin–Wien, S.127] Was Anders in dem zitierten Text macht, ist jedoch nicht Kunst. Er denkt über ein typisches Kommunikationsphänomen unserer Zeit nach. Wir wissen, daß er – und in vielen Aspekten sind seine Erkenntnisse gültig – eine Definition dieses Phänomens gibt: Das Fernsehen reduziert die Welt auf ein Phantom, blockiert damit bei den Zuschauern jede kritische Überlegung und jede wirksame Antwort. Im Endeffekt offenbart er uns aber, welche Wirkung das Fernsehen *auf ihn selbst* hat. Niemand wird unsere unbefriedigte Neugier befriedigen können: Was sagte denn jener Schauspieler auf dem Bildschirm? Sagte er: »Die Antwort ist richtig!« Oder: »Wir schalten nun um ins Gefängnis von Dallas, um Ihnen den Ablauf der Überführung von Oswald zu zeigen«? Im zweiten Fall nämlich interessiert uns, für wie viele und für welche Fernseh-Zuschauer die Direktübertragung des Mordes von Ruby die Welt zu einem Phantom verflüchtigte, indem sie sie »irrealisierte«. Gewiß nicht für jene Geschworenen, denen Rubys Verteidiger mit Mißtrauen und Ablehnung begegneten, weil sie davon überzeugt waren, die Geschworenen, die den Mord im Fernsehen beobachtet hatten, hätten sich eine Vorstellung von den Tatsachen gebildet, der keine Verfahrensfiktion und keine juristische Verabredung würden standhalten können.

Es ist jedoch klar, daß der Kritiker bei seinem Beispiel weder den Inhalt noch die strukturellen Modalitäten, noch die Nutzungsbedingungen der Botschaft im Auge gehabt hat. Vielmehr beschäftigte und beunruhigte ihn die morbide Anziehungskraft des *mysterium televisionis*. Das aber hat zur Folge, daß er die Faszination durch das Medium befestigt, anstatt sie zu brechen. Vielleicht ist es seine Absicht, Leute seinesgleichen dazu zu bewegen, den Fernseher abzuschalten; für alle anderen aber bleibt er eingeschaltet – offensichtlich ein Verhängnis, gegen das der Kritiker nichts ausrichten kann. (Erinnern wir uns: »[...] die Kritik verliert sich nicht in den Tatsachen und darf sich nicht in den Tatsachen verlieren.« Daß Anders sich in anderen Fällen – beispielsweise mit seiner Warnung vor der Atombombe – mutig in den Tatsachen verlor, spricht für ihn. Doch nicht zufällig hat ein anderer apokalyptischer Kritiker in Italien ihn einer düsteren Demagogie beschuldigt.)

Das Zitat aus dem Buch von Anders erinnert uns an ein älteres Textstück, das zwar in einer völlig anderen geschichtlichen Situation und auch in anderer Absicht geschrieben wurde, das aber, wie wir sehen werden, in subtiler psychologischer und ideologischer Verbindung (im schlechten Sinne von »Ideologie«) mit dem ersten steht. Das Stück stammt aus der *Apologia ad Guillelmum, Sancti Theodorici Remensis Abbati* des heiligen Bernhard von Clairvaux. Bernhard war über einen Produzenten von »Massenkultur« verärgert, soweit man im 12. Jahrhundert überhaupt von »Massenkultur« sprechen konnte: über den Abt Suger von St. Denis. In einer geschichtlichen und gesellschaftlichen Konstellation – es gab eine herrschende Klasse, die im Besitz der kulturellen Werkzeuge war, die unteren Klassen waren von der Ausübung der Schrift so gut wie ausgeschlossen –, in der die einzige Möglichkeit zur Massenerziehung die Übersetzung der offiziellen Werte in Bilder war, hatte Suger sich die Empfehlung der Synode von Arras zu eigen gemacht, die Honorius von Autun in der Formel »pictura est laicorum literatura« zusammenfaßte.

Sugers Programm ist bekannt: Die Kirche sollte zu einem riesigen Buch aus Stein werden, das durch seinen Reichtum an Gold und Edelsteinen die Gläubigen demütig stimmte und im Spiel des Lichts auf den Mauern die Ausgießung der göttlichen Kraft andeutete. Ja, mehr noch: Die Portalplastik, die Kapitell-Reliefs und die Bilder auf den Glasfenstern sollten dem Frommen die Geheimnisse des Glaubens, die Ordnung der Naturereignisse, die Hierarchien der Künste und Handwerke sowie die Begebenheiten der vaterländischen Geschichte mitteilen.

Angesichts dieses Programms brach der heilige Bernhard, Verfechter einer schmucklosen und strengen Architektur, in eine heftige Klage aus, welche die monströsen ikonographischen Verzierungen der Kapitelle anprangerte:

> »Caeterum in claustris coram legentibus fratribus, quid facit ridicula monstruositas, mira quaedam deformis formositas ac formosa deformitas? Quid ibi immundae simiae? quid feri leones? quid monstruosi centauri? quid semihomines? quid maculosae tigrides? quid milites pugnantes? quid venatores tubicinantes? Videas sub uno capite multa corpora, et rursus in uno corpore capita multa. Cernitur hinc in quadropede cauda serpentis, illinc in pisce caput quadrupedis. Ibi bestia praefert equum, capra trahens retro dimidiam; hic cornutum animal equum gestat posterius. Tam multa denique tamque mira diversarum formarum ubique varietas apparet, ut magis legere libeat in marboribus quam in codicibus, totumque diem occupare singula ista mirando quam in lege Dei meditando. Pro Deo! Si non pudet ineptiarum, cur vel non piget expensarum?«

Es fällt für unsere Argumentation nicht ins Gewicht, daß sich die Polemik hier gegen die Bilder auf den Kapitellen der Klöster richtet, die sich eher den gebildeten Mönchen als den ungebildeten Massen darboten. Das Zitat faßt nämlich die Begriffe einer Diskussion zusammen, die generell und grundsätzlich dem Schmuck der Kirchen gewidmet war. Liest man den Text sorgsam, so zeigt sich, daß sein Autor vom Anblick des Zierats, der Ornamente und Bilder zunächst einmal erheblich *gefesselt* war und daß genau dies ihn verstörte. Tatsächlich könnte wohl kein anderes Dokument die Verführungskraft des romanisch-gotischen Bestiariums besser belegen. Eine Verführungskraft, welcher der heilige Bernhard mit der

gleichen Ambivalenz begegnet, die er im selben Text den irdischen Gütern gegenüber beweist, die er asketisch zurückweist: »Nos vero qui iam de popule exivimus, qui mundi quaeque pretiosa ac speciosa pro Christo reliquimus, qui monia pulcre lucentia, canore mulcentia, suave olentia, dulce sapientia, tactu placentia, cuncta denique oblectamenta corporea arbitrati sumus ut stercora...«
Kot, sicherlich, aber wieviel ungestillte Leidenschaft für diese verlorenen Exkremente...
Wir wollen nicht kleinlich sein: Diese angespannte Ambivalenz gereicht dem Asketen, den sein Verzicht offensichtlich einiges gekostet hat, zum Vorteil und zur Ehre. Doch gemessen an den gegenwärtigen Verhältnissen ist eine solche Einstellung überaus brüchig. Zwar verweilt Bernhard in unzweideutiger Sinnlichkeit (»Wirf den Kerl hinaus, er bricht mir das Herz!«) bei der diabolischen Natur der Bilder; aber das Grundproblem erscheint ihm nicht: Die mittelalterliche Gesellschaft ist immerhin so organisiert, daß eine privilegierte Klasse eine Kultur nach eigenem Maß hervorbringt und diese den unteren Klassen vermittelt (ob sie nun Bilder gebrauchen oder sich mit der Predigt in einer schmucklosen und kahlen Kirche behilft), denen sie weder die Mitarbeit an der Kultur noch die Mitverantwortung für den Staat einräumt. Kurz, Bernhards Diskurs hat verschiedene Kommunikationsweisen innerhalb ein und desselben Kulturmodells zum Thema. Ihm daraus einen Vorwurf zu machen, wäre geschichtsblind, denn er war in diese Kultur integriert. Wie hätte er sich da anders verhalten können sollen? Doch diese Erklärung können diejenigen unserer Zeitgenossen, die sich in der nämlichen Weise wie Bernhard verhalten, nicht für sich reklamieren.

Die »Massenkultur« erscheint in dem Augenblick, da die Massen als Protagonisten, mitverantwortlich für den Staat, das gesellschaftliche Handlungsfeld betreten und zu einer zentralen Koordinate der Geschichte werden. Diese Massen haben bisweilen ein spezifisches Ethos durchgesetzt, sie haben in verschiedenen Epochen besondere Forderungen geltend gemacht, sie haben eine eigene Sprache entwickelt und in Umlauf gebracht. Kurz, sie haben Projekte »von unten« in die Zivilisation eingeführt. Doch paradoxerweise kommt ihre Art und Weise, sich zu unterhalten, zu denken, zu phantasieren, keineswegs »von unten«; sie wird ihnen in Gestalt von Botschaften vorgesetzt, die nach dem Kode der herrschenden Klasse gebildet sind. Wir haben es also mit einem einzigartigen Sachverhalt zu tun: mit einer Massenkultur, in der das Proletariat bürgerliche Kulturmodelle konsumiert, die es für seinen eigenen, autonomen Ausdruck hält. Die bürgerliche Kultur ihrerseits – in dem Sinne, wie die »höhere« Kultur immer noch die Kultur der bürgerlichen Gesellschaft der letzten drei Jahrhunderte ist – identifiziert in der Massenkultur eine »Subkultur«, ohne jedoch zu bemerken, daß die Grundmuster der Massenkultur immer noch die der »höheren« Kultur sind.

Suger wußte sehr wohl, daß die Ungeheuer auf den Portalen der Kathedralen visuelle Überlieferungen von theologischen Wahrheiten darstellten, die innerhalb der Universitätskultur entwickelt worden waren. Sein Vorhaben war, sowohl die herrschende als auch die beherrschte Klasse in einer einzigen Kultur zu vereinigen, weil er, in gutem Glauben, beide als extreme Flügel ein und desselben Volkes von Frankreich und von Gott erkannte. Der heilige Bernhard widersetzte sich nicht diesem Vorhaben, sondern den Methoden, mit denen Suger es zu verwirklichen trachtete; Suger entwickelte ein ikonographisches Repertoire, das mit großer Sensibilität auf die Phantasiebestände der Volksklassen zurückgriff.

In der modernen Massenkultur hingegen ist die Situation sehr viel undeutlicher. Im Grunde müßte die Innenausstattung einer Gesellschaft monströs erscheinen, in der die Volksklassen Anreize zur Zerstreuung, zur Identifikation und Projektion aus der Fernsehsendung einer *pochade* im Stil des 18. Jahrhunderts beziehen, einer Burleske, welche die Bräuche der Hochbourgeoisie der Jahrhundertwende zum Inhalt hat. Das Beispiel ist zwar extrem, spiegelt jedoch den Regelfall. Von den Kinostars über die Helden des Liebesromans bis zu den »Fernsehsendungen für die Frau« stellt die Massenkultur zumeist Situationen dar und vor, die keinerlei Zusammenhang mit der realen Lage der Konsumenten haben und die für sie dennoch beispielhaft werden. Derlei ist mit theoretischen Argumenten schwer zu erfassen. Man stelle sich in einer Werbesendung eine kultivierte junge Frau vor, die den Staubsauger benutzen *muß*, damit sie sich die Hände nicht verdirbt, sie schön und gepflegt erhält. Man zeige diese Bilder dem Bewohner eines unterentwickelten Landes, für den nicht der Staubsauger einen unerreichbaren Mythos verkörpert, sondern eine Wohnung, in der Staub gesaugt werden muß. Ihm mögen diese Bilder wie ein Phantom aus einer Welt vorkommen, die ihn nichts angeht. Empirische Erhebungen über die Reaktionen der Bevölkerung in Süditalien auf diese

Fernsehreize würden jedoch wahrscheinlich einen überraschenden Sachverhalt zutage fördern: daß die Enthüllung eines zwar möglichen, aber noch nicht wirklichen Zustands in den Betroffenen Aufsässigkeit, eine wirksame Hypothese, jedenfalls ein Urteil hervorruft.
Hier haben wir also ein Beispiel für die Interpretation der Botschaft nach einem Kode, der nicht der Kode der Kommunizierenden ist. Es genügt, um die Rede von einer »vermassenden Botschaft«, vom »Massenmenschen« und von einer »Kultur der Ausflüchte« in Frage zu stellen. Das Paradox einer Kultur für die Massen, die »von oben« kommt anstatt »von unten«, erlaubt jedenfalls keine allgemeinen, endgültigen Schlüsse – die wirklichen Entwicklungen sind unvorhersehbar. Es handelt sich um einen offenen Prozeß. Und jeder Versuch, ihn in allgemeinen Begriffen festzuhalten, läuft Gefahr, jener leeren Allgemeinheit aufzusitzen, die für die Massenbotschaft typisch ist. Der Kulturkritiker steht hier vor einer Forschungsaufgabe, der er weder mit Stimmungen noch mit neurotischer Nachsicht beikommen kann. Das erste, was er zu bezweifeln lernen muß, sind die eigenen Reaktionen, die *keinen Beweis liefern*. Einer, der nicht mehr Bürger Frankreichs und Gottes ist, sondern Bürger einer Vielzahl von Völkern und Rassen, die er noch nicht vollständig kennt, weil er in einer Zivilisation von Mutanten lebt, muß er sich, jedesmal aufs neue, vor den Gegenständen und den Individuen der Massenkommunikation als jemand verhalten, der darauf vorbereitet ist, etwas Unbekanntes zu entdecken.
Betrachten wir nochmals die Anmerkung von Günther Anders. Sie beginnt in eisigem Tonfall: »Auf einer TV-Ausstellung hatte ich die fragwürdige Chance, einen Schauspieler [...] zu sehen und zu hören...« Während er uns auffordert, seine mehrere hundert Seiten zählende Diagnose des Fernsehens zu lesen, läßt Anders unmißverständlich erkennen, daß er, als er Gelegenheit hatte, das Phänomen der Bildübertragung konkret zu studieren, nichts als Abscheu und Ekel empfand. Doch hüten wir uns davor, ihn vorschnell der Leichtfertigkeit anzuklagen. Er ist immerhin einer der hellsichtigen Vertreter einer mißverstandenen humanistischen Tradition. Was wir ihm vorwerfen, ist nicht Unredlichkeit, sondern eine intellektuelle Untugend, die Anspruch auf einen Adelstitel erhebt und die oft durch verzweifelte Gutgläubigkeit gerechtfertigt erscheint. So verwundert es denn auch nicht, wenn der apokalyptische Kritiker sich über die Vorstellung lustig macht, die Massenmedien seien Werkzeuge (wie die Maschinen) und als solche instrumentalisier-

bar. Er hat sich von Anfang an geweigert, das Werkzeug zu untersuchen, dessen Möglichkeiten und Reichweite kennenzulernen. Die einzige Nachprüfung, zu der er bereit ist, findet auf der anderen Seite der Barrikade statt, wobei er sich selbst zum Versuchskaninchen macht: »Äpfel verursachen mir Hautausschlag, also sind sie gefährlich. Was ein Apfel ist und welche Substanzen er enthält, interessiert mich nicht. Wenn andere Leute Äpfel essen und ihnen nichts geschieht, so verrät das nur, daß sie degeneriert sind.« Ob zum Beispiel ein *racket* von Obsthändlern agiert, die schuld daran sind, daß die Bevölkerung nur saure Äpfel zu essen hat, oder ob vielleicht Armut und Not dazu zwingen, sich ausschließlich von Äpfeln zu ernähren, das bekümmert den apokalyptischen Kritiker nicht; er bekommt es ja auch nicht zu spüren. Von hier aus ist es bloß ein kleiner Schritt zu der Behauptung, die *rackets* seien, ebenso wie die Mafia, von keiner Macht der Welt zu bändigen. Und an diesem Punkt ist es dann gleichgültig, ob der apokalyptische Kritiker von ehrbaren Absichten geleitet war und ob er dafür kämpfte, daß wir außer Äpfeln auch Fleisch zu essen kriegen. In der Sicht der Apfelkonsumenten ist er ein Verbündeter der Gangster.

Versuchen wir den Gesichtspunkt anders zu formulieren. Der Aufstieg der unteren Klassen zur (formal) aktiven Teilnahme am öffentlichen Leben und die Erweiterung sowohl des Informationsflusses als auch der Informationsbestände haben die neue anthropologische Situation der »Medienzivilisation« hervorgebracht. Innerhalb dieser Zivilisation werden alle Angehörigen der Gemeinschaft in unterschiedlichem Maße zu Adressaten einer intensiven, ununterbrochenen Produktion von Botschaften, die industriell in Serie gefertigt und in den kommerziellen Kanälen eines Konsums übermittelt werden, den das Gesetz von Angebot und Nachfrage steuert. Sind diese Produkte einmal als *Botschaften* definiert (und ist die Definition der »Massenkultur« vorsichtig zu der der »Massenkommunikation«, der *mass media* verändert), bedarf es ihrer Strukturanalyse, die nicht bei der Form der Botschaft verweilen oder innehalten darf, sondern die auch klären muß, wie stark die Form von den objektiven Bedingungen der Sendung determiniert ist (die somit auch die Bedeutung, die Informationskapazität der Botschaft bestimmen). Hat man erkannt, daß diese Botschaften sich an eine vielzählige und vielfältige Totalität von Empfängern wenden, müssen zweitens auf empirischem Weg die unterschiedlichen Rezeptionsweisen, je nach den historischen oder soziologischen Umständen und nach der Differenzierung des Publikums, erkundet werden. Drittens (und dies betrifft die Geschichtsforschung und die Formulierung politischer Hypothesen): Wenn feststeht, in welchem Grade die Sättigung mit den verschiedenen Botschaften Massenverhalten durchsetzen hilft, sind die Möglichkeiten und die Grundbedingungen kultureller Intervention in diesen Zustand zu ermitteln.

Die nachfolgenden Aufsätze beleuchten jeweils nur *einige* Aspekte dieser Probleme. Wenn es in ihnen einen gemeinsamen leitenden Gedanken gibt, dann ist es der, daß es heute unmöglich ist, eine »Theorie der Massenmedien« zu entwickeln; dies wäre damit vergleichbar, eine »Theorie vom nächsten Donnerstag« entwickeln zu wollen.

Gerade weil man diese Phänomene nicht unter eine einheitliche theoretische Formel bringen kann, muß man sie heute zum Gegenstand einer Forschung machen, die sich nicht scheut, sie allen erdenklichen Prüfungen zu unterziehen; die sich vor allem nicht scheut, edle Werkzeuge an verpönten Objekten zu gebrauchen. Einer der Einwände gegen solche Unternehmungen (die auch gegen manche dieser Aufsätze erhoben wurden) besagt, es werde ein riesiger kultureller Apparat in Bewegung gesetzt, um von Dingen zu sprechen, die geringe Bedeutung haben. Nun ist aber gerade die Summe dieser geringfügigen Botschaften, die unser tägliches Leben begleiten, das auffälligste kulturelle Merkmal der Zivilisation, in der wir leben, in der wir denken und handeln müssen. Im übrigen ist der Einwand ziemlich alt. Und zudem erinnert er an den Vorbehalt jener Leute, die eine Wissenschaft nur dann als würdig erachten, wenn sie auf unverderbliche Wirklichkeiten angewandt wird (etwa die Himmelssphären oder die *Quiddidates*), und denen ein Erkenntnisinteresse, das sich dem Verderblichen zuwendet, anstößig, gar minderwertig erscheint. So kam es, daß das Wissen nicht an der Würde der Methode, sondern an der Würde der Gegenstände gemessen wird.

Zur Einstimmung in eine Erörterung der »geringfügigen« und gesichtslosen Dinge können wir dennoch nicht der Versuchung widerstehen, uns mit einem Rekurs auf die Geschichte zu behelfen, indem wir die Worte eines Mannes ins Gedächtnis rufen, der sich dem Einfachen und scheinbar Selbstverständlichen stets mit großem Respekt genähert hat:

»Die Lüge ist so schändlich, daß sie auch dann, wenn göttliche Dinge gelobt werden, die Größe Gottes schmälert, und die Wahrheit ist so erhaben, daß sie selbst die kleinsten Dinge adelt, die sie preist.

Ohne Zweifel steht die Wahrheit zur Falschheit im selben Verhältnis wie das Licht zur Dunkelheit, und diese Wahrheit ist an sich so erhaben, daß sie selbst dann, wenn sie sich auf bescheidene und niedere Dinge erstreckt, jenen Ungewißheiten und Lügen überlegen ist, die sich hinter hochfliegenden Reden verbergen. Sie verhindert nämlich nicht, daß für unseren Geist auch dann, wenn die Lüge sein fünftes Element sein sollte, die Wahrheit der Dinge die Hauptnahrung für den feineren Verstand ist, wenn auch nicht für den vagabundierenden Klugredner.

Dir aber, der du in Träumen lebst, gefallen die sophistischen Begründungen und die Täuschungen im Gerede über großartige und ungewisse Dinge besser als jene Begründungen, die gewiß und natürlich sind und nicht so hoch über unseren Köpfen schweben.« [*The Notebooks of Leonardo da Vinci*. Compiled and edited from the original manuscripts by Jean Paul Richter (1883), New York 1970, vol. II, S. 292-293.]

Eine letzte Anmerkung, welche die »Vorläufigkeit« der folgenden Studien bestätigt: Sie müssen kontinuierlich erneuert werden. – Wir möchten das Buch jenen Kritikern widmen, die wir, kurz und bündig, als Apokalyptiker bezeichnet haben. Ohne ihre ungerechten, parteiischen, neurotischen und verzweifelten Anklagen hätten wir drei Viertel der Gedanken, die wir miteinander teilen, nicht zu entwickeln vermocht, und vielleicht hätte keiner von uns bemerkt, daß uns das Problem der Massenkultur mitbetrifft und ein Zeichen des inneren Widerspruchs unserer Zivilisation ist.

Massenkultur und »Kultur-Niveaus«

»Als er aber an die Buchstaben gekommen, habe Theuth gesagt: ›Diese Kunst, o König, wird die Ägypter weiser machen und gedächtnisreicher, denn als ein Mittel für Erinnerung und Weisheit ist sie erfunden.‹ Jener aber habe erwidert: ›O kunstreichster Theuth, einer weiß, was zu den Künsten gehört, ans Licht zu bringen; ein anderer zu beurteilen, wieviel Schaden und Vorteil sie denen bringen, die sie gebrauchen werden. So hast auch du jetzt, als Vater der Buchstaben, aus Liebe das Gegenteil dessen gesagt, was sie bewirken. Denn diese Erfindung wird den Seelen der Lernenden vielmehr Vergessenheit einflößen aus Vernachlässigung der Erinnerung, weil sie im Vertrauen auf die Schrift sich nur von außen vermittels fremder Zeichen, nicht aber innerlich sich selbst und unmittelbar erinnern werden. Nicht also für die Erinnerung, sondern nur für das Erinnern hast du ein Mittel erfunden, und von der Weisheit bringst du deinen Lehrlingen nur den Schein bei, nicht die Sache selbst. Denn indem sie nun vieles gehört haben ohne Unterricht, werden sie sich auch vielwissend zu sein dünken, obwohl sie größtenteils unwissend sind, und schwer zu behandeln, nachdem sie dünkelweise geworden statt weise.‹« [Platon, *Phaidros,* Übersetzung von Schleiermacher, 274e–275a–b]

Natürlich können wir heute dem König Thamus nicht zustimmen. Wir können es deshalb nicht, weil im Laufe von mehr als zweitausend Jahren das Repertoire der Gegenstände des Wissens und Erinnerns sich so sehr erweitert hat, daß die Nützlichkeit der Erinnerung als zentrales Instrument des Wissens nachhaltig in Frage gestellt ist. Doch zugleich ist der leitende Gedanke in Sokrates' Kommentar zur Erzählung des Theuth-Mythos (»Du konntest glauben, sie sprächen, als verständen sie etwas, fragst du sie aber lernbegierig über das Gesagte, so bezeichnen sie doch nur stets ein und dasselbe.« *Phaidros,* 275d) längst in den Schatten eines anderen Sachverhalts gerückt: des prägenden Bewußtseins von der besonderen Bedeutung des Buches, der Schrift und ihrer Ausdrucksmöglichkeiten, das auch ein spezifisches Bewußtsein von den kulturellen Formen ist. Es gründet auf dem geschriebenen Wort und dessen stets verschiedenem und vervielfachendem Widerhall im Geiste des Empfängers.

Wir haben den Abschnitt aus dem *Phaidros* zitiert, um daran zu erinnern, daß jede Veränderung der kulturellen Werkzeuge in der Menschheitsgeschichte eine tiefreichende Krise des überkommenen oder geltenden »Kulturmodells« auslöst. Die tatsächliche Reichweite dieser Krise läßt sich nur dann ermessen, wenn man sich klarmacht, daß die neuen Werkzeuge jeweils in einem gründlich gewandelten Kontext wirken, den sowohl die Ursachen, die zur Entwicklung dieser Werkzeuge geführt haben, als auch der Gebrauch der Werkzeuge bestimmen. Die Erfindung der Schrift, auch wenn sie durch den Platonischen Mythos rekonstruiert wird, ist dafür ein Beispiel; die der Druckerpresse oder der audiovisuellen Medien ein anderes.

Wer die Druckerpresse nach den Kriterien einer auf mündliche oder visuelle Verständigung gegründeten Kultur bewertet, verhält sich, historisch und anthropologisch, kurzsichtig. Den Weg, den es vielmehr einzuschlagen gilt, hat Marshall McLuhan in seinem Buch *The Gutenberg Galaxy*[1] gewiesen, wo er die Attitüden des »Gutenberg-Menschen« und dessen Wertesystem zu skizzieren versucht hat, kurz, das neue Gesicht, das die kulturelle Kommunikation angenommen hat. Und genau dies wäre heute die angemessene analytische Handlungsweise. Freilich, das Gegenteil ist der Brauch. Meist werden die Massenmedien, ihre Mechanismen und ihre Wirkungen, an einem kulturellen Verständigungsmuster gemessen, das für den »Renaissance-Menschen« verbindlich war (den es offenkundig nicht mehr gibt; zum Verschwinden gebracht haben ihn allerdings nicht vor allem die Massenmedien, sondern Zivilisationsprozesse, von denen die Massenmedien *ein* Ausdruck sind).

Daraus folgt, daß die Probleme im Rahmen einer historischen und kulturanthropologischen Hypothese diskutiert werden müssen: Mit der Heraufkunft des Industriezeitalters und dem Aufstieg der unteren Klassen hat sich allmählich eine eigentümliche Kultur der Massenmedien ausgebildet, deren Wertesysteme es jetzt zu erkennen und zu verstehen und im Hinblick auf die es heute ethisch-pädagogische Vorstellungen zu entwickeln gilt.[2]

All dies schließt das strenge Urteil, die Verdammung und die rigoristische Diagnose nicht aus: Sie haben es jedoch mit den zeitgenössischen Tatbeständen, nicht mit nostalgischen Bildern des Vergangenen zu tun. Mit anderen Worten, es ist eine konstruktive Forschungseinstellung verlangt. Angesichts der Vorahnung eines neuen Panoramas der Haltungen, dessen Grenzen, Form und Entwicklungstendenzen schwer auszumachen sind, sollte man sich jedoch hüten, den Rutilius Namatianus[3] des neuen Übergangs zu spielen. Ein Rutilius Namatianus riskiert nichts, er hat stets Anspruch auf unseren teilnahmsvollen Respekt, und es glückt ihm allemal, in die Geschichte einzugehen, ohne sich mit der Zukunft zu kompromittieren.

Die Massenkultur unter Anklage

Anklageschriften gegen die Massenkultur haben eine dialektische Funktion, wenn sie von scharfsinnigen und aufmerksamen Kritikern vorgetragen werden. Sie sollten deshalb als Dokumente gelesen, studiert und für die Analyse fruchtbar gemacht werden, wobei allerdings die Ambivalenzen, die ihnen zugrunde liegen, nicht verdeckt werden dürfen.
Die erste Stellungnahme zum Problem stammt von Nietzsche: die Diagnose der »historischen Krankheit« *(Vom Nutzen und Nachteil der Historie für das Leben)* und eines ihrer auffälligsten Symptome, des Journalismus. Und sie ließ auch gleich die Vor-Urteile und Vorbehalte erkennen, die vielen solcher Kampfansagen anhaften: den Argwohn gegenüber dem Egalitarismus, den Zweifel an der Demokratie, das Unbehagen am Aufstieg der Vielen, an der Rede der Schwachen und für die Schwachen. Die gleiche Einstellung scheint der Polemik von Ortega y Gasset zugrunde zu liegen. Ja, es ist sicherlich keine fahrlässige Verallgemeinerung, diesen und ähnlichen Kritiken Züge einer aristokratischen Unduldsamkeit abzulesen – eine Verachtung, die sich scheinbar gegen die Massenkultur, in Wahrheit gegen die Masse richtet. Nur zum Schein unterscheiden sie zwischen der Masse als versammelter Herde und der Gemeinschaft der selbstverantwortlichen Individuen. Im Grunde rumort in ihnen das Heimweh nach einer Epoche, in der die Werte der Kultur das Erbteil und der Besitz einer einzelnen Klasse waren und nicht jedermann offenstanden.
Nicht alle Kritiker der Massenkultur lassen sich dieser Richtung zuordnen: nicht Adorno, dessen Argumentation zu bekannt ist, als

daß sie hier wiedergegeben werden müßte, und nicht die Schar der amerikanischen Radikalen, die eine wütende Polemik gegen die Vermassungstendenzen im Gesellschaftskörper ihres Landes entfacht haben. Ihr Mißtrauen gegen die Massenkultur ist ein Mißtrauen gegen eine bestimmte Form intellektueller Herrschaft, welche die Bürger in Apathie und Unterwürfigkeit hält – ein günstiges Klima für beliebige autoritäre Abenteuer. Dwight MacDonald, der in den dreißiger Jahren trotzkistische Positionen vertreten hat, später pazifistische und anarchistische, ist repräsentativ für diese »Schule«. In seiner Kritik sind deren Ideen und Impulse vielleicht am klarsten ausgeprägt. Und deshalb soll sie hier kurz erörtert werden.

MacDonald nimmt eine mittlerweile kanonische Unterscheidung zwischen drei intellektuellen Niveaus auf: *high-*, *middle-* und *lowbrow* (eine Unterscheidung, die auf jene zwischen *highbrow* und *lowbrow* zurückgeht, die Van Wyck Brooks in *America's Coming of Age* vorgeschlagen hat), wobei er ihre Benennung in polemischer Absicht verändert: Gegen die Manifestationen der Kunst einer *Elite*, der Kultur im strengen Sinne, erheben sich die Manifestationen einer Massenkultur [»mass culture«], die freilich keine Kultur sei – deshalb nennt er sie nicht *Mass Culture*, sondern *Masscult* [»Massenkult«] –, und die einer »mittleren«, kleinbürgerlichen Kultur, die er *Midcult* nennt. *Masscult* sind – beispielsweise – die Comic strips, die Unterhaltungsmusik vom Typ Rock'n'Roll, die schlechten Fernsehfilme; zum *Midcult* zählen Werke, die zwar dem Scheine nach selbständige kulturelle Leistungen sind, aber in Wahrheit Entstellungen und geschickte Fälschungen darstellen. Einige der ergötzlichsten Passagen bei MacDonald sind der Erzählung *Der alte Mann und das Meer* von Hemingway gewidmet, die er wegen ihrer angestrengt lyrisierenden Sprache und ihrer allegorisierenden Figurenzeichnung als typisches Phänomen des *Midcult* einstuft; ein ähnliches Verdikt trifft *Our Town [Unsere kleine Stadt]* von Thornton Wilder.

Die Beispiele machen den substantiellen Kern von MacDonalds Argumentation sichtbar: Es wird nicht die Massenkultur der Verbreitung minderer Güter bezichtigt (was ja in Anbetracht mancher Comics, pornographischer Zeitschriften oder gewisser Fernseh-Quizsendungen verständlich wäre), wohl aber wird dem *Midcult* vorgeworfen, die Innovationen der Avantgarde »auszubeuten« und sie zu »banalisieren«, indem er sie auf die Konsumstufe zurückschneidet. Die Kritik trifft den Nagel auf den Kopf; sie spiegelt jedoch auch eine fatal aristokratische Geschmacksauffassung. Ist denn wirklich ausgemacht, daß eine Schreibweise, eine Darstellungsform, eine Kompositionsmethode nur dann Gültigkeit beanspruchen dürfen, wenn sie mit der Tradition brechen und deshalb bloß von wenigen Auserwählten gewogen, erkannt, verstanden werden können? Und muß ein bedeutsames Stilelement, sobald es in einen neuen Zusammenhang gerückt oder »popularisiert« wird, notwendig seine Kraft und seine Funktion einbüßen? Angenommen, es habe auch dann noch eine Funktion: Ist sie zwangsläufig von geringem Wert, d.h. erschöpft sie sich darin, unter Vorspiegelung formaler Neuheit grobschlächtige Interessen, ungehobelte Geschmacksbedürfnisse und sklerotische Gefühlsregungen zu bedienen?

Damit ist ein ganzes Bündel verzwickter Probleme bezeichnet. Wenn man sie theoretisch erhellen will[4], ist mühsame detaillierte Forschung vonnöten. Man kann sich nun allerdings des Eindrucks schwer erwehren, daß eben dies selten versucht wird; daß viele Kritiker und Verächter der Populärkultur sich in ihren Meinungen fest eingerichtet haben; daß ihr Unmut und ihre Abweisungen an einem Vor-Bild geschult sind, das (bewußt oder unbewußt) auf Klassenmerkmale gestützt ist; daß sie den Traum vom vielseitig gebildeten und nachdenklichen Edelmann wiederholen, dem die ökonomischen Verhältnisse erlauben, seine inneren Erfahrungen mit liebevoller Aufmerksamkeit zu kultivieren, sie vor der Vermischung mit äußeren Zwecken zu bewahren und ihnen absolute Originalität zu gewährleisten. Aber das Individuum in der Medienzivilisation entspricht diesem Traum nicht mehr. Ob besser oder schlechter, es ist jedenfalls anders, und auch seine Wege der Bildung und der Erlösung sind andere. Sie zu beleuchten wäre eine sinnvolle Aufgabe. Denkbar wäre beispielsweise, das Problem der Massenkultur, wenn es schon eines ist, zu beheben, indem man wenigstens die Zugänge zu der Erfahrung einer »höheren kulturellen Ordnung« öffnet. Das ist nicht (genauer: nicht mehr) der Standpunkt MacDonalds. In seinen jüngsten Schriften bekennt er, er habe zwar früher diesem Projekt zugeneigt, inzwischen halte er es jedoch für gescheitert; der Bruch zwischen den zwei Kulturen sei endgültig, irreversibel und unheilbar. Es ist dies ein Einstellungswandel, der sich in neuer Zeit häufig beobachten läßt: Intellektuelle vom Typus MacDonalds, die sich in den Zwanziger Jahren auf eine politisch orientierte Denk- und Handlungsweise einließen, haben unter dem Eindruck beträchtlicher Enttäuschungen nicht nur ihre einstigen Hoffnungen begraben, sondern auch den analytischen Blickwinkel gewechselt; sie haben sich von der Gesellschaftskritik auf die Kulturkritik, aus den öffentlichen Debatten ins gedämpfte Licht der Gelehrtenstuben zurückgezogen. Nun ist das Getümmel fern, Mitverantwortlichkeit wird abgelehnt. Merkwürdigerweise sind gerade solche Lebensgeschichten ein stiller Beweis dafür, daß es eine Lösung des Problems gibt, die freilich nicht allein kulturelle Einmischung, sondern auch politische Eingriffe voraussetzt, mit einem Wort: Kulturpolitik.

Cahier de doléances

In den verschiedenartigen Kritiken an der Massenkultur zeichnen sich einige »Anklagepunkte« ab, die es zu bedenken gilt.[5]
a) Die Massenmedien richten sich an ein heterogenes Publikum und spezifizieren sich nach »Geschmacksdurchschnitten«, die originelle Lösungen verhindern.
b) Indem sie eine »homogene Kultur« weltweit verbreiten, zerstören sie die kulturellen Eigentümlichkeiten jeder ethnischen Gruppe.
c) Die Massenmedien wenden sich an ein Publikum, das kein Bewußtsein von sich selbst als einer charakteristischen gesellschaftlichen Gruppe besitzt. In den Auseinandersetzungen mit der Massenkultur kann das Publikum daher keine Forderungen stellen, sondern es muß deren Angebote über sich ergehen lassen, ohne wirklich wahrzunehmen, daß es sie über sich ergehen läßt.
d) Die Massenmedien neigen dazu, den herrschenden Geschmack zu stützen; sie machen resistent gegen Erneuerungen. Selbst dort, wo sie mit Stiltraditionen zu brechen scheinen, folgen sie in Wirklichkeit dem Kodex von Formen, die in der Hochkultur schon geraume Zeit in Gebrauch waren und nun popularisiert und auf die Standards der Alltagspraxis übertragen werden. Indem sie offiziell bestätigen, was bisher assimiliert worden ist, erfüllen sie konservierende Funktionen.
e) Die Massenmedien evozieren lebhafte und unvermittelte Emotionen. Mit anderen Worten: Statt eine Gefühlsregung zu symbolisieren und darzustellen, wecken sie sie; statt sie anzudeuten, liefern sie sie vorfabriziert aus. Kennzeichnend dafür ist die Rolle des Bildes im Verhältnis zum Begriff (oder der Musik als Gefühlsreiz statt als Medium der Kontemplation).

f) Die in den kommerziellen Kreislauf eingelassenen Massenmedien unterliegen dem »Gesetz von Angebot und Nachfrage«. Deshalb »geben« sie dem Publikum nur das, was es »verlangt«. Schlimmer noch: Nach den Geboten einer auf Konsum gegründeten Ökonomie und gestützt von der Überredungsaktivität der Werbung suggerieren sie dem Publikum, was es wünschen soll.

g) Wenn sie Werke und Entwürfe der Hochkultur verbreiten, tun sie dies in nivellierender und »kondensierender« Weise, so daß sie dem Publikum keinerlei Anstrengung abfordern: Das Denken wird zu »Formeln« verdünnt; die Erzeugnisse der Kunst werden auf »Stellen« abgetastet, in Auszügen zusammengefaßt und in kleinen Dosen verabreicht.

h) Die Werke der Hochkultur werden stets im Verbund mit Unterhaltungsprodukten angeboten: In den illustrierten Wochenzeitschriften ist die Berichterstattung über ein Museum dem Klatsch über die Ehe eines Stars gleichgestellt.

i) Die Massenmedien fördern eine passive und unkritische Wahrnehmung der Welt. Das Interesse an individueller Erfahrung wird entmutigt, die Neugier schablonisiert.

k) Die Massenmedien massieren die Information über die Gegenwart (selbst die gelegentlichen Rückblicke in die Vergangenheit halten sich in den Schranken der Tagesnachrichten) und trüben damit das Geschichtsbewußtsein.

l) Für die Unterhaltung und für die Freizeit gemacht, begünstigen sie die Befestigung einer bloß sekundären Aufmerksamkeit. Sie entlasten die Urteilskraft von Anfang an. Ein von der Schallplatte oder am Radio gehörtes Musikstück nimmt uns vielleicht gefangen, aber wir »arbeiten« nicht an ihm.

m) Die Massenmedien betreiben die Durchsetzung von Symbolen und Mythen von schlichtester Allgemeinheit; sie schaffen »Typen«, die sofort wiedererkennbar sind, und verflüchtigen damit die Individualität und Konkretheit unserer Erfahrung und unserer Vorstellungen, mit denen wir Erfahrungen verwirklichen müßten.

n) Zu diesem Zweck arbeiten sie mit dem Phantom der »öffentlichen Meinung« (*endoxa*); wie diese bestätigen sie, was wir ohnehin schon denken. Sie sind, mit anderen Worten, eine gesellschaftlich konservative Agentur.

o) Obschon sie Vorurteilslosigkeit vorschützen, breiten sie, im Zeichen des intakten Konformismus, Vorurteile im Bereich der Gewohnheiten, der kulturellen Werte, der gesellschaftlichen und religiösen Grundsätze und der politischen Tendenzen aus. Sie fördern Projektionen auf »offizielle« Vorbilder.

p) Die Massenmedien sind das Markenzeichen und das hervorstechende Erziehungsmittel einer im Grunde paternalistischen Gesellschaft, die dem Anschein nach individualistisch und demokratisch, in ihrer Binnenstruktur jedoch auf Steuerung und Beeinflussung zugeschnitten ist: auf Gleichförmigkeit und Zwangsplanung des Bewußtseins aller. So gesehen sind sie die legitimen Nachfolger der religiösen Ideologien. Diese Rolle spielen sie in dem täuschend freundlichen Gewand der Wohlstandsgesellschaft, in der alle Menschen unter Bedingungen vollständiger Gleichheit die gleichen kulturellen Chancen besitzen.

Jeden einzelnen dieser »Anklagepunkte« kann man unterschreiben und dokumentieren. Zu fragen ist, ob das Panorama der Massenkultur und ihre Problematik sich in dieser Liste von Anschuldigungen erschöpfen. Um das zu klären, muß man sich die Argumente der »Verteidiger« des Systems anhören.[6]

Verteidigung der Massenkultur

Hier zeigt sich, daß viele der Verteidiger der Massenkultur relativ undifferenziert argumentieren – sozusagen in der Interessenspur der Produzenten. Charakteristisch dafür ist Ernest Dichter, der in *Strategie der Wünsche* ein leidenschaftliches Plädoyer der Werbung vor dem Hintergrund einer optimistischen »Philosophie« des Erfahrungszuwachses entfaltet, die nichts anderes ist als die Verschleierung der ökonomischen Struktur: des Konsums um des Konsums willen. Es gibt glücklicherweise seriöse Gegenbeispiele. Dazu zählen, obschon wir uns vor ihrem Eifer hüten wollen, David Manning White und Arthur Schlesinger (die an einem aufklärerischen Reformismus festhalten), aber vor allem Gilbert Seldes, Daniel Bell, Edward Shils, Eric Larrabee, Georges Friedmann und andere mehr. Wir wollen auch hier versuchen, einen Katalog der wichtigen Einsichten zusammenzustellen.

a) Die Massenkultur ist nicht typisch für eine kapitalistische Herrschaftsform. Sie entsteht in einer Gesellschaft, in der sämtliche Bürger mit gleichen Rechten am öffentlichen Leben, am Konsum, an der Kommunikation teilzunehmen in der Lage sind; sie entsteht unvermeidlich in Gesellschaften industriellen Typs. Wollen Herrschaftsgruppen, freie Verbände, politische oder wirtschaftliche

Körperschaften sich der Gesamtheit der Bürger eines Landes mitteilen, müssen sie, unter Absehung von intellektuellen Differenzierungen, auf die Agenturen und Werkzeuge der Massenkommunikation zurückgreifen und unterliegen dabei unvermeidlich den Regeln der »Anpassung an den Durchschnitt«. Massenkultur ist charakteristisch für eine Volksdemokratie wie das China Mao Tsetungs, wo sich der öffentliche politische Diskurs einzig auf Transparenten, mit Hilfe von Plakaten und Bildtafeln abspielte. Die gesamte künstlerische Kultur der Sowjetunion ist eine Massenkultur mit all ihren Mängeln, als da sind: ästhetischer Konservativismus, Einschränkung der Geschmacksvorstellungen auf den »Durchschnitt«, Tabuisierung von Stilentwürfen, die den eingefleischten Erwartungen nicht entsprechen, paternalistische Struktur des gesellschaftlichen Austauschs von Werten usw.

b) Die gescholtene Massenkultur hat nicht den Platz der Hochkultur okkupiert; sie hat sich unter jenen Bevölkerungsschichten verbreitet, die früher keinen Zugang zu kulturellen Ausdrucksweisen hatten. Der Überfluß an Information über die Gegenwart wird von Menschen aufgenommen, die vormals keinerlei Informationen über die Gegenwart erhielten (deshalb von verantwortungsvoller Mitwirkung am Gesellschaftsleben ausgeschlossen waren) und deren Kenntnis der Geschichte ausschließlich von den religiösen Ideologien und den traditionellen Mythen geprägt war.[7]

Der Bürger eines modernen Landes, der in ein und demselben Heft einer Illustrierten Nachrichten über Filmstars und Informationen über Michelangelo liest, ist nicht am Bildungsstand des antiken Humanisten zu messen, der sich kundig und selbständig auf den verschiedenen Wissensgebieten bewegte, sondern an der Interessenlage des Tagelöhners oder kleinen Handwerkers vor zwei, drei Jahrhunderten, dem der Zutritt zu den kulturellen Interaktionen verwehrt war. Und wenn er – in der Kirche oder im Rathaus – Werken der Malerei begegnete, nahm er sie mit dem gleichen zerstreuten Blick wahr, den heute ein Leser auf die Farbreproduktion des berühmten Werkes wirft: eher auf die Anekdote des Bildes erpicht als auf seine Formensprache. Oder der Mann, der ein paar Takte von Beethoven pfeift, weil er sie am Radio gehört hat: auch er drückt eine Erfahrung aus, die zu sammeln einst den Wenigen, den Wohlhabenden vorbehalten war. In diesem Zusammenhang werden zumeist die eindrucksvollen Statistiken über die Verbreitung guter Musik durch Radio und Schallplatten ins Feld geführt, und in der Tat wäre zu bedenken, ob nicht diese breite Streuung musikalischer Information in vielen Fällen kulturelle Interessen begründet oder verstärkt hat. (Haben sich nicht viele von uns gerade durch den Anreiz der Massenmedien eine musikalische Bildung angeeignet?)[8]

c) Es trifft zu, daß die Massenmedien gehäuft und unterscheidungslos vielfältige Informationselemente anbieten, in denen der Anteil gegenständlicher Mitteilung nicht von dem ihrer Verpackung oder der Unterhaltung getrennt ist. Doch verneinen, daß die Anhäufung von *Information* [»informazione«] in eine *Bildung* [»formazione«] münden kann, heißt generell bestreiten, daß die Eröffnung quantitativer Daten einen qualitativen Wandel der Wirklichkeitswahrnehmung immerhin begünstigen kann. Es ist die aristokratische Ideologie der Kritiker der Massenmedien, die davon nichts wissen will. Genau darin offenbart sich ihre Nachbarschaft zu den kompakten Vorurteilen derjenigen, welche die Hinterwäldler bedauern, denen Antiquitätenhändler für einen alten hölzernen Backtrog oder den Tisch »im Klosterstil« ein häßliches Möbelstück aus Aluminium mit einer Kunststoffplatte »angedreht« haben, wobei außer acht gelassen wird, daß dieses häßliche Möbelstück beispielsweise abwaschbar und hygienisch ist und daß das alte Möbel, gäbe es den Kunststofftisch nicht, heute immer noch für ein kümmerliches Zeugnis alltäglichen Elends gälte.

d) Auf den Einwand, die Massenkultur verbreite auch Unterhaltungsware, die kein vernünftiger Mensch gutheiße (Comic strips mit erotischem Inhalt, Boxkämpfe im Fernsehen oder Quizsendungen, die an die sadistischen Instinkte des Publikums appellieren), wird in der Regel geantwortet, daß die Menge die *circenses* liebe, seit die Welt besteht; und so sei es nur natürlich, daß unter veränderten Produktions- und Distributionsbedingungen die Gladiatorenduelle und die Kämpfe der Bären *et similia* durch Versionen niederer Unterhaltung ersetzt worden seien, die zwar jeder verachte, die aber, ebensowenig wie ihre Vorläufer, ein Zeichen des Sittenverfalls seien.[9]

e) Die Homogenisierung des Geschmacks trage dazu bei, in bestimmten Bereichen die Kastenunterschiede zu beseitigen, die nationalen Sensibilitäten zu vereinigen, und in vielen Teilen der Erde erfülle sie die Funktion antikolonialistischer Entspannung.[10]

f) Die Popularisierung von Ideen in Gestalt von *Digests* habe als Schrittmacher der »Revolution durch das Taschenbuch« gewirkt, d. h. der massenhaften Verbreitung kulturell höchst wertvoller Werke in ungekürzten Ausgaben und zu billigen Preisen.

g) Es ist richtig, daß die Distribution von Kulturwerken (auch der wertvollsten), wenn sie stark intensiviert wird, die Aufnahmefähigkeit erschöpft. Dies ist jedoch ein Phänomen des »Konsums« von ästhetischen oder kulturellen Werten, das jeder Epoche geläufig ist. Wer im letzten Jahrhundert eine bestimmte Komposition sich zu oft angehört habe, der habe sein Ohr an eine schematische und oberflächliche Rezeption gewöhnt. In einer von der Massenkultur beherrschten Gesellschaft unterliege jeder Ausdruck einem solchen Verschleiß, und der beste Beweis dafür sei, daß sogar die Einwände gegen die Massenkultur, die durch Bücher mit hoher Auflage, durch Tageszeitungen und Zeitschriften verbreitet werden, Bestandteile der Massenkultur geworden sind, als Slogans wiederholt, wie Konsumgüter gehandelt werden und als Vehikel snobistischer Unterhaltung dienen (wie viele Beispiele der Kritik an der journalistischen »Verlotterung«, die in Zeitungsspalten ausgetragen wird, in trauriger Weise belegen).

h) Die Massenmedien bieten zwar ein Sammelsurium von Informationen und Daten an, ohne Unterscheidungskriterien zu benennen; aber letzten Endes sensibilisieren sie den Zeitgenossen für die Auseinandersetzungen in der Welt. Sind die so unterrichteten Massen nicht stärker am Gesellschaftsleben beteiligt als die in der Antike, die in den Konfrontationen mit festen Wertesystemen zu zweifelsfreier Gefolgschaft und Botmäßigkeit neigten? Wenn unsere Epoche eine des totalitären Wahnsinns ist, ist sie dann nicht zugleich die Epoche der kräftigen gesellschaftlichen Veränderungen und der nationalen Wiedergeburt unterentwickelter Völker – ein Zeichen dafür, daß die großen Informationskanäle zwar wahllos Informationen verbreiten, aber auch kulturelle Umbrüche von einiger Bedeutung befördern?

i) Es ist eine Unterstellung zu sagen, die Massenmedien seien stilistisch und kulturell konservativ. Insofern sie ein Ensemble neuer Sprachen bilden, haben sie neue Redeweisen, neue Stilelemente, neue Wahrnehmungsmuster eingeführt (belassen wir es bei dem Hinweis auf die Wahrnehmung anschaulicher Bilder, auf die neuen Grammatiken des Kinos, auf die Photographie, den Comic strip, den journalistischen Stil ...): Ob gut oder schlecht, es handelt sich um Wandlungs- und Erneuerungsprozesse, die häufig dauerhaft auf die sogenannten hohen Künste zurückwirken und deren Entwicklung beeinflussen.[11]

Ein schlecht gestelltes Problem

Die Verteidigung der Massenmedien kann, wie wir gesehen haben, zahlreiche stichhaltige Gründe für sich beanspruchen. Doch zugleich redet sie einem unsinnigen kulturellen »Freihandel« das Wort: Daß die freie und intensive Zirkulation der Massenkultur-Produkte »an sich gut« sei, wird schlicht vorausgesetzt. Allenfalls will man gewisse pädagogisch-politische Kontrollen zulassen (Zensur sadistisch-pornographischer Comic strips oder Kontrolle der Fernsehnetze). Kaum einmal wird ernsthaft bedacht, daß die Massenkultur von dem Augenblick an, da sie vorwiegend von Gruppen mit ökonomischer Macht betrieben und genutzt wird, den wirtschaftlichen Mechanismen unterworfen ist, die auch die Herstellung, den Absatz und den Konsum der übrigen Industrieprodukte regulieren. »Das Produkt muß dem Kunden gefallen«, es darf keine Probleme bereiten, der Kunde muß das Produkt wünschen und muß zum Verschleiß des Produkts, also zu seiner Ersetzung, verleitet werden. Daher die akulturellen Eigenschaften der Produkte selbst und das Verhältnis von »Überredendem und Überredetem«, von Produzent und Konsument, das ein paternalistisches Verhältnis ist und das nicht an ein bestimmtes Wirtschaftssystem gebunden ist. Es ist vielmehr ein *politisches* Verhältnis – eines des Machtgebrauchs und der Herrschaft. Und dies beweist, daß die Massenkultur ein industrielles Faktum ist und den Bedingungen industrieller Tätigkeit gehorcht.

Der Fehler der Verteidiger der Massenkultur liegt in der Behauptung, die Vervielfachung der Industrieprodukte sei, einem homöostatischen Ideal des freien Marktes zufolge, »an sich gut«.[12] Der Fehler der Apokalyptiker-Aristokraten liegt in der Behauptung, die Massenkultur sei deshalb verwerflich, weil sie ein industrielles Faktum ist; Kultur sei heute nur dann möglich, wenn sie sich radikal der industriellen Konditionierung entziehe.

Das Problem ist schlecht gestellt, wenn man fragt: »Ist es gut oder schlecht, daß es die Massenkultur gibt?« Das Problem lautet vielmehr: »Wie kann man, nachdem die Industriegesellschaft jenes kommunikative Verhältnis, das als Gesamtheit der Massenmedien bekannt ist, unabwendbar gemacht hat, sicherstellen, daß die Massenmedien kulturelle Werte übermitteln?«

Der Gedanke, ein kultureller Eingriff in den Sachverhalt sei nicht nur möglich, sondern überdies aussichtsreich, ist nicht utopisch. Denken wir, zum Beispiel, an die »Verlagsindustrie«. Die Herstellung eines Buches ist ein industrielles Faktum geworden; sie ist den Regeln der Produktion, der Distribution und des Konsums unterworfen. Daraus resultieren: die Produktion auf Befehl; der künstlich geweckte oder befeuerte Verbrauch; ein Markt, der mit Täuschung, Suggestion und Propaganda gespeist und reguliert wird. Die Verlagsindustrie unterscheidet sich aber von der Zahnpasta-Industrie in folgendem: Ihr erstes Ziel (in den besseren Fällen) ist nicht die Produktion eines leicht verkäuflichen Buches, sondern die Produktion von Werten, für deren Verbreitung das Buch das geeignete Mittel erscheint. Das bedeutet, daß hier neben den »Produzenten von Gegenständen des Kulturkonsums« »Kulturproduzenten« tätig sind, die das System der Buchindustrie zu Zwecken gebrauchen, die dieses System übertreffen. Wie pessimistisch man auch immer sein mag, das Erscheinen kritischer Ausgaben oder populärer Reihen bezeugt einen Sieg der kulturellen Kommunität über das industrielle Werkzeug, mit dem es in einer glücklichen Weise verbunden ist. (Es sei denn, man hielte diese Vervielfältigung der ökonomischen Universalien für intellektuelle Verschwendung, eine Auffassung, die wir schon diskutiert haben.)

Das Problem der Massenkultur ist das folgende: Sie wird heute von »Wirtschaftsgruppen« geprägt, die Profitzwecke verfolgen, und sie wird von »spezialisierten Ausführenden« betrieben, die dem Auftraggeber liefern, was er als besonders verkäuflich erachtet. Ein gezielter Eingriff der Kulturtätigen in die Produktion findet nicht statt; sie bevorzugen den Protest und die Zurückhaltung. Das heißt nicht, daß ein solcher Eingriff in die Produktion der Massenkultur, würde er riskiert, notwendig an den Marktgesetzen scheitern müßte. Zu sagen: »Das System, in dem wir uns bewegen, stellt eine so vollkommene und alles durchdringende *Ordnung* dar, daß jede vereinzelte Veränderung isolierter Phänomene auf seine Bestätigung hinausliefe. Deshalb ist es besser, zu schweigen und passiv zu rebellieren«, ist eine Mystifikation und geradezu grotesk, wenn es, was häufig geschieht, auf pseudomarxistische Thesen gestützt wird. Die Negation einer Lösung ist nicht die Lösung eines Problems. Wer auf ein solches Verfahren setzt, verfängt sich in Abstraktionen und mißverstandenen Totalitätsannahmen; er hat von der Dialektik der geschichtlichen Widersprüche nichts begriffen. Ein in einem einzelnen Aspekt modifiziertes System A ist nicht mehr das System A, sondern ein System A$_1$. Zu leugnen, daß eine Summe von kleinen Initiativen den Charakter eines Systems ändern könne, heißt die Möglichkeit nicht nur des Wandels, sondern auch des Umbruchs zu leugnen. Qualitative Veränderung ist ein Ergebnis quantitativ erheblicher Einzelkorrekturen.

Es wird immer wieder gesagt, dem Vorschlag partieller Eingriffe im *kulturellen Bereich* entspreche *in der Politik* der »Reformismus«. Wenn mit »Reformismus« gemeint ist, auf die Wirksamkeit partieller Veränderungen unter Ausschluß radikaler und gewaltsamer Alternativen zu vertrauen, dann gilt es gleichzeitig festzuhalten, daß revolutionäre Projekte niemals Teileingriffe ausgeschlossen haben.

Im übrigen sind wir der Ansicht, daß die Kategorie des Reformismus auf die Sphäre der Kultur überhaupt nicht anwendbar ist. An der sozioökonomischen Basis mag eine maßvolle Korrektur bestimmte Widersprüche mildern oder deren Entladung für sehr lange Zeit verhindern, also letzten Endes den Status quo festigen. Auf der Ebene der Zirkulation der kulturellen Werte kommt es hingegen niemals vor, daß eine Idee, auch wenn sie isoliert in Umlauf gebracht wird, zum statischen Bezugspunkt von Wünschen wird, die nunmehr befriedigt sind; vielmehr erweitert sie den geführten Diskurs oder eröffnet einen neuen. Klar formuliert: Wenn ich in einer Lage sozialer Spannung in einer Fabrik den Lohn der Arbeiter erhöhe, kann dies die Arbeiter vielleicht an der Fabrikbesetzung hindern. Wenn ich jedoch einer Gemeinschaft von analphabetischen Bauern das Lesen beibringe, damit sie »meine« politischen Aufrufe lesen können, wird sie nichts davon abhalten können, morgen auch die Aufrufe »der anderen« zu lesen. Anders ausgedrückt: Im Bereich der Kultur gibt es keine reformistische Erstarrung; es gibt hier nur Prozesse zunehmender Bewußtwerdung, die, wenn sie einmal ausgelöst sind, von dem, der sie ausgelöst hat, nicht mehr kontrollierbar sind. Daher die Dringlichkeit aktiver Eingriffe auf dem Gebiet der Massenkommunikation. Das Schweigen ist kein Protest, sondern Komplizenschaft; ebenso die Weigerung, sich zu kompromittieren.

Damit der Eingriff erfolgreich sein kann, muß er auf genauer Kenntnis des Materials beruhen, mit dem man arbeiten will. Bis heute hat die aristokratische Polemik gegen die Massenmedien von der Analyse ihrer spezifischen Modalitäten meist abgesehen. Dabei wird unterstellt, diese Modalitäten bestimmten generell jede Kommunikation in der auf freien Wettbewerb gemünzten Industriegesellschaft. Wir haben dazu bereits angemerkt, daß gewisse Grundfiguren der Massenkommunikation auch in anderen sozioökonomischen Kontexten erscheinen können, da sie mit der Besonderheit des Kommunikationsverhältnisses zusammenhängen: mit der Anwendung industrieller Verfahren bei der Aufgabe, mit großen Publikumsmassen zu kommunizieren, also mit der Anwendung der Mechanisierung, der seriellen Reproduktion, der Einebnung des Produkts auf einen »Durchschnitt« usw. Vorstellungen zu entwickeln, wie diese Mittel zu anderen, vernünftigen Zwecken eingesetzt werden könnten, ist das Geschäft der politischen Planung. Für den Wissenschaftler gibt es im Augenblick nur eine fruchtbare Alternative: zu untersuchen, wie das Phänomen sich *heute* darstellt. An diesem Punkt läßt sich die Diskussion von der Ebene allgemeiner Erwägung auf die Ebene partikularer Entscheidungen verlagern, nämlich des Eingriffs, der sich in der Doppelgestalt der Kollaboration einerseits, der kritisch-konstruktiven Analyse andererseits vollzieht. Viele von uns haben die Massenmedien nie einer wissenschaftlichen Betrachtung oder eines sorgfältigen Kommentars für wert befunden. Aber wer es getan hat, stellte Veränderungen fest. Das Beispiel des Fernsehens ist hier symptomatisch: Niemand kann bestreiten, daß durch eine schlüssige Kulturkritik (nicht durch eine distanzierte – das ist für das politische Handeln wichtig) Teile der Programme verbessert werden konnten. So gesehen beeinflußt die Kulturkritik den Markt und bietet den Produzenten Orientierungshilfen an, die für ihre Mitwirkung bedeutsam werden können. Vor allem aber kann der kritische Eingriff die Überzeugung korrigieren helfen, Massenkultur sei die kulturelle Nahrung für die Massen (verstanden als eine Kategorie minderer Bürger), zubereitet von einer Elite der Produzenten. Damit ist freilich nicht gesagt, die Massenkultur sei (oder könne sein) eine von den Massen produzierte Kultur. Es gibt keine Form der »kollektiven« Schöpfung, die nicht durch besonders Begabte vermittelt wäre, die sich zum Interpreten der Gemeinschaft machen, in der sie leben. Worauf es jedoch ankommt, ist, das Verhältnis zwischen Produzenten und Benutzern von einem paternalistischen in ein dialektisches zu verwandeln – die einen interpretieren die Forderungen und Ansprüche der anderen.

Kritik an den drei Niveaus

Das Ideal einer demokratischen Kultur verlangt, daß der Begriff der drei Kulturniveaus (*high, middle, low*) revidiert wird. Sie müssen von einigen Konnotationen befreit werden, die ihnen gefährliche Tabus zuordnen:

a) Die Niveaus entsprechen nicht der Klassenschichtung. Dieser Punkt ist unbestritten. Bekanntlich ist der *high brow*-Geschmack nicht unbedingt der Geschmack der herrschenden Klassen. Da bestehen seltsame Konvergenzen: Die englische Königin liebt ein Bild von Annigoni, das einerseits den Beifall Chruschtschows hätte finden können und das andererseits der Zustimmung eines Arbeiters sicher wäre, den die Kühnheit des letzten Anhängers der abstrakten Kunst beeindruckte.[13] Hochschulprofessoren finden an Comic strips Vergnügen; ein Buchhalter gewinnt durch die Lektüre von *pocket books* eine Anschauung von der »hohen« Literatur.

b) Die drei Niveaus stehen nicht für drei Komplexitätsgrade (die mit ›Wert‹ gleichzusetzen wären). Mit anderen Worten: Einzig in snobistischsten Deutungen der drei Niveaus wird das »hohe« mit den neuen und schwierigen Werken identifiziert, die allein den *happy few* verständlich sind. Denken wir an ein Buch wie *Il Gattopardo* [Tomasi di Lampedusa, *Der Leopard*]: Die gängige Lesermeinung schlägt es seines kulturellen Anspielungsreichtums wegen dem »hohen« Niveau zu. Gleichwohl hat sich, soziologisch gesprochen, seine Verbreitung auf dem *middle brow*-Niveau abgespielt. Ist nun der Erfolg auf dem »mittleren« Niveau ein Zeichen für Kulturzerfall? In manchen Fällen wohl. Einige italienische Romane, die in jüngerer Zeit einen lautstarken Erfolg hatten, verdanken ihr Glück genau jenen Motiven, die MacDonald im Zusammenhang mit Hemingways *The Old Man and The Sea* in Zweifel gezogen hat: Sie verbreiten Stileigenschaften und kulturelle Einstellungen, die in schlauer Weise banalisiert worden sind (durch allmähliche Gewöhnung des Geschmacks), und bestechen ein träges Publikum, das an exklusiven literarischen Entwicklungen teilzunehmen glaubt, während es in Wirklichkeit ästhetische Lagerbestände aufzehrt.[14] Doch in anderen Fällen versagt dieses Kriterium. So gibt es Gebilde einer *low brow*-Kultur, bestimmte Comics zum Beispiel, die auf einem *high brow*-Niveau als raffinierte Inszenierungen genossen werden, ohne daß damit ein Qualitätsbeweis geführt wäre. Wie man sieht, ist das Spektrum weitaus umfassender, als man annimmt. Allerdings bleibt das Problem bestehen, ob hier nicht zwei verschiedene Konsumweisen, d.h. zwei unterschiedliche Komplexitätsaspekte im Spiele sind.

c) Die drei Niveaus fallen nicht mit drei Niveaus des ästhetischen Werts zusammen. Es gibt *high brow*-Produkte, die als »avantgardistisch« eingestuft werden, weil ihre Lektüre eine gewisse Bildung und Disposition (eine Neigung zu Finessen) voraussetzt, und die gleichwohl, im Rahmen der für dieses Niveau gültigen Bewertungen, als »schlecht« beurteilt werden müssen (ohne deswegen *low brow* zu sein). Und es gibt *low brow*-Produkte, dazu bestimmt, von einem riesigen Publikum gelesen zu werden, die eine beträchtliche strukturelle Originalität aufweisen und die Grenzen des Zirkels von Produktion und Konsumtion, in den sie eingebettet sind, zu sprengen vermögen, so daß sie uns wie Kunstwerke von eigentümlichem Wert erscheinen. (Dies ist der Fall bei den *Peanuts* von Charles M. Schulz oder beim Jazz, der aus der »Unterhaltungsmusik« in den Bordellen von New Orleans hervorgegangen ist.)

d) Die Abwanderung von Stilelementen von einem höheren auf ein tieferes Niveau bedeutet nicht unbedingt, daß sie sich nur deshalb auf dem unteren Niveau eingebürgert haben, weil sie »konsumiert« oder »kompromittiert« wurden. Manchmal verhält es sich tatsächlich so; mitunter beobachten wir jedoch eine bedeutsame Entwicklung des kollektiven Geschmacks, der sich plötzlich Formen und Innovationen einverleibt, die vormals in hermetischen Experimenten, im Alleingang eines Künstlers entworfen worden waren. Als Vittorini die Unterscheidung zwischen einer Literatur als »Produktionsmittel« und einer Literatur als »Konsumgut« traf, hatte er nicht vor, die zweite dadurch herabzusetzen, daß er die erste mit Literatur *tout court* gleichsetzte; er wollte von verschiedenen Funktionen sprechen, welche die Literatur auf unterschiedlichen Niveaus wahrnimmt. Ich kann mir sehr gut einen Roman vorstellen, der, obwohl zur Unterhaltung gedacht, ästhetischen Wert besitzt, originell ist (keine Nachahmung bereits realisierter Formen) und als Kommunikationsbasis eine stilistische *koiné*, eine Umgangssprache wählt, die in literarischen Experimenten geschaffen wurde, als Versuchsanordnung und Vorschlag (Skizze einer möglichen Form).[15]

Eine mögliche Schlußfolgerung
sowie einige Forschungsvorschläge

Dies erlaubt uns nun, eine Interpretation des gegenwärtigen Standes unserer Kultur vorzutragen, die eine neue Komplexität der Zirkulation von Werten (theoretischen, praktischen und ästhetischen) berücksichtigt.

Zur Zeit Leonardos war die Gesellschaft eingeteilt in Menschen, die über kulturelle Werkzeuge verfügten, und Menschen, die von dieser Verfügung ausgeschlossen waren. Die Besitzer der kulturellen Werte besaßen die Kultur in ihrem ganzen Umfang: Leonardo war Mathematiker und Techniker; er entwarf mögliche Maschinen und wirkliche Aquädukte. Die Geschichte der Kultur ist auch die der Stabilisierung bestimmter Theorieformen. Die »reine« Theorie trennte sich von der empirischen Forschung ab. Es kam zu »Entwicklungsungleichheiten«, die manchmal Verzögerungen oder Verschiebungen um Jahrzehnte und mehr umfaßten. Zwischen der nichteuklidischen Geometrie oder der relativitätstheoretischen Physik und ihren Anwendungen bei der Lösung konkreter technischer Probleme spannte sich ein erheblicher Zeitabstand. Dennoch wissen wir, daß die Gültigkeit der Entdeckungen Einsteins nicht von ihrem praktischen Gebrauch abhängig war, und daß sie von ihren späteren Anwendungen, beispielsweise zur Analyse des Atomkerns, nicht aufgezehrt werden. Diese Entwicklungsungleichheit und die Korrelation zwischen verschiedenen Theorie/Praxis-Niveaus sind Wesensmerkmale unserer Kultur.

Auf dem Gebiet der ästhetischen Formen können wir eine ähnliche Sonderung feststellen: auf der einen Seite die Avantgardekunst, die weder beansprucht noch darauf zählen kann, unmittelbar verstanden zu werden, und die experimentiert; auf der anderen Seite ein System von »Übersetzungen« und »Vermittlungen«, bisweilen mit Verzögerungen um Jahrzehnte, das Formbildungen (mit den damit verbundenen Wertesystemen) von breiter Verständlichkeit bevorzugt, die einer Dialektik schwer bestimmbarer Einflüsse folgen, und das gleichwohl die kulturellen Austauschmuster mitprägt.[16]

Der Niveauunterschied der verschiedenen Werke bezeichnet nicht vor allem einen Wertunterschied, sondern einen Unterschied im Nutzungsverhältnis, das jeder von uns von Fall zu Fall mit ihnen eingeht. Mit anderen Worten: Zwischen dem Leser der Lyrik Pounds und dem eines Kriminalromans besteht *de jure* kein Unterschied der gesellschaftlichen Klasse oder des intellektuellen Vermögens. Jedermann kann zu verschiedenen Zeiten desselben Tages das eine oder das andere sein, im ersten Fall auf der Suche nach einer höchst spezialisierten Anregung, im zweiten nach Zerstreuung, aus der er ein eigentümliches Vergnügen zieht und die ebenfalls bestimmte Werte vermitteln.

Ich sagte *de jure*. Man könnte nämlich einwenden, *de facto* könne zwar ich sowohl Pound als auch den Kriminalroman genießen, aber ein Bankbuchhalter sei aus einer Reihe von Gründen (von denen viele nicht unabänderlich, obschon gegenwärtig unüberwindlich sind) auf den Kriminalroman verwiesen – er befinde sich kulturell im Stande der Unterordnung, der Benachteiligung.

Das Problem wurde freilich gerade deswegen als ein Problem *de jure* gestellt. Denn nur wenn man die Niveaudifferenzierung als eine den Umständen entsprechende Differenzierung der Nachfrage (und nicht der Nachfragenden) interpretiert, wird man erklären können, warum auf den verschiedenen Niveaus Werke entstehen können, die in ihrem Feld einen kulturell schöpferischen Diskurs in Gang bringen. D. h. nur wenn man sich bewußt macht, daß der Comics-Leser in einem bestimmten Augenblick eine bestimmte Stilerfahrung *wählt*, die er kulturell beurteilt und genießt, wird einsichtig, daß er zu anderen Wahlen ebenfalls fähig ist. Merkwürdig ist, daß diese *de jure*-Konstellation für die intellektuell geschulten Konsumenten *de facto* bereits eingetreten ist. Der Gebildete, der abends gern Bach hört, stellt in der Mittagspause vielleicht das Radio an, weil ihm der Sinn nach »Gebrauchsmusik« steht. Mit anderen Worten: Erst wenn man akzeptiert, daß die verschiedenen Niveaus komplementär sind und daß sie von allen Mitgliedern derselben Nutzungsgemeinschaft betreten werden können (sollten), läßt sich ein Weg zur kulturellen Verbesserung der Massenmedien öffnen.

Das Problem ist – de facto – vor allem ein politisches (in erster Linie eines der Schulbildung und dann der Freizeit, verstanden nicht als »Geschenk« von Stunden, die der Muße zu widmen wären, sondern als ein neues Verhältnis zur Arbeitszeit, die nicht mehr als »fremd« empfunden wird, weil sie tatsächlich unter »unsere« Kontrolle fällt); es wird erleichtert durch die Erkenntnis, daß die verschiedenen Niveaus gleichwertig sind, sowie durch ein kulturelles Handeln, das mit dieser Erkenntnis Ernst macht.

Niemand sollte indes glauben, daß dies friedlich und in institutionellen Bahnen vor sich gehen könnte. Der Konflikt zwischen der »Kultur des Neuen« und der »Unterhaltungskultur« ist stets hochexplosiv; er ist der Konflikt der Kultur selbst: der Kampf der Kultur mit sich selbst. Die von uns skizzierte Utopie hat den Wert einer »methodologischen Norm«. Sie setzt, mit allen Abweichungen und Fehlern des Einzelfalles, auf das Mögliche im Wirklichen.

Ich werde niemals das Erlebnis vergessen, das ein Freund gehabt hat: ein Fernsehreporter, der sein Handwerk beherrscht, der mit dem Blick auf den Monitor einen Fernsehbericht über ein bestimmtes Ereignis in einem piemontesischen Provinzstädtchen gab. Während der Regisseur ihm die letzten Bilder lieferte, beschloß der Reporter seinen eher nüchternen Bericht mit einem Hinweis auf die Abenddämmerung, die sich über den Ort senkte. In diesem Augenblick erschien auf dem Monitor, völlig deplaziert, entweder durch einen unerklärlichen Einfall des Regisseurs oder aufgrund eines Fehlers am Mischpult, das Bild von Kindern, die auf der Straße spielten. Der Reporter sah sich genötigt, das Bild zu kommentieren, und sagte: »Und hier sehen wir die Kinder, ihren Spielen von heute hingegeben, ihren Spielen seit je.« Das Bild war symbolhaft geworden, universell und pathetisch; es stellt ein Modell für jenen *Midcult* dar, den MacDonald tadelte: ein Konglomerat aus falscher Universalität und entleerter Bildsprache. Hätte der Reporter nicht besser geschwiegen? Eine anfechtbare »Poetik der Fernsehreportage« gebietet, das Kontinuum der Bilder mit einem Kontinuum des gesprochenen Wortes zu begleiten. Die Eigenart des Mediums, seine Zufälligkeit, der Zwang, auf die Erwartungen der Zuschauer einzugehen, ließen ihn zum Gemeinplatz greifen. Bevor man auf diese unheilbare Trivialität der Massenmedien mit Empörung reagiert, sollte man sich fragen, in wie vielen Fällen wohl in der »hohen Literatur« die Erfordernisse des Metrums oder des Reimes, die Nachgiebigkeit gegenüber dem Auftraggeber oder andere, den ästhetischen oder gesellschaftlichen Konventionen geschuldete Bedrängungen zu ähnlichen schlechten Kompromissen geführt haben. Zeigt uns die Episode, daß die Regressionsmöglichkeiten im neuen, von einer Massenkultur bestimmten Panorama des Menschlichen unbegrenzt sind, so zeigt sie uns auch, wo die Analyse und die Kritik anzusetzen haben.

Anmerkungen

1 Marshall McLuhan, *The Gutenberg Galaxy,* Toronto 1962.
2 Im Verlauf des vorliegenden Essays werden wir das Problem der Massenkultur besonders aus der Sicht der Zirkulation ästhetischer Werte betrachten. Es werden also nicht alle soziologischen Aspekte des Problems und nicht die gesamte Bibliographie zum Thema berücksichtigt.
3 [lat. Dichter der Spätantike, Anhänger einer nationalistischen Rom-Ideologie. A. d. Ü.]
4 Vgl. Dwight MacDonald, *Against the American Grain,* New York 1962.
5 Eine Tabelle von der Art, wie wir sie rekonstruieren, findet sich in: Leo Bogart, *The Age of Television,* New York 1956.
6 Für einen allgemeinen »Gesichtspunkt« dazu siehe Georges Friedmann, »Culture pour les millions?«, in: *Communications* 2, 1963.
7 Vgl. Edward Shils, »Mass Society and its Culture«, in: Norman Jacobs (Hrsg.), *Culture for the Millions?* Princeton 1959; ferner »Daydreams and Nightmares: Reflections on the Criticism of Mass Culture«, in: *The Sewanee Review,* Herbst 1957. »Ist es nicht zutreffender zu denken, daß die Massenkultur für die unteren Klassen weniger unheilvoll ist, als das düstere und schwierige Leben, das sie in weniger entwickelten Epochen führten?« Diese Frage wird im allgemeinen von denen, die sehnsüchtig eine Rückkehr zum inneren Gleichgewicht des »griechischen Menschen« befürworten, nicht gestellt. Zu welchem griechischen Menschen? Dem Sklaven oder dem Metöken, denen zivile Rechte und Ausbildung versagt waren? Den Frauen oder den Neugeborenen, die man auf Misthaufen aussetzte? Die Benutzer der Massenkultur sind ihre heutigen Entsprechungen, und sie erscheinen uns mit mehr Respekt behandelt zu werden, auch wenn man sie mit vulgären Fernsehprogrammen beleidigt.
8 Wir verweisen auf die vielleicht allzu optimistischen, aber auch wohlmeinenden Passagen bei Eric Larravee, »Il culto popolare della cultura popolare«, in: *L'America si giudica da sè,* Milano 1962: »Das Erscheinen der Langspielplatte veränderte das Niveau des Konzertrepertoires vollständig, und es revolutionierte die üblichen Vorstellungen des Hörers sogar im Hinblick auf die größten Komponisten. [...] Es ist ebenso leicht, ein billiges Taschenbuch zu kaufen und nicht zu lesen, wie ein gebundenes Buch. Die schreckliche Schönheit des Überflusses liegt doch gerade darin, uns zur Auswahl zu verleiten. [...] Wir entdecken, daß die Verfügbarkeit alle anderen Entschuldigungen aufhebt. Das Buch dort auf dem Regal schreit danach, gelesen zu werden, und wenn es uns nicht gelingt, es zu lesen, bedeutet dies vielleicht, daß wir es nicht interessant finden. Es kann der Augenblick kommen, da wir uns selbst eingestehen müssen, daß der *Don Quijote* (oder ein anderes Buch) uns nicht interessiert, und das ist der Anfang der Klugheit.«
9 Vgl. Daniel Bell und David Manning White in: Bernard Rosenberg und David Manning White (Hrsg.), *Mass Culture.* Clencoe 1960, wo in polemischer Absicht auf den Typus der niederen Unterhaltung verwiesen wird, der im Elisabethanischen Zeitalter in England gepflegt wurde.

10 Franz Fanon weist in *L'an V de la révolution algérienne* auf das Gewicht des Radios und anderer Techniken der Massenkommunikation bei der Bewußtwerdung der algerischen Nation hin. Man vergleiche dazu den Essay von Claude Brémond, »Les communications de masse dans les pays en voie de développement«, in: *Communications*« 2, 1963. Natürlich muß man auch den Schock berücksichtigen, den die beschleunigte Einführung von Elementen einer nach-alphabetischen Kultur auf Gebieten auslösen kann, die einer vor-alphabetischen Zivilisation verhaftet sind. In diesem Zusammenhang weisen Forscher wie Cohen-Séat jedoch darauf hin, daß in den unterentwickelten Gebieten allein die Mittel der audiovisuellen Kommunikation das Hindernis des Analphabetismus im Laufe weniger Jahre zu überwinden helfen.

11 Vgl. dazu allgemein die Untersuchungen von Gillo Dorfles, *Le oszillazioni del gusto,* Milano 1958, und ders., *Il divenire delle arti,* Torini 1958.

12 »Edward Shils behauptet hoffnungsfreudig, daß die ›obere‹ Kultur heute von mehr Leuten genossen werden könne als früher. Das stimmt zwar, aber das ist genau das Problem und nicht die Lösung.« Ernest van den Haag, »A Dissent from the Consensual Society«, in: Norman Jacobs (ed.), *Culture for the Millions? Mass Media in Modern Society,* Princeton 1959.

13 Vgl. Gillo Dorfles in: *Le oscillazioni del gusto* (vgl. Anm. 9) und seinen Artikel »Kitsch e cultura« in: *Aut Aut,* Januar 1963.

14 Im oben erwähnten Aufsatz in *Mass Culture* spricht Bernard Rosenberg von einem »Bovarysmus« als heimlicher Neigung bei den Nutznießern der Massenkultur – einem Bovarysmus, den die Operateure der Massenmedien als Wahrnehmung von Interessen ausbeuteten.

15 Siehe dazu Kapitel »Die Struktur des schlechten Geschmacks« in diesem Band.

16 Edgar Morin (*L'esprit du temps,* Paris 1962) insistiert jedoch zu Recht auf der Tendenz der Massenmedien, sich zu nivellieren, indem sie die Extreme abschwächen und sich den *middle brow*-Positionen angleichen.

Die Struktur des schlechten Geschmacks

Mit dem schlechten Geschmack verhält es sich wie mit der Kunst (worauf zuletzt Croce hingewiesen hat): Jedermann weiß Bescheid und scheut sich auch nicht, das kundzutun (darüber zu sprechen); doch sobald Begründungen verlangt werden, gerät man ins Schlingern. Mit eigenen Begründungen aufzuwarten erscheint als so schwierig, daß man sich nicht auf Musterbeispiele verläßt, sondern auf das Urteil der *spoudaioi,* der Sachkundigen, d.h. der Leute mit Geschmack: Man stützt sich auf deren Argumente, um in genau abgegrenzten Gewohnheitsbereichen den guten oder schlechten Geschmack zu definieren.

Zuweilen bedient sich die Erkenntnis hierbei der Unmutsreaktion auf offenkundige Disproportionalitäten, auf etwas, das deplaziert erscheint, z.B. die farbige Krawatte zum Traueranzug, die unschickliche Bemerkung (hier wird der schlechte Geschmack im Zusammenhang der Sitten zum Fauxpas) oder der blinde Überschwang, der von der Situation nicht gerechtfertigt ist: »Man sah das Herz Ludwigs XVI. unter dem Spitzenbesatz seines Hemdes heftig schlagen. [...] Giovanna war in ihrem Stolz verletzt, aber wie die Leoparden, wenn sie vom Pfeil verwundet sind, verbarg sie, wie sehr sie getroffen war...« (zwei Sätze aus einer alten Dumas-Übersetzung). In diesen Fällen wird der schlechte Geschmack als Unmäßigkeit erkannt, wobei freilich die Regeln für das »Maß« meist festgelegt werden, ohne daß beachtet würde, wie sehr sie sich mit den Zeitläuften und den Kulturen wandeln.

Gibt es etwas, das in einem unwillkürlichen Sinne schlechten Geschmack anschaulicher bezeugte als die Grabplastiken auf den Monumentalfriedhöfen des 19. Jahrhunderts? Und mit welchem Recht könnten wir diese einwandfreien canovianischen Übungsstücke der Unmäßigkeit bezichtigen, die den *Schmerz,* die *Barmherzigkeit,* den *Ruhm* oder das *Vergessen* darstellen? Es zeigt sich rasch, daß wir ihnen formal keine Maßlosigkeit ankreiden können. Und daß, sofern im Objekt ein Maß enthalten ist, die Maßlosigkeit eine historische Wertung ist (unangemessen wäre es, Canova im 20. Jahrhundert zu wiederholen) oder am Kontext ermittelt werden muß. (Das Deplazierte: Ist es wirklich maßlos, Statuen des Schmerzes an einem Ort wie dem Friedhof aufzustellen? Wäre es nicht vielmehr unangemessen, den Trauernden mittels »schicklicher« Statuen die Art und Intensität des Schmerzes vorzuschreiben, statt es jedem Einzelnen zu überlassen, wie er seine Empfindungen ausdrückt?)

Mit dieser letzten Andeutung haben wir uns einer neuen Definition des schlechten Geschmacks genähert, die halbwegs glaubwürdig erscheint und die den Rekurs auf ein »Maß« offenläßt (wenn auch nur scheinbar, worauf wir zurückkommen werden): nämlich der Definition des schlechten Geschmacks in der Kunst als *Vorfertigung und Durchsetzung des Effekts*.

Vielleicht um ein Phantom auszutreiben, das sie von nahem bedrängt, hat die deutsche Kultur mit Eifer ein Stichwort für dieses Phänomen gebildet und in eine Kategorie gefaßt, die des *Kitsches*, die so genau ist, daß der Terminus, der sich als unübersetzbar erwies, wörtlich in andere Sprachen verpflanzt wurde.[1]

Stilistik des Kitsches

»Fernher rauscht das Meer in die holde Stille, der Wind regt sanft das starre Laub. Ein mattseidenes Gewand, elfenbeinweiß und golden bestickt, umfließt ihre Glieder und läßt einen zartgeschwungenen Nacken frei, auf dem die feuerfarbenen Flechten lasten. Noch brannte kein Licht in Brunhilds einsamem Gemach, – die schlanken Palmen ragten wie dunkle, phantastische Schatten aus ihren kostbaren chinesischen Kübeln empor, die weißen Marmorleiber der Antiken glänzten gespenstisch dazwischen und an den Wänden verschwanden die Bilder in ihren breiten mattschimmernden Goldrahmen.

Brunhild saß vor dem Flügel und ließ die Hände voll süßer Schwärmerei über die Tasten gleiten. Suchend floß ein schweres Largo daher, wie sich Rauchschleier aus glimmenden Aschen lösen, vom Winde zerfetzt werden und in bizarren Brocken herumfliegen, getrennt von der Flamme, wesenlos. Langsam wuchs die Melodie zum Maestoso, sie rollt dahin in mächtigen Akkorden und kehrt wieder mit holden, flehenden, unsäglich süßen Kinderstimmen und mit Engelschören und rauscht über nächtli-

che Wälder und einsame, weite, brennend rote Heiden, wo alte Heidenmale stehen, und spielt um verlassene Dorfkirchhöfe. Helle Wiesen gehen auf, Frühlinge spielen mit leicht bewegten Gestalten, und vor dem Herbst sitzt eine alte Frau, eine böse Frau, um die herum alle Blätter fallen. Winter wird sein. Große glänzende Engel, die den Schnee nicht streifen, aber so hoch wie der Himmel sind, werden sich zu hortenden Hirten neigen und ihnen singen von dem Märchenkinde in Bethlehem.
Der heiligen Weihnacht geheimnisgesättigter Himmelszauber umwebt die in tiefem Frieden schlummernde winterliche Heide, als ob ein Harfenlied fremd im Tageslärm klänge, als ob das Geheimnis der Wehmut selber den göttlichen Ursprung besänge. Und draußen streicht der Nachtwind mit zarten, tastenden Händen um das Goldhaus, und die Sterne wandeln durch die Winternacht.«

Der zitierte Text ist ein *pastiche*, das Walther Killy[2] anfertigte, indem er Sätze von sieben deutschen Autoren aneinanderreihte – sechs davon Produzenten anerkannter literarischer Konsumware, dazu ein *outsider*, bei dem es sich bedauerlicherweise um Rilke handelt. Wie Killy bemerkt, ist der Kompilationscharakter des Textes nicht leicht zu erkennen, weil das Hauptmerkmal der Einzelstücke darin liegt, *einen Gefühlseffekt hervorzurufen*, genauer: einen bereits hervorgerufenen und kommentierten auszustellen, wozu der Sachgehalt (der Nachtwind? ein Mädchen am Klavier? die Geburt des Erlösers?) weniger wichtig ist als die *Stimmung*. Die Hauptabsicht ist jeweils, eine lyrisierende Atmosphäre zu erzeugen, und zu diesem Zweck benutzen die Autoren Ausdrücke, die poetisches Prestige genießen oder die nachweislich Gefühlsregungen zu wecken vermögen (Wind, Nacht, Meer usw.). Doch sie scheinen der evozierenden Kraft der Einzelwörter nicht zu trauen; sie verpacken sie, ergänzen und verstärken sie, damit der Effekt, falls er einmal verlorenginge, wiederholt wird und gesichert ist. So ist das Schweigen, in das hinein das Meer rauscht (um Mißverständnissen vorzubeugen) ein »holdes« Schweigen, und die Hände des Windes »streichen« – als ob es nicht genügte, daß sie »zart« sind – um das Haus, über dem die Sterne wandeln und das aus Gold sein muß.
Killy betont, daß hier die Technik der Wiederholung herrscht und der Reiz *völlig fungibel* ist. Man könnte diese Beobachtung im Sinne der Redundanz verstehen. Der zitierte Text besitzt alle Eigen-

schaften einer redundanten Botschaft: In dieser trägt, mittels Häufung und Wiederholung, jeder Reiz zum nächsten bei, bekräftigt ihn, um der Abnutzung zu wehren. Die Verben (rauscht, umfließt, gleiten, wandeln) verstärken die »Liquidität« des Textes, welche die Bedingung seiner »Lyrizität« ist. Im Vordergrund steht jedenfalls der augenblickliche Effekt, der alsbald wieder erlischt.

Killy erinnert daran, daß auch große Dichter das Mittel der Lyrisierung gebraucht und, beispielsweise, Verse in eine Erzählung eingefügt haben (Goethe zum Beispiel), um einen Wesenszug des Handlungsablaufs zusammenzufassen oder zu verdichten. Im Kitsch jedoch hat der Registerwechsel keine Erkenntnisfunktion, sondern dient ausschließlich der Verstärkung eines Gefühlsreizes, und letztlich wird die »Einlage« zur Norm.

Der Kitsch gibt sich für eine künstlerische Mitteilung aus. Doch da seine Grundabsicht nicht ist, den Leser in ein Abenteuer der tätigen Entdeckung zu verwickeln, sondern ihn zu »bezwingen«, ihn einen vorgesehenen Effekt empfinden zu machen – wobei der Leser glauben soll, der ästhetische Genuß bestehe einzig in dieser Gefühlsregung –, entpuppt er sich als ästhetische Täuschung oder, wie Hermann Broch sagt, als »das Böse im Wertsystem der Kunst [...], die Bösartigkeit einer allgemeinen Lebensheuchelei«.[3] So ist es denn nur logisch, daß der Kitsch, als prompt genießbarer *Ersatz* der Kunst, die ideale Nahrung für ein träges Publikum bildet, das sich den Werten der Schönheit verschreiben und an ihnen teilhaben möchte, ohne sich in Verständnisanstrengungen üben zu müssen.

Killy spricht vom Kitsch als einem typisch kleinbürgerlichen Tatbestand, einem Mittel scheinhaften Kulturerwerbs, welches das Publikum glauben macht, an einer sinnreichen, einzigartigen Darstellung der Welt teilzunehmen, während es in Wirklichkeit eine »sekundäre Imitation der primären Bildkraft der Künste« verzehrt.

Damit reiht sich Killy in eine kritische Tradition ein, die sich von Deutschland aus auf die angelsächsischen Länder ausgedehnt hat und die den Kitsch, nachdem sie ihn in diesen Begriffen definiert hat, mit Massenkultur oder »Durchschnittskultur«, jedenfalls mit einer Kultur des Konsums gleichsetzt. Nun hat aber Broch häufig davon gesprochen, ohne einen »Tropfen Kitsch« könne es keine Kunst geben. Killy knüpft daran die Frage, ob die falsche Darstellung der Welt, die der Kitsch anbiete, wahrhaftig ausschließlich Lüge sei, oder ob er nicht vielmehr einem beharrlichen Illusionsbegehren nachkomme. In diesem Zusammenhang nennt er den

Kitsch den »Bankert der Kunst«. Das schließt die Vermutung ein, die Dialektik der künstlerischen Tätigkeit und das Kräftespiel der Kunst in der modernen Gesellschaft seien auf diesen natürlichen Sprößling angewiesen, der genau in den Augenblicken *Effekte produziert,* da die Konsumenten *Effekte zu genießen* wünschen (anstatt sich auf die Mühen komplexer ästhetischer Wahrnehmung einzulassen). In solchen Argumenten steckt nun allerdings ein geschichtsloser Kunstbegriff. Es genügt, an die Rolle zu erinnern, welche die Kunst in historisch fernen oder in von der unseren verschiedenen Kulturen erfüllt hat und erfüllt, um sich zu vergewissern, daß die Tendenz eines Werks, Effekte zu erzeugen, keineswegs seinen Ausschluß aus dem Reich der Kunst zur Folge haben muß. In der griechischen Antike z. B. waren psychologische Effekte insbesondere der Musik und der Tragödie niemals verdächtig, wenn man Aristoteles glauben darf. (Daß sich daneben eine zweite Auffassung von ästhetischem Genuß behauptet hat: die Wertschätzung der *Form,* in welcher der Effekt sich verwirklicht, ist unbestritten, aber ein anderes Problem.) Tatsache ist, daß die Kunst in bestimmten Gesellschaften tief mit dem alltäglichen Leben verflochten ist und aufgrund dieser Verflechtung bestimmte Wirkungen hervorruft: spielerische, religiöse, erotische etc., und daß sie darin nicht beargwöhnt wird. Dies geschieht vielmehr erst in einem Kulturzusammenhang, in dem sie als eine *Bildungskraft begriffen wird, die Ziel und Zweck in sich selbst trägt und die eine interesselose Betrachtung ihrer Hervorbringungen erheischt.* Erst dann gerät jede Handlung, die mit künstlerischen Mitteln heteronome Zwecke verfolgt, unter den allgemeinen Verdacht einer »Kunstfertigkeit«, die nicht mit Kunst verwechselt werden darf. Die Weise, in der ich einen Leckerbissen appetitlich zubereite, mag von künstlerischem Talent zeugen, doch der Leckerbissen als Ergebnis der Kunstfertigkeit wird nicht für ein Kunstgebilde gelten, weil er vornehmlich seiner Eßbarkeit wegen begehrenswert erscheint.[4]

Was ermächtigt uns nun zu der Behauptung, ein Objekt, in dem sich eine auf heteronome Ziele gerichtete Kunstfertigkeit manifestiert, sei eben deswegen von *schlechtem Geschmack*? Ein Kleid, das handwerklich solide die Anmut der Trägerin betont, ist kein Erzeugnis schlechten Geschmacks (es wird dazu, wenn es die Aufmerksamkeit des Betrachters allein auf bestimmte, auffällige Aspekte der Person lenkt, die es trägt). Insofern nun aber der Effekt den Kitsch nicht allein charakterisiert, muß noch etwas anderes im Spiele sein, um ihn zu konstituieren. Und dieses andere zeichnet sich in der Analyse von Killy ab, sobald klar wird, daß der von ihm untersuchte Text sich selbst zum Kunstgebilde erklärt, indem er ostentativ Ausdrucksweisen und Stilformen benutzt, die gemeinhin Werke auszeichnen, die als solche der Kunst anerkannt sind. *Der zitierte Abschnitt ist nicht vor allem deshalb Kitsch, weil er Gefühlsreize auslöst, sondern weil er zu suggerieren versucht, daß der Leser im Genuß dieser Reize eine privilegierte ästhetische Erfahrung vervollkomme.* Zu seiner Charakterisierung als Kitsch tragen daher nicht nur die Sprachgesten der Botschaft bei, sondern auch der Vorsatz, mit dem der Autor sie dem Publikum »verkauft«, sowie die Intention, in der das Publikum sich ihr zuwendet. In diesem Punkt hat Broch recht, wenn er daran erinnert, daß der Kitsch weniger ein Kunst- als vielmehr ein Verhaltensproblem sei, da der Kitsch ja nicht blühen könnte, wenn es keine »Kitsch-Menschen« gäbe, die seiner Lüge bedürften und sich darin wiedererkennten. Anders ausgedrückt: Der Kitsch ist fortwährende Mystifikation. Oder, wie der Theologe Egenter sagt, der »Vater der Lüge« braucht den Kitsch, um die Massen dem Heil zu entfremden, da er ihn seiner mystifizierenden und tröstenden Kraft wegen für wirksamer hält als die »Skandalstücke, welche die sittliche Abwehr der noch irgendwie Gutgesinnten wachrufen«.[5]

Kitsch und Massenkultur

Definiert man Kitsch als *Kommunikation, die auf die Auslösung eines Effekts zielt,* so wird verständlich, weshalb Kitsch und Massenkultur gleichgesetzt wurden: Das Verhältnis zwischen »hoher« Kultur und Massenkultur wird an der Dialektik von Avantgarde und Kitsch gemessen.

Die Kulturindustrie, die sich an eine Masse von Konsumenten wendet, der die komplexen, spezialisierten Kulturtechniken zum größten Teil fremd sind, ist gehalten, *vorfabrizierte Effekte* zu verkaufen, zusammen mit dem Produkt die Gebrauchsbedingungen bereitzustellen und mit der Botschaft auch die Reaktion vorzuschreiben, die sie auslösen soll. An anderer Stelle in diesem Buch habe ich Titel der ersten populären Drucke des 15. Jahrhunderts erwähnt, bei denen die Technik der Gefühlsstimulierung das unentbehrliche Merkmal eines Produkts ist, das sich dem Empfinden des Durchschnittspublikums und dessen kommerzieller Nachfrage anzupassen sucht: Vom Titel des populären Drucks zum Zeitungstitel ändert sich das Verfahren nicht; der Feuilletonroman verbessert es nur, und der Roman des 18. Jahrhunderts folgt ihm unbeirrt. Während also die mittlere und die populäre Kultur (beide sind bereits mehr oder weniger industrialisiert und werden zunehmend »von oben« beeinflußt) nicht mehr das Kunstwerk »verkaufen«, sondern nur noch dessen Effekte, sehen sich die Künstler in der Folge gezwungen, mit einem strategischen Gegenentwurf darauf zu antworten: keine Effekte mehr zu suggerieren und nicht länger auf das Werk zu setzen, sondern fortan auf das *Verfahren, das zum Werk führt*.

Clement Greenberg hat in diesem Zusammenhang davon gesprochen, daß auf der einen Seite die Avantgarde (worunter er Kunst in ihrer Funktion des Entdeckens und Erfindens versteht) den *Nachahmungsakt nachahmt* und auf der anderen Seite der Kitsch (verstanden als Massenkultur) den *Effekt der Nachahmung nachahmt*. Picasso malt die Ursache eines möglichen Effekts; ein Postkarten-Maler wie Repin (Liebling der offiziellen Sowjetkultur der Stalinära) malt den Effekt einer möglichen Ursache. Rückt die Avantgarde bei der Kunstproduktion die Verfahrensweisen, die zum Werk führen, in den Mittelpunkt, so hebt der Kitsch die Reaktionen hervor, die das Werk inszenieren soll, und wählt die Gefühlsantwort des Benutzers zum Zielpunkt.[6] Dies schließt im Grunde an jene Unterscheidungen an, die heute von der Kritik favorisiert werden: Von den Romantikern bis heute habe sich die Dichtung immer stärker zum »Diskurs« spezialisiert; das Werk selbst sei nichts anderes als ein kontinuierlicher Diskurs über seine eigene Poetik oder vielmehr die Poetik seiner selbst.[7]

Was Greenberg jedoch nicht ganz erfaßt hat, ist, daß der Kitsch nicht in der Folge einer zunehmend unwegsamen Elitekultur entsteht; der Prozeß verläuft genau umgekehrt. Die Industrie einer auf Wirkung und Reizbefriedigung ausgerichteten Konsumliteratur entspringt, wie wir gesehen haben, vor der Erfindung des Drucks. Zu der Zeit, da sich die popularisierende Kultur zu verbreiten beginnt, ist die von Eliten hervorgebrachte Kunst noch mit dem Empfinden und der Sprache der gesamten Gesellschaft verbunden. Erst als im Zuge der allmählichen Etablierung der Konsumkultur die Gesellschaft mit eingängigen, leicht entzifferbaren Botschaften überschwemmt wird, wandelt sich das Selbstverständnis der Künstler. Erst in dem Augenblick, da die populären Romane die Nachfrage nach Ausflucht, Ablenkung, Illusion und vermeintlichen Bildungserlebnissen des Publikums befriedigen und die Photographie sich anschickt, den festlich-rituellen und den alltagspraktischen Ansprüchen zu genügen, welchen früher die Malerei Genüge getan hatte, fängt die Kunst an, das Projekt einer »Avantgarde« zu entwickeln (auch wenn dieser Ausdruck noch ungebräuchlich ist). Und es ist ja wohl kein Zufall, daß in dem Zeitpunkt, da es Nadar (mit ausgezeichneten Resultaten) gelingt, jene Bürger zufriedenzustellen, die ihr Porträt den Nachkommen zu überliefern wünschen, der impressionistische Maler sich auf das Experiment der *plein air*-Malerei einläßt und nun nicht mehr das malt, was wir einer endlichen Wahrnehmung zufolge zu sehen glauben, sondern den Wahrnehmungsprozeß selbst, in dem wir, in der Interaktion mit den physikalischen Phänomenen des Lichts und der Materie, den Akt des Sehens vollziehen.[8] Es ist auch kein Zufall, daß das Programm einer »Dichtung der Dichtung« ausgerechnet zu Beginn des 19. Jahrhunderts auftritt – die Beben der Massenkultur sind längst zu vernehmen, seit rund hundert Jahren (ein deutlicher Beleg dafür sind der Journalismus und die volkstümlichen Erzählungen des 18. Jahrhunderts), und die Dichter erwiesen sich als wachsame Visionäre, die der Krise zu begegnen suchten, bevor sie sich makroskopisch ausbreitete.

Wäre nun der Kitsch, wie zunächst vermutet, lediglich ein Bündel von Botschaften, die die Kulturindustrie zum Zweck der Befriedigung bestimmter Nachfragen aussendet, ohne daran einen Kunstanspruch zu knüpfen, so bestünde keinerlei dialektische Spannung zwischen Avantgarde und Kitsch und die Massenkultur könnte auch nicht zum Surrogat der Kunst gestempelt werden. Stellt man sich die Massenkommunikation als intensive Zirkulation in einem Nachrichtennetz vor, deren oberster Zweck die Geschmacksbefriedigung ist, so gibt es keinen anstößigen Widerspruch zwischen der Kunst einerseits und der Kommunikation von Rundfunknachrichten, der Überredung durch Werbung, den Verkehrsschildern und den Fernsehinterviews mit dem Premierminister andererseits.[9] Derlei flinken Entdifferenzierungen liegt jedoch ein Denkfehler zugrunde, den eben diejenigen machen, die an »Ästhetiken« des Fernsehens bauen, ohne zwischen dem Fernsehen als allgemeinem Übermittlungsinstrument für Informationen, als *Dienstleistung,* und dem Fernsehen als besonderem Übermittlungsinstrument für eine Kommunikation zu Kunstzwecken zu unterscheiden. Welchen Sinn hat es, darüber zu streiten, ob es guter oder weniger guter Geschmack sei, einen Gefühlsreiz auszulösen, wenn es entweder um ein Straßenschild geht, das die Automobilisten zur Vorsicht ermahnen soll, oder um ein Werbeplakat, das die Käufer zu einer Kaufentscheidung veranlassen soll? Das Problem ist jeweils verschieden: im Fall des Werbeplakats ist es ein moralisches, wirtschaftliches und politisches (es betrifft die Zulässigkeit psychologischen Drucks zu Profitzwecken), im Fall des Straßenschilds ein pädagogisches und zivilisatorisches.

Doch selbst wenn die Eigentümlichkeit der Massenkommunikation auch oder vor allem unter Gesichtspunkten bedacht werden soll, die von ästhetischen Bewertungen absehen, bleibt das Problem der Dialektik zwischen Avantgarde und Kitsch bestehen, und zwar in einem ganz fundamentalen Verstande. Denn nicht nur ist die Avantgarde eine Antwort auf die Verbreitung des Kitsches, sondern der Kitsch erneuert sich und blüht gerade deshalb, weil er unablässig die Entdeckungen der Avantgarde ausbeutet. So sieht sich diese gegen ihren Willen als Forschungslaboratorium der Kulturindustrie in Dienst genommen und reagiert auf diese Überlistung, indem sie neue, umstürzlerische Projekte entwickelt – darin liegt ein Problem, das den Diskurs über das Schicksal und die Rolle der Avantgarde in der Gegenwart betrifft –, während gleichzeitig die Industrie der Konsumkultur, angeregt durch die Projekte der Avantgarde, ungehindert als Vermittlungs-, Verbreitungs- und Anpassungsagentur wirkt, stets von neuem in kommerziellen Majuskeln vorschreibt, wie der *Effekt* angesichts von Formbildungsweisen zu erleben sei, die uns ursprünglich zum Nachdenken über die *Ursachen* veranlassen wollten.

Der Midcult

Wird die Dialektik in diesen sehr allgemeinen Termini festgehalten, ist ihr der Stachel gezogen. Zwar erscheint die Problemformulierung überzeugend. Aber wie sieht die Praxis aus? Wir wollen das prüfen. Beginnen wir bei der Produktion von Votivlämpchen, Nippsachen, Abenteuercomics, Kriminalromanen oder Westernserien. Wir haben es hier mit Botschaften zu tun, die ganz und gar auf den Effekt zugeschnitten sind (den Effekt der Anregung, der Ausflucht, der Trauer, der Freude usw.) und sich dazu auch der formbildenden Verfahrensweisen der Kunst bedienen. Sind die Antworten handwerklich geschickt, werden sie dem Fundus der Innovationen sowohl Instrumente als auch Ideen entleihen. (In dem Aufsatz *Lektüre von »Steve Canyon«* werden wir sehen, wie sich ein Zeichner von höchst kommerziellen Comics die raffinierten Techniken des Films zunutze machen kann.) Gleichwohl verlangt der Sender der Botschaft keineswegs, der Empfänger solle sich zu ihr als zu einem Kunstgebilde verhalten. Ebensowenig erwartet er, daß die Versatzstücke und geborgten Elemente besonders »gewürdigt« werden. Er verwendet sie, weil sie ihm zweckdienlich erscheinen. Wenn Depero auf futuristische Malweisen zurückgreift, um Plakate für die Produkte von Campari zu gestalten, oder wenn der Komponist von *Timpan Alley* Beethovens Thema *Für Elise* übernimmt, um ein angenehmes Tanzstückchen zu machen, sind Kriterien des täglichen Gebrauchs und Verbrauchs am Zuge, nicht solche der ästhetischen Erfahrung. Der Konsument des Produkts kommt dabei vielleicht mit der Aura von Stilformen in Berührung, doch deren Herkunft und Bedeutung bleiben ihm dunkel. Er schätzt daran die formale Ordnung, die funktionale Wirksamkeit, genießt wohl auch eine gewisse ästhetische Erregung, die freilich keine »hohen« Werte zu vermitteln vorgibt. Kurz, es liegen hier Massenprodukte vor, die auf Effekte ausgehen, nicht auf künstlerische Vollkommenheit.

Scharfsinnige Kritiker der Massenkultur haben dies, mehr oder weniger klar, durchaus bemerkt. Sie rechneten die »funktionalen« Produkte dem Ramsch und Abfall zu (da sie die ästhetische Thematik nicht aufnehmen, sind sie für den Gebildeten uninteressant) und konzentrierten ihre Aufmerksamkeit auf die Innenausstattung eines anderen Kulturniveaus, nämlich des »mittleren«. Für MacDonald hat die Massenkultur des unteren Niveaus, der *Masscult*, immerhin eine gewisse historische Berechtigung und eine eigentümliche Spannkraft – ähnlich wie der von Marx und Engels beschriebene Frühkapitalismus –, deren Dynamik die Klassenschranken, die kulturellen Überlieferungen und die Geschmacksdifferenzierungen beiseiteschiebt und eine umstrittene, gar verachtenswerte, aber homogene demokratische »Kulturgemeinschaft« errichtet. (Mit anderen Worten, der *Masscult*, auch wenn er sich auf Standards der Avantgarde beruft, ist seiner unreflektierten Zweckbestimmtheit wegen weder ein stiller Rivale noch ein Ableger der hohen Kultur, auch nicht in den Augen der Konsumenten.) Ganz anders hingegen der *Midcult*, ein Bastard des *Masscult*, der als »Korrumpierung der Hochkultur« erscheint und ebenso wie der *Masscult* den Wünschen des Publikums unterliegt, die Adressaten jedoch scheinbar einer privilegierten und schwierigen Erfahrung aussetzt. Um zu begreifen, was MacDonald unter *Midcult* versteht, lohnt es sich, ihm bei seiner boshaften und witzigen Analyse von Hemingways *Der alte Mann und das Meer* zu folgen.[10]

Im Œuvre Hemingways bildet sich die Dialektik zwischen Avantgarde und Kitsch selber ab — einerseits eine Schreibweise, die unverkennbar die Entdeckung von Wirklichkeit betreibt, andererseits die allmähliche, fast lautlose Umpolung dieser Schreibweise auf Bedürfnisse und Forderungen eines Durchschnittspublikums, das ebenfalls in den Genuß der Provokationen dieses Schriftstellers kommen möchte. MacDonald zitiert den Anfang einer der frühen Erzählungen, *The Undefeated [Der Unbesiegte]*, der in den zwanziger Jahren geschriebenen Geschichte eines »angeschlagenen« Toreros:

»Manuel García stieg die Treppe zu Don Miguel Retanas Büro hinauf. Er stellte seinen Handkoffer hin und klopfte an die Tür. Niemand antwortete. Manuel spürte draußen auf dem Gang, daß jemand im Zimmer war. Er spürte es durch die Tür.«

Dies ist charakteristischer »Hemingway-Stil«. In wenigen Worten wird eine Situation durch Verhaltensweisen wiedergegeben, das Thema eingeführt: ein erledigter Mann, der sich zum letzten Kampf stellt. Man vergleiche das mit dem Anfang von *Der alte Mann und das Meer;* auch hier die Vorstellung eines erledigten Mannes, der sich zum letzten Kampf stellt:

»Er war ein alter Mann, der allein in einem kleinen Boot im Golfstrom fischte, und er war jetzt vierundachtzig Tage hintereinander hinausgefahren, ohne einen Fisch zu fangen. In den ersten vierzig Tagen hatte er einen Jungen bei sich gehabt. Aber nach vierzig fischlosen Tagen hatten die Eltern des Jungen ihm gesagt, daß der alte Mann jetzt bestimmt für immer *salao* sei, was die schlimmste Form von Pechhaben ist, und der Junge war auf ihr Geheiß in einem anderen Boot mitgefahren, das in der ersten Woche drei gute Fische gefangen hatte. Es machte den Jungen traurig, wenn er den alten Mann jeden Tag mit seinem leeren Boot zurückkommen sah, und er ging immer hinunter, um ihm entweder die aufgeschossenen Leinen oder den Fischhaken und die Harpune oder das Segel, das um den Mast geschlagen war, hinaufzutragen zu helfen. Das Segel war mit Mehlsäcken geflickt, und zusammengerollt sah es wie die Fahne der endgültigen Niederlage aus.«

MacDonald bemerkt, dieser Text sei in der schiefen bibelhaften Prosa verfaßt, wie sie Pearl S. Buck in *The Good Earth* gebrauchte (»ein Stil, der auf die *midbrows* eine verhängnisvolle Anziehungskraft auszuüben scheint«), mit einer Vielzahl von »und, und, und«, die dem Ganzen Rhythmus einhauchen sollen. Die Personen sind in eine Aura der Allgemeinheit getaucht (der *Alte,* das *Kind*), in der sie bis zum Ende belassen werden, um den Eindruck zu betonen, daß sie keine Individuen, sondern »Universalien« sind – und der Leser durch sie eine tiefreichende Einsicht in die Wirklichkeit gewinne. *The Undefeated* zählt 57 Seiten, *Der alte Mann und das Meer* 140. Doch im ersten Text geschieht mehr, als gesagt wird; im zweiten ist das Gegenteil der Fall. Die zweite Erzählung bewegt sich nicht nur im Sog einer falschen Universalität; sie setzt auch das in Betrieb, was MacDonald »constant editorializing« [»dauernden Leitartikel-Stil«] nennt (was nichts anderes bedeutet, als daß die Werbung für das Produkt ins Produkt hineinverlegt wird, wie wir es bereits am »schönen und gefälligen Werk« von Danese Ugieri beobachtet haben). An einem bestimmten Punkt läßt Hemingway den Protagonisten den Satz sprechen: »Ich bin ein seltsamer Alter«, und MacDonald kommentiert mitleidlos: »Beweise es, Alter, rede nicht nur.« Es ist klar, was den *Midcult* an einer solchen Erzählung beeindruckt: die Erinnerung an die Stilmittel des frühen, noch unverbrauchten und unbeständigen Hemingway, die hier, verdünnt, in Reflexen widerscheinen, jedoch nicht wirklich assimiliert sind. Das Unglück des Alten wird nicht dargestellt, sondern erklärt, indem, beispielsweise, vor den Augen des Lesers ein Segel geschwenkt wird, das wie »das Banner einer endgültigen Niederlage« aussieht (das Segel ist das Pendant zur »holden Stille« und dem »fernen Rauschen« im Gemach Brunhilds im ersten Zitat, das wir untersucht haben). Es liegt auf der Hand, daß den Leser die Rede vom Segel-Banner nicht leicht überzeugen würde, gemahnte ihn diese Metapher nicht vage an ähnliche Metaphern, die zwar in anderen poetischen Zusammenhängen entstanden, inzwischen aber von der literarischen Tradition festgeschrieben worden sind. Ist so der Anmutungsring einmal geschlossen und der »Eindruck« empfunden (auch der Eindruck, daß der Eindruck »poetisch« sei), ist das Spiel gewonnen. Der Leser ist sich bewußt, Kunst erlebt und durch die Schönheit hindurch der Wahrheit ins Antlitz geblickt zu haben. Hemingway ist, in der Tat, ein Autor »für alle«.
Es gibt Darstellungen der *condition humaine,* die so weit ausgespannt sind, daß das, was sie uns mitteilen, gut ist für alle

Verwendungszwecke und keinen. Ihre Information versickert in deren Verkleidung: Die Hülle ist die ganze Auskunft. Wir erinnern an die Hinweise von Broch und von Egenter auf die Lüge und das auf die Lüge reduzierte Leben. So gesehen nimmt der *Midcult* wahrlich die Gestalt des Kitsches an; er wird zur Maschinerie der Tröstung und der Ausflüchte: Täuschung als Handelsware.

Der von MacDonald zitierte Text ist aus folgenden Gründen ein Beispiel für den *Midcult*:

1. er macht Anleihen bei Verfahrensweisen der Avantgarde und paßt sie der Konfektionierung einer Botschaft ein, die für alle verständlich und genießbar ist;

2. er benutzt diese Verfahrensweisen erst dann, wenn (und weil) sie bekannt, verbreitet, bereits *konsumiert* sind;

3. er konstruiert die Botschaft nach Maßgabe der Effekte, die sie bewirken soll;

4. er stellt den Konsumenten zufrieden, indem er ihn davon überzeugt, das Herz der Kultur schlagen gehört zu haben.

Finden sich nun diese vier Bedingungen in allen *Midcult*-Produkten oder vereinigen sie sich hier in einer besonders tückischen Weise? Hat man es immer noch mit *Midcult* zu tun, wenn eine der Bedingungen fehlt? Wenn MacDonald auf andere *Midcult*-Beispiele hinweist, scheint er zwischen verschiedenen Auffassungen zu schwanken, die jeweils einen oder mehrere der genannten Punkte betreffen. *Midcult* ist für ihn z. B. die *Revised Standard Version of the Bible*, die unter der Ägide der Yale Divinity School veröffentlicht wurde, eine Version, »die eines der größten Denkmäler der englischen Prosa – die Version von King James – zerstört, um den Text ›für das heutige Publikum klar und bedeutungsvoll zu machen‹, was gleichbedeutend damit ist, die Westminster Abtei in Stücke zu schlagen, um aus den Bruchstücken Disneyland aufzubauen«. In diesem Fall wird der *Midcult* mit Popularisierung (Punkt 1) gleichgesetzt, die an sich verwerflich sei. *Midcult* ist ferner der *Book-of-the-Month-Club*, weil er »mittlere« Werke à la Pearl S. Buck verbreitet und somit als Kunst verkauft, was nur ordentliche Konsumware ist (Punkt 4 und 5). *Midcult* ist *Unsere kleine Stadt* von Wilder, ein Stück, das ein von der Avantgarde entwickeltes Darstellungsmittel: den Verfremdungseffekt, zur Betäubung des Zuschauers anstatt zu dessen kritischer Selbstaufklärung einsetze (Punkt 3). Daneben aber erscheint, einigermaßen merkwürdig, als Beispiel des *Midcult* das mittlere *design*, das die ehrwürdigen Entdeckungen des Bauhauses zu Gebrauchswaren herabstufe (Punkt 2) – ein ziemlich untaugliches Argument deshalb, weil ja die Architekten und Designer des Bauhauses bewußt Gebrauchsformen entwarfen, die weite soziale Verbreitung finden sollten. So lastet denn auf erheblichen Teilen von MacDonalds Beweisführung der Verdacht, ihn irritiere insbesondere der Sachverhalt der Popularisierung, die er übrigens ganz und gar einsinnig interpretiert: ohne den Entropien und Transformationen Rechnung zu tragen. Die Avantgarde, die »hohe« Kunst, ist ihm vorbehaltlos das Reich des Wertvollen, und jeder Versuch zur »Vermittlung« dieser Werte (vor allem der Formbildungsweisen der Avantgarde) wird beargwöhnt. Das zentrale Kriterium des Kunstwerks scheint seine Nicht-Verbreitung, ja, seine Nicht-Verbreitbarkeit zu sein. So erscheint denn die Kritik am *Midcult* wie eine gefährliche Einführung in das Spiel von *in* und *out*: Etwas, das anfänglich den *happy few* reserviert war, büßt seinen Wert und seine Bedeutung ein, sobald (weil?) es von vielen geschätzt und erstrebt wird.[11] Damit setzt sich der snobistische Kritiker an die Stelle des kritischen Soziologen. Und die Achtung der Bedürfnisse der Vielen wird in prekärer Weise von dem Geschmack und der Urteilsfähigkeit des Kritikers abhängig gemacht, der Gefahr läuft, gerade von dem mittleren Publikum konditioniert zu werden, das er verabscheut: Sicherlich wird er zwar nicht mögen, was das mittlere Publikum mag; aber er wird verachten, was es liebt. In beiden Fällen befiehlt das mittlere Publikum, und der aristokratische Kritiker ist zum Opfer seines eigenen Spiels geworden.

Die Gefahr liegt darin, daß einer ästhetischen Soziologie der Formabnutzung Überheblichkeit unterstellt wird. Daß Formbildungsweisen, Ausdrücke und Metaphern sich abnutzen, ist zwar eine gesicherte Tatsache. Aber wer legt das Kriterium fest, den Grad der Abnutzung zu beurteilen? Warum nutzt sich ein bestimmter Karosserieschnitt ab? Und für wen? Die Differenz zwischen kritischer Sensibilität und snobistischem Tic schmilzt hier rapide. Am Ende entpuppt sich die Kritik an der Massenkultur als deren letztes und raffiniertestes Produkt. Eine Geschmackskritik, die dem privaten Geschmacksempfinden des Einzelnen, den angewöhnten Bewertungen überlassen wird, gerät leicht zu einer sterilen Spielerei, die uns zwar angenehme Gefühle verschaffen mag, die aber den kulturellen Phänomenen einer Gesellschaft nicht beikommt. Die Kategorien des guten und schlechten Geschmacks können dann keineswegs mehr dazu dienen, die Zweckbestimmtheit (Funktionalität) einer Botschaft zu definieren, die im Kontext einer Gruppe oder einer Gesellschaft wahrscheinlich noch viele andere Funktionen erfüllt. Die Massengesellschaft ist reich an Bestimmungen und Möglichkeiten; die vielfältigen Verschränkungen und Verweisungen zwischen der Kultur der Entdeckungen, der Kultur des reinen Konsums, der Populär- und Vermittlungskultur, die in ihr sich einstellen, lassen sich unter den Titeln des Schönen und des Kitsches nicht erfassen.

In den hochnäsigen Verdammungen des Massengeschmacks, in dem mißtrauischen Appell an eine Gemeinschaft der Kenner und Genießer, die allein in der Lage seien, die entlegenen und heimlichen Schönheiten der Botschaft der großen Kunst (oder der noch nicht allgemein verbrieften Kunst) aufzunehmen, ist kein Platz für den mittleren Konsumenten, der am Ende eines Tages von einem Buch oder einem Film einige Anregung erwartet oder erhofft (den Schauder, das Lachen, das Pathetische), um sein inneres Gleichgewicht wiederherzustellen. Das Problem einer ausbalancierten kulturellen Kommunikation besteht nicht darin, diese Botschaften abzuschaffen, sondern darin, sie zu dosieren – und zu vermeiden, daß sie als Kunst verkauft und rezipiert werden.

Eine Analyse der Botschaft in ihrer gewöhnlichen Form und in ihrer privilegierten Form (der poetischen Botschaft) kann uns vielleicht helfen, diesem Problem auf den Grund zu kommen und die Vielfalt der Nutzungsarten von kulturellen Gegenständen besser zu verstehen. Sie kann uns vielleicht auch helfen, in der Struktur der Botschaft selbst die Triebfeder des Kitsches (die Möglichkeit, als Kitsch zu fungieren) zu bestimmen: die Maßlosigkeit, die falsche kontextuelle Geschlossenheit, kurz, die Lüge, den Betrug, der nicht auf der Ebene der Inhalte, sondern auf jener der Kommunikationsform selber stattfindet.

Die Struktur der poetischen Botschaft

Auslösung von Effekten und *Popularisierung abgenutzter Formen* scheinen die beiden Pole zu sein, zwischen denen die Definition des *Midcult* oder des Kitsches schwankt. Es ist jedoch offensichtlich, daß im ersten Fall von einem formalen Merkmal der Botschaft, im zweiten von ihrem historischen »Schicksal«, einer ihrer gesellschaftlichen Dimensionen, die Rede ist.

Man kann nun freilich die beiden Pole miteinander verkoppeln, indem man sie als zwei abgeleitete Erscheinungen *einer* Konstellation betrachtet. Wenn Adorno von der Reduktion des musikalischen Gebildes auf einen »Fetisch« spricht[12] – und hervorhebt, daß dies nicht nur dem banalen Schlager, sondern auch dem bedeutenden Werk widerfährt, sobald es in den Kreislauf der Massenkultur eintritt –, dann meint er ja wohl, daß es nicht darum geht, ob der Hörer einer Komposition eine auf Effektauslösung gerichtete Botschaft genießt oder ob er abgenutzte Formen unter dem Siegel ästhetischer Erfahrung aufnimmt; ausschlaggebend sei vielmehr, daß das Verhältnis des Konsumierenden zum kommerzialisierten Kunstprodukt grundsätzlich unreflektiert, also das zu einem Fetischobjekt sei, gleichgültig, ob es sich um gute oder schlechte Musik handele. Der Markt spreche das Urteil – der Markt allein. Wir haben diese Einschätzung schon an früherer Stelle als unproduktiv kritisiert und hervorgehoben, daß die Einstellungen im Felde des Massenkonsums differenzierter sind, als eine so radikal negative Kritik behauptet.

Versuchen wir also festzustellen, was mit einem unbestreitbar wertvollen Werk geschieht (Beethovens *Fünfter*, der *Mona Lisa*), sobald es in den Kreislauf des Massenkonsums eingeführt wird, und nach welchem Mechanismus ein in denselben Kreislauf eingelassenes Produkt funktioniert, das aus Elementen zusammengesetzt ist, die auf einfacheren Stufen und in minder komplexen Zusammenhängen der Kreativität entwickelt worden sind.

Ein Ansatzpunkt ist vielleicht die Hypothese vom Kunstwerk als *Struktur* – wobei dieser Ausdruck als Synonym für *Form* verstanden und nicht allein deshalb verwendet wird, weil er den Anschluß an andere Strukturuntersuchungen ermöglicht, sondern auch, weil »Form« die Vorstellung eines quasi biologischen Organismus wecken könnte, der in seinen Teilen so eng verwoben ist, daß er sich als unzerlegbar erweist. Mit dem Begriff »Struktur« indes verbindet sich der Gedanke einer Beziehung zwischen Elementen, die zwar zu einer Struktur gehören, die sich aber von ihr abtrennen und in andere Strukturzusammenhänge einfügen lassen.

Ein Kunstwerk als Struktur ist ein System von Beziehungen zwischen vielfältigen Elementen (materielle Elemente, die für die Objekt-Struktur konstitutiv sind; das System von Bezügen, auf die das Werk hinweist; das System psychischer Reaktionen, die das Werk auslöst und koordiniert, usw.), das sich auf verschiedenen Ebenen bildet (Ebene der visuellen oder klanglichen Rhythmen, Ebene der Handlung, Ebene der koordinierten ideologischen Gehalte, usw.)[13] Die Einheit dieser Struktur, das, was ihre ästhetische

Qualität ausmacht, gründet darin, daß sie auf allen Ebenen nach einer erkennbaren Verfahrensweise organisiert ist: nach der *Formbildungsweise*, die den Stil konstituiert und in der sich die Persönlichkeit des Autors, die Eigentümlichkeiten der Epoche und des kulturellen Zusammenhangs der Schule, der das Werk angehört, bekunden.[14] Es ist seine Struktur, die es uns erlaubt, jene Elemente der Formbildungsweise zu bestimmen, die wir als *Stilmittel* bezeichnen; jedes einzelne dieser Stilmittel ist durch bestimmte Eigenschaften an die anderen Stilmittel und an die Struktur zurückgebunden. Daher kann von einem Stilmittel auf die Struktur des gesamten Werkes geschlossen werden oder läßt sich ein zerstörter Teil rekonstruieren.

In dem Maße, wie es gelungen ist, wirkt ein Kunstwerk schulbildend und ruft es Nachahmer auf den Plan. Allerdings kann es auf zwei Weisen Schule machen – entweder dadurch, daß es sich als konkretes Beispiel einer Formbildungsweise anbietet, so daß ein anderer Künstler, der sich davon inspirieren läßt, durchaus eigenständige und originelle Verfahrensweisen entwickeln kann; oder dadurch, daß es Stilmittel zur Ausbeutung freigibt, die auch unabhängig von ihrem ursprünglichen Zusammenhang verwendbar sind und dennoch ihre Kraft bewahren (und sei es durch Erinnerungsanreiz, so daß jemand, der ein Stilmittel identifiziert, das in einem bestimmten Kontext gebraucht worden ist, unwillkürlich veranlaßt wird, seine Herkunft zu erinnern – wobei er, ohne sich dessen bewußt zu sein, auf den neuen Kontext einen Teil jener Zustimmung überträgt, die dem ursprünglichen Kontext galt).

Wir haben nun freilich eine Reihe von Begriffen eingeführt, die es erschweren, eine künstlerische Struktur als eine Ganzheit von inneren, selbständigen Beziehungen aufzufassen. Wir sagten, das Werk koordiniere ein System von externen Bezügen (die Signifikate der Wörter-Signifikanten eines Gedichtes, die naturalistischen Bezüge der Figuren auf einem Bild, usw.); es koordiniere bei seinen Rezipienten oder Interpreten psychische Reaktionen; es verweise durch seine Formbildungsweise auf die Persönlichkeit des Autors und auf die kulturellen Eigentümlichkeiten eines Zeitalters usw. Ein Werk ist somit ein *System von Systemen*, wovon einige nicht die formalen Beziehungen innerhalb des Werkes betreffen, sondern die des Werkes zu seinen Benutzern und zum kulturgeschichtlichen Kontext, in dem es entstanden ist. So gesehen teilt ein Kunstwerk gewisse Kennmale mit jeder Art von Botschaft, die von einem Autor an einen Empfänger gerichtet wird (und die folglich nicht ein einzelnes Faktum, sondern ein Knoten in einem Netz von Verhältnissen ist). Prüfen wir also zunächst die Eigenschaften der kommunikativen Botschaft im allgemeinen und danach die Unterscheidungsmerkmale einer künstlerischen Botschaft. Der Einfachheit halber werden wir vornehmlich die sprachliche Botschaft betrachten, da die wertvollsten Einsichten der modernen Kommunikationstheorie an Erfahrungen mit solchen Botschaften gewonnen worden sind.[15] Die sprachliche Botschaft stellt in der Tat ein Kommunikationsmodell dar, das sich vorzüglich zur Beschreibung anderer Kommunikationsformen verwenden läßt.

Die Grundfaktoren der Kommunikation sind: *Urheber* (Informationsquelle, Autor), *Empfänger, Thema* der Botschaft und der *Kode,* auf den sich die Botschaft bezieht. Die Sendung einer verständlichen Botschaft beruht auf einem System vorhersehbarer Möglichkeiten, einem Klassifikationssystem, das den Bestandteilen der Botschaft einen Wert und eine Bedeutung zuordnet. Dieses System ist der Kode, die Gesamtheit der Transformationsregeln, die für jeden Terminus konventionalisiert und reversibel sind. Bei der sprachlichen Botschaft besteht der Kode aus jenem System von konventionalisierten Institutionen, das die Sprache (la langue) ist. Als Kode legt die Sprache [langue] das Verhältnis zwischen einem Signifikanten und dessen Signifikat bzw. zwischen einem Symbol und dessen Referenten fest, sowie die Regeln für die Kombination der verschiedenen Signifikanten.[16] Innerhalb einer Sprache bilden sich beim Urheber der Botschaften fortschreitende Skalen der Autonomie heraus:

»Was die Kombinationen der distinktiven Merkmale der Phoneme anbetrifft, so ist die Freiheit des individuellen Sprechers gleich Null. Der Kode sieht bereits alle Möglichkeiten vor, die in einer gegebenen Sprache ausgenutzt werden können. Die Freiheit, Phoneme zu Wörtern zu kombinieren, ist eng begrenzt [sie ist vom Lexikon festgelegt, U.E] und bleibt auf die seltenen Fälle der Wortneuprägung beschränkt. Bei der Satzbildung aus Wörtern besitzt der Sprecher größere Freiheit. Schließlich verlieren bei der Kombination von Sätzen zu größeren Äußerungen die obligatorischen syntaktischen Regeln ihre Wirksamkeit, so daß die Freiheit der individuellen Sprecher, neue Kontexte zu schaffen, in bedeutendem Maße wächst, obwohl auch hier die zahlreichen stereotypen Äußerungen nicht übersehen werden dürfen.«[17]

Jedes sprachliche Zeichen ist aus konstituierenden Elementen zusammengesetzt und kommt in *Kombination* mit anderen Zeichen vor – es ist ein *Kontext* und geht in einen Kontext ein. Es wird jedoch durch einen Akt der *Selektion* aus Alternativen ausgewählt, um dann in einen Kontext eingefügt zu werden. Jeder Hörer, der eine Botschaft erfassen will, versteht sie als eine *Kombination* aus konstituierenden Bestandteilen (Sätze, Wörter, Phoneme – die sich entweder durch Verkettung oder Zusammenwirken kombinieren lassen, je nachdem, ob sie sich in einem mehrdeutigen oder einem linearen Kontext verbinden), *ausgewählt* aus dem Repertoire aller möglichen konstituierenden Bestandteile, das der Kode ist (im vorliegenden Fall: die gegebene Sprache). Der Empfänger muß also die empfangenen Zeichen ständig sowohl auf den Kode als auch auf den Kontext beziehen.[18]

Jakobson betont, daß sich »der Kode nicht auf das beschränkt, was die Ingenieure den ›rein kognitiven Inhalt der Rede‹ [und somit ihren semantischen Aspekt, U. E.] nennen: die stilistische Schichtung der lexikalischen Symbole, sowie die vorgeblich ›freien‹ Variationen sind sowohl in ihrer Konstitution als auch in ihren Kombinationsregeln vom Kode ›vorgesehen und vorbereitet‹«.[19]

Der Kode meint also ein Organisationssystem, das über die Anordnung der Signifikate hinausgeht; doch zugleich betrifft der Begriff des Kodes ein Organisationssystem diesseits der Signifikate, diesseits eben jener phonologischen Organisation, aufgrund derer die Sprache in der mündlichen Rede die endliche Reihe von elementaren Informationseinheiten unterscheidet: die Phoneme (die in einem System von binären Oppositionen organisiert sind).

Auch die Psychologie stützt sich auf die Informationstheorie, um den sensorischen Empfang von Reizen als den von Informationseinheiten und die Prozesse der Koordinierung der Informationsreize als eine Dekodierung von Botschaften zu beschreiben. Ob der Kode für angeboren oder für kulturell erworben gehalten wird (und ob er den objektiven Kode, aufgrund dessen die Reize sich zu *Formen* bilden, noch bevor sie als Botschaften empfangen und dekodiert werden, reproduziert oder nicht), ist ein Problem, das uns hier nicht beschäftigen muß. Fest steht, daß der Begriff des Kodes auch in dieser Weise gedacht werden muß, sobald wir die poetische Botschaft zu definieren versuchen, *da auch bei ihr die Wahrnehmung der Botschaft als konkrete Organisation von Sinnesreizen zu bewerten ist.* Der Rekurs auf den Wahrnehmungskode wird ein um so größeres Gewicht bekommen, je mehr man von Botschaften, die

Bezeichnungsfunktionen erfüllen (wie die sprachlichen Botschaften), zu Botschaften von der Art der Plastik oder des Klangs übergeht, die deutlich der sensorischen Dekodierung bedürfen.

Nachdem dies geklärt ist, kehren wir zum Verhältnis von Botschaft und Empfang in der Sprache zurück.

Der Empfänger hat eine Botschaft vor sich und muß sie interpretieren, was im wesentlichen auf ihre Dekodierung hinausläuft. In dem Maße, wie der Urheber die Botschaft so zu dekodieren verlangt, daß sie ein eindeutiges und präzises Signifikat ergibt, das genau dem entspricht, was er zu kommunizieren beabsichtigte, wird er in die Botschaft selbst Verstärkungen und Wiederholungen einbauen, die sowohl die semantischen Bezüge der Termini als auch die syntaktischen Relationen zwischen ihnen eindeutig festlegen helfen: Die Botschaft wird folglich um so eindeutiger sein, je *redundanter* sie ist und je öfter die Signifikate bestätigt werden. Jeder Kode enthält Regeln zur Erzeugung von Redundanz, und in der gesprochenen Alltagssprache hat – nach Sprache verschieden – ein großer Teil der Elemente einer Botschaft reine Redundanzfunktion. Die Redundanz trägt dazu bei, die Eindeutigkeit der Botschaft zu betonen. Eindeutig ist eine Botschaft, die das Verhältnis, das der Urheber zwischen Signifikanten und Signifikaten herstellt, mit dem, das der Dekodierende herstellen wird, zur Deckung bringt. (In der Semantik spricht man in einem solchen Fall von referentieller *Proposition*.) Dann sieht sich der Dekodierende unmittelbar auf einen Kode verwiesen, den er vor dem Empfang der Botschaft kannte, und er kann annehmen, daß die Botschaft alle Vorschriften des Kodes zu befolgen trachtet.

Die von uns als »poetisch« hervorgehobene Botschaft scheint nun allerdings von einer fundamentalen *Mehrdeutigkeit* geprägt zu sein: Sie verwendet die Ausdrücke absichtlich so, daß deren referentielle Funktion verändert wird. Sie stellt die Ausdrücke in syntaktische Relationen, die den gewohnten Koderegeln zuwiderlaufen. Sie eliminiert die Redundanzen, so daß Stellung und referentielle Funktion eines Ausdrucks auf mehrere Weisen interpretiert werden können; sie läßt sich nicht eindeutig dekodieren; sie macht glauben, der herrschende Kode werde so nachhaltig verletzt, daß er nicht mehr zur Dekodierung der Botschaft dienen könne. Dies alles bedeutet, der Empfänger findet sich in der Lage eines Kryptoanalytikers, der zur Dekodierung einer Botschaft gezwungen wird, deren Kode unbekannt ist, wobei er den Kode nicht aus Kenntnissen ableiten kann, die der Botschaft vorausgingen, sondern ihn aus dem Kontext der Botschaft selbst erschließen muß.[20] Dadurch verschiebt sich das Interesse des Empfängers von den Signifikaten, auf die ihn die Botschaft verweisen könnte, auf die Struktur der Signifikanten: Indem er so verfährt, folgt er dem Gesetz der poetischen Botschaft, die sich eben deshalb als mehrdeutig konstituiert, weil sie sich selbst zum Hauptgegenstand der Aufmerksamkeit macht: »Die Hervorhebung der Botschaft durch sich selbst ist das, was eigentlich die poetische Funktion auszeichnet.«[21] Begreift man die Kunst als eine autonome Operation, als *Formbilden um des Formbildens* willen, so setzt man den Akzent auf genau diesen Sachverhalt, der in der Terminologie der Kommunikationstheorie und der strukturalistischen Linguistik folgendermaßen umschrieben worden ist: »Die Hervorhebung der Botschaft als solche, die Akzentuierung der Botschaft durch sich selbst, charakterisiert […] die poetische Funktion der Sprache.«[22] Das heißt, die Mehrdeutigkeit ist hier kein zufälliges Merkmal der Botschaft; sie ist ihr fundamentaler Antrieb, der den Dekodierenden zwingt, in ihr nicht lediglich einen Träger von Signifikaten zu sehen, so daß sie vergessen werden könnte, sobald die Signifikate verstanden worden sind. Anders ausgedrückt: Die poetische Botschaft ist eine ständige Quelle von nicht festlegbaren Signifikaten, die zu ständiger Dekodierung auffordert, gleichzeitig die möglichen Dekodierungen organisiert und die Treue der Interpretationen auf die Probe stellt, indem sie diese jeweils auf die *Struktur der Botschaft* zurückspiegelt.[23] Dies ist, genau besehen, die Definition der Kunst als *offene Erfahrung*, eine Definition, die sicherlich nicht von den Kommunikationstheoretikern und den strukturalistischen Linguisten erfunden worden ist.[24] Angefangen bei der Rede von der konstitutiven Spannung zwischen *Vollendung* und *Unerschöpflichkeit*[25], über die Konzepte einer Dialektik zwischen *Form* und *Offenheit*, die sich unschwer bestätigen lassen[26], bis zu den jüngsten radikalen Behauptungen, das Kunstwerk sei ein sprachliches Schema, das die Geschichte immer wieder neu auffülle[27], hat die zeitgenössische Ästhetik dieses Thema in vielen Anläufen erörtert. Wir wollen in diesen Überlegungen nicht fortfahren. Uns geht es hier um den Nachweis, daß der Dekodierende angesichts der poetischen Botschaft in eine hohe interpretative Spannung deshalb versetzt ist, weil die Mehrdeutigkeit, indem sie sich als Verstoß gegen den Kode realisiert, *Überraschung* erzeugt.[28] Das Kunstwerk stellt sich uns als eine Botschaft dar, deren Dekodierung einem Abenteuer gleichkommt – es wartet mit einer Organisationsweise von Zeichen auf, die der übliche Kode nicht vorsah. Die Folge davon ist, daß der Empfänger bei der Aufgabe, den neuen Kode zu entdecken (der typisch für dieses Werk und gleichwohl mit dem gewohnten Kode verbunden ist, den es zum Teil verletzt und zum Teil bereichert), sich sozusagen selbst in die Botschaft einführt, indem er eine Reihe von Hypothesen darauf ansetzt. Mangels eines externen Kodes, auf den er sich ganz verlassen könnte, erhebt er das System von Annahmen, zu dem seine Sensibilität, seine Neugier und seine Wahrnehmungskraft sich zusammengefunden haben, zum hypothetischen Kode. Das Verstehen des Werkes geht aus dieser Interaktion hervor.[29]

Ist das Kunstwerk einmal »erfaßt« und in den Kreislauf der Rezeptionen eingelassen, wovon jede sich mit den Resultaten der vorangegangenen Dekodierungen anreichert (daher die Rolle der Kritik), droht es in der Gewöhnung unterzutauchen, die der Empfänger in seinem Umgang mit Kunst allmählich entwickelt hat. Jeder neue Verstoß gegen den Kode (jede neue Formbildungsweise) wird zu einer neuen Möglichkeit des Kodes, jedenfalls in dem Maße, wie Ausdrücke akzeptabel werden, die vorher für abweichend galten. Die poetische Botschaft trifft daher auf einen *vorbereiteten* Empfänger (weil er ihre Erfahrung schon oft gemacht hat und auch weil in seiner kulturellen Umwelt zahlreiche Popularisierungen und Kommentare sie ihm vertraut gemacht haben), so daß die Mehrdeutigkeit *ihn nicht mehr überrascht*. Die Botschaft wird aufgenommen wie etwas, das auf einem erworbenen Kode beruht. Sie wird interpretiert, indem man die am höchsten angesehene und bekannteste ihrer Dekodierungen als Kode auf sie anwendet (die gängige Interpretation oder, noch häufiger, eine Formel, die die gängige Interpretation zusammenfaßt). Dadurch verliert die Botschaft in der Wahrnehmung des Empfängers ihre informative »Ladung«. Die Stilmittel des Werkes haben sich *abgenutzt*.[30]

Dies erklärt nicht nur, was man in Kategorien einer Soziologie des Geschmacks gemeinhin unter »Abnutzung der Formen« versteht; es erklärt auch, warum eine Form zum »Fetisch« werden kann, d.h. nicht mehr um ihrer selbst willen geachtet wird, sondern ihres sozialen oder kulturellen »Prestiges« wegen. Die *Gioconda* deshalb zu lieben, weil sie Das Geheimnis, Die Vieldeutigkeit, Die Unaussprechliche Anmut oder Das Ewig Weibliche darstellt (der Gebrauch des Fetischs kann sogar noch snobistisch nuanciert sein: »War sie denn wirklich eine Frau?«, »Ein Pinselstrich mehr, und das Lächeln wäre nicht mehr dasselbe«, usw.), heißt, eine Botschaft zu akzeptieren, nachdem man ihr eine vorgängige, zur Formel erstarrte Dekodierung übergestülpt hat. In der Tat blickt man dann auf die *Gioconda* nicht mehr wie auf ein Bildnis, das seiner Struktur wegen hervorzuheben ist; man benutzt sie wie ein Zeichen, wie einen konventionellen Signifikanten, dessen Signifikat eine von der Reklame verbreitete Formel ist.

Wiedergewinnung der poetischen Botschaft

In diesem Sinne könnte eine Definition des Kitsches folgendermaßen lauten: Kitsch ist das, was abgenutzt erscheint; was zu den Massen oder zum mittleren Publikum deshalb gelangt, weil es abgenutzt ist; und was sich deshalb abnutzt (und damit verarmt), weil der Gebrauch, den eine große Anzahl von Leuten davon gemacht haben, seinen Verschleiß beschleunigt und verstärkt hat. Eine solche Definition stützt sich auf das Verhältnis des Adressaten zum Unerwarteten und zur Überraschung, welches eigentlich die Aufmerksamkeit auf die besondere Struktur der poetischen Botschaft lenken müßte. In Wirklichkeit jedoch gerät es in eine Krise. Diese Krise besagt aber nichts über die Struktur der Botschaft, die, objektiv gesehen, stets unverändert bleiben und stets jene kommunikativen Entwürfe mit sich führen müßte, die der Autor ihr eingepflanzt hat, indem er sich an einen idealen Empfänger mit einem bestimmten Kode wandte.

Gerade weil die poetische Botschaft ihre eigene Struktur zum Hauptgegenstand der Betrachtung macht, ist sie komplexer als eine referentielle Botschaft. Diese nämlich muß, sobald sie die vom Kode geforderten Konventionen erfüllt hat, aufgegeben werden, damit ihre eigenen Zeichen und ihre Funktion im Kontext eindeutig werden. Dem Autor der referentiellen Botschaft stellen sich bei der Wahl der Termini keine besonderen Probleme: Haben zwei im Lichte des Kodes dasselbe Signifikat, kann sowohl der eine als auch der andere verwendet werden, oder es werden, aus Gründen der Redundanz, beide gebraucht, und der eine bestätigt den anderen. Der Autor einer poetischen Botschaft dagegen betont jene Eigenschaften eines Ausdrucks, die einerseits dessen Referenz unscharf werden lassen und die ihn andererseits als Element einer kontextuellen Beziehung und als Boten der Botschaft kenntlich machen. Mit anderen Worten, der Umstand, daß zwei Ausdrücke dasselbe Signifikat haben, löst für den Künstler garnichts; denn der Klang des einen wird besser geeignet sein, mit dem Klang eines anderen kontextuellen Ausdrucks in Beziehung zu treten, und aus dem Aufeinandertreffen der beiden Klänge kann eine Assonanz entstehen, die den Empfänger aufmerksam macht und ihn dazu veranlaßt, die beiden Ausdrücke, die sonst vielleicht im Lichte des Kodes ein eher schwaches Verhältnis zueinander hätten, miteinander zu verbinden, d.h. ein *notwendiges* Verhältnis zwischen beiden Ausdrücken zu erkennen.

Die poetische Botschaft erweist sich somit nicht nur als System von *Signifikaten,* das durch ein System von *Signifikanten* bezeichnet wird, sondern auch als *System der sinnlichen Reaktionen und der Phantasiereaktionen, die vom Material, aus dem die Signifikanten bestehen, ausgelöst werden.*[31] Selbst innerhalb eines einzigen Verses bildet sich in der Poesie ein System sehr komplexer Beziehungen. Indem der Vers die Redundanzen ausschließt, verdichtet er in mehrdeutiger Weise in einem einfachen sprachlichen Schema eine unbestimmte Reihe von möglichen Signifikaten und konstituiert sich als das System aller Signifikate, die sich auf ihn übertragen lassen (das System aller Interpretationen, zu denen er einlädt; das System aller *patterns*, die er hervorrufen kann).[32] Kurz, eine poetische Botschaft ist eine Struktur, die sich schwerlich in einer Definition einfrieren oder in einer konventionellen Formel zusammenfassen läßt. Und es ist nicht möglich, im Hinblick auf sie, wie bei referentiellen Botschaften, von »Abnutzung« zu sprechen. Eine Botschaft wie »Nicht hinauslehnen«, die in Eisenbahnwagen zu finden ist, unzählige Male repetiert und zur Dekodierung angeboten wird, setzt sich der Abnutzung geradezu aus: Niemand achtet mehr auf sie, wenn er sich anschickt, sich aus dem Fenster eines fahrenden Zuges zu beugen. Um sie wieder wirksam zu machen, müßte man sie in origineller Weise wiederholen oder mit dem Hinweis auf die angedrohten Geldstrafen für Zuwiderhandeln versehen oder, noch besser, sie in eine neue, ungewohnte Formulierung übersetzen, die, ihrer Ungewöhnlichkeit wegen, stutzig machte. Zum Beispiel so: »Vor zwei Monaten lehnte sich Herr Rossi aus diesem Fenster und verlor auf der Strecke Cavallermaggiore-Bra durch einen hervorstehenden Ast ein Auge.«

Der Fall der poetischen Botschaft ist anders. Ihre Mehrdeutigkeit ist eine fortwährende Herausforderung an den zerstreuten Entzifferer, ein dauernder Appell zur Kryptoanalyse. Niemand wird behaupten wollen, eine exzessiv verbreitete poetische Botschaft, die inzwischen als »Fetisch« gehandelt wird, sei einer davon unbe-

lasteten, offenen Deutung nicht mehr zugänglich. Und es wird auch niemand behaupten wollen, die poetische Botschaft sei grundsätzlich vor der Fetischisierung geschützt. Sie kann, auch wenn sie so keine angemessene Dekodierung findet, durchaus *im Lichte eines Kodes gelesen werden, der nicht vom Autor vorgesehen war.*
Dies ist es, was den »Anklang« eines Kunstwerks im Laufe der Jahrhunderte ausmacht. Die »freie« griechische Kultur, wie sie von den Romantikern gesehen wurde, ist der typische Fall einer Botschaft, die im Lichte eines anderen Kodes als dem seiner Urheber dekodiert wird.
Bei der referentiellen Botschaft allerdings ist die Interpretation mit einem anderen Kode tödlich. Der bekannte Satz »I vitelli dei romani sono belli« stellt eine Botschaft dar, die, wird sie auf den lateinischen Sprachkode bezogen, eine Bedeutung annimmt, die mit der kommunikativen Absicht des Autors übereinstimmt (»Geh, o Vitellius, beim Kriegsruf des römischen Gottes«); wird sie jedoch mit dem italienischen Sprachkode gelesen, teilt sie eine andere Bedeutung mit.[33]
Nehmen wir dagegen den Vers Dantes: »Pape Satan, Pape Satan Aleppe«.[34] Jeder Kritiker, der sich mit ihm befaßt, ist ein Kryptoanalytiker, der sich bemüht, einen brauchbaren Kode herauszufinden. Die meisten Leser der *Göttlichen Komödie* verzichten offensichtlich darauf, ihn nach einem Kode zu lesen. Doch besitzt diese Botschaft einige strukturelle Besonderheiten, die dafür sorgen, daß, ungeachtet jeder Dekodierung, eine Kette von Rhythmen und Assonanzen sowie das Versmaß des Elfsilbers erhalten bleiben. Und da im Zusammenhang eines poetischen Werkes die Botschaft auch selbstreflexiv, auf sich selbst zentriert ist, genießt der Leser an ihr ein gewisses Grundschema und gewinnt so möglicherweise Teile jener Bedeutung, die sie im Kontext des Gesangs besaß, zurück. Unterstellt man aber, Dante habe absichtlich Worte ohne genauen Sinn verwendet, um eine Aura der Magie und der diabolischen Esoterik zu erzeugen, bietet sich die Mehrdeutigkeit tatsächlich als einziger und echter Kode dar. Die Nichtdekodierbarkeit stiftet das kommunikative Vermögen der Botschaft. Auf einem unkonventionellen Weg kommuniziert sie ein genaues Signifikat: Der Dämon wendet sich im diabolischen *Jargon* an jemanden. Daß der Leser sich dann nach der Bedeutung der Wörter fragen muß, gehört zu dem Eindruck, den der Autor der Botschaft hervorrufen wollte.
Als Beispiel für eine Botschaft, die sich einer keimhaft ästhetischen

Aufmerksamkeit als Gegenstand darbietet, zitiert Jakobson den Wahlslogan »I like Ike«:

> »Der Bau des bündigen Wahlslogans *I like Ike* / ay layk ayk /, besteht aus drei Einsilbern und weist dreimal den Diphtong /ay/ auf, der symmetrisch von einem Konsonanten gefolgt wird, /..l..k..k/. Die Komposition der drei Wörter richtet sich nach dem Prinzip der Variation: keine konsonantischen Phoneme im ersten Wort, zwei umschließen das zweite und ein Konsonant steht am Ende des dritten. Einen ähnlichen dominierenden Kern / ay / entdeckte Hymes in einigen Sonetten von Keats. Beide Kola der dreisilben Formel *I like / Ike* reimen sich, und das zweite der beiden Reimwörter ist im ersten vollständig enthalten (Echoreim), /layk/––/ayk/, ein paronomastisches Bild eines Gefühls, das sein Objekt vollständig umschließt. Beide Kola alliterieren, und das erste der beiden Alliterationswörter ist im zweiten enthalten: /ay/ –– /ayk/, ein paronomastisches Bild des liebenden Subjekts, umfangen vom geliebten Objekt. Die sekundäre poetische Funktion verstärkt die Eindringlichkeit und Wirksamkeit dieses Wahlslogans.« [Roman Jakobson, »Linguistik und Poetik«, a.a.O.]

Es handelt sich hier um eine Botschaft, die nur geringfügig »poetisch« ist, die jedoch eine solch komplexe Struktur aufweist, daß sie auch jemanden, dem sie gänzlich verbraucht anmutet, in Neugier versetzt. Außerdem scheint sie sich gerade wegen ihrer Komplexität für eine Lektüre anzubieten, die absieht vom sprachlichen Kode, auf den sie sich bezieht. Nehmen wir an, es gebe einen (womöglich englischsprachigen) Leser, der nicht weiß, wer Ike war. Die Botschaft wird, obwohl sie ihre provozierende Spannung (auf der Ebene des Ulks) verliert, eine gewisse »Kantabilität« bewahren (auf der Ebene der Klangwahrnehmung bleibt eine Dekodierung erhalten). Wird unter Ike irgendeine beliebige Person verstanden, ist die Formel sehr viel ärmer; ist die Figur ein Zirkusclown, wird sie ziemlich banal – das ändert nichts daran, daß sie ihrer Kürze und des Spiels der Assonanzen wegen bestechend bleibt. Haben wir freilich anstelle von »I like Ike« einen Vers von Dante oder ein ganzes Gedicht vor uns (das zu einer Analyse von ganz anderer Komplexität auffordert), so werden wir uns rasch bewußt, wie sehr das Werk auch einer irreführenden Dekodierung offensteht, die allerdings seiner kommunikativen Kraft keinerlei Abbruch tut.

Die Reproduktion eines Bildes von einem großen Maler, verbreitet in einer Wochenzeitschrift (von einem Käufer erworben, der sich damit einen Fetisch anzueignen wünscht, aus reiner Prestigesucht oder um eines kulturellen Alibis willen), kann entweder unbeachtet bleiben oder nach einem ganz besonderen Kode gesehen werden, den der Betrachter ungezwungen anwendet, weil er sich ermächtigt fühlt, das Werk in diesem Sinne aufzufassen. Wer sagt uns denn, dieser Betrachter sei außerstande, auch nur einen einzigen von den unendlich vielen Aspekten der Bild-Botschaft zu entziffern und zu genießen? Giorgiones *Gewitter,* interpretiert ohne jeden Bezug auf das ikonologische Repertoire (der Hirte als schöner Jüngling und nicht als Merkur betrachtet); der Heuwagen Brueghels, interpretiert als Nachahmung eines schönen Heuwagens; *Die Verlobten,* bloß als Fortsetzungsroman gelesen (man möchte erfahren, was mit Renzo und Lucia geschieht); der Bison von Altamira, gesehen als lebendige Skizze eines Tiers in Bewegung ohne Beachtung seiner magischen Funktion – das sind ein paar Beispiele für eine partielle Dekodierung, die zwar mit Hilfe unvollständiger und oft beliebiger Kodes vollzogen wird (die Bauern rund um den Heuwagen könnten den einen zum Hinweis auf das ehrbare Landleben werden, den anderen zur Verherrlichung der Kolchosegemeinschaft dienen), die aber gleichwohl eine Annäherung an das Werk, eine Lektüre der Botschaft zuläßt, wobei sie Teile der Intentionen des Autors wiedergewinnt. Das Leben der Werke in einer Gesellschaft, durch die Jahrhunderte hindurch, ist reich an Mißverständnissen, falschen Zielsetzungen und abweichenden Rezeptionen, die so häufig sind und sich wechselseitig so ergänzen, daß sie sozusagen die Norm darstellen, während die exemplarische Dekodierung (exemplarisch nicht weil sie einmalig, sondern weil sie reichhaltig und komplex ist und auf allen Ebenen der Botschaft stattfindet) oft die Idealnorm der Kritik ist, der Augenblick der maximalen Aktualisierung des betrachteten Werkes im Zeichen der Ästhetik. Die Abnutzung einer Form ist daher weder vollständig noch unwiderruflich. Und die Struktur eines Werkes offenbart sich auch dann, wenn sie lediglich in einem Bestandteil, also verkürzt, wahrgenommen wird – sie tritt hervor in der Verwandtschaft der Stileigenschaften, als das markante Gefüge aller seiner Elemente, welches das Werk ist.

Sofern nun aber die Lektüre einer Botschaft anhand eines ungenauen oder unvollständigen Kodes zwar ihre kommunikativen Kräfte nicht zerstört, wohl aber die Botschaft verdünnt oder verkürzt, müssen wir auch zugestehen, daß das Gegenteil ebenso möglich ist: Eine an sich informationsarme Botschaft kann sich, wenn sie im Lichte eines beliebigen Kodes gelesen wird, als sehr viel reichhaltiger herausstellen, als vom Autor beabsichtigt. Typisch dafür ist der Fall des Bisons von Altamira, wenn er im Sinne der Errungenschaften der zeitgenössischen Malerei interpretiert wird (d.h. mittels eines komplexen Kodes, der moderne Geschmackskriterien in Betracht zieht oder die Techniken der bewußten Bewegungsdarstellung usw.), so daß er eine Fülle von Intentionen auf sich versammelt, die in ihrer Mehrzahl der *Betrachter eingeführt* hat. Der überwiegende Teil der archäologischen Funde aus der klassischen Antike wird in Bezügen interpretiert, die den Urhebern fremd waren: Die fehlenden Arme und die Erosionsspuren der Jahrhunderte werden so zu Signifikanten einer anspielungsreichen Nichtvollendung, die auf eine ganze Gruppe von Bedeutungen verweisen, die sich in Jahrhunderten der Kultur gebildet haben, dem, beispielsweise, spätgriechischen Handwerker jedoch unbekannt waren; gleichwohl war das Objekt, als System von Elementen, auch dieses System von Signifikanten und von möglichen Signifikaten. Vor dem und für den Intellektuellen, der auf der Suche nach Episoden des Brauchtums das Varieté am Stadtrand besichtigt, lädt dieses sich mit Signalen einer Obszönität auf, von denen der schlampige Chefkomiker dort nie etwas geahnt hat.

Mit einer Botschaft, die durch einen überreichen Kode interpretiert wird, geschieht also das gleiche wie mit dem *objet trouvé*, das der Künstler einem natürlichen Kontext (oder einem anderen künstlerischen Kontext) entnimmt und seinem Kunstentwurf einfügt. Der Künstler wählt bestimmte Aspekte des Objekts als mögliche Signifikanten von Signifikaten aus, die in der kulturellen Überlieferung entwickelt wurden. Indem er einen Kode auf eine Botschaft ohne Kode (einen Naturgegenstand) oder auf einen anderen Kode (ein Ausschußstück der industriellen Produktion) aufträgt, erfindet er in Wirklichkeit die Botschaft, er formuliert sie *ex novo*. Die Frage ist allerdings, ob er dabei und damit in beliebiger Weise Bezüge ansetzt, die fremden Traditionen entliehen sind (denen der modernen Kunst, für die ein Felsblock einer Skulptur von Moore, ein mechanisches Gerät einem Bild von Lipschitz ähneln kann), oder ob die zeitgenössische Kunst bei der Entwicklung ihrer Formbildungsweisen sich nicht selbst schon auf Formen der Natur oder der Industrie bezogen hat und damit dem eigenen Kode Elemente anderer Kodes eingepflanzt hat.[35]

Alle diese Beobachtungen besagen, daß *die Absichten des Genusses die Informationskapazität der Botschaft verändern.* Als komplexe Struktur behält die poetische Botschaft ihre Fähigkeit, vielfältige Dekodierungen anzuregen. In der intensiven Zirkulation von Botschaften, in die auch die poetische Botschaft einbeschlossen ist, die ihrem Publikum als Ware angetragen wird, ist das Leben der Werke sehr viel abwechslungsvoller und unvorhersehbarer, als wir vermuten (und vermuten können). In der Entfaltung unbefangener oder abweichender Kodes, bei der unterschiedslosen Anwendung von Kodes, bei der Herausbildung von gelegenheitsbedingten und zufälligen Absichten des Genusses stellt sich eine Dialektik zwischen Botschaften und Empfängern ein, auf die kein Schema paßt und die ein immenses Forschungsgebiet eröffnet, ein Gebiet, auf dem Neuanpassungen und Umorientierungen des Geschmacks möglich werden, Experimente der Wiedergewinnung, trotz der Gedankenlosigkeit und Brutalität des alltäglichen Konsums, der jede Botschaft im Lärm zu ersticken und jede Rezeption in der chronischen Gleichgültigkeit gegenüber Nachrichten zu nivellieren scheint.

Der Kitsch als »Boldinismus«[36]

In diesem ebenso verworrenen wie lebendigen Panorama fällt es der Kulturindustrie leicht, ihren Adressaten dadurch entgegenzukommen, daß sie die Initiative zur Teildekodierung ergreift. Eine poetische Botschaft ist überaus komplex: Erfaßt der zerstreute Empfänger nur einen Teil davon oder nimmt er sie auf, indem er ihr eine zur Formel gewordene Dekodierung überstülpt? Also wird eine Vermittlungsinstanz eingeschaltet, die dem Publikum nicht die ursprünglichen Botschaften vorstellt, sondern vereinfachte, die auf Stilelemente von Botschaften anspielen, welche ihrer poetischen Eigenschaften wegen berühmt sind.
Die meisten Erscheinungen des *Midcult* sind von dieser Art. Wir sprechen nicht von den Massenbotschaften – hier kann die Effekt-Strategie vernünftig sein, wie man gesehen hat; sie gibt nicht vor, eine ästhetische Erfahrung zu ersetzen, und die Anwendung von Formbildungsweisen, die der Kunst entliehen sind, hat eine zweckbezogene Funktion: Ein Stilmittel wird deshalb verwendet, weil es sich in einer bestimmten Botschaft als kommunikativ wirksam herausgestellt hat. Wenn eine onomatopoetische Beziehung sich in einem Gedicht von Poe als schockierend erwiesen hat, warum soll

man sie dann nicht gebrauchen, um eine Waschmittel-Reklame zu vitalisieren? Niemand, der diese Reklame aufnimmt, wird meinen, an einer feinsinnigen Veranstaltung teilzunehmen. Das Problem verschiebt sich also auf andere Ebenen der Polemik; das Verhältnis von Kunst und Kitsch steht nicht zur Debatte.

Beim *Midcult* liegt die Sache jedoch ganz anders. Hat ein Stilmittel zu einer Botschaft mit Prestige gehört, so gewinnt es für ein Publikum, das auf vornehme Erfahrungen aus ist, ein spezifisches Gewicht. Das *Midcult*-Produkt wird daher eine neue (meist auf die Auslösung von Effekten gerichtete) Botschaft herzustellen versuchen, in der jenes Stilelement den Kontext veredelt. Aber, wohlgemerkt, es ist nicht gesagt, daß es einem kundigen Handwerker nicht gelingen könnte, die neue Botschaft fast wie ein Original aussehen zu lassen. Verfuhren so nicht die Renaissancearchitekten, die griechisch-römische Architekturelemente gerade deshalb verwendeten, weil sie eine eigentümliche Würde hatten? Die Einfügung kann durchaus so erfolgen, daß das Eingefügte absichtlich als solches bestehen bleibt. Das Musikzitat bei Strawinsky ist ein Beispiel für ein Stilmittel, das einem anderen Kontext entnommen und in einen neuen Kontext eingefügt wird – die Einfügungsabsicht ist unverhohlen und verweist den Hörer auf einen entsprechenden Interpretationskode. Das gleiche trifft auf die Collage zu, auf das mit verschiedenen Materialien ausgeführte Bild, wobei die Materialien absichtsvoll die Spuren ihrer Herkunft wahren. Ebenso verhält es sich bei dem Reststück der Servianischen Mauer, das in den architektonischen Entwurf der Fassade des Bahnhofs von Rom eingebaut wurde. Auch hier wird nicht versucht, ein Fragment der »Kunst« einzuschmuggeln, um den Eindruck zu erwecken, der Zusammenhang selbst sei »Kunst«, während er in Wahrheit bloß der Träger für ein »zitiertes« Stilelement ist. Der Kontext ist notwendig, damit das Fragment als explizites Zitat auftreten kann. Seltener ist der Fall des Zitats, das in einem Relationssystem neuen Typs verschwindet oder mit ihm verschmilzt. *Was jedoch den Midcult charakterisiert und ihn gerade als Kitsch charakterisiert, ist die Unfähigkeit, das Zitat in den neuen Kontext einzuschmelzen.* In strukturellen Termini ausgedrückt: *Kitsch entsteht, wenn ein aus seinem Zusammenhang gerissenes Stilmittel in einen anderen Kontext eingefügt wird, dessen Struktur nicht dieselben Merkmale der Homogenität und Notwendigkeit wie die ursprüngliche Struktur besitzt, während die Botschaft, aufgrund der Einfügung, als Originalwerk angeboten wird, das neue Erfahrungen vermittele.*

Ein aufschlußreiches Beispiel dafür ist die Arbeitsweise des Malers Boldini, der beim mittleren Publikum seiner Zeit berühmt war.

Boldini ist ein Porträtist von Ruf, Maler der großen Damen, dessen Bilder für den Auftraggeber eine Prestigequelle und ein Gegenstand gefälligen Konsums sind. Die schöne Dame, die bei ihm ein Porträt bestellt, wünscht nicht vor allem ein Kunstwerk; sie will ein Werk, in dem die Meinung bestätigt wird, daß sie schön sei. Zu diesem Zweck baut Boldini seine Porträts nach allen Regeln der Effekthascherei. Betrachtet man seine Bilder, vor allem die Frauenporträts, so zeigt sich, daß die Darstellung des Gesichts und der Schultern (der entblößten Partien) dem Kanon eines raffinierten Naturalismus gehorcht. Die Lippen dieser Frauen sind voll und feucht, der Anblick der Haut weckt taktile Empfindungen; die Blicke sind sanft oder provozierend, maliziös oder träumerisch, doch stets direkt und eindringlich auf den Beschauer gerichtet.
Diese Frauenbildnisse appellieren nicht an die abstrakte Idee der Schönheit oder nehmen die weibliche Schönheit zum Vorwand für ästhetische Experimente oder koloristische Eigensinnigkeiten; sie stellen jeweils *diese* Frau dar, und zwar so, daß der Betrachter dazu verleitet wird, sie zu begehren. Die Nacktheit der Cléo de Mérode verfolgt eine präzise Erregungsabsicht, die Schultern der Prinzessin Bibesco werden dem Begehren offen dargeboten, die Liederlichkeit der Marthe Regnier lädt dazu ein, bestätigt zu werden.
Kaum geht er jedoch dazu über, das Kleid zu malen, wechselt vom Korsett zu den Kleidersäumen und vom Kleid zum Hintergrund, gibt Boldini die »kulinarische« Technik auf: Die Materialien zerfallen zu leuchtenden Pinselstrichen, die Dinge gerinnen zu Farbflecken, die Gegenstände lösen sich in Farbexplosionen auf... Der untere Teil von Boldinis Gemälden gemahnt an den Kunstmittel-Gebrauch des Impressionismus; unverkennbar, Boldini »macht« in Avantgarde, zitiert aus dem Repertoire der zeitgenössischen Malerei. Das Kulinarische hat, unvermittelt, der Kunst Platz gemacht. Diese *dem Begehren dargebotenen* Oberkörper und Gesichter treten aus der Krone einer malerischen Blüte hervor, die einzig *zum Anschauen* da ist. Die Auftraggeberin wird kein Unbehagen darüber empfinden können, daß sie wie eine Kurtisane zur Schau gestellt wird: Ist nicht der Rest der Figur eine Einladung der reinen Wahrnehmung, zu einem Genuß höherer Art? Die Auftraggeberin, der Auftraggeber, der Betrachter, sie alle sind nun beruhigt: In Boldinis Gemälden »haben« sie die Kunst-Erfahrung, und oben-

drein haben sie die Sinnesempfindung gekostet, welche die unnahbaren Frauen Renoirs oder die geschlechtslosen Silhouetten Seurats verweigern. Der mittlere Konsument konsumiert seine Lüge.

Aber er konsumiert sie als ethische Lüge, als gesellschaftliche Lüge, als psychologische Lüge, d.h. als *strukturelle Lüge*. Boldinis Gemälde sind paradigmatisch für die Einführung von fremden Stilmitteln in einen Kontext, der sie nicht aufzunehmen vermag. Die Ungleichheiten zwischen den Teilen – dem oberen und dem unteren – dieser Bilder sind eklatant. Diese Frauenbildnisse sind *zum Stilmittel gewordene Sirenen*. Es ist kein formaler Grund dafür zu erkennen, beim Übergang vom Gesicht zu den Füßen das Stilregister zu wechseln, außer dem Vorsatz, das Gesicht müsse den Auftraggeber zufriedenstellen, das Kleid hingegen die Ambitionen des Malers.

Wenn von Kitsch zu reden einen Sinn hat, dann nicht deshalb, weil er effekthascherisch ist; nicht, weil er ein Produkt kennzeichnet, das formal ungleichgewichtig ist; auch nicht, weil er Stilelemente ausbeutet, die in einem anderen Kontext entwickelt worden sind. *Kitsch ist vielmehr das Werk, das zum Zwecke der Reizstimulierung sich mit dem Gehalt fremder Erfahrungen brüstet und sich gleichwohl vorbehaltlos für Kunst ausgibt.*

Bisweilen kann der Kitsch unbeabsichtigt sein, ein unwillentlich begangener Fehler, sozusagen entschuldbar. Und in diesen Fällen lohnt es sich allein deshalb darauf hinzuweisen, weil hier der Mechanismus besonders klar hervortritt. So stoßen wir zum Beispiel bei Edmondo de Amicis auf die Anwendung eines Manzonianischen Stilmittels mit lächerlichen Effekten. Manzoni setzt es am Schluß des ersten Teils des Berichts über die unglückliche Gertrude ein. Der Bericht hat sich über Seiten hinweg fortgesetzt und um die Figur der Nonne eine Vielzahl von bewegenden und entsetzlichen Einzelheiten aufgehäuft; ganz langsam zeichnet sich die Gestalt dieser verfehlten Berufung, dieser unterdrückten Rebellion, dieser verborgenen Verzweiflung ab. Und während der Leser bereits anfängt zu glauben, Gertrude habe sich in ihr Schicksal ergeben, erscheint der Schurke Egidio auf der Bildfläche. Egidio platzt förmlich in die Geschichte hinein, wie eine fatale Fügung, die die Verzweiflung der Frau auf die Spitze treibt: »Hin und wieder hatte er, über einen kleinen Hof hinüber, Gertrauden in ihrem Zimmer betrachtet. Eines Tages erdreistete er sich, sie anzureden. Die Unselige antwortete.«[37]

Der Kitsch als »Boldinismus«

Die Literaturkritik hat viel Tinte damit verbraucht, die lapidare Wirkung des letzten Satzes zu kommentieren. Der einfach gebaute, aus einem Subjekt und einem Prädikat bestehende Satz, wobei das Subjekt aus einem Adjektiv gebildet ist, teilt uns sowohl die Entscheidung Gertrudes als auch ihre moralische Charakteristik sowie die Anteilnahme des Erzählers mit. Das Adjektiv »unselige« verurteilt und bedauert zugleich. Indem es zur Definition der Frau beiträgt und in den Rang eines Substantivs rückt, läßt es das Wesen der Person in jene Bestimmung münden, die ihre Lage zusammenfaßt: die Vergangenheit, die Gegenwart und die Zukunft. Das Verb wiederum gehört zu den undramatischsten, die man sich vorstellen kann. »Antwortete« steht für die allgemeinste Form von Reaktion, bezeichnet weder Inhalt noch Intensität der Antwort. Gerade darin aber gewinnt der Satz seine expressive Stärke und läßt die ganze Ruchlosigkeit erkennen, die mit der ersten unwiederruflichen Geste gesetzt war, der Geste einer Nonne, jemandes, von dem wir wissen, daß er unbewußt nur auf einen Funken wartete, um in der Revolte zu explodieren.

Der Satz steht am rechten Ort, am Ende einer langen Kette von Einzelheiten; er prägt sich ein wie eine Grabinschrift.

Subjekt, gebildet aus einem Adjektiv, und Prädikat. Welch eine Ökonomie der Mittel! Dachte Edmondo de Amicis an den Fund Manzonis, als er eine der denkwürdigsten Seiten von *Cuore* schrieb? Vermutlich nicht. Dennoch besteht eine nachweisbare Ähnlichkeit. Franti, der böse Knabe, der der Schule verwiesen worden war, kehrt in Begleitung seiner Mutter ins Klassenzimmer zurück. Der Direktor wagt nicht, ihn wegzuschicken; die Frau tut ihm leid, sie ist verängstigt, ihr Haar ist zerzaust, grau, sie ist vom Schnee durchnäßt. Doch alle diese Details haben dem Autor offenbar nicht genügt, um die von ihm angestrebte und gewünschte Wirkung beim Leser hervorzurufen. Und so greift er denn zu einem weiteren Hilfsmittel: In einem langen Monolog, der mehrfach von Klagerufen unterbrochen wird, erzählt die unglückliche Frau die traurige Geschichte. Es ist die Rede von ihrem Schmerz, von dem gewalttätigen Vater des Jungen, von der Bitternis des Familienalltags usw. Die Dramatik der Szene wird durch den Abgang der Frau noch einmal verstärkt: »bleich« und »gebeugt« (das Halstuch »hinter sich herschleifend«), »zitternd« geht sie hinaus; man hört sie husten, während sie die Treppe hinabsteigt. An dieser Stelle wendet sich der Direktor an Franti und sagt zu ihm, »in einem Tonfall, der erschütterte«: »Franti, du bringst deine Mutter um! –

Alle drehten sich, um Franti anzusehen. Und dieser Verruchte lächelte.«

Der Text wird also mit einem Stilmittel beschlossen, das demjenigen ähnlich ist, das Manzoni angewandt hatte – ähnlich jedoch allein in formaler Hinsicht, in der Verknüpfung eines Adjektivs (in Subjektfunktion) mit einem Prädikat. Denn der Kontext nimmt ihm den Atem, die Kraft, die Brisanz, die es bei Manzoni ausstrahlte. Bei Edmondo de Amicis[38] erscheint es an einer Stelle, an welcher der Leser einen Theatercoup erwartet, der seinen von der massiven Häufung mitleiderregender Einzelheiten strapazierten Gefühlen Erleichterung verschaffte. Doch nichts dergleichen geschieht. Das Adjektiv, das das Subjekt bezeichnet, formuliert ein schwerwiegendes und wahlloses Urteil, das, wenn es an der wirklichen »Verruchtheit« des Knaben gemessen wird, einigermaßen grotesk wirkt. Im übrigen ist »lächeln« nicht »antworten«. Der Satz hat keinen Verweisungscharakter wie der von Manzoni. Franti ist ein Verruchter, punktum. Das klingt melodramatisch und läßt uns eher an Jago als an einen ungezogenen Knaben aus einem Turiner Vorort denken. Ein Kunstmittel ist durch seinen Gebrauch in einem unangemessenen Zusammenhang zu Kitsch korrumpiert worden. Was heißt, daß der Gebrauch korrupt war. Der einzige mildernde Umstand ist, wie schon angedeutet, daß das »Zitat« unbeabsichtigt war.

Ist jedoch Absicht im Spiele, so macht sich der für den *Midcult* typische Kitsch offen bemerkbar. Kitsch dieser Art ist die »Halbabstraktion« in einer bestimmten Sakralkunst, die, wenn sie eine Madonna oder einen Heiligen darstellt, zur Stilisierung Zuflucht nimmt, um der Banalität zu entkommen (und die damit eine scheinbar avancierte, modernistisch verbrämte Form der Banalität einführt); Kitsch ist die geflügelte Kühlerfigur des Rolls Royce, eine gräzisierende Prestigedemonstration an einem Gegenstand (und mittels seiner), der besser den Kriterien der Aerodynamik und Nützlichkeit genügen sollte; Kitsch ist die Maskierung des Fiat 600 zum Sportwagen, der mit horizontalen roten Farbstreifen und, statt mit Stoßstangen, mit zwei kleinen Hörnern versehen ist; Kitsch sind, ebenfalls an Autos, die abstehenden großen Flossen, die an die Sicheln von Kampfwagen barbarischen Angedenkens erinnern, korrigiert durch den Dünkel avantgardistischer Plastik; Kitsch ist das Transistorradio mit der überlangen Antenne, die zwar technisch nutzlos, aber für das Prestige des Besitzers unentbehrlich ist; und Kitsch ist das Sofa mit bedrucktem Bezug, der

Figuren von Klee wiedergibt – Kitsch nicht deshalb, weil der Stil Klees abgenutzt wäre, sondern weil diese Figuren durch die Deplazierung vulgarisiert werden, so wie das abstrakte Bild, das auf Keramiken reproduziert wird, oder das Interieur einer Bar, das Farbkompositionen von Kandinsky, Soldati oder Reggiani nachahmt.

Der Leopard von Malaya

Die Überlegungen zum Kitsch lassen es, wie die Beispielsfälle gezeigt haben, ratsam erscheinen, die Unterscheidung zwischen gewöhnlicher Botschaft und poetischer Botschaft ernstzunehmen. Letztere wurde als Botschaft bestimmt, die, indem sie die Aufmerksamkeit ganz auf sich und auf ihre ungewohnte Besonderheit lenkt, neue Möglichkeiten des Kode vorschlägt; mithin als eine Botschaft, die zur Quelle neuer Ausdrucksweisen wird, die innovatorisch und entdeckerisch ist (und die nur rezipiert werden kann, wenn sie in dieser Eigentümlichkeit beachtet und nachvollzogen wird). Zugleich haben wir gesehen, daß es zwischen der poetischen Botschaft, die entdeckt und Entwürfe macht, einerseits und dem Kitsch, der Entdeckungen und Entwürfe vortäuscht, andererseits noch zahlreiche weitere Typen der Botschaft gibt: von der Massenbotschaft, die von der künstlerischen deutlich verschiedene Zielsetzungen verfolgt, bis zur handwerklich korrekten Botschaft, die zwar an gewisse ästhetische Empfindungen appelliert und daher bei der Kunst (ihrer Entdeckerrolle) Verfahrensweisen und Stilmittel borgt, aber das Geborgte nicht banalisiert, sondern es in einen gemischten Kontext einsetzt, der sowohl Zerstreuung verspricht als auch für konsistente Interpretationserfahrungen offen ist. Zwischen diesem Typus von Botschaft und der poetischen Botschaft im strengen Verstande besteht derselbe Unterschied, wie ihn Elio Vittorini zwischen »Produktionsmitteln« und »Konsumgütern« der Literatur festgestellt hat. Häufig freilich offenbaren Botschaften, die der poetischen zuneigen (und obwohl sie die Grundbedingungen dieses Typus erfüllen) eine merkwürdige Unbeständigkeit und Ungleichgewichtigkeit in der Struktur, während solche Botschaften, die eher auf hohen Gebrauchswert zugeschnitten sind, ebenso häufig durch ein beinahe perfektes Gleichgewicht in der Struktur verblüffen – ein Zeichen dafür, daß im ersten Fall trotz klarer, eindeutiger Absichten das Werk mißlungen oder nur in Teilen gelungen ist und im zweiten Fall ein Gebrauchswerk vorliegt, das den Blick des Benutzers ganz und gar auf die vollkommene Struktur zieht und über diesen Umweg den Stileigenschaften, die es sich ausgeborgt hat, eine gewisse Überzeugungskraft zurückgibt, uns also etwas wiedergewinnen läßt: das Erlebnis von Formbildungsweisen – die auf einem gänzlich anderen Terrain entwickelt und die von anderen Autoren erprobt worden waren.[39] Mit anderen Worten: Es gibt eine Dialektik zwischen einer auf Entdeckung und einer auf geregelte Ordnung des Entdeckten gerichteten Kunst, und zwar in dem Sinne, daß es zuweilen die zweite ist, welche die Grundmerkmale der poetischen Botschaft erfüllt, während die erste lediglich den kühnen Versuch zu deren Erfüllung darstellt.[40]

Natürlich müßte dies jeweils im einzelnen am Gegenstand kritisch untersucht werden. Einmal mehr legt die Ästhetik allenfalls die Bedingungen für eine kommunikative Erfahrung fest und gibt keine Hilfen für die Einschätzung von Einzelfällen.

Daraus folgt, daß wir sehr genau auf die Abstufungen achten sollten, die innerhalb des Zirkels des Kulturkonsums sich zwischen Werken der Entdeckung, Werken der Vermittlung, Werken des unmittelbaren Gebrauchs (und Verbrauchs) einerseits und Werken andererseits ergeben, welche die Wertigkeit von Kunst vortäuschen, also die Abstufungen zwischen Avantgardekultur, Massenkultur, mittlerer Kultur und Kitsch.

Um diese Unterscheidungen zu erhärten, betrachten wir vier Textauszüge. Der erste stammt von einem Künstler, nämlich Marcel Proust; er beschreibt eine Frau – Albertine – sowie den Eindruck, den Marcel empfindet, als er sie zum ersten Mal sieht. Proust hat es nicht darauf abgesehen, Begehrlichkeit zu wecken, sondern sucht einen neuen Schlüssel zu einer abgedroschenen Konstellation – im Rahmen einer scheinbar banalen Botschaft (der Darstellung der Begegnung zwischen einem Mann und einer Frau und dem Bericht über die Sinnesempfindungen des Mannes) erprobt er eine neue literarische Erkenntnistechnik, einen neuartigen Zugriff auf die Dinge.

Wie geht er dabei vor? Proust verzichtet darauf, sogleich alle Mittel an die Beschreibung von Albertine zu wenden; er macht sie ganz allmählich kenntlich, nicht als Individuum, sondern als Teil eines unteilbaren Ganzen, einer Gruppe von Mädchen, deren Züge, deren Lächeln und Gesten in einem einzigen Aufblitzen von Bildern zu verschmelzen scheinen; er arbeitet mit einer impressionistischen

Technik, die selbst noch dem Hinweis auf Körpermerkmale – »ein weißes Oval, schwarze Augen, grüne Augen« – den schnellen sinnlichen Effekt nimmt und ihn in einer Schwingung aufgehen läßt (tatsächlich sieht er die Mädchengruppe »verworren [...] wie eine Musik, in der ich im Augenblick des Vorüberrauschens nicht die einzelnen Themen erkennen konnte, da ich sie wohl sekundenlang unterschied, jedoch auf der Stelle wieder vergaß [...]«). Es ist schwierig, Stellen aus dieser Beschreibung zu zitieren, weil sie sich über mehrere Seiten hinzieht. Sie macht uns Albertine nur langsam sichtbar und stets unter dem Verdacht, daß unsere Aufmerksamkeit, zusammen mit der des Autors, das Ziel verfehle. Der Leser bewegt sich zwischen den Bildern vorwärts wie in einer verworrenen Vegetation, und es fallen ihm weniger die markanten Einzelheiten – die »runden rosigen Wangen«, der »dunkle Teint« – auf, als vielmehr die Ununterscheidbarkeit der Personen: »[...] das Aufeinanderabgestimmtsein schuf [...] zwischen ihren selbständigen und von einander getrennten Körpern, während sie sich langsam vorwärts bewegten, das unsichtbare Band einer Harmonie wie der eines gleichen warmen Dunkels, einer gleichen sie umgebenden Luft, und machte sie zu etwas, das in allen Teilen ebenso zusammengehörte, wie es als Gruppe sich ganz und gar von der Menge unterschied, in der ihr Zug sich langsam fortbewegte.«[41] Fassen wir die Satzteile isoliert nacheinander ins Auge, so scheinen hier alle Elemente versammelt zu sein, die wir in einem Stück Kitsch finden. Doch die Adjektive richten sich nie auf einen Gegenstand und noch weniger darauf, in uns ein bestimmtes Gefühl wachzurufen, und ebensowenig auf die Verbreitung einer vagen Aura des »Lyrischen«; noch während der Leser anfängt, das Gewirr der Eindrücke zu entflechten, das der Text präsentiert, sieht er sich von ihm herausgefordert, die Eindrücke unter Kontrolle zu bringen, in einem stetigen Wechsel von Faszination und Kritik, der ihn hindert, sich in persönlichen, vom Kontext geweckten Gefühlen zu verlieren; er wird gewahr, daß sie nicht das *Gefühl des Kontexts* sind. An einem bestimmten Punkt der Beschreibung trifft Marcel der Blick der Brünetten, »der schwarze Strahl ihrer Augen«, der ihn festhält und verwirrt. Doch sogleich überkommt ihn der Gedanke: »Wenn wir dächten, die Augen eines solchen Mädchens seien nichts als ein blitzendes Rund aus Glimmer, wären wir nicht begierig, ihr Leben zu kennen und mit unserem zu verschmelzen.« Ein Moment des Innehaltens, dann geht die Rede weiter, nun nicht mehr, um die Gefühlserregung abzuweisen, sondern um sie zu kommentieren und zu vertiefen. Die Lektüre folgt nicht einem festen Faden. Das einzige, was in diesem an Interpretationsanregungen überaus reichen Text negiert wird, ist die Hypnose; er ist nicht auf Suggestion gebaut, sondern auf Aktivität.

Wenn es nun aber nicht Marcel ist, der einem Mädchen begegnet, sondern eine von einem biederen Autor erfundene Figur, dargestellt für ein Publikum, das nach Faszination, Gefühlserregung, Spannung und hypnotisierendem Trost geradezu verlangt? Schauen wir uns an, wie ein solches Erlebnis auf Sandokan, den Tiger von Malaya, wirkt, als er, in *Die Tiger von Monpracem*[42], zum ersten Mal Marianna Guillonk, vielen Lesern besser bekannt als »Perle von Labuan«, gegenübertritt:

> »Kaum hatte er diese Worte ausgesprochen, trat der Lord wieder herein, aber diesmal nicht mehr allein. Hinter ihm näherte sich, kaum den Teppich berührend, ein herrliches Geschöpf, bei dessen Anblick Sandokan einen Ausruf der Überraschung und Bewunderung nicht unterdrücken konnte.
>
> Es war ein Mädchen von sechzehn oder siebzehn Jahren, von kleinem Wuchs, aber schlank und fein, mit einer wunderbar geformten Figur und einer so zarten Taille, daß man sie mit einer Hand hätte umfassen können, und ihr Teint war rosafarben und so frisch wie eine Blume, die gerade aufgegangen war. Sie hatte einen wunderbaren zierlichen Kopf, Augen so blau wie das Meer und eine Stirn von unvergleichlicher Reinheit, unter der sich zwei anmutig gebogene Augenbrauen abzeichneten, die sich fast berührten.
>
> Blondes Haar floß in einer malerischen Unordnung wie ein Goldregen an ihr herab, auf das kleine weiße Mieder, das ihren Busen bedeckte.
>
> Beim Anblick dieser Frau, die trotz ihres Altes wie ein richtiges Kind aussah, fühlte sich der Pirat bis in sein Innerstes erschüttert.«

Der Auszug bedarf keines Kommentars: In schlichter handwerklicher Manier sind hier alle zur Effektauslösung geeigneten Mittel eingesetzt, um sowohl Marianna zu beschreiben als auch die Heftigkeit von Sandokans Reaktion deutlich zu machen. Künftige Lesergenerationen mögen uns vielleicht vorwerfen, daß wir in unserer Kindheit die Dimensionen der Leidenschaft mittels der von Emilio Salgàri gebauten Provokationsmaschinerie zum ersten Mal mit dem Kopf statt mit den Sinnen erlebt hätten. Zumindest soviel muß ihm zugestanden werden: Er erhob nicht den Anspruch, Kunst zu schaffen.[43] Eine Phantasie- oder Traummaschine, verlangt sein Text von niemandem, auf die *Botschaft* zu achten. Die Botschaft dient dazu, auf Marianna hinzuweisen. Unter diesen Bedingungen greift der Mechanismus des Kitsches nicht. Salgàri hat ein Massenprodukt hergestellt und daraus selber niemals ein Hehl gemacht. Kitsch jedenfalls hat er nicht produziert. Seine Bücher (und die seiner Nachfolger, heute der Konfektionäre des Abenteuers im Kriminalroman oder in der *space-opera*) sind Dokumente der Sittengeschichte, denen die Inhaltsanalyse beikommen müßte. Aber das ist eine andere Interessenebene als die, auf der wir uns hier bewegen.

Versetzen wir uns auf den Standpunkt eines Erzählers mit Geschmack und Bildung, der, aus Berufung oder aus Kalkül, sich vorgenommen hat, ein sowohl achtenswertes als auch zugängliches Buch zu verfassen. Das Problem, wie eine Begegnung zwischen einem Mann und einer Frau darzustellen sei (es ist bei Proust und bei Salgàri das nämliche), wird sich ihm dann vermutlich in folgender Weise stellen: auf der einen Seite die Forderung, mit einer kurzen Reihe von Sätzen den Effekt auszulösen, den die Frau auf den Leser ausüben soll; auf der anderen Seite die Zurückhaltung vor dem ausgelösten Effekt, das Bedürfnis nach einer kritischen Kontrolle. Machte er sich an die Aufgabe, die Begegnung zwischen Sandokan und Marianna zu beschreiben, könnte die Lösung etwa so lauten:

»Der Augenblick dauerte fünf Minuten; dann öffnete sich die Tür, und herein trat Marianna. Der erste Eindruck war der einer alle blendenden Überraschung. Den Guillonks stockte der Atem; Sandokan spürte geradezu, wie ihm die Adern an den Schläfen klopften. Unter dem Stoß, den die Männer damals vom Ansturm ihrer Schönheit empfingen, waren sie außerstande, die nicht wenigen Fehler, die diese Schönheit hatte, zu bemerken, so daß sie sie hätten analysieren können; es mochte viele Menschen geben, die zu solcher Anstrengung nie imstande waren.
Sie war groß und gut gewachsen – selbst nach hohem Maßstab geurteilt; ihre Haut besaß gewiß den Duft der frischen Sahne, der sie ähnelte, der kindliche Mund den von Erdbeeren. Unter der Fülle der nachtfarbenen, in lieblichen Wellen sie umfließenden Haare dämmerten die grünen Augen regungslos wie die

von Statuen und, wie sie, ein wenig grausam. Sie schritt langsam, wobei sie den weiten, weißen Rock um sich schwingen ließ und in der ganzen Gestalt die Gelassenheit, die Unbesiegbarkeit der Frau zum Ausdruck brachte, die ihrer Schönheit gewiß ist.«

Wie man leicht feststellen kann, ist diese gastronomische Beschreibung durch treffliche Ökonomie der Mittel und der Pausen gekennzeichnet. Aber trotz der unbezweifelbaren *concinnitas*, die bei Salgàri fehlt, ist das kommunikative Verfahren dasselbe. Der zentrale Einschnitt im Text wiederholt jedoch das Proustsche Stilmittel, das darin besteht, den vom Autor zuvor geweckten Eindruck vom Leser kritisch überprüfen zu lassen. Doch sowenig Proust eine derartig unmittelbare und eindeutige Darstellungsweise gutgeheißen hätte, so wenig wäre Salgàri in der Lage gewesen, sie so maßvoll zu dämpfen. Auf dem Platz zwischen beiden sitzt Giuseppe Tomasi di Lampedusa. Tatsächlich stammt das Zitat aus *Il Gattopardo*[44], und der Leser wird es wiedererkennen, wenn er an die Stelle der fiktiven Namen diejenigen von Angelika, Tancredi und den Salina setzt. Der Auftritt Angelikas im Palast von Donnafugata ist wie das Idealmodell eines mittleren Produkts strukturiert, bei dem allerdings die Kontamination zwischen den Erzählweisen der Massenliteratur und die Anspielungen auf die hohe literarische Tradition nicht zu einem grotesken *pastiche* verkommen. Der zitierte Abschnitt hat weder mit Entdeckung noch mit Stilversuch zu tun wie derjenige Prousts, ist jedoch ein Beispiel einer ansehnlichen Schreibweise. Der Rückgriff auf Bestandteile der literarischen Bildung ist maßvoll. Das Ergebnis ist ein Gebrauchstext, der gefallen soll, ohne aufzustören, der eine gewisse kritische Anteilnahme weckt, ohne die Aufmerksamkeit voll auf die Struktur der Botschaft zu lenken. Freilich gibt der Abschnitt das Buch nicht zureichend wieder (das Urteil darüber müßte differenzierter und umfassender sein), aber er gibt einigen Aufschluß. Der Erfolg dieses Werks hat in seinen Strukturmerkmalen seine Ursache; sein Erfolg berechtigt jedoch nicht dazu, es als ein Produkt des *Midcult* oder des Kitsches einzustufen. *Il Gattopardo* ist wohl ein vorzügliches Konsumgut, jedoch kein Kitsch. Machen wir uns diesen Unterschied an einem letzten einschlägigen Beispiel klar.
Ray Bradbury, von der mittleren Intelligenz nicht zu Unrecht als einziger Science-fiction-Autor von literarischer Qualität gerühmt,

hat eine Novelle für den *Playboy* geschrieben. Bekanntlich ist der *Playboy* eine Zeitschrift, die Aktphotos von jungen Frauen zu veröffentlichen pflegt, die pfiffig und geschickt aufgenommen sind. Darin ist *Playboy* kein Kitsch; er fingiert nicht den künstlerischen Wurf – das trübe Alibi der Pornographie –, sondern wendet technische und ästhetische Mittel an, die »auf dem Markt sind«, um zwar erregende, aber keineswegs vulgäre Aktbilder zu produzieren, die von witzigen und gefälligen *cartoons* begleitet sind.
Leider hat den *Playboy* der kulturelle Ehrgeiz gepackt. Er will ein *New Yorker* für Libertins und Lebemänner sein; er sucht die Mitarbeit berühmter Erzähler, die die schillernd-prekäre Verbindung mit dem Rest des Heftes nicht scheuen, ja, durch sie wohl geradewegs den Beweis ihrer Toleranz und ihres *sense of humour* zu führen gedenken. Doch das Projekt, zu dessen Bestandteil der Autor sich so macht, wirkt korrumpierend: Von der Zeitschrift eingeladen, dem Käufer, der mit seinem Gewissen in Widerstreit liegt, ein Bildungsalibi zu liefern, produziert der Erzähler häufig eine *Alibi-Botschaft*. Er produziert Kitsch für eine Unternehmung, die schon im Ansatz Kitsch ist. Eben dies widerfährt Ray Bradbury. Auch Bradbury berichtet vom Zusammentreffen zweier Personen. Freilich, wie könnte er, da er doch »Kunst machen« will, auf das abgeschabte Muster der Begegnung zweier Liebender zurückgreifen? Muß er nicht sofort und direkt in die Welt der Werte eintreten, wenn er von der Liebe eines Menschen zu einem Kunstwerk handeln will? So erzählt er denn in *The Summer of Picasso* von einem Mann, der sich mit der zermürbten und verwirrten Gattin im Schlepptau aufmacht, seine Ferien an der französischen Küste bei Vallauris zu verbringen (wohlgemerkt, von Amerika aus). Sein Ziel ist es, seinem Idol nahe zu kommen: Picasso. Das Kalkül ist perfekt: Wir haben die Kunst, die Modernität und das Prestige. Picasso wurde nicht zufällig ausgewählt – jedermann kennt ihn, seine Werke sind längst zum Fetisch geworden, zu Botschaften, die nach einem vorgezeichneten Schema gelesen werden.
Eines Abends nun, gegen Sonnenuntergang, gewahrt unser Held, als er traumversunken über den nunmehr verlassenen Strand geht, von weitem einen kleinen alten Mann, der mit einem Stock seltsame Figuren in den Sand zeichnet. Unnötig zu sagen, daß es sich um Picasso handelt. Unser Mann erfaßt dies, während er sich von hinten nähert und die Zeichnungen im Sand erblickt. Er schaut mit angehaltenem Atem zu, besorgt, den Zauber zu brechen:

»Auf dem flachen Strand waren nämlich Bilder von griechischen Löwen und von mittelmeerischen Ziegen und von Mädchen mit einer Sandhaut, die wie Goldstaub war, und Satyre, die in handgeschnitzte Hörner bliesen, tanzende Kinder, die Blumen den ganzen Strand entlang warfen, und Lämmer, die ihnen folgten, und Musikanten, die Harfe und Lyra spielten, und Einhörner, die auf dem Rücken junge Männer zu fernen Weiden trugen; Büsche, Tempelruinen, Vulkane. Den Strand entlang, in einer einzigen Linie skizzierten die Hand, der hölzerne Zeichenstift dieses Mannes, der vom Fieber und Schweiß gebeugt war; sie vereinten und koppelten hier und dort, außen herum, innen, außen, ordneten, sie flüsterten, hielten inne, beeilten sich dann, als ob dieses launenhafte Bacchanal aufblühen müßte bis zum Höhepunkt, bevor das Meer die Sonne verbergen würde. Zwanzig, dreißig Meter und noch mehr an Nymphen und Dryaden oder sommerlichen Fontänen sprangen in verwickelten Hieroglyphen empor. Und im ersterbenden Licht war der Sand von der Farbe des geschmolzenen Kupfers, und darauf war jetzt eine Botschaft eingezeichnet, die jeder Mensch zu allen Zeiten lesen und genießen konnte, jahrelang. Alles drehte sich und setzte sich im richtigen Wind und in der richtigen Schwere. Bald preßten tanzende Winzermädchen den Wein, mit Füßen, die blutig waren vom Saft der Trauben, bald schufen dampfende Meere mit Münzen verkleidete Ungeheuer, während blumengeschmückte Drachen auf den fliehenden Wolken Wohlgeruch verbreiteten, bald, ..., bald...«

Auch hier ist die Analyse überflüssig. Hier wird dem Leser vorgeschrieben, was er im Werk Picassos zu erkennen und zu genießen und wie er es zu genießen hat, ja, es wird ihm überdies ein *résumé* geliefert. Dieser Bericht von einem unwahrscheinlichen Strandspaziergang beseitigt auch beim weniger gut vorbereiteten Leser jeden Restwiderstand, in Picasso einen Fetisch zu sehen, der seinen eigenen mittleren Wahrnehmungskonditionen angepaßt ist. Einerseits interpretiert Bradbruy Picassos Kunst unter typischer Anwendung eines eingeschrumpften Kodes (reduziert auf die Arabeske und ein abgedroschenes Repertoire konventioneller Beziehungen zwischen stereotypen Figuren und ebenso vorfixierten Empfindungen), andererseits kollationiert der Textabschnitt Stilmittel, die allesamt einer späten Décadence entliehen sind (man könnte darin verzerrte Echos von Pater und Wilde bestimmen, zerschundene Bruchstücke von Joyceschen Epiphanien – das »Vogelmädchen« –, zweitklassige Anklänge an D'Annunzio...) und die allein von der expliziten Absicht zusammengehalten werden, Effekte zu erzeugen. Dennoch soll die Aufmerksamkeit ganz der *Botschaft* gelten. Sie ist so formuliert, daß der Leser sich für einen Autor begeistere, der »so gut schreibt«... Der Gesamteindruck ist der einer extremen lyrischen Spannung. Die Erzählung ist nicht nur konsumierbar, sondern auch schön, ja, sie macht sogar die Schönheit verfügbar. Zwischen dieser Schönheit und der Schönheit der Mädchen auf der ausklappbaren Seite im *Playboy* besteht keine qualitative Differenz, nur daß die zweite – kulinarisch sind beide – eine listigere Heuchelei inszeniert: Das photographische Zeichen verweist auf einen realen Referenten, von dem es vermutlich auch eine Telefonnummer gibt. Der wahre Kitsch steckt als Lüge im »Kunstwerk« von Ray Bradbury.

Schlußfolgerung

Damit ist die Skala der Möglichkeiten vollständig. Auf der Ebene der ästhetischen Reflexion hat der in seiner Kommunikationsstruktur definierte Kitsch eine Physiognomie bekommen.
Dennoch, es genügte ein einziges Individuum, das, von der Bradbury-Lektüre angeregt, sich zum ersten Male Picasso näherte und vor dessen Bildern, reproduziert in irgendeinem Buch, den Weg zu einem persönlichen Abenteuer der Erkennung fände, worin der Anreiz Bradbury sich auflöste und einer energischen, stichhaltigen, bewußten Wahrnehmung Platz machte: dem Verständnis künstlerischer Gestaltung, um alle theoretischen Definitionen des guten und des schlechten Geschmacks verdächtig zu machen. Doch dies sind Spekulationen nach dem Motto »Die Wege des Herrn sind unerforschlich«: Auch die Krankheit kann zu Gott hinführen, obwohl für einen Arzt, selbst wenn er gläubig ist, die oberste und entscheidende Aufgabe darin besteht, die Krankheiten zu diagnostizieren und zu heilen.
Die Warnung aber, die Begriffe offenzuhalten, muß in den Untersuchungen zu Massenmedien peinlich beherzigt werden. In der anthropologischen Situation »Massenkultur« gehören Vermittlungen und Umwälzungen zur Tagesordnung; die Rezeption kann jederzeit in einer Weise porös und beweglich werden, daß sie die Physiognomie der Sendung verändert, und umgekehrt.

Manchmal steckt der Kitsch in der Botschaft, manchmal in der Disposition desjenigen, der sie genießt, manchmal in den Strategien, die sie anbietet.

Geradezu ein Muster an Kitsch ist das *Warschauer Konzert* von Addinsell mit seiner Häufung pathetischer Effekte und imitatorischer Andeutungen (»Hört ihr? Das sind die Flugzeuge, sie werfen Bomben...«), das unverfroren und bedenkenlos Chopin-Zitate ausbeutet. Und ein Muster für Kitsch-Genuß ist Malapartes Beschreibung (in *Die Haut*) einer Versammlung englischer Offiziere, die diese Musik anhören, die der Autor zunächst für die Chopins, dann für eine Verfälschung Chopins hält, bis eine der Figuren entzückt ausruft: »Addinsell ist unser Chopin!« So gesehen bringt der größte Teil der sogenannten rhythmisch-symphonischen Musik, der das Gefällige der Tanzmusik, die Kühnheiten des Jazz und die Würde der klassischen Symphonik zu amalgamieren sucht, keine anderen Wirkungen hervor als die Musik von Addinsell: Kitsch. Anders zum Beispiel die *Rhapsody in Blue* von Gershwin, der man eine beachtliche Originalität der Lösungen bei der Wiederbelebung amerikanischer Folklorestoffe nicht absprechen kann. In dem Augenblick jedoch, da diese Komposition (die in ehrbarer Weise der Zerstreuung, der Unterhaltung, der Entspannung in der Tagträumerei Vorschub leistet) im großen Konzertsaal aufgeführt wird, von einem Dirigenten im Frack, vor einem Publikum, das die traditionellen Riten der Symphonik feiern will, wird auch sie unweigerlich zum Kitsch: Sie wird dann im Lichte eines Kodes dekodiert, der nicht dem Herkunftskode entspricht. Kein Kitsch sind die Tanzlieder desselben Komponisten, die überaus eingängig und gefällig sind; und Gershwin hat niemals daran gedacht, *Lady be good* könnte zu einem Monument in den öffentlichen Diskotheken werden. Akzeptiert man, daß eine Musik, die eine besondere Art physiologischer und affektiver Erregung hervorzurufen vermag, sich in einer bestimmten (sozialen, psychischen) Situation als zweckmäßig erweist, dann löst Gershwins Schlager seine Aufgabe mit Geschmack und Maß. Das gleiche gilt von dem Zitat aus dem *Leopard:* Wird es nicht unter dem Druck unangemessener Anspruchshaltungen gelesen, beispielsweise als poetische Botschaft, sondern als originelle Enthüllung von Wirklichkeitspartikeln, so ist ihm nichts anzuhaben. Es fällt dann die Verantwortung dafür, Kitsch produziert zu haben, nicht auf den Autor, sondern auf den Leser – oder auf den Kritiker, der die Botschaft mit einem Kode ausstattet, der ihr eine willkürliche Interpretation auferlegt: den

»Erdbeermund«, die »grünen Augen« – »wie die von Statuen« – und das »nachtfarbene Haar« als Ausdrücke eines originellen Darstellungsstils zu deuten und zu genießen.[45]

Im Panorama der Massenkultur verläuft der Prozeß der Vermittlungen und Entleihungen freilich nicht nur in einer Richtung: Es ist nicht nur der Kitsch, der die Stilmittel, die er von der Kultur der Entdeckungen ausborgt, verändert, um sie in seine dürftigen Kontexte einzureihen. Heute ist es die Avantgardekultur, die, in Reaktion auf die und als Komplizin der Massenkultur, einzelne Stilmittel dem Kitsch entlehnt. Genau dies tut die *Pop art,* wenn sie die vulgären und anmaßenden Graphiksymbole der Werbeindustrie aufgreift, ihr Erscheinungsbild vergrößert und sie in den Rahmen eines Museumstücks überträgt – eine Rache der Avantgarde am Kitsch und gleichzeitig eine Lektion der Avantgarde für den Kitsch, denn hier zeigt der Künstler dem Kitschproduzenten, wie man ein fremdes Stilmittel in einen neuen Kontext einfügen kann, ohne den Geschmack zu verletzen. Die Getränkemarke oder der Comic-Ausschnitt erlangt, sobald er vom Maler auf einer Leinwand vergegenständlicht wird, eine neue, stichhaltige Konsistenz.[46]

Aber die Rache des Kitsches an der Avantgarde läßt nicht lange auf sich warten: Schon haben Werbegraphiker das Verfahren der *Pop art* übernommen und produzieren mit den Stilmitteln der neuen Avantgarde neuen Kitsch. Und dies ist nur eine winzige Episode in der für die moderne Industriegesellschaft typischen beschleunigten Abfolge von Standards, von kulturellen und ästhetischen Verabredungen, von Erfindung und Gewöhnung, Entwurf und Verschleiß.

Die Dialektik von Avantgarde und Massenhandwerk (das sowohl den Kitsch umfaßt als auch das, was kein Kitsch ist, nämlich die zum praktischen Gebrauch bestimmten Produkte, die sich korrekt, frei von Täuschung und Arroganz der Anregungen der Kunst bedienen) bekundet auf diese Weise sowohl ihren beunruhigenden Rhythmus als auch die ihr eingeschriebene Chance der Wiedergewinnung. Sie läßt jedoch zugleich die Möglichkeit operativer Eingriffe erkennen, deren letzter und verlogenster allerdings der Versuch wäre, die scheinhaft zeitlosen Werte einer Schönheit wiederherstellen zu wollen, die meist nur das behagliche und einträgliche Geschäft des Kitsches verhüllt.

Anmerkungen

1 Ludwig Giesz deutet in seiner *Phänomenologie des Kitsches. Ein Beitrag zur anthropologischen Ästhetik,* Heidelberg 1960, Kap. II: »Allgemeinheit des Kitsches«, auf einige Etymologien des Ausdrucks hin. Der ersten zufolge (Kluge-Götze) geht der Ausdruck auf die zweite Hälfte des 19. Jahrhunderts zurück: »Kitsch, Schund, namentlich von Bildern, von München ausgegangen. Wenn dort englisch-amerikanische Käufer für ein Bild nicht viel anlegen wollten, verlangten sie eine Skizze, a sketch. Daraus wird Kitsch zunächst in Kunstkreisen der 70er Jahre.« (Giesz, a.a.O., S. 21) Daraus sei der deutsche Ausdruck hervorgegangen, zur Bezeichnung von vulgärer künstlerischer Ausschußware für Käufer, die auf einfache ästhetische Erfahrungen aus sind. Im mecklenburgischen Dialekt gab es jedoch schon das Verb »kitschen« für den »Straßenschlamm zusammenscharren«. Eine weitere Bedeutung des Verbs »kitschen« sei »neue Möbel auf alt zurichten«, während es das Verb »etwas verkitschen« für »etwas billig losschlagen« gibt.

2 Walther Killy, *Deutscher Kitsch. Ein Versuch mit Beispielen,* Göttingen 1962. Der Essay Killys ist die Einleitung zu einer Sammlung charakteristischer Auszüge aus der deutschen Literatur. Die für das *pastiche* verwendeten Autoren sind der Reihenfolge ihrer Zitate nach: Werner Jansen, Nataly von Eschtruth, Reinhold Muschler, Agnes Günther, Rainer Maria Rilke, Nathanael Jünger, Wilhelm Schäfer und nochmals Agnes Günther.

3 Hermann Broch, »Einige Bemerkungen zum Problem des Kitsches«, in: ders., *Dichten und Erkennen. Essays I,* Zürich 1955, S. 295-310; jetzt in: *Kommentierte Werkausgabe,* Frankfurt a. M., Band 9/2: *Schriften zur Literatur 2: Theorie,* S. 170-171.

4 Luigi Pareyson unterscheidet in *I teorici dell'Ersatz* (erschienen in *De Homine,* 5-6, 1963; diese kurze Schrift greift jedoch die bereits in der *Estetica* entwickelten theoretischen Themen wieder auf) in der Polemik gegen eine friedfertige Anerkennung der »Konsumierbarkeit« des künstlerischen Produkts zwischen der allgemeinen *artisticità* [Kunstfertigkeit], die alle menschliche Arbeit durchdringt, und der Kunst als »Gipfel und Höhepunkt« dieser Einstellung, als »Norm und Vorbild«, Erziehung des Geschmacks, Vorschlag neuer Formbildungsweisen, absichtliches Operieren, bei dem um der Form willen geformt wird. Die Produktionen der Kulturindustrie wären demnach einfache Manifestationen der *artisticità* und als solche dem Konsum und dem Verbrauch unterworfen. Natürlich hat Pareyson (wie aus dem Zusammenhang seines ästhetischen Denkens klar wird) nicht die Absicht, jene Kunstwerke als Operationen der *artisticità* zu definieren, die aufgrund einer Poetik oder der allgemeinen Tendenz einer geschichtlichen Epoche bewußt auf heteronome Zwecke zielen (pädagogische, politische oder utilitaristische): In diesen Fällen liegt in dem Maße Kunst vor, wie der Künstler dieses Vorhaben in einer dem Werk inhärenten Formbildung erhärtet hat.

5 R. Egenter, *Kitsch und Christenleben,* Ettal 1950 (zitiert bei Giesz, a.a.O., S. 23 f., 117 Anm.).

6 Clement Greenberg, »Avantgarde and Kitsch«, jetzt in: Rosenberg/White (eds.), *Mass Culture* (vgl. Anm. 8, Kap. »Massenkultur und Kultur- ›Niveaus‹«).
7 Dies ist das Thema des »Todes der Kunst«, über das wir im Essay »Due ipotesi sulla morte dell' arte« [»Zwei Hypothesen über den Tod der Kunst«] in: *Il Verri*, 8, 1963, gesprochen haben. Auch hier sieht man, wie der Überschuß der Poetik über das Werk sich innerhalb ein und derselben historisch-anthropologischen Situation dialektisch mit den Phänomenen der Massenkultur und der Kulturindustrie verknüpft.
8 Im *Salon de 1859* [Œuvres complètes, éd. Le Dantec/Pichois Paris (La Pléiade) 1961, p. 1025–1098] zeigt Baudelaire eine deutliche Beunruhigung über den Anspruch der Photographie, sich an die Stelle der Kunst zu setzen, und er ermahnt die Photographen, sich mit der zweckgebundenen Aufzeichnung von Bildern zu befassen, statt die Phantasie usurpieren zu wollen. Ist es nun aber die Kunst, welche die Industrie dazu ermahnt, sich von ihrem Gebiet fernzuhalten, oder ist es die Industrie, welche die Kunst dazu treibt, sich andere Bereiche zu suchen? Zu Baudelaire als typischem Beispiel eines Künstlers, in dem sich die Widersprüche der neuen Lage regen, vgl. Walter Benjamin, »Über einige Motive bei Baudelaire«, in: *Zeitschrift für Sozialforschung*, 8, 1939–40, S. 50–89, Abschnitt XI.
9 Vgl. Gerhart D. Wiebe, »Culture d'élite et communications de masse«, in: *Communications*, 3. Wiebe schlägt vor, die Eigenschaften der Kunst und die der Kommunikation (auch wenn sie häufig im selben Produkt vereint zu sein scheinen) zu unterscheiden, um eine strengere Forschungsmethode zu entwickeln. Allerdings erscheint der Begriff, den er dann von der Funktion der Massenmedien erarbeitet, leidlich »integriert«: »Ich möchte die Hypothese aufstellen, daß die populären Fernsehprogramme die Funktion einer psychischen und sozialen *Regulierung* erfüllen, d. h. zur Aufrechterhaltung des Gleichgewichts in einem Milieu dienen, das viel unruhiger ist, als wir annehmen[...]. Die Leute würden nicht so viel Zeit vor diesen Programmen zubringen, wenn diese nicht gewisse Bedürfnisse befriedigten, nicht bestimmte Spannungen lösten, nicht bestimmte Wünsche erfüllten.« Sind diese optimalen Funktionen einmal definiert, so wird es ein leichtes, mit strengen Kriterien über den Kunstcharakter *(artisticità)* eines Produktes zu urteilen. Das bedeutet, daß die Ideologie der »Integrierten« ebenso unspezifisch sein kann wie die der »Apokalyptiker« – nur daß ihr das Problembewußtsein fehlt.
10 Vgl. *Against the American Grain*, a.a.O., S. 40–43.
11 »[...] als ob nicht die Kulturgüter eben durch ihre Pflege in Schlechtes sich verwandelten [...].« Theodor W. Adorno, »Über den Fetischcharakter in der Musik und die Regression des Hörens« (1983), in: ders., *Dissonanzen/Einleitung in die Musiksoziologie*. Frankfurt a. Main 1973, *Gesammelte Schriften 14*, S. 19.
12 Vgl. den in Anm. 11 zitierten Essay.
13 Für eine Vorstellung vom Kunstwerk als »System von Schichten« vgl. René Wellek und Austin Warren, *Theory of Literature* (1942; ^{5}1963) [deutsch: *Theorie der Literatur*. Übersetzt von E. und M. Lohner. Frankfurt a.

Main/Berlin 1963], besonders Kap. XII., das von René Wellek stammt, der sich auf die Erfahrungen des Prager Linguistenkreises stützt. Dieser Hinweis ist wichtig, weil wir später die Untersuchung unter Bezugnahme auf die Position Roman Jakobsons wiederaufnehmen.

14 Für den Begriff »Formbildungsweise« [»modo di formare«] beziehen wir uns auf die *Estetica* von Luigi Pareyson. Zu den anschließenden Bemerkungen verweisen wir insbesondere auf die reichhaltige Phänomenologie, die Pareyson (im Kapitel »Compiutezza dell'opera d'arte« [»Vollendung des Kunstwerks«]) hinsichtlich der Verhältnisse zwischen den Teilen und dem Ganzen eines Werkes entwickelt hat, sowie auf das Kapitel »Esemplarità dell'opera d'arte« [»Beispielhaftigkeit des Kunstwerks«], wo er davon handelt, wie das Kunstwerk, Nachahmungen, Schulen, Normen und Operationsweisen hervorzubringen vermag.

15 Für die folgende Analyse verweisen wir auf das Kapitel *Offenheit, Information, Kommunikation* unseres Buches *Das offene Kunstwerk*, a.a.O. Die Elemente einer Informationstheorie, auf die Bezug genommen wird, werden hier jedoch in den Umkreis einer Kommunikationstheorie eingefügt. Dies galt zwar auch schon für den früheren Text, aber hier soll sie deutlicher gemacht werden, weil an der früheren Stelle das Interesse eher bei einer allgemeineren Darstellung der Informationstheorie lag, die auch eine Kommunikationstheorie einschloß. Die Informationstheorie läßt sich auf eine recht weit gefaßte Definition der Botschaft anwenden, die auch die Phänomene der materiellen Welt einschließt. In diesem Sinn kann sie mit objektiven Mitteln die quantitative Information bestimmen, welche eine als autonome Struktur aufgefaßte Botschaft anbietet. Sobald diese Botschaft aus Elementen besteht, die Kommunikationssymbole darstellen, welche von menschlichen Gruppen verwendet werden, läßt sich weder die Eigenart der Botschaft noch der Kode bestimmen, auf der sie beruht, ohne daß auf botschaftsexterne Elemente Bezug genommen wird, zum Beispiel: *Wer sendet?* und *Wer empfängt?* Das war in *Das offene Kunstwerk* gemeint, wenn dort das unterschiedliche Informationspotential eines Weihnachtsglückwunsches betont wurde, je nachdem, ob er von einem Freund oder vom Ministerpräsidenten der UdSSR stammt (wobei der Empfang einer bestimmten Anzahl *bits* – die aufgrund eines gewöhnlichen Morsekodes informationstheoretisch ableitbar sind, unter allen Bedingungen objektiv gültig und deshalb elektronisch in physikalische Einheiten übersetzbar sind – nun insofern historisiert und situiert wird, als er anhand des Begleitsystems von Annahmen bewertet werden muß, mit dem der Empfänger die Botschaft dekodiert). Die Hervorhebung der Informationstheorie erlaubt uns überdies, die informationstheoretischen Analysen auf strukturalistische Untersuchungen der Linguistik zu übertragen. So beziehen wir uns denn für die gesamte nachfolgende Analyse auf die Arbeiten von Roman Jakobson, und zwar insbesondere auf die Sammlung von Studien (ursprünglich in verschiedenen Sprachen abgefaßt), die Nicolas Ruwet unter dem Titel *Essais de linguistique générale,* Paris 1963, herausgegeben hat [Nachdruck 1981 in Collection »Double«, Nr. 9. A. d. Ü.].

16 *Langue* wird hier natürlich im Sinne Saussures verstanden: als »soziales Produkt der Fähigkeit zu menschlicher Rede und ein Ineinandergreifen notwendiger Konventionen, welche die soziale Körperschaft getroffen hat, um die Ausübung dieser Fähigkeit durch die Individuen zu ermöglichen«. [*Cours de linguistique générale,* Paris 1972, ^{5}1983, S.25; deutsch: *Grundfragen der allgemeinen Sprachwissenschaft.* Übersetzt von Herman Lommel (nach der franz. Ausgabe von ^{2}1922), Berlin 1967, S.11]. »Nach McKay ist das Schlüsselwort der Kommunikationstheorie der Begriff der vorgeordneten Möglichkeit; die Linguistik sagt dasselbe. [...] Heute können wir dank der Behandlung der Kodierungsprobleme durch die Kommunikationstheorie der Saussureschen Dichotomie zwischen *langue* (Sprache) und *parole* (Rede) eine neue Fassung geben, die viel genauer ist und ihr einen neuen operativen Wert verleiht. Umgekehrt kann die Kommunikationstheorie in der modernen Linguistik unter den vielfältigen und komplexen Aspekten des sprachlichen Kodes reichhaltige Informationen über die Schichtstruktur finden.« (Jakobson, a.a.O., S.90 und, für das Problem im allgemeinen, das Kapitel V: »Linguistics and Communication Theory« (1961).

17 Jakobson, a.a.O., éd. Ruwet, S.47. [Deutsch: »Zwei Seiten der Sprache und zwei Typen apathischer Störungen« (1956), in: R. Jakobson, *Aufsätze zur Linguistik und Poetik,* herausgegeben und eingeleitet von Wolfgang Raible, übersetzt von Regine Kuhn. München 1974, S.120f.]

18 Jakobson, a.a.O., éd. Ruwet, S.48–49 [deutsch: a.a.O., S.121f.]. Jakobson scheint uns hier jedoch die Selektionsordnung von der Kombinationsordnung zu scharf abzugrenzen. Offensichlich gehorcht auch die syntaktische Struktur einer Reihe von Vorschriften, die auf den Kode zurückgehen, und diese Vorschriften bestimmen eine syntaktische Anordnung so, daß sie den verschiedenen ausgewählten Termini einen genauen Ort zuweisen. Folglich impliziert auch die Bezugnahme auf den Kontext eine Bezugnahme auf den Kode, und die Bezugnahme auf die syntaktische Struktur trägt zum semantischen Verstehen bei.

19 Jakobson, éd. Ruwet, a.a.O., S. 91.

20 Die Begriffe des Kodes und der Dekodierung sind auch auf Kommunikationen eines nichtsprachlichen Typs anwendbar, zum Beispiel auf eine visuelle oder eine musikalische Botschaft als Organisation von Wahrnehmungsreizen. Ist aber bei solchen Botschaften auch eine Dekodierung auf semantischer Ebene möglich? Der Fall ist einfach, wenn es sich um figurative oder jedenfalls symbolische Malerei handelt (bei der es semantische Bezüge von der Art der Imitation gibt oder solche, die auf ikonographische Konventionen zurückgehen. Auch wenn er weniger zwingend ist als das Sprachsystem, kann es einen Interpretationskode geben, der auf einer kulturellen Überlieferung beruht, in der sogar die Farbe eine konkrete Bezugnahme anzeigt). Was die Musik angeht, so spricht Claude Lévi-Strauss (Georges Charbonnier, *Entretiens avec C.L.S.,* Paris 1961) von ihr als einem Bedeutungssystem, insofern als sie sich auf eine Grammatik bezieht (die Grammatik der Tonalität oder der Zwölftonmusik); bei der seriellen Musik ist er sich dagegen bewußt, daß der Begriff eines Systems von Signi-

fikaten nicht länger gilt. Er entwickelt die Hypothese, daß hier Regeln der Prosodie und keine sprachlichen Regeln realisiert werden: »[...] denn das Wesen der sprachlichen Regeln liegt darin, daß wir mit Lauten, die an sich arbiträr sind, eine Differenzierung der Bedeutungen erreichen, und diese Laute sind in einem System von binären Oppositionen integriert.« In der seriellen Musik dagegen »bleibt zwar der Begriff der Opposition erhalten, aber nicht die Artikulation der Oppositionen im System. In diesem Sinn erscheint mir der Kode eher expressiv als semantisch.« (S. 127–128) Der Einwand von Lévi-Strauss ist wichtig. Er bezieht sich auch auf die abstrakte Kunst, betrifft sogar die tonale Musik – sie baut auf einem grammatischen Kode auf, dem im übrigen eine semantische Dimension fehlt – wie man seit Hanslick weiß –, es sei denn, man übernehme die Ideale einer deskriptiven Musik. Wie wir in der folgenden Anmerkung sehen werden, besteht die Äquivokation darin, poetische und semantische Funktion zu eng zu verbinden.

21 Jakobson, a.a.O., éd. Ruwet, S.30. Hier klären sich die in Anmerkung 20 erhobenen Einwände. Die Charakteristik der poetischen Botschaft liegt in der strukturellen Mehrdeutigkeit, die dadurch, daß sie vielfache Interpretationen auslöst, dazu veranlaßt, die Aufmerksamkeit auf die Struktur selbst zu richten. Die Botschaft kann zwar präzise Signifikate kommunizieren, aber die erste Kommunikation, die sie realisiert, betrifft sie selbst. Deshalb nimmt die Tatsache, daß eine bestimmte Kunstform sich nicht in einem präzisen semantischen System konstituiert, ihr nicht die Gültigkeit, etwa der Musik (im allgemeinen) oder der seriellen Musik oder der abstrakten Malerei (und natürlich der informellen). Auch wenn die poetische Botschaft eine semantische Dimension besitzt, fordert sie uns auf, die Wirksamkeit des Bedeutens als eine auf der syntaktischen Struktur des Kontexts basierende zu betrachten. Es kann jedoch Botschaften geben, bei denen die semantischen Bezüge völlig offen und ungenau sind, während die syntaktische Struktur recht präzise ist: ein Bild von Pollock zum Beispiel. In *Das offene Kunstwerk* wird im Kapitel *Das offene Kunstwerk in den visuellen Künsten* das Protokoll einer Bilderfahrung zitiert, in dem Audiberti bei der Interpretation der Bilder von Camille Bryen einem System von Zeichen, bei dem vor allem die syntaktische Relation, das Strukturverhältnis hervortritt, einen semantischen Wert zuschreibt.

In den meisten Fällen ist jedoch die semantische Wirksamkeit solcher Botschaften gerade durch den Erkenntniswert gegeben, den man dem System der Kontextrelationen zuzuschreiben pflegt. In der Architektur spricht man zum Beispiel bei einem Gebäude nicht nur wegen des Bezugs seiner einzelnen Bestandteile (Fenster, Dach, Treppen usw.) zu bestimmten Gebrauchsfunktionen von semantischem Wert, sondern auch, weil es sich strukturell in einer bestimmten Weise gliedert und sich zu einem urbanistischen Kontext in Beziehung setzt (vgl. z.B. Gillo Dorfles, in: *Simbolo, communicazione, sonsumo* Torino 1962, Kapitel V: »Valori communicativi e simbolici nell'architettura, nel disegno industriale e nella publicità« [»Kommunikative und symbolische Werte in der Architektur, im Industriedesign und in der Werbung«]). Das gleiche trifft jedoch auch bei musikalischen Formbildungsweisen zu, die bisweilen derart präzise auf ideologische Situationen Bezug nehmen, daß sie sich mit semantischer Funktion gebrauchen lassen. Dies kommt auch in der Malerei vor, wo ein Stil ebenfalls einen quasi konventionellen Bedeutungswert annehmen kann: So kann man zum Beispiel sehen, daß ein Graphiker, der bereit ist, ein Gemälde von Mondrian als Umschlagbild für ein Buch von Robbe-Grillet zu verwenden (was geschehen ist), es niemals wagen würde, ein Buch von Beckett mit einem ähnlichen Bild zu versehen. Freilich ist in all diesen Fällen das Verhältnis Signifikant-Signifikat nicht so genau wie bei der gesprochenen Sprache; doch dieses Verhältnis ist gegenüber der Definition der poetischen Botschaft sekundär, und es gerät auch bei der Strukturierung einer sprachlichen Botschaft zu poetischen Zwecken in eine Krise. Bei der poetischen Botschaft kann die Strukturierung der Zeichen sich darauf richten, nicht nur eine Ordnung von Signifikanten, sondern auch eine Ordnung von Gefühlen oder von reinen Wahrnehmungen zu koordinieren, wie es in den dekorativen Künsten oder – gerade – bei der Musik der Fall ist. Noch häufiger sind die Strukturierungsprobleme der Signifikanten die eigentlichen Signifikate der Signifikanten. Wenn also Lévi-Strauss die abstrakte Malerei anklagt, weil ihr »in meinen Augen das wesentliche Attribut der Kunst fehlt, nämlich eine Realität semantischer Art hervorzubringen«, dann schränkt er den Begriff der Kunst auf einen bestimmten Kunsttypus ein oder weigert sich anzuerkennen, daß der Begriff der »Semantizität« in der poetischen Botschaft in anderer Weise zu artikulieren ist.

Gerade um dieser Verlegenheit auszuweichen hat A. A. Moles eine Unterscheidung zwischen dem semantischen und dem ästhetischen Aspekt der Botschaft entwickelt, wobei der letztere mit der Strukturierung der Materialien verbunden ist. Vgl. *Théorie de l'Information et perception esthétique*, Paris 1958, sowie den Essay »L'analyse des structures de message poétique aux differents niveaux de la sensibilité«, im Sammelband *Poetics*, Gravenhage 1981, S. 811 f.

22 Jakobson, éd. Ruwet, a.a.O., S. 218. Das heißt nicht, daß die Signifikate (wenn es welche gibt) nicht zählen. Vielmehr veranlaßt uns die poetische Botschaft in so wirksamer Weise dazu, die Signifikate zu problematisieren, auf die sie uns verweist, daß wir gezwungen sind, uns von diesen ab- und der Botschaft zuzuwenden, um in der Art und Weise der Signifikation die Wurzel ihrer Problematik ausfindig zu machen. Wenn die Signifikate schon vorher da waren (bei einem Gedicht, das die Ereignisse der Punischen Kriege schildert), trägt die poetische Botschaft dazu bei, daß wir diese in einem neuen und helleren Licht sehen, und in diesem Sinne erfüllt sie eine Erkenntnisfunktion. Vgl. Jakobson, a.a.O.

23 In *La crisi semantica delle arti* [*Die semantische Krise der Künste*] erhebt Emilio Garroni ausführliche und scharfsinnige Einwände gegen die in *Das offene Kunstwerk* vorgebrachten Thesen zum Begriff der Information. Dort wurde die Information als Gegensatz zum eindeutigen Signifikat und damit als eine Fülle von möglichen Signifikaten gesetzt; das Kunstwerk (nicht nur das zeitgenössische, das insbesondere darauf zielt, den Informationswert zu

realisieren, sondern generell jedes Kunstwerk) wurde als eine Botschaft definiert, die unendlich viele Signifikate auslöst (und koordiniert) und sich somit als Informationsquelle darstellt. Garroni bemerkt, daß die Informationstheoretiker, wenn sie den Begriff der Information als Möglichkeit von Botschaften entwickeln, sich (im Sinne einer Organisation der Kommunikation) auf die Quelle der Botschaften beziehen und nicht auf die Struktur der einzelnen Botschaft. Der Einwand trifft zwar zu und vielleicht wurde die Unterscheidung in *Das offene Kunstwerk* zu wenig deutlich gemacht, aber die Antwort auf den Einwand Garronis ist in seinem Argument bereits enthalten. In der Tat liegt die Besonderheit der poetischen Botschaft – die sie von der gewöhnlichen Botschaft abhebt – darin, daß sie *zwar wie eine Botschaft strukturiert ist, aber in Wirklichkeit eine Quelle von Botschaften darstellt.* Sicherlich eine paradoxe Situation, aber es ist gerade das Paradoxon der Kunst selbst, das seit Jahrhunderten dazu zwingt, ihre Eigenart zu definieren, die sich nicht auf die Parameter der gewöhnlichen Kommunikation reduzieren läßt. Wenn Jakobson von der Mehrdeutigkeit der ästhetischen Botschaft spricht, sagt er genau das. Und als wir in *Das offene Kunstwerk* über die Dialektik zwischen Form und Offenheit sprachen, wollten wir die Situation beschreiben, die sich dann einstellt, wenn eine Botschaft vorliegt, die sich, wegen ihrer Mehrdeutigkeit, als offene Botschaft und damit als Quelle von Botschaften erweist, die aber gleichwohl, ihrer Struktur wegen, sich ständig darauf richtet, die durch ihre Mehrdeutigkeit möglich gewordenen Dekodierungen zu koordinieren, und die sich gerade als Form darstellt, die einerseits verschiedene Informationen auslöst, andererseits sie dennoch kontrolliert und bestätigt. In strukturalistischen Termini sprach Wellek (a.a.O., S. 131 f.) vom Kunstwerk als von einer *Bestimmungsstruktur,* die meine Interpretationen koordiniert und kontrolliert. Wenn Jakobson (éd. Ruwet, a.a.O., Kap. XI) Textstücke von Shakespeare analysiert, gibt er uns bewunderswerte Beispiele dafür, wie sich die Analyse einer Botschaft dadurch organisieren läßt, daß man die objektiven Struktureigenschaften ans Licht hebt und deutlich macht, wie, kraft dieser Eigenschaften, die von der Mehrdeutigkeit der Struktur angeregte Freiheit und damit die Reihe der möglichen Lesearten erzeugt werden. Sicherlich steht der Begriff der *Botschaft als Quelle von Botschaften* im Widerspruch zu der Gleichsetzung von Kunst mit »Semantizität«, die Garroni, wie Lévi-Strauss, zu akzeptieren und zu bekräftigen scheint.

24 Übrigens hatten die russischen Formalisten schon vor den Prager Strukturalisten die Voraussetzungen dieser Position entwickelt (vgl. Victor Erlich, *Russian Formalism.* s'Gravenhage 1955 [deutsch: *Russischer Formalismus.* Übersetzt von Marlene Lohner. München 1964].

25 Vgl. Luigi Pareyson, *Estetica,* Kap. VIII *(Lettura, interpretazione e critica dell'opera d'arte).*

26 Vgl. *Das offene Kunstwerk,* a.a.O.

27 Vgl. insbesondere die Position von Roland Barthes (»Littérature et signification«, in: *Tel Quel,* 16, 1964 [deutsch: »Literatur und Bedeutung«, in: Roland Barthes, *Literatur oder Geschichte.* Übersetzt von Helmut Scheffel,

Frankfurt a. M. 1969, S. 102–126] und das Vorwort zur *Pour Racine*, Paris 1963.)

28 Es ist das System ungelöster Spannungen, die nicht von der nach den erworbenen Gewohnheiten zu erwartenden Lösung gefolgt werden, das Jakobson als *enttäuschte Erwartungen* bezeichnet und von dem wir in *Das offene Kunstwerk* sprachen, indem wir uns auf den Bruch der probabilistischen Systeme bezogen. Das Problem der *enttäuschten Erwartungen* wird in denselben Begriffen von jenen Leuten wiederaufgenommen, die auf Wahrnehmungsvorgänge informationstheoretische Instrumente anwenden. Siehe zum Beispiel die Untersuchungen von Piaget und Ombredane (mit denen wir uns in der französischen Ausgabe von *Opera aperta* ausführlicher beschäftigt haben [*L'œuvre ouverte*. Paris 1965]).

29 Vgl. in *Das offene Kunstwerk* das Kapitel »Analyse der dichterischen Sprache«.

30 Zur Problematisierung dieser Abnutzung verweisen wir auf die Arbeiten von Gillo Dorfles, a.a.O.

31 Es handelt sich um die Unterscheidung, die Jakobson zwischen *modèle de vers* und *exemple de vers* macht (Jakobson »Linguistics and Poetics«, éd. Ruwet, a.a.O., S. 231 f. [deutsch: »Linguistik und Poetik«, in: R. Jakobson, *Poetik. Ausgewählte Aufsätze 1921–1971*, Frankfurt a.M. 1979, S. 104 f.: *Verstyp* bzw. *Versinstanz*. Die Übersetzung von Blumensath, in: ders. (Hrsg.), *Strukturalismus in der Literaturwissenschaft*, Köln 1972, hat *Versmuster* (für engl. *verse design*) und *Versrealisierung* (für engl. *verse instance*): S. 132 f.] Das Versmuster oder der Verstyp ist der Vers, den der Autor als System möglicher Aussageweisen (und möglicher Gefühlsbetonungen) konzipiert; zur selben Ordnung gehört, ebenfalls nach Jakobson, die Behauptung: »Reim impliziert notwendig die semantische Verbindung zwischen den reimenden Einheiten«. [Übers. Blumensath] »Reim schließt notgedrungen die semantische Beziehung zwischen reimenden Einheiten [...] ein.« Übers. Holenstein; in der franz. Ausgabe von Ruwet, S. 232 f.: »La rime implique nécessairement une relation sémantique entre les unités qu'elle lie.«] Auch hier geht es um das Problem des Verhältnisses zwischen dem System der Signifikate und dem System der Materialien, sowie um die Einheit der beiden. Bei der sprachlichen Botschaft sieht der Kode auf phonologischer Ebene auch die Organisation von Elementen vor, die der semantischen Einheit vorangehen; bei den anderen Künsten wird der Unterschied zwischen der Kodierbarkeit einer semantischen Ebene und der Freiheit einer *expressiven* Ebene hervorgehoben (es geht hier immer noch um die von Moles vorgeschlagene Unterscheidung zwischen semantischem und ästhetischem Aspekt). Carlo Barghini (»Natura dei segni fisionomici«, in: *Nuova Corrente*, 31, 1963) schlägt vor, diese expressiven Elemente »physiognomische Zeichen« zu nennen, und stellt sich die Frage, ob sie nicht ebenfalls auf ein institutionelles Repertoire reduziert und damit intersubjektiv definiert werden könnten.

32 Siehe das Beispiel der Dekodierung eines Petrarca-Verses im Kapitel »Offenheit, Information, Kommunikation« in: *Das offene Kunstwerk*, a.a.O., S. 106 ff.

33 [»Die Kälber der Römer sind schön.« In der Einleitung zu der von ihm besorgten kritischen Ausgabe von Saussures *Cours de linguistique générale* (Paris ²1983, S. VII) verwendet Tullio de Mauro dieses Wortspiel, um die Frage zu illustrieren, nach welchen Kriterien sprachliche Verwandtschaften und Entwicklungsabhängigkeiten bestimmt werden: »pourquoi nous ne considérons pas comme placée sur une même ligne continu de development deux phrases comme le latin I VITELLI DEI ROMANI SONO BELLI [...] et la phrase italienne homographe, *I vitelli dei romani sono belli?*«].

34 [Vergil und Dante begegnen Plutus; 1. Vers des siebenten Gesangs. Karl Vossler läßt in seiner Übersetzung der *Göttlichen Komödie* (Zürich 1945, S. 58) diesen Vers unübersetzt stehen und schreibt dazu in der Anm. 1: »Unverständliches Wutgeschrei, um dessen Bedeutung man sich vergeblich bemüht hat.« *A. d. Ü.*]

35 Vgl. dazu mein »Di foto fatte sui muri«, in: *Il Verri,* 4, 1961, sowie die Einleitung zu dem Band *I colori del ferro,* Genova 1963. Zur Problematik des *ready made,* vgl. Lévi-Strauss in den bereits erwähnten *Entretiens* (Anm. 20 zum vorliegenden Aufsatz): Das seinem gewohnten Kontext entnommene und in einen anderen Kontext eingefügte Objekt bewirkt eine »semantische Spaltung«; ein gewöhnliches Verhältnis zwischen einem Signifikanten und seinem Signifikat wird gesprengt. »Doch diese semantische Spaltung erlaubt eine Verschmelzung, weil die herbeigeführte Berührung dieses Objekts mit anderen Objekten bestimmte Struktureigenschaften in ihm erscheinen läßt, das es bereits besaß [...] Eigenschaften also, die in ihm latent angelegt waren.«

36 [Giovanni Boldini, geb. 1842 in Ferrara, gest. 1931 in Paris, gefeierter Maler und Porträtist seiner Zeit, vgl. *Kindlers Malerei-Lexikon* Bd. 2, S. 32 f. *A. d. Ü.*]

37 [Alessandro Manzoni, *Die Verlobten (I promessi sposi),* 10. Kap. Übersetzt von Alexander Lernet-Holenia. Zürich 1958, S. 217, *A. d. Ü.*]

38 [Edmondo de Amicis, *Herz. Ein Buch für die Jugend.* Autorisierte Übersetzung von Raimund Wülser, Basel 1912, S. 86–87: »Weil auf einmal Frantis Mutter ins Zimmer trat, ganz außer sich, mit verwirrten grauen Haaren, vom Schnee durchnäßt und den Sohn, der acht Tage von der Schule ausgeschlossen worden war, vor sich herschob. Welch traurige Scene mußten wir mit ansehen! Die arme Frau warf sich dem Direktor fast zu Füßen, indem sie die Hände faltete und bittend rief: O Herr Direktor! erweisen Sie mir die Gnade, nehmen Sie den Knaben wieder in die Schule auf! Seit drei Tage, da er zu Hause ist halte ich ihn verborgen, aber Gott behüte uns! Wenn sein Vater die Sache entdeckt, so schlägt er ihn tot; haben Sie Mitleid, ich weiß nicht mehr, was anfangen! ich bitte Sie von ganzem Herzen! – Der Direktor versuchte sie hinauszuführen; aber sie widerstand, immer bittend und weinend. – O wenn Sie wüßten, wie viel Kummer mir dieser Knabe schon gemacht hat, Sie hätten Mitleid mit mir. Erbarmen Sie sich! Ich hoffe, er werde sich bessern. Ich habe ohnedies nur noch kurze Zeit zu leben, Herr Direktor, ich fühle den Tod in mir, aber bevor ich sterbe, möchte ich ihn gebessert sehen, denn, ... – und sie brach in heftiges Weinen aus, – er ist

mein Sohn, ich liebe ihn, ich müßte in Verzweiflung sterben; nehmen Sie ihn noch einmal, Herr Direktor, damit es kein Unglück in der Familie giebt, thun Sie es aus Mitleid mit einer armen Frau! – Und sie bedeckte sich schluchzend das Gesicht mit den Händen. Franti senkte den Kopf ohne eine Spur von Rührung. Der Direktor betrachtete ihn, dachte ein wenig nach und sagte dann: – ›Franti, geh an deinen Platz.‹ – Nun nahm die Frau die Hände vom Gesicht, ganz getröstet und begann zu danken und wieder zu danken, ohne den Direktor sprechen zu lassen, und ging der Tür zu, indem sie die Augen trocknete und keuchend sagte: – ›Mein Sohn, ich ermahne dich. Habet alle Geduld mit ihm. – – Dank, Herr Direktor, Sie haben ein Werk christlicher Nächstenliebe gethan. – Sei brav, nicht wahr, mein Sohn. – Lebt wohl, liebe Knaben. – Dank und auf Wiedersehen, Herr Lehrer. Und entschuldigen Sie, bitte haben Sie Geduld mit einer armen Mutter.‹ Und nachdem sie auf der Schwelle dem Sohne noch einen bittenden Blick zugeworfen hatte, ging sie, indem sie den Shawl, den sie nachschleppte, zusammennahm, bleich, gebeugt, zitternd weg, und wir hörten sie noch von der Treppe herauf husten. Der Direktor sah Franti unter dem Schweigen der ganzen Klasse fest an und sagte mit einem Ausdruck, der einen zittern machte: – ›Franti, du mordest deine Mutter!‹ – Alle wandten sich, um nach Franti zu sehen. Und der Elende lächelte.« A.d.Ü.]

39 Zu denken ist dabei an einen Film wie *The Killing* von Stanley Kubrick. Die Konstruktion eines Ereignisablaufs aus Segmenten, die Ereignisse wiedergeben, welche sich alle im selben Augenblick abspielen (wobei der allgemeine Zusammenhang der Ereignisse von allen diesen Gesichtspunkten aus gesehen wird), ist nicht originell: Sie findet sich im Kapitel »Wandering Rocks« im *Ulysses* von Joyce. Kubrick übernimmt das Stilmittel zu einem Zeitpunkt, da es von der gelehrten Sensibilität bereits teilweise okkupiert war und als es vermutlich schon die Literatur den Techniken des Films entliehen hatte (die Montage à la Griffith war bereits eine Vorwegnahme): Er verbreitet eine Sichtweise der Dinge, gewöhnt das Publikum daran, das Stilmittel als gewöhnliches Ausdrucksmittel zu akzeptieren, paßt eine Formbildungsweise den Forderungen eines Konsumprodukts an, strukturiert dabei aber das Konsumprodukt so durch, daß er sich von allen anderen Kriminalfilmen unterscheidet. Er macht daraus ein Kunstwerk, das alle Eigenschaften der poetischen Botschaft besitzt. Man wird sich von nun an den Film wieder ansehen, nicht um zu erfahren, wie die Geschichte ausgeht, sondern um sich an den strukturellen Eigenschaften der Kommunikation zu erfreuen.

40 Auch wenn man nicht vergessen darf, daß die großen Kunstwerke häufig trotz und wegen ihrer Unvollkommenheiten denkwürdig blieben, aufgrund gewisser Unbeständigkeiten der Struktur. Je stärker hingegen das Werk allen Bedingungen des Gleichgewichts genügt, um so mehr erscheint es gegen alle Risiken abgesichert, also, einmal mehr, als einfaches Konsumgut.

41 [Marcel Proust, *A l'ombre des jeunes filles en fleurs*, in: *A la recherche du temps perdu*. Ed. de la Pléiade, Band I, S.790–793; deutsch: *Im Schatten junger Mädchenblüte*, in: *Auf der Suche nach der verlorenen Zeit*. Übersetzt

von Eva Rechel-Mertens, Frankfurt a. Main 1964, Werksausgabe edition suhrkamp, Band 4, S. 479–484. *A. d. Ü.*]

42 [*Le tigri di Monpracem:* (1900) eine um 6 Kapitel erweiterte Fassung von *La tigre della Malesia (Der Tiger von Malaya)* 1863–64, ein Abenteuerroman des italienischen Schriftstellers Emilio Salgàri (1863–1911); ein italienischer Karl May. Sandokan, der »Tiger von Malaya«, ist der Anführer einer Piratenbande. *A. d. Ü.*].

43 Man wird einwenden, die Beschreibung der Personen in ihrer Körperlichkeit, so daß sie auf den Leser attraktiv wirken, sei nicht nur für Massenproduktion typisch, sondern gehöre zu den Gewohnheiten der großen Erzähltradition des 19. Jahrhunderts. Wie schon gesagt, halten wir es nicht für angebracht, gegen eine Kunst zu polemisieren, die auf die Erzeugung von Effekten zielt, wohl aber gegen die Allgemeinheit und die Fungibilität des Effekts. Salgàris Marianna, die so ausführlich und als so begehrenswert beschrieben wird, ist jeder Persönlichkeit beraubt; ihre Eigenschaften könnten die jedes beliebigen Mädchens sein. Zwar scheint auch Balzac die Personen so wie Salgàri zu beschreiben (Gesicht, Augen, Lippen), aber in Wirklichkeit beschreibt er sie so wie Proust (selbst wenn diese Personen sogar von Salgàri-Lesern geschätzt werden können). Wenn Balzac uns das Gesicht des Obersten Chabert enthüllt, hat die ihm gewidmete Erzählung bereits dreißig Seiten früher begonnen, und alles war darauf ausgerichtet, den psychologischen Sinn dieser physiognomischen Merkmale schon vorher zu bestimmen – ganz abgesehen davon, daß es bei der Beschreibung des Gesichts dieses alten Soldaten keinen Ausdruck gibt, der sich auf andere Gesichter übertragen ließe.

44 [Giuseppe Tomasi di Lampedusa, *Der Leopard*. Übersetzt von Charlotte Birnbaum, München 1965: dtv, S. 77–78 (2. Kap.). *A. d. Ü.*]

45 Dabei haben solche Stilmittel längst eine Geschichte: »[...] ich betrachtete deinen Hals, der dem einer Statue glich – den prallen, lustvollen, erdbeerfarbenen Mund – die feinen, von jenem ganz zarten Flaum bedeckten Ohren, der die reifen Pfirsiche bleicht« (Guido Da Verona, *Il libro del mio sogno errante*). Oder: »Angelica, noch auf den Arm gestützt, lachte und zeigte all ihre Zähne, weiß wie bei einem jungen Wolf. [...] jene Möglichkeit einer Schändung verwirrte sie; die schöne Kehle klopfte« (Lampedusa); »jenes Lachen von dir, dein Lachen – schroff wie ein Seufzer der Lust –, bei dem ich den Saum deiner kleinen, vom klaren Speichel bedeckten Raubtierzähnchen glänzen sah« (Da Verona). [Da Verona war ein kleinbürgerlicher D'Annunzio, der sich an der Grenze zur Pornographie bewegte; *A. d. Ü.* nach einem Hinweis von Umberto Eco.]

46 Kitsch, der die Überbleibsel der Kunst verwendet, und avantgardistische Kunst, die die Überbleibsel des Kitsches verwendet... Es wäre nützlich, die Untersuchung beider Vorgehensweisen anhand des Begriffs der »bricolage« (Bastelei) durchzuführen, den Lévi-Strauss in *Das wilde Denken* vorschlägt. Avantgarde und Kitsch erscheinen wie in einer wechselseitigen *bricolage* [Bastelei] eingesetzt, wobei die eine offen erscheint und neue Dimensionen der Tatsachen entdeckt, die andere jedoch verschwiegen und als Erfindung präsentiert wird. So versucht die Kunst, indem sie sich auf das *bricoler*

einläßt, aus einer Situation herauszukommen, in der es so aussieht, als ob schon alles gesagt wäre; der Kitsch, der die Vorgehensweise eines *ingénieurs* fingiert, welcher das Universum befragt, um »se situer au delá« [»sich jenseits davon anzusiedeln«], ist dagegen eine Wissenschaft der Kunstnachahmung und bestätigt die Falschheit einer Situation, in der wirklich schon alles gesagt ist.

STEVE CANYON
by Milton Caniff
WHY, IT'S STEVIE CANYON! ME SISTER IN SHANNON WRITES THAT YE PAID HER A PERSONAL CALL!
THAT I DID! SHE LOOKS FINE!
GLAD TO SEE YOU BACK, MR. CANYON! MY BOY GOT THE SOUVENIR YOU SENT FROM EGYPT!
GOOD!
CHECKING IN, SARGE!
CAPTAIN CANYON! I REALLY SWEAT YOU OUT THIS LAST TRIP! HEY! I HAVE A FINANCIAL STATEMENT FOR YOU... YOU'LL NEVER REGRET HAVING BACKED ME ON THIS DEAL!...
WANT A FLOWER FOR YOUR BUTTONHOLE, MR. CANYON?
NOT TODAY, POSIE — BUT YOU AND YOUR MOM ARE ABOUT DUE TO SEE A MOVIE ON ME...
GOING UP?
THIS CAR, MR. CANYON! —AND FOR YOU WE DON'T WAIT TILL IT'S FULL! RIGHT, IRMA?
R-R-RAJAH
OH... HERE IS MR. CANYON, NOW...
HORIZONS Unlimited
IT'S A MR. DAYZEE, SECRETARY TO COPPER CALHOON, THE BIG SHE-WOLF OF THE STOCK MARKET...
HMM—THEY CALL HER "THE COPPERHEAD" I WONDER IF SHE HOWLS OR HISSES?
MR. CANYON?... MISS COPPER CALHOON WISHES TO ENGAGE YOUR PROFESSIONAL SERVICES! PLEASE COME TO MISS CALHOON'S APARTMENT AT ONCE...
... BUT WHAT IF I DON'T WANT TO PLACE MY SERVICES AT THE COMMAN OF MISS COPPER CALHOON?
MIS-TER CANYON! PEOPLE DO NOT REFUSE WHEN SUMMONED BY COPPER CALHOON!
AND ALL THIS TIME I THOUGHT I WAS A PEOPLE! GOOD MORROW, MR. DOOZIE!
WHY, MR. DIZZY, WHAT YOU SAID!..AND ME SO YOUNG AND IMPRESSIONABLE! ...THE CLICK YOU HEAR WILL MEAN YOU'RE SOLOING!
WELL, IT WOULD HAVE BEEN NICE TO HAVE MONEY TO PAY THIS OFFICE RENT BUT I GUESS IT'S BAD FORM TO GET INTO REGULAR HABITS LIKE THAT...
COPPER! YOU HEARD ON THE EXTENSION WHAT STEVE CANYON SAID!.. I HAVE NEVER BEEN SO---
I WANT THAT MAN!! ...GET HIM!
1-1

Lektüre von »Steve Canyon«

> »Nullus sermo in his potest certificare,
> totum enim dependet ab experientia.«
> Roger Bacon, *Opus maius*

Analyse der Botschaft

Am 11. Januar 1947 publizierte Milton Caniff die erste Folge von *Steve Canyon*.[1] Wie üblich gibt der Name des Helden dem Epos den Titel; er ist die einzige Information, die dem Publikum erlaubt, Zugang zum Geschehen zu finden und die neuen Figuren kennenzulernen. Zwar wußte man, daß Caniff der Autor von *Terry and the Pirates* war; aber hier erwartet den Leser ein noch unvertrautes erzählerisches Panorama. Der Autor ist sich bewußt, daß er gleich mit der ersten Folge das Interesse (wenn nicht gar die Begeisterung) und damit die Zustimmung des Publikums gewinnen muß, eines äußerst differenzierten Publikums, das zu einem bestimmten Zeitpunkt für *Terry* täglich etwa 30 Millionen Leser zählte. Um seine Absicht zu verwirklichen, gebraucht der Autor bestimmte Ausdrucksmittel. Er weiß – auch wenn wir es noch nicht wüßten –, daß er imstande ist, mit einer höchst beweglichen Sprache von absoluter Präzision zu arbeiten. Folgen wir ihm also und machen wir den »Modus« kenntlich, in dem er seine Botschaft vorbereitet hat, und dekodieren wie die Botschaft anhand dessen, was sie uns mitteilen kann, ohne dabei zu vergessen, die Struktur der Botschaft selbst ins Licht zu rücken, indem wir an ihr die Zeichen und die Relationen zwischen den Zeichen in bezug auf einen bestimmten Kode entziffern, an dem der Autor unter der Annahme festhält, daß er seinen Lesern bekannt ist.

Die Seite besteht aus vier Streifen; drei davon enthalten jeweils drei Zeichnungen, der erste Streifen besteht nur aus zwei Zeichnungen (oder Einstellungen bzw. Ausschnitten), da eine erweitert wurde, um den Titel aufzunehmen.

Erster Ausschnitt

In der Terminologie des Films könnten wir ihn als »subjektive Einstellung« beschreiben: Die Kamera befindet sich sozusagen auf den Schultern des Protagonisten. Die Gegenstände erscheinen so, wie sie von einer einzelnen Person wahrgenommen werden und – falls man annimmt, die Person bewege sich vorwärts – auf den Betrachter zukommen. Von Steve Canyon sieht man nur einen Teil seines Mantels, Schulter und Raglanärmel. Daß es sich um Steve Canyon handelt, geht aus der Bemerkung des Polizisten hervor, der ihn mit vertraulichem irischen Akzent begrüßt (»Me sister«, »ye«) und dessen Herzlichkeit gestisch und mimisch expliziert wird – ein Ordnungshüter, wie jedermann sich ihn wünscht und wie er, in der Tat, in jeder Hollywoodkomödie auftritt. Er ist nicht *irgendein* Polizist, er ist *der* Polizist: das ›Gesetz‹ als Freund und Helfer. Der Dialog lautet: »Sieh mal an, das ist ja Stevie Canyon. Mein Schwesterherz in Shannon schreibt, Sie hätten sie höchstpersönlich besucht!« – »Das stimmt. Es geht ihr gut.« Daß der Polizist sich bei Steve Canyon (der ganz familiär »Stevie« genannt wird) für eine Höflichkeit gegenüber seiner Schwester bedankt, signalisiert zugleich freundlichen Respekt des Protagonisten vor dem Gesetz und seine Neigung zu *human relations*.

Zweiter Ausschnitt

Steve befindet sich offenkundig im Foyer eines großen Gebäudes. Das Verhältnis zwischen Steve und dem Portier gleicht demjenigen zwischen Steve und dem Polizisten, mit einem aufschlußreichen Unterschied: Hat der Polizist die Autorität verkörpert, so verkörpert der Portier nur sich selbst. Wenn Steve ihm freundlich und wohlwollend begegnet, dann deshalb, weil seine Technik der *human relations* nicht interessengeleitet, sondern spontan ist. – »Freut mich, daß Sie wieder zurück sind, Mr. Canyon! Mein Junge hat das Souvenir bekommen, das Sie aus Ägypten geschickt haben!« – Steve liebt also Kinder und unternimmt Reisen in exotische Länder. Seine lakonische Antwort (»Gut«) kennzeichnet ihn als einen höflichen Mann, dem freilich jede Gefühlsrhetorik fremd ist.

Dritter Ausschnitt

Dies ist der vieldeutigste Teil des ganzen Kontexts. Was Steve während seiner Abwesenheit gemacht hat und wo er gewesen war, wird nicht klar. Ebenso vage ist sein Verhältnis zum blinden Zeitungshändler: »Captain Canyon! Sie haben mich ganz schön ins Schwitzen gebracht mit Ihrer letzten Reise! Hören Sie, ich habe hier einen Kontoauszug für Sie ... Sie werden es nie bereuen, daß Sie mir bei der Sache geholfen haben!« – Es ist ein Geschäft im Spiel, und zwar ein einträgliches. Um die Figur Canyons bildet sich ein Hof von Neugier und Spannung. Hinzu kommt, daß der Zeitungshändler ihn »Captain« nennt. Vergessen wir nicht, daß wir uns im Jahre 1947 befinden und militärische Konnotationen, zumindest nach der üblichen Meinung, Tapferkeit, ja Heldenhaftigkeit suggerieren. Steve seinerseits redet den Zeitungshändler mit »Sergeant« an. Ihre Beziehung zueinander scheint in fortwährender fester Kameradschaft zu gründen: Männer, die im Augenblick der Gefahr einander geholfen haben, trennen sich nicht mehr; sie sind durch ein starkes und herzliches Band der Zusammenarbeit verknüpft. Der Krieg ist Kitt für die Gefühle, eine Schule der Freundschaft, ein Übungsfeld für Initiativen. So gesehen kann der Handel zwischen den beiden zwar abenteuerlich, am Rand des Unberechenbaren, aber keinesfalls illegal sein. Einen Kriegsblinden überzieht man nicht voreilig mit Verdacht und Argwohn; man empfindet Mitgefühl. Dieses Mitgefühl geht auf Steve über, der nunmehr im vierten Ausschnitt als »unser« Held auftritt.

Vierter Ausschnitt

Steve verläßt die »subjektive Einstellung«, die Kamera ist zurückgefahren und nach links geschwenkt. Er erscheint in der Seitenansicht, aber sein Gesicht ist noch nicht zu sehen. Der Leser soll die Erwartung auskosten. Es wird eine Seele konstruiert, bevor man sie einem Gesicht zuordnet. Genau dies geschieht in der Begegnung mit dem kleinen Blumenmädchen. Vertrauensvoll nähert es sich: »Eine Blume für's Knopfloch, Mr. Canyon?« – »Heute nicht, Rosie. Aber es ist Zeit, daß ich dir und deiner Mutter ein Kinobillet spendiere...«

Fünfter Ausschnitt

Die Konstruktion der Seele ist abgeschlossen. Wir nähern uns der Enthüllung des Gesichts. Wir gewahren es jetzt sozusagen gespiegelt. Die körperliche Attraktivität Steves, in einer Ansicht von hinten dargestellt (er ist hochgewachsen, hat blondes und onduliertes Haar), ist aus der Entzückung der beiden Liftmädchen zu erschließen: »Fahren Sie hinauf?« – »Diese Kabine, Mr. Canyon! Und für Sie warten wir nicht, bis sie voll ist, nicht wahr, Irma?« – »R-r-rajah!« Dieser Ausruf enthält eine Information: »R-r-rajah« ist eine parodistische Entstellung von »Roger«, und »Roger« heißt im Pilotenjargon »O.K.« Daß das Mädchen ihn bei Steve gebraucht – um Begeisterung auszudrücken –, gibt zu verstehen, daß er als Flieger bekannt ist. Und schließlich bestärkt der Ausschnitt einen Eindruck, den die ersten Zeichnungen vorbereitet haben, nämlich daß wir uns in einem Bürohochhaus mitten in der Industriemetropole, in einer Zone hohen beruflichen Prestiges befinden.

Sechster Ausschnitt

Das Gesicht von Steve Canyon erscheint. Eine männliche Schönheit mit markanten Zügen; ein zwar gezeichneter, aber gespannter Gesichtsausdruck: Reife und Kraft. Unverkennbar ist die Anspielung auf eine Reihe von Hollywood-Stereotypen, auf Erscheinungsbilder, wie sie Van Johnson oder Cary Grant geprägt haben. Die Sympathie des Betrachters für Steves Gesicht beruht somit nicht vor allem auf der evozierenden Kraft des Körperlichen, sondern auf dem »Zeichen«-Charakter, den das Körperliche annimmt, und deswegen verweist es, im Sinne einer Hieroglyphe, auf Typen, Standards und Vorstellungen der Männlichkeit, die zu einem den Lesern bekannten Kode gehören. Die einfache graphische Abgrenzung der Umrisse »steht für« etwas anderes; sie ist ein *konventionsgebundener* Bestandteil einer Sprache. Kurz, Steve ist ein ikonographisches Element, das sich ikonologisch untersuchen läßt, so wie beispielsweise der Heilige auf der Miniatur mit seinen kanonischen Attributen und einem bestimmten Typus Bart oder Heiligenschein.

Steve öffnet die Türe zu seinem Büro; daß es sein Büro ist, wird durch den Namen angezeigt, der unten auf die Scheibe gedruckt ist. Was den Firmennamen des Unternehmens betrifft, so verstärkt er die Vagheit und den Reiz der Situation und der Figur. In einem Wortspiel mit dem Wirtschaftsterminus »limited« nennt sich Steves Unternehmen »Horizons Unlimited«, *»Unbeschränkte/schrankenlose Horizonte«*: Export, archäologische Untersuchungen, Weltraumreisen, Lufttransporte, kriminalistische Ermittlungen, Schmuggel, An- und Verkauf von Atomgeheimnissen? Wie aus den folgenden Zeichnungen hervorgehen wird, vermutlich eher eine Art Generalagentur, ausgerichtet auf die professionelle Beschäftigung mit Gefahren. Im Innern des Büros sitzt die Sekretärin (die jemandem die Ankunft Steves mitteilt). Auch sie verkörpert einen wohldefinierbaren Prototyp, gemünzt auf einen Geschmackskode der vierziger Jahre. In einer durchaus angemessenen Mischung aus mediterranem und orientalischem Charme (Zitate der beiden Kriegsschauplätze, von denen die erotischen Vorbilder der Nachkriegszeit importiert wurden) strahlt das offensichtlich attraktive Mädchen (die Attraktivität der Sekretärin ist proportional zum

Prestige des Bosses) eine gewisse Natürlichkeit aus, die besticht. Und wenn der heutige, ans Make-up der vierziger Jahre kaum noch gewöhnte Leser den wirklichen Sinn des Ikonographischen erfaßt, wird ihm das Signal der »gepunkteten Bluse« nicht entgehen – in der manichäischen Trennung von Gut und Schlecht, an die sich die Typologie des Comic unvermeidlich hält, zeigt dieses hier eindeutig Makellosigkeit an. In den folgenden Ausschnitten wird der Kontrast zwischen der leichten Tupfenbluse und dem enganliegenden schwarzen Seidenkleid des »Vamp« noch klarer hervortreten.

Siebter Ausschnitt
Nach der Fülle von typologischen Hinweisen, die der sechste Ausschnitt lieferte, hat der siebte in ikonographischer Hinsicht eine Zwischenfunktion. Doch führt er konzeptionell neue Elemente durch den Dialog ein. Tatsächlich dient er als Vorbereitung auf die im achten Abschnitt dargestellte Szene. Die Sekretärin gibt das Telefonat, das sie bei seinem Eintreten entgegennahm, an Steve weiter und stellt den Anrufer vor: »Es ist ein Mr. Dayzee, Sekretär von Copper Calhoon, die große Börsenwölfin...« – »Mmm... Man nennt sie ›Kupferkopf‹. Ich frage mich, ob sie heult oder zischt.«

Der Dialog steckt voller Randbemerkungen. Der Name des Sekretärs beschwört das Bild einer »Margerite« (daisy; Gänseblümchen)[2] – wenn der Sekretär auftritt, erscheint es einleuchtend, seine wehrlose Naivität mit einem so wunderlichen Namen verknüpft zu sehen. Der Rufname von Miss Calhoon ist »Copper« (*Kupfer*; umgangssprachlich bedeutet der Ausdruck auch »rotes Haar«, »rothaarig«) – es zeichnet sich das Bild eines roten Haarschopfs ab. Was ihre Berufsbezeichnung betrifft, so bedarf sie keines Kommentars. Bezeichnend ist dagegen der Spitzname, den Steve ihr zuschreibt: »copperhead« weckt nicht nur die Vorstellung eines »Kupferkopfs« (»Rotschopfs«), sondern ist auch der Name einer (Gift-)Schlange. Daher das Wortspiel mit dem Heulen (der Wölfin) und dem Zischen. Gegenüber so viel ›Persönlichkeit‹ ist die Haltung Steves von Anfang an unbefangen und unerschrocken.

Achter Ausschnitt

Die Präsentation des Raumes ist exemplarisch. Luxusmöbel mit sichtbaren Einflüssen stilistischen Pomps des 20. Jahrhunderts, »Direktionsetage« der zwanziger und dreißiger Jahre; dominierende Vertikalen, wie um einen Salon mit hohen Wänden – und von enormen Ausmaßen – anzudeuten. Copper Calhoons Sekretär ist gekleidet wie ein Operettenmagnat; das Tölpelgesicht – es erscheint im nächsten Ausschnitt noch deutlicher – macht nicht den ostentativen Wohlstand vergessen, den die Kleidungsstücke bezeugen. Das Erscheinungsbild des Sekretärs läßt auf die Chefin schließen: Copper Calhoon sitzt hinter einem riesigen Schreibtisch, in einem enganliegenden schwarzen Kleid, das sie bis zum Nacken einhüllt – eine Kreuzung aus der Königin in *Schneewittchen*, Veronica Lake in *I married a Witch* und Hedy Lamarr, kurz, der Prototyp der *femme fatale,* wobei freilich die offenkundigen Attribute der Industriematriarchin (die in einem reizlosen Chanel-Kostüm, ohne provokanten Zierat, glaubwürdiger erschiene) gleichsam sublimiert sind zu den schwindelerregenden und offenkundigen erotischen Emblemen des Kinos. Was auf die ökonomische Macht hindeuten müßte, ist in emphatischer Weise und mit dem klaren Bewußtsein des Unwahrscheinlichen in die Sphäre des *glamour* verschoben. Copper Calhoon ist unwahrscheinlich, weil sie sofort und eindeutig als Symbol von Macht, Zauber, Prestige, Finsternis und Imperium verstanden werden muß. Nur eine völlig konventionelle und übermäßig verstärkte Symbolik kann den Leser dazu veranlassen, die Person unverzüglich richtig zu entschlüsseln. Und nur unter dieser Bedingung kann das Telefongespräch zwischen Steve und dem Sekretär Bedeutung gewinnen: »Mr. Canyon? Miss Copper Calhoon möchte Ihre beruflichen Dienste in Anspruch nehmen. Kommen Sie bitte sofort in Miss Calhoons Wohnung…« – »Was ist, wenn ich meine Dienste Miss Calhoon nicht zur Verfügung stellen will?«

Neunter Ausschnitt

An diesem Punkt scheint der Sekretär verblüfft zu sein. Wie zu erkennen ist, wird die Verblüffung auf den drei komplementären Ebenen der *Zeichnung,* der *Gedanken* und der *Geräusche* wiedergegeben. Das dem Gesicht des Sekretärs eingezeichnete Erstaunen ist ein gewöhnliches Beispiel für eine psychologische Stilisierung. Der Inhalt des Comic wird gleichfalls mit gewöhnlichen Mitteln dargestellt: »Mis-ter Canyon! Das gibt's nicht, daß jemand eine Aufforderung von Miss Calhoon ablehnt!« Der Sekretär fällt angesichts dieses unerwarteten Verhaltens aus allen Wolken und kann sich nur noch auf die – gröblich verletzten – Gewohnheiten berufen. Merkwürdig ist jedoch die Ausdrucksweise für die Lautstärke, in der der Sekretär seinen ersten Ausruf äußert (wiedergegeben mittels einer halbfetten Schrift, welche die Intensität des Tons in die grobe Struktur des Schriftzeichens übersetzt), sowie die empörte »Gespreiztheit« der Aussprache der Anrede »Mister Canyon«. »Mister« erscheint in zwei Silben aufgeteilt, wobei die erste unterstrichen ist. Das graphische Hilfsmittel bringt eine psychologische Einstellung, einen emotionalen Schub zum Ausdruck und deutet zugleich eine besondere Art der Artikulation an.

Die Bezeichnung der Mittel zur Situationswiedergabe als »merkwürdig« geht freilich darauf zurück, daß wir beim Leser eine gewisse »Jungfräulichkeit« bei der Lektüre dieser Folge unterstellen und sie als Arbeitshypothese übernehmen. Tatsächlich stützt sich der untersuchte Typ der graphischen Stilisierung auf eine Reihe ziemlich unbestrittener Konventionen, aufgrund derer jeder geschulte Comic-Leser die Reichweite der Botschaft rasch zu erfassen vermag. An dieser Stelle treten zwei Informationen hinzu. Die eine erscheint in der ironischen Antwort Canyons: »Und dabei habe ich die ganze Zeit gedacht, ich sei jemand! Guten Morgen, Mr. Doozie!« (Man beachte, wie der Name des Anrufers entstellt wird.) Zweite Information: Copper, die hier viel detaillierter als im vorangegangenen Ausschnitt charakterisiert ist (lange Zigarette, schwarze Handschuhe, ein Make-up, das die Merkmale der *femme fatale* betont), erweist sich als überaus umsichtige Frau mit vielfältigen Hilfsmitteln; sie folgt dem Gespräch (mit einem Zusatzhörer) und hat die Situation unter Kontrolle.

Zehnter Ausschnitt

Die Szene greift offenbar das Ende des Gesprächs auf. Steve sagt: »Mr. Dizzy« – eine weitere Entstellung, diesmal noch beleidigender, denn »dizzy« bedeutet »zerstreut, benommen« – »Mr. Dizzy, was sagen Sie da! Dabei bin ich so jung und leicht zu beeindrucken... Wenn Sie jetzt ein Klicken hören, dann heißt das, daß Sie allein weiterfliegen!« Die Schlußbemerkung bestätigt die Information, daß Steve Flieger ist; »solo flight« (»Alleinflug«) ist ein Begriff aus dem Pilotenjargon. Im übrigen erscheint die gesamte Antwort Steves als die eines selbstsicheren Mannes, der seine Unabhängigkeit liebt, allen Verlockungen oder Widerwärtigkeiten zum Trotz. Die Sekretärin kommentiert nämlich betrübt, daß es nicht schlecht gewesen wäre, endlich das Geld für die Büromiete zu haben, daß man aber von ihrem Chef wohl kaum erwarten könne, sich bei seinen Entschlüssen von solchen Erwägungen leiten zu lassen. Auf dem Bild wird denn auch das Büro als bescheidene, schlicht möblierte Kammer sichtbar.

Elfter Ausschnitt

In ikonographischer Hinsicht enthält der Ausschnitt nichts Neues, abgesehen von der langen Rauchspirale aus Coppers Mund, bevor sie zu sprechen beginnt – ein Zeichen für eine lange Pause. Doch auch die Erscheinung der »Rauchspirale« wird durch einen weiteren Rückgriff auf die Konvention wiedergegeben (tatsächlich bedeutet *dieses* Zeichen nur im Bereich des Comic »Rauchspirale«). Bedeutungsvoll ist hier allein der Dialog. Der Sekretär spricht aus, was man von einem Individuum seines Schlags erwarten würde: »Copper! Sie haben ja mitgehört, was Steve Canyon gesagt hat! Man hat mich noch nie so...« – Copper schneidet ihm jedoch das Wort ab: »Ich will diesen Mann... Schaffen Sie ihn herbei!« – Damit ist die Figur endgültig charakterisiert und eine vielversprechende Geschichte in Aussicht gestellt. Daß die Folge mit dieser Sequenz abbricht, ist keineswegs zufällig. Die elf Ausschnitte bilden ein Crescendo von unbestreitbarer Meisterschaft, das den Leser auf den Höhepunkt dieser letzten Szene geführt hat. Auf einer einzigen Seite ist es Caniff gelungen, eine Gruppe von Personen zu schildern und eine Geschichte in Gang zu bringen. Noch ist zwar nichts geschehen, aber von diesem Augenblick an ist der Leser fest davon überzeugt, daß alles geschehen könnte. Die Geschichte hält hier an, während die Situation gespannt ist wie eine Violinsaite. Wenn der Ausdruck »suspense« eine Bedeutung hat, dann haben wir hier ein konkretes Beispiel – wohlgemerkt, ohne jeden Rückgriff auf Gewalt, auf ein offenkundiges Geheimnis, auf den traditionellen Theatercoup. Die Eröffnungsfolge hat ihren Zweck erfüllt – sie hat eine Gemeinschaft von Lesern zusammengerufen, die fortan die Hauptfigur nicht mehr aus den Augen verlieren werden.

Unsere – notgedrungen – pedantische und minutiöse Beschreibung dieser Bildersequenz mündet zwanglos in zwei grundsätzliche Überlegungen. Die erste betrifft die Sprache des Comic im allgemeinen; die zweite umfaßt eine Kette von Fragen, die, ausgehend von unserem Beispiel, die hervorstechenden Merkmale nicht nur der von Caniff entwickelten Geschichte, sondern auch anderer Comics, ja der Massenmedien überhaupt erschließen helfen können.

Die Sprache des Comic

1. Wir haben Elemente einer *Ikonographie* unterschieden, die auch dann, wenn sie Stereotypen aufgreift, welche bereits in anderen Medien gebraucht wurden (zum Beispiel im Film), dies mit graphischen Mitteln tut, die der »Gattung« eigentümlich sind. Als Beispiel haben wir die »Rauchspirale« genannt; doch ließen sich angesichts der umfangreichen Produktion auf diesem Gebiet leicht einige Dutzend figurativer Elemente bestimmen, die inzwischen mit einem genauen ikonologischen Status kanonisch geworden sind, so beispielsweise verschiedene Verfahren der *Visualisierung von Metaphern oder Gleichnissen*, wie sie im humoristischen Comic auftreten: Sterne sehen, sich freuen, sich schwindlig fühlen, schnarchen sind Ausdrücke, die im Comic stets mit Hilfe einer elementaren figurativen Symbolik umgesetzt und so vom Leser sofort verstanden werden. In dieselbe Kategorie gehören die Speichel-

tropfen, die Lüsternheit anzeigen, die aufleuchtende Glühbirne, die
»Einfall« bedeutet, usw. In Wirklichkeit fügen sich diese ikonographischen Elemente jedoch zu einem umfassenden Gerüst von
Konventionen zusammen, das ein eigenständiges Symbolrepertoire
bildet, so daß man durchaus von einer Semantik des Comic sprechen kann.

2. Grundelement dieser *Semantik* ist vor allem das konventionelle
Zeichen der »kleinen Wolke« (der eigentlichen »Rauchwolke« [fumetto; Sprechblase]; das »Ektoplasma«, der »balloon«), die, wenn
sie im Rahmen bestimmter Konventionen eingesetzt wird, in einer
Spitze endet, die auf das Gesicht des Sprechenden zeigt und »gesprochene Rede« bedeutet; wenn sie in einer Reihe von Bläschen
mit dem Sprecher verbunden ist, bedeutet sie »gedachte Rede«;
wenn sie von gezackten Umrissen umgeben ist, spitzwinklig, wie
von Sägezähnen oder von Stacheln, kann sie, je nachdem, Zorn,
Erregtheit, Wut, Schreien oder Donnern signalisieren – in jedem
dieser Fälle freilich gehorcht ihre Rolle einer genauen Standardisierung der Stimmungen.[3] Ein weiteres Element ist das graphische
Zeichen, das, unter freier Erweiterung der onomatopoetischen
Möglichkeiten einer Sprache, in der Lautfunktion verwendet wird.
Daraus ergibt sich eine ziemlich strenge Tabelle der Stimmungen,
die vom »zip« der fliegenden Kugel zum »crack« des Karabiners
reicht; vom »smack« des Faustschlags, vom »slam« der zugeschlagenen Tür, vom »swish« des ins Leere gegangenen Hiebs zu den
verschiedenen Formen des Sturzes vom »blomp« zum »ploff«, zum
»sigh« oder »sob« des Seufzers, zum »gulp« der Bestürzung, zum
»mumble« der Gehirntätigkeit und zum »rattle«, das an Nagegeräusche gemahnt. Oft handelt es sich dabei um richtiggehende
Lautnachahmungen, die im Englischen bereits ein Signifikat haben
und mit rein evozierender Funktion in andere Sprachen übertragen
wurden, wobei sie den ursprünglichen Zusammenhang mit dem
Signifikat verloren und sich vom einstigen sprachlichen »Zeichen«
zum visuellen Pendant des Geräusches wandelten, also im Feld der
semantischen Förmlichkeit des Comic wiederum als »Zeichen« zu
fungieren begannen.

3. Die semantischen Elemente fügen sich in einer *Grammatik des
Bildausschnitts* (Einstellung) zusammen, für die wir in *Steve Canyon* einige überzeugende Beispiele gefunden haben. Der banale,
zweidimensionale Comic arbeitet beim Einzelbild mit raffinierten

Konstruktionen, die offenkundig in der verfeinerten Aufmerksamkeit für die Phänomene des Films gründen. Die Hand des Zeichners wird dabei manchmal so weitgehend von der Strategie der Kameraeinstellung geführt, daß er Verlockungen zur Virtuosität nachgibt, die für die Botschaft gänzlich belanglos sind – zum Beispiel indem er, dem Spiel mit filmischen Finessen zuliebe, ein Gebäude auch dann aus der Froschperspektive darstellt, wenn keinerlei Ausdrucksmotiv diesen Rückgriff auf expressionistische Stilmomente untermauert. Innerhalb des Einzelbilds gliedern sich die semantischen Faktoren jedoch in einer Reihe von Beziehungen zwischen Wort und Bild: So gibt es, beispielsweise, eine Komplementarität aus Mangel (das Wort drückt eine Haltung aus, die das Bild nicht in allen ihren Folgen wiederzugeben vermag); den pleonastischen Überschuß des Gesprochenen, das dazwischenfährt, um ständig etwas zu erklären, das in Wirklichkeit längst klargeworden ist – wie um ein dumpfes, unbelehrtes Publikum besser zu kontrollieren (typische Beispiele dafür gibt es in den *Superman*-Comics); eine Art ironischer Unabhängigkeit von Wort und Bild, die bestimmte Comics bevorzugen, in denen die vordergründigen Ereignisse von hintergründigen – surrealistischen oder zumindest spielerischen – Einfällen begleitet oder konterkariert werden (man denke an die Männchen, die aus dem Rahmen der Einzelbilder von MacManus in *Jiggs and Maggie* oder, bei gewissen Ausschnitten, in *Smoke Stover* heraustreten); in anderen Fällen ist diese Unabhängigkeit nicht an Ironie gekoppelt, sondern an die Dynamik des Visuellen, die uns aus bis in die letzte Einzelheit ausgearbeiteten Bildausschnitten entgegentritt, in denen eine ungezügelte Lust an der Ausschmückung die kommunikativen Gehalte der Botschaft zwar überwältigt, aber die Szene mit Anekdoten bereichert, die für sich selbst genossen werden sollten, ähnlich den veristischen Details auf einem minutiösen Stilleben; sodann gibt es Fälle, bei denen der Überfluß an visuellen Einzelheiten und das Gewicht des Gesprochenen sich verbinden zu einer Darstellungsform mit kinematographischer Wirkung, so wie in der von uns untersuchten Sequenz.

4. Das Verhältnis zwischen den aufeinanderfolgenden Ausschnitten gründet in einer spezifischen Syntax oder, genauer, in *Montagegesetzen*. Der Ausdruck »Montagegesetze«, ein Hinweis auf den Film, soll uns allerdings nicht vergessen lassen, daß der Comic auf seine originale Weise »montiert«. Die Montage des Co-

mic versucht nicht, eine Serie von unbeweglichen Ausschnitten in eine kontinuierliche Bewegung wie im Film aufzulösen; sie stellt vielmehr mittels einer faktischen Diskontinuität eine Art ideeller Kontinuität her. Der Comic bricht das *Kontinuum* in wenige wesentliche Elemente auf. Daß der Leser dann diese Elemente in der Phantasie miteinander verbindet und als Zusammenhang wahrnimmt, ist freilich offenkundig, und wir selbst haben ja bei der Analyse eine Serie statischer Augenblicke in eine dynamische Kette umgewandelt.[4]

5. In der von uns untersuchten Bilderfolge fungieren die verschiedenen formalen Elemente der Erzählung (Einstellung, Montage usw.) zwar als Handlungsbedingungen, machen sich aber dem Bewußtsein des Lesers ausdrücklich bemerkbar. Bei anderen Comics dagegen wird die Formalstruktur der Erzählung selbst zum Gegenstand der Ironie oder der humoristischen Veränderung. Gebräuchliche Verfahren hierbei sind die Aufsprengung des Ausschnitts und die Einwirkung auf den Ausschnitt; manchmal kommt es sogar zur direkten Interaktion zwischen der Hauptfigur und dem Autor, der auf den Plan gerufen wird (»Gould, jetzt bist du zu weit gegangen«, sagt 1936 eine Figur in *Dick Tracy,* indem sie sich an den Zeichner wendet, der sie in eine schwierige Lage gebracht hat), und bisweilen kennzeichnet ein Bleistift oder Pinsel, der ins Bild eindringt, um dessen Aufbau *von außen her* zu ändern, offen die Intervention.

6. Die vielfältigen formalen Elemente, von denen die Rede war, bestimmen die *Eigenart der Handlung*. Im Falle von *Steve Canyon* beobachteten wir einen dem Film angenäherten Handlungstypus, während in zahlreichen anderen Comics die Struktur des *plot* Formen annimmt, die sich weniger auf die Entwicklung als auf die ständige Wiederholung regelmäßig wiederkehrender Elemente stützen.[5]

7. Schon die Untersuchung von Steve und den Figuren um ihn herum ließ erkennen, daß es eine markante *Charaktertypologie* gibt, die sich auf genau umrissene Stereotypen stützt. Im Hinblick auf *Steve Canyon* kann man durchaus von Stereotypen anstelle von »Typen«[6] sprechen. Und zweifellos sind Stereotypen der Rohstoff, aus dem eine Comic-Handlung gebaut wird. Vergegenwärtigen wir uns die charakteristischsten Comic-Helden der Zwischenkriegs-

zeit, so fällt auf, daß bei ihnen der romanhafte Gemeinplatz sich extrem vereinfacht: *The Phantom* oder Der Umherirrende Geheimnisvolle Abenteurer; Mandrake oder Die Zauberei; Gordon oder Der Weltraum; X9 oder Der Detektiv; Jungle Jim oder Der Jäger; Tim Tyler oder Der Knabe, dem das Abenteuer gewährt wurde, usw. Und genau besehen verkörpert jeder von ihnen ein ideelles Muster, nämlich Die Askese, Die Ironie, Die Schönheit, Den Scharfsinn usw.

8. Schließlich hat die untersuchte Folge klar gezeigt, daß bereits die ersten elf Bildausschnitte eine *ideologische Erklärung*, den Entwurf einer Wertetafel enthalten. Wir konnten die folgenden Wertvorstellungen unterscheiden: Schönheit, Lust an der Gefahr, Gleichgültigkeit gegenüber dem Profit (allerdings gemäßigt durch den Respekt vor dem Geld), Großzügigkeit, Zärtlichkeit, Männlichkeit, Sinn für Humor. Dies sind zumindest die von Steve vertretenen Werte. Zugleich sind wir an weitere Werte immerhin erinnert worden: Gesetzestreue; Freundlichkeit gegenüber Leuten niederer Herkunft; Prestigesymbole – das Geheimnisvolle, der dunkle Zauber, die Sensualität usw. Insgesamt bezeugen die von uns betrachteten Ausschnitte eine substantielle Bindung an die Werte eines durch die Hollywood-Legende geregelten *American Way of Life;* die Hauptperson und ihre Geschichte bieten sich einem Leser der Mittelklassen unumwunden als Lebensvorbild an. Ein ähnliches ideologisches Programm finden wir unter anderem Vorzeichen nicht nur in *Terry und die Piraten,* sondern auch in den Heldengeschichten *Joe Palooka, Dick Tracy* oder *Dennis the Menace.* Wieder andere Comics folgen der Doktrin des Konformismus, die gleichfalls in die Handlungsstruktur selbst eingebaut ist, sozusagen als implizite Metaphysik.[7] Es gibt aber auch Comics mit einer ideologischen Programmatik, die auf – sowohl scheinbarem als auch wirklichem – Protest und auf Opposition beruht.
Es lassen sich also durch Analyse der Sprachelemente (einschließlich der ikonographischen Konventionen und der in konventioneller Zeichenfunktion gebrauchten Stereotypen) die Verständigungsoptionen des Comic ermitteln, und zwar bevor irgendein Werturteil ins Spiel kommt. Jedenfalls hat uns die »Lektüre« der Eröffnungsfolge von *Steve Canyon* die Existenz einer autonomen »literarischen Gattung« vor Augen geführt, die eigentümliche Strukturelemente und eine originale kommunikative Technik besitzt, welche auf einem gemeinsamen Kode der Leser beruht, auf

den der Autor sich beruft, um nach bisher unbekannten Gestaltungsgesetzen eine Botschaft zu artikulieren, die sich an den Verstand, an die Phantasie und an den Geschmack ihrer Adressaten richtet.

Abgeleitete Fragen

Die kritische »Lektüre« mündete in eine beschreibende Analyse, die uns ermöglichte, die »Strukturen« des Comic deutlich zu machen. Bliebe man jedoch dabei stehen, so erschlösse sich nicht die Bedeutung dieser Strukturen im größeren Kulturzusammenhang. Eine Strukturdefinition kann jedenfalls nicht mehr sein als ein Tor der Forschung, und sie taugt nichts, wenn sie sich mit der technischen Rechtfertigung des Faktischen zufriedengibt – jedwedes Faktischen, das strukturell definierbar erscheint.
Beginnen wir also wieder mit Fragen.

1. Daß eine »Gattung« unverwechselbare Stileigenschaften aufweist, schließt nicht aus, daß sie sich gegenüber anderen Kunstphänomenen in einer *parasitären* Stellung befinden kann. Andererseits geht aus einer parasitären Position nicht eindeutig hervor, ob sie im Verhältnis zu anderen Positionen die Rolle des *Förderers* und *Vorläufers* spielt oder nicht. Betrachten wir einmal, um diesen Sachverhalt zu erhellen, die Gesamtheit der graphischen Konventionen, die innerhalb des Einzelbilds zur Darstellung von Bewegung beitragen. Unstreitig lassen sich in Comics allenthalben graphische Stilisierungen der Bewegungsabläufe entdecken, die an den Kunstmittel-Gebrauch des Futurismus erinnern – der Zusammenhang zwischen *Dynamismus eines Fußballers* von Boccioni und der typischen Gestaltung eines Superhelden im Comic ist offenkundig. Es finden sich solche Gestaltungen in Cartoons oder Comics, die den futuristischen Erfahrungen vorausgingen; doch ebenso sicher ist, daß der Comic erst im Gefolge der Experimente der zeitgenössischen Malerei und der Entdeckungen von Technikern und Künstlern der Photographie, d. h. auch: auf der Basis eines entsprechend empfänglichen Publikums, seine graphischen Konventionen als Universalsprache einführen konnte. In diesem Falle war Parasitismus nicht gleichbedeutend mit Nutzlosigkeit. Daß eine stilistische Lösung entlehnt wird, mindert ihren Gebrauch dann nicht, wenn sie in einen originellen Kontext eingefügt wird, der sie rechtfertigt.

An der Bewegungsdarstellung, die den Comic geprägt hat, läßt sich geradezu beispielhaft ablesen, wie ein »hohes« Stilmittel popularisiert wird: Es wird in einen neuen Kontext eingebaut und gewinnt darin eine selbständige Physiognomie.[8] Überflüssig erscheint es auch, auf die Verwandtschaft zwischen der Technik des Comic strip und der Technik des Films hinzuweisen. Unter dem Aspekt der Bildeinstellung (Einzelbild) ist der Comic ganz klar vom Film abhängig, von seinen Möglichkeiten und (schlechten) Gepflogenheiten. Unter dem Aspekt der Montage ist er es nicht. Man sehe sich nochmals die Eröffnungsfolge von *Steve Canyon* an und lese sie als *Drehbuch* zu einem möglichen Film. Sie erschiene als eine Reihe wichtiger Anmerkungen, die der Regisseur erst zusammenfügen müßte, indem er sozusagen die Lücken ausfüllt, welche zwischen den Einzelbildern klaffen. Das Ergebnis wäre eine kontinuierliche Sequenz; man folgte Steve Canyon nach seinem Eintritt ins Bürohochhaus Schritt für Schritt bis zum Aufzug und, nach einem Schnitt, den Korridor entlang zu seinem Büro (und so weiter). Versuchen wir indes die Bilderfolge nicht als Drehbuch zu lesen, sondern als *Film,* versuchen wir uns vorzustellen, der Film sei *diese Folge,* ohne Zusätze und Vervollständigung, dann werden wir feststellen, daß diese auf der Leinwand beobachtete Serie von statischen Elementen, diese Vorwärtsbewegung durch Schnitte – eine Erzählweise, die den Filmzuschauer von 1947 bestürzt hätte –, uns keineswegs unvorbereitet findet, daß wir darin den Stil von Godard in *Vivre sa vie* oder den von Chris Marker in *La jetée* wiedererkennen, die den filmischen Diskurs durch eine Aneinanderreihung statischer Photographien gliedern. Daraus ließe sich schließen, daß der Comic auf der Ebene der Montage einen Diskurs realisierte, der den einer späteren Filmkunst ankündigte. (Bis zu welchem Punkt »förderte« er ihn?)

»Parasitismus« und »Förderung« sind, wie das Beispiel belegt, keine Wertbezeichnungen, sondern vorläufige Charakterisierungen, die den Weg zu einem umfassenden Kulturbegriff bahnen. Die Comics *Little Nemo* aus dem Jahre 1905 zeigen Bezüge zum Geschmack des Liberty und legen Verwandtschaften mit den Eisenkonstruktionsplänen des späten 19. Jahrhunderts offen, ohne daß die »Zitate« als kontextfremd erscheinen. Im Gegensatz dazu wirken Harold Fosters Geschichten *Prince Valiant [Prinz Eisenherz],* die bis in die kleinsten Einzelheiten ausgeführt sind, wie Wiederbelebungsversuche an präraffaelitischen Geschmacksstandards, handwerklich zwar korrekt und im wesentlichen angenehm, aber völlig akademisch (pädagogisch konservativ). Mit anderem Vorzeichen wären dagegen die unbezweifelbar surrealistischen Einflüsse zu lesen, die in Herrimans *Krazy Kat* hervortreten: Mag der Kunstliebhaber auch beklagen, daß hier bestimmte Traumeindrücke, die in einem anderen Kontext entstanden sind und auf Enthüllung zielten, den Hintergrund eines Geschehens ausstaffieren, das vielleicht poetisch, aber gewiß oberflächlich ist, so wird man doch nicht leugnen können, daß diese Eindrücke hier in einer spielerischen Erzählweise verschmelzen, Verrücktheit und Charme sich in einem originellen, niemals vulgären und jedenfalls völlig ausgereiften Kontext amalgamieren.[9]

Fassen wir zusammen: Der Comic bringt einerseits bestimmte Stilformen in Umlauf, er ist nicht nur ein ästhetisches Phänomen, sondern auch eine Instanz der Veränderung des Gebräuchlichen; andererseits vereinheitlicht und verbreitet er Stilmittel mit dem Ergebnis sowohl ihrer Verarmung als auch ihrer Wiedergewinnung. Über diesen Prozeß läßt sich kein pauschales Urteil fällen; erforderlich ist vielmehr eine historisch-kritisch-pädagogische Einschätzung von Fall zu Fall. In dem Aufsatz *Die Struktur des schlechten Geschmacks* habe ich dazu Vorschläge gemacht, die sich zu Differenzierungen eignen.[10]

2. Dennoch fällt es nicht schwer, einige Strukturelemente zu benennen, die sich nicht nur in parasitärer Funktion erhalten, sondern aufgrund ihrer parasitären Herkunft allmählich zu Standards verfestigt werden. Ein typisches Beispiel haben wir bei der Charakterisierung der Personen hervorgehoben: Die Bezugnahme auf den Film zwingt den Autor dazu, das Schema, das der Schauspieler schon war, auf ein noch ärmeres Schema zu reduzieren. Gerade das graphische Zeichen, das der Comic erfordert, gebietet extreme Stilisierung, so daß die Person immer mehr einer Hieroglyphe ähnlich wird. Es gibt allerdings eine Schwelle, jenseits derer die Stilisierung die Kraft der Ausdrucksnuancierung wiedererlangt. Dies trifft auf die Figuren von Schulz oder Feiffer zu. In der Regel gibt jedoch die *halbe* Stilisierung (wie sie bei Caniff vorkommt, einem Meister der *naturalistischen* Stilisierung, der Anspielungen niemals über das Nachbildende hinaustreibt – in dem Sinne, daß eine Falte im Mundwinkel zwar auf Erfahrung und Reife hindeuten und konventionsgemäß eine ganze Lebensgeschichte verkörpern kann; gleichwohl bleibt sie eine Falte) unvermeidlich eine konventionelle Person wieder. An diesem Punkt erheben sich zwei Fragen. Erstens:

Wie verschmelzen die originalen Elemente mit den standardisierten Elementen? Wirkt die kommunikative Kraft der originalen Elemente (Konventionen der Sprache, Montage usw.) ausschließlich dann, wenn sie auf Standardpersonen Bezug nimmt? Dann würde sich die Sprache des Comic lediglich zur Erzählung stark vereinfachter Geschichten eignen, die psychologischen Nuancierungen erheblich einschränken und die Person nicht als Individuum kenntlich machen können, sondern sie zum Schema oder zur Allegorie oder zum Ansatzpunkt für Identifikationen und Projektionen verdünnen, die der Leser spontan vollzieht. Damit kommen wir zur zweiten Frage, nämlich ob der Comic imstande ist, Typen zu schaffen oder bloß Standards, *topoi*. Darauf versuche ich mit den drei folgenden Beiträgen zu antworten, die den »Personen« gewidmet sind. Ich meine, daß man die Möglichkeit der Konstruktion von individuellen und gleichzeitig universalen (und deshalb typischen) Charakteren bestimmen kann. Verhängnisvollerweise gilt der größte Teil der Comic-Produktion der Herstellung und Verbreitung von Gebrauchsschemata, von Gemeinplätzen *(topoi)*. Unschwer zu erraten, daß dies den gesamten Bereich der Massenmedien betrifft.

3. Es wurde gesagt, daß *Steve Canyon* eine klare ideologische Perspektive entwickelt. Angesichts dessen müssen wir uns fragen, ob die kommunikativen Mittel, die hervorgehobenen Stilelemente, sich für den Zweck der Kommunikation eben *dieser* Ideologie als besonders geeignet herausstellen (ob sie zwangsläufig nichts anderes als *diese* ausdrücken). Dann wäre der Comic ideologisch determiniert aufgrund seiner Eigenart als einer elementaren Sprache, die auf einem einfachen Kode beruht, im Grunde unbeweglich, dazu gezwungen, mittels genormter Figuren zu erzählen, sich hauptsächlich solcher Stilmittel zu bedienen, die bereits von anderen Künsten eingeführt wurden und die vom breiten Publikum erst nach einer merklichen Zeitverschiebung angeeignet werden (d.h. wenn sie keine Herausforderung mehr darstellen), Stilmittel, die aus ihrem ursprünglichen Zusammenhang gerissen und auf konventionalisierte Techniken reduziert sind. Dann könnte er lediglich ideologische Inhalte mitteilen, die auf Konformismus angewiesen sind; er könnte bloß Lebensideale ausdrücken, die möglichst schon von allen seinen Lesern geteilt werden; in der Kunst ebenso wie in der Politik, in der Ethik oder Psychologie betriebe er nichts anderes als die Bekräftigung des Altbekannten.[11] Ist hingegen ein Comic

denkbar und nachweisbar, der unter Anwendung derselben kommunikativen Elemente eine andere Perspektive ausdrückt und entwirft, beträfe das Problem der ideologischen Engführung nicht die Gattung als solche.[12] Die Gegenüberstellung von *Superman* und *Charlie Brown*, die wir an anderer Stelle vornehmen, weist uns auf diesen zweiten Weg.

4. Auf halber Strecke zwischen den ästhetischen und den ideologischen Erklärungen stoßen wir auf zwei bedeutsame Sachverhalte: *die Prägung des Lesers durch die typische Syntaxstruktur* der Gattung und *die Prägung des Autors durch die industriellen Bedingungen* seiner Arbeit (im Rahmen der Kulturindustrie), die eine besondere, »parzellierte« Verteilung des Produkts erzwingen.
Die erste Frage lautet: Konditioniert der Comic durch Aufspaltung der Realität in eine Reihe statischer Momente die Wahrnehmung des Lesers so nachdrücklich, daß er ihn psychologisch beeinflußt? Kann man, wie es häufig geschehen ist, dem Comic tatsächlich Realitätsspaltung unterstellen, die psychologische Rückwirkungen von einem bestimmten Gewicht haben *muß*? Die Gefahr, die solchen Interpretationen droht – nämlich Verständigungs-, Phantasie- und Rezeptionsmuster ausschließlich unter dem Vorzeichen der Neurose zu lesen –, entbindet allerdings nicht davon, die Aufmerksamkeit für diese Phänomene zu schärfen, wie es für die Rezeption des Filmbildes bereits der Fall ist.[13]
Die zweite Frage zielt darauf, ob die Verbreitung des Comic in Form eines Streifens in der Tageszeitung (oder wöchentlich) nicht grundlegend die Struktur der Handlung bestimmt. In der Eröffnungsfolge von *Steve Canyon* hat der Autor, wie wir gesehen haben, den Höhepunkt der Handlung in den elften Ausschnitt verlegt, um im Leser die Erwartung der nächsten Folge (und damit die kommerzielle »Nachfrage«) zu verankern. Außerdem ist ihm eine Sequenz von solch technischer Perfektion vermutlich gerade deshalb gelungen, weil ihm eine ganze Seite zur Verfügung stand und nicht nur ein Streifen mit drei oder vier Einzelbildern.[14] Und da der Autor seine Erzählung im Abstand von einem Tag oder von einer Woche wiederaufzunehmen gezwungen ist, muß er standardisierte Personen und Situationen entwickeln: klare Orientierungsgefüge für den Leser und sein Gedächtnis, also beispielsweise eine Frauengestalt, die durch markante Attribute als »femme fatale« gekennzeichnet ist, und zwar von Beginn an. Nur so setzt er ein mnemonisches Schema, auf das sich jede neue Information bezie-

hen läßt, und verhindert er, daß das Interesse des Lesers vor einer Vielzahl zusammenhangloser Einzelheiten erlahmt. Es war genau diese Einsicht (oder Mutmaßung), die Autoren von Zeitungsromanen bewogen hat, »holzschnittartige« Figuren zu konstruieren. Die Person bei Stendhal kann nicht »in Fortsetzungen« gelesen werden; ein Leser kann ihr nur unter der Bedingung folgen, daß er das Buch praktisch nicht verläßt, nicht einmal in den Lektürepausen, und sie sich während der ganzen Zeit, da sie ihm Gesellschaft leistet, innerlich vergegenwärtigt. Anders formuliert: Diese objektive Schwierigkeit, mit der der Comic-Autor es zu tun hat, ist die gleiche, die Poe im Sinn hatte, als er behauptete, ein poetisches Werk müsse so beschaffen sein, daß es in einer einzigen »Sitzung« gelesen werden könne, damit seine Wirkung nicht zersplittere. Ein Comic freilich wird in aller Regel nicht nur in Intervallen, sondern gleichzeitig mit anderen Comics gelesen (eine Beilagenseite in der Tageszeitung bringt normalerweise vier bis zehn Streifen). Die einzige Gedächtnisstütze für den Leser ist daher die Wiederkehr von wiedererkennbaren Standards.

Dieser Umstand (eine Art Obergrenze der inneren Möglichkeiten der »Gattung«) könnte auch erklären helfen, warum gewöhnlich die Comics, denen man einen größeren Wert und eine höhere ästhetische und ideologische Reife zuerkennt, nicht diejenigen sind, die in Folgen erscheinen, sondern jene, die in einem einzigen Streifen – oder jedenfalls einer einzigen Zusammenstellung von Einzelbildern – ihre Geschichte jeweils zu Ende bringen. Das Beispiel der *Peanuts* (von dem in *Die Welt von Charlie Brown* die Rede sein wird), ist dafür symptomatisch: Nicht nur schließt jede Folge ein Ereignis ab, sondern das »Epos« insgesamt bezieht seinen Wert aus dem System von Wiederholungen, mittels dessen sich die verschiedenen, in sich abgeschlossenen Ereignisse nacheinander verdichten, indem sie einerseits einige feststehende Elemente überdehnen, andererseits mit der Wiedererkennbarkeit dieser Elemente spielen und sie nicht als Hilfsmittel zur Koordination des Lesergedächtnisses, sondern als Objekte bewußter Ironie einsetzen.[15] Die spezifische Aufmachung wird zum Erzählanlaß genommen. Man könnte deshalb auf die Behauptung, der kommerzielle Zweck und das Verteilungssystem des Comic bestimmten sein Wesen, antworten, daß hier, wie überall in der Praxis der Kunst, sich als der geniale Autor derjenige erweist, der die *Aufmachungen* in *Möglichkeiten* aufzulösen versteht.

5. Bislang haben wir von Konventionen, Standard und Kode gesprochen. Dies alles setzt voraus, daß der Rückgriff auf Kommunikationsstrukturen auf einer *koiné* beruht. Ein Kode mit seinen Möglichkeiten, Botschaften zu veranlassen, die von den Empfängern dechiffriert werden können, hat (wie eine Sprache) zur Existenzbedingung eine Gemeinschaft, an der – zumindest in dem Augenblick, da die Botschaft gesendet wird – Sender und Empfänger gleichermaßen beteiligt sind. Womit läßt sich nun die *koiné* identifizieren, an die wir denken, wenn wir die Struktur einer Comic-Erzählung nach Kriterien der Kommunikation analysieren? Mit der amerikanischen Gesellschaft? Wohl gibt es auch nichtamerikanische Comics (wenngleich die Gattung offiziell in den USA entstanden ist und dort ihren differenziertesten Stand erreicht hat), doch steht fest, daß die für das amerikanische Publikum produzierten Comics auch in Europa konsumiert werden, wo nur jene geringen Erfolg haben, die an eigentümliche Bestandteile des amerikanischen Alltags geknüpft sind, wie zum Beispiel *Pogo,* und denen ein relativ kompliziertes Verweisungsgeflecht zugrunde liegt. Doch bis zu welchem Punkt können wir sicher sein, daß ein amerikanischer Leser in einer Sequenz wie der aus *Steve Canyon* dieselben Elemente wahrnimmt, die ein italienischer Leser dort entdeckt? D. h. bis zu welchem Grade ist diese Sequenz als Botschaft vielleicht im Lichte teilweise verschiedener Kodes gelesen worden?[16] Es erscheint somit als höchst unvorsichtig, die *koiné* der Leser mit den Angehörigen einer modernen Industriegesellschaft oder mit den Bürgern einer kapitalistischen Industriegesellschaft gleichzusetzen.

Daß der Autor oder der Produzent des Comic sein Produkt konstruieren kann, indem er sich das Modell eines »Durchschnittsmenschen« als Idealbürger einer Massengesellschaft vor Augen hält, ist unbestreitbar. Es gibt eine ganze Ideologie des Glücks und des Konsums, die einer ähnlichen Abstraktion gehorcht. Wenn jedoch der »heimliche Verführer« oder der Produzent eines mittleren Kulturprodukts für den »mittleren Menschen« ein solches abstraktes Modell verwendet, dann deshalb, weil die Abstraktion für ihn zu einer methodologischen Hypothese wird, die als Leitbild dient. Einerseits weiß er: Je mehr Produkte er herstellen wird, die einem abstrakten Modell des »Durchschnittsmenschen« entsprechen, um so mehr wird er zur Bildung von Konsumenten beitragen, die dem Produkt angepaßt sind, und das abstrakte Modell wird Realität werden; andererseits setzt eine Ethik des Glücks und des Konsums ideologisch die Überzeugung voraus, auf einer bestimmten Zivilisationsstufe werde eine klassenlose Gesellschaft entstehen, in der die Prestigesymbole und das Streben nach *Status* alle anderen sozialen Unterscheidungsmerkmale allmählich ersetzen. In diesem Sinne muß (operativ bedingt) ignoriert werden, daß es dann immer noch ideologische Differenzierungen geben kann (ob sie nun klassenspezifische Wurzeln haben oder nicht), die den Gebrauch eines bestimmten Produkts unter verschiedenen Vorzeichen zulassen. Kurz, das Bild einer undifferenzierten *koiné* zehrt von der Hoffnung, die Beharrlichkeit des Angebots werde eine reale Nachfrage hervorrufen – was das Funktionieren des Marktes gründlich und endgültig vereinfachen würde.[17] Grotesk wird es jedoch, wenn sich ausgerechnet diejenigen auf die Abstraktions-Illusion einer undifferenzierten Masse berufen, die das Phänomen der Produktion und Konsumtion der Massenmedien kritisch untersuchen sollten.[18] Auch diese Vereinfachung hängt von einem unbewußten Wunsch nach Vereinheitlichung des Marktes ab: Es gibt einen Markt der »hohen« Kultur, der vom Produkt und nicht von den Modi des Konsums bestimmt ist, und es gibt einen Markt der Massenwaren, in dem die Kultur keine Rolle spielt (und auch nicht die Kulturprodukte), es sei denn als Denunziationsfeld für eine negative Anthropologie, die, indem sie Mängel oder Ungenügen anzeigt, den Verdacht allgemeinen Verfalls exekutiert.

Wir haben in der Eröffnungsfolge von *Steve Canyon* verschiedene Strukturebenen unterschieden: die Ebenen der Handlung, der stilistischen Mittel, der Nachahmungswerte (Freundlichkeit und angenehmer Charakter einer Person oder eines Milieus), der ideologischen Perspektive usw. Daß wir uns dabei an technisch-formalen Begriffen orientiert haben (Gelingen/Mißlingen einer kommunikativen Strategie; Gefälligkeit einer Darstellung; Originalität eines Stilmittels oder dessen parasitäre Verwendung), ist für andere Leser keineswegs verbindlich; sie achten vielleicht vorwiegend oder ausschließlich auf den Handlungswert, der sie ungeduldig die nächste Folge erwarten läßt. Und daß wir im Innern der Sequenz ideologische Steuerungslinien entdeckt haben, schließt eine andere Lektüre, eine von der unseren verschiedene Rezeption der Bilder und der Erzählung nicht aus. Und weil dies der Fall ist, gilt es, nach den Ursachen dieser unterschiedlichen Aufmerksamkeiten, dieser verschiedenen Wahrnehmungen und Genußweisen zu fragen. Variieren sie je nach Klasse, nach intellektuellem Stand, nach Alter und Geschlecht? Anders ausgedrückt: In welcher Weise prägen die Zugehörigkeit zu einer Klasse, zu einem intellektuellen Stand, zu einem psychologischen Typus sowie Alter und Geschlecht den Lektürekode? Und verändern diese Faktoren die Art der Aufmerksamkeit, mit der der Leser sich dem Gegenstand zuwendet? Ist das Problem einmal so gestellt, dann kommt man ihm mit den Begriffen »Masse« und »Massenmenschen«, die beide methodologisch lähmend wirken, nicht mehr bei. Wichtig ist, daß die Hypothese einer homogenen »Masse« von Konsumenten ihre Geltung stark verändert, je nachdem, ob sie *in der Phase der Strukturbeschreibung des Produkts* oder *in der Phase der Untersuchung von Genußweisen* entwickelt und angewendet wird. Deutlicher gesagt: Werden die Strukturen des Produkts beschrieben, wie bei der Lektüre der *Steve Canyon*-Seite, so zeichnen sich Elemente eines Kodes ab, den der Autor im Gedanken an die *koiné* der Leser anwendet; der Autor denkt tatsächlich in Kategorien einer homogenen Masse, und diese sozialpsychologische Annahme wird zum Bestandteil seiner Poetik. So gesehen ist das Modell des »Massenmenschen« nicht abstrakt, sondern ein Erfahrungsmuster, das eine operative Absicht anleitet. Der Fehler entsteht, sobald dieses Modell den Platz theoretischer Erklärung okkupiert, also, beispielsweise, Schlüsse gezogen werden über gesellschaftliche Verständigungs- und Wahrnehmungsformen, über kulturelle Genußweisen, ja sogar deren innere Hierarchie. Dies ist der Verfahrensstil des apokalyptischen Moralisten, der freilich in aller Regel nicht einmal bis zur Strukturanalyse des Produkts vordringt. Statt »es zu lesen«, weigert er sich, es zu lesen, und denunziert es als »unlesbar«; statt es einem Urteil zu unterziehen, weigert er sich, es zu beurteilen, und ordnet es in eine vermeintliche »Totalität« ein, die es von vornherein zu etwas Minderwertigem stempelt, wobei allerdings unklar bleibt, wie man den Gedanken der »Totalität« hat fassen können, ohne die dialektische Konfrontation der einzelnen, genau analysierten Phänomene riskiert zu haben. Was folgt daraus? Es folgt, daß der Begriff »Masse«, der bei der Strukturbeschreibung sein partielles Recht hat, zur Untersuchung der Genußweisen nicht wirklich taugt. Denn zu klären ist, in welchem Grade die Genußweisen sich nach den Typen der psychologischen, kulturellen, sozialen und biologischen Schichtung unterscheiden.

Hier stellt sich jedoch ein weiteres Problem: Angenommen, die Genüsse unterscheiden sich und verschiedene Personen nähmen in ein und demselben Produkt verschiedene Wertordnungen und -hierarchien wahr – angenommen, der Genuß unterschiede sich je nach dem Kode, den der Dekodierende übernimmt –, gilt dann immer noch, in dem Produkt seien kommunikative Elemente enthalten, welche die Dechiffrierung anleiten, obwohl sie die Kodes der Genießenden verändern? Mit anderen Worten: Ist dadurch, daß die Mode, die Einstellungen, die Prestigesymbole, welche in *Steve Canyon* erscheinen, typisch sind für einen Kode, der von den amerikanischen Lesern geteilt wird, und daß ein italienischer Leser die Geschichte vermutlich in anderen Zusammenhängen auffaßt (zum Beispiel: Die Schönheit der Sekretärin hat für einen Amerikaner eine andere Bedeutung als für einen Sizilianer; für den einen ist sie exotisch, für den anderen einigermaßen vertraut), sichergestellt, daß dieselbe Sequenz den beiden eine völlig verschiedene Botschaft übermittelt? Oder gibt es einen Grundkode, der auf einigen psychologischen Konstanten beruht oder auf einigen Werten, die für jede Industriegesellschaft so charakteristisch sind, daß sie die Dechiffrierung nachdrücklich prägen, so daß die Figur Steve Canyon daraus mit eindeutigen Basiskonnotationen hervorgeht, die dann jene wären, die wir im Verlauf unserer Lektüre zu unterscheiden versuchten? Offensichtlich stoßen wir hier, aus Anlaß der Lektüre einer Zeitungsseite mit Comics, auf einen alten, ehrwürdigen philosophischen Unruheherd: *das Problem des Verhältnisses zwischen der Veränderbarkeit der Geschmacksmuster und der Objektivität der Strukturen des geschmacklich beurteilten Werks.*

Hume und der Inder:
Einleitung in die empirische Forschung

Ein altes Problem, in der Tat. Mit außerordentlicher theoretischer Klarheit und einem energischen Sinn für das Empirische ist es in *The Standard of Taste* von David Hume formuliert. Der Autor geht dort von der »offenkundigen« Verschiedenartigkeit des Geschmacks aus, stellt sich dabei jedoch die Frage, ob es eine »Regel« gibt, anhand derer sich diese überaus verschiedenartigen Empfindungen in Einklang bringen ließen. Zwar nimmt er die alte Überzeugung »le beau pour le crapaud soit sa crapaude« ernst, aber unter dem Gesichtspunkt, ob sich hinter den vielfältigen »Launen des Geschmacks« allgemeine »Prinzipien der Zustimmung oder Ablehnung« erkennen lassen, deren Einfluß alle Prozesse unserer *internal fabric* bestimmt – allgemeine Prinzipien, die freilich keine transzendentalen Konstanten sind, sondern im Gegenstand des Genusses eine Entsprechung finden müssen. Hume erläutert das an folgendem Beispiel von Cervantes: Zwei Vorfahren von Sancho (beide gelten als geschmackssichere Kenner) werden eines Tages gerufen, um den Wein in einem Faß zu beurteilen. Nach der Probe bekennt der erste, der Wein schmecke leicht nach Leder, der zweite bemerkt einen leichten Eisengeschmack. Ratlos über diesen Dissens leeren die beiden das Faß: Auf dessen Boden finden sie einen alten Schlüssel, der an einem Lederriemen befestigt ist. Hume bemerkt dazu: »Auch wenn es gewiß ist, daß Schönheit und Häßlichkeit noch weniger als Süße und Bitterkeit Eigenschaften in den Gegenständen sind, sondern ganz dem inneren oder äußeren Empfinden angehören, muß man gleichwohl anerkennen, daß es bestimmte Eigenschaften in Gegenständen gibt, die von Natur aus geeignet sind, jene besonderen Empfindungen hervorzubringen.«

Eine objektive Struktur des Werks, die einerseits eine Vielfalt von Genüssen zuläßt, andererseits einen schlüssigen Zusammenhang zwischen ihnen stiftet – mit diesem Problem hat es die Ästhetik ständig zu tun. Doch bei den Phänomenen der Massenkommunikation stellt es sich besonders klar: als fundamentale Relativität der Perspektiven, die wiederum Hume uns begreifen hilft. Er behauptet nämlich, der Richter über die Erscheinungsformen der Schönheit sei gehalten, sie untereinander zu vergleichen, um sein Urteil stets lebendig und nuanciert zu halten, und er gibt deutlich zu verstehen, daß im Vergleich die mannigfachen Assoziationen zu berücksichtigen seien, welche die vielfältigen Arten der Schönheit im Geist verschiedener Betrachter auszulösen vermögen.

»Noch das gröbste Schild enthält einen gewissen Glanz der Farben und eine gewisse [...] Genauigkeit der Nachbildung des Echten, die aber den Geist eines Bauern oder eines Inders zu größter Bewunderung bewegen. Selbst die vulgärsten Balladen ermangeln nicht Harmonie oder Eigenart, und nur wer höhere Schönheiten kennt, wird ihre Melodie als mißtönend und ihre Erzählung als langweilig bezeichnen [...], nur wer gewohnt ist, die in verschiedenen Zeitaltern und von verschiedenen Völkern bewunderten Werke zu vergleichen und zu prüfen, kann die Vorzüge eines ihm vorgelegten Werkes bewerten und ihm seinen angemessenen Platz unter den Hervorbringungen des Geistes zuordnen. [...] ein Kunstwerk übt nur dann seine besondere Wirkung auf den Geist aus, wenn es unter einem bestimmten

Gesichtspunkt betrachtet wird; Betrachter, deren – wirkliche oder eingebildete – Lage nicht der vom Werk geforderten entspricht, können es nicht genießen. [...] Der Kritiker einer anderen Zeit und eines anderen Landes, der diese Rede [als Beispiel wird ein Redner angeführt, der sich an ein bestimmtes Publikum wendet, U. E.] später genau beurteilen will, müßte alle Umstände vor Augen haben und sich in die Lage des Publikums versetzen. [...] Wer von Vorurteilen beeinflußt ist, kann diesen Bedingungen nicht genügen: er beharrt hartnäckig auf seiner natürlichen Auffassung, ohne sich auf den Gesichtspunkt zu stellen, den das Werk verlangt. Wenn das Werk sich an Personen eines anderen Zeitalters und anderer Nationen als der seinen wendet, wird er sich ihren Ansichten und besonderen Vorurteilen nicht nähern können, sondern er wird – ganz erfüllt von den Bräuchen seiner Zeit und seiner Nation – mit geschlossenen Augen verurteilen, was in den Augen jener, für die das Werk allein bestimmt war, bewundernswert erschien.«

Ein Text wie dieser wirkt auch heute noch auf jeden Anthropologen als anti-ethnozentrische Lektion; er verrät unter seiner aufklärerischen und empiristischen Argumentation einen hochempfindlichen Sinn für Geschichte, den gerade Historiker oft vermissen lassen, wenn sie ästhetische Werke vergangener Epochen und ferner Länder oder Produkte für »Massen«, die nicht in der Welt der traditionellen »Kultur« heimisch sind, interpretieren. In unserem Fall kommt noch ein anderer wichtiger Faktor hinzu. Der Ästhetiker, der seine Reflexion auf die Phänomene des künstlerischen Genusses richtet, wie sie die abendländische Überlieferung bis vor einem halben Jahrhundert ausgebildet hat, befindet sich in einer Forschungssituation, in der *Autor und Versuchsperson der Untersuchung im Grunde identisch sind*. Mit anderen Worten: Wer die Lustempfindung bei der Betrachtung eines Werkes zu bestimmen sucht und dabei als »Typus« des Kunstwerks ein Bild von Raffael oder eine Symphonie von Mozart zugrunde legt, vollzieht, mehr oder weniger explizit, eine doppelte Handlung. Einerseits versucht er, jene Strukturen des Werkes zu ermitteln, die dem Genuß offenstehen; andererseits bemüht er sich zu verstehen, wie »die Menschen« diese Strukturen genießen. (Damit wirft er sich zum Repräsentanten der Menschheit auf, auch wenn ihm bewußt ist, daß Mentalität und Haltung »der Menschen« sich je nach den Epochen und den Ländern wandeln.) Ich versuche, mich in die

»Stimmung« des Renaissancezuschauers zu versetzen, der sich an einem Bild Raffaels erfreut hat, oder ziehe Texte und Dokumente aus der Zeit heran, aber stets in der Absicht, einen Zusammenhang zwischen der Stimmung des einstigen Betrachters und der meinen herzustellen, indem ich sie in mir wiederaufleben lasse, und in der Annahme, daß – in Anbetracht unserer gemeinsamen Zugehörigkeit zum Publikum der Kunstverständigen – die Erfahrungskluft zwischen ihm und mir überbrückbar sei. Dieselbe Vermutung gilt im Hinblick auf jeden *Anderen* außer mir in der Gegenwart: Ob bewußt oder unbewußt, stets ist die Annahme wirksam, daß es zwischen mir und den anderen eine grundlegende Verwandtschaft gebe – eine durchaus berechtigte Annahme insofern, als ja bis vor einem halben Jahrhundert das Privileg des Kunstverstands für eine relativ genau umschriebene Gebildetenschicht reserviert war. Daß es auch ein mir und *meinesgleichen* ziemlich unähnliches Publikum gibt, zählt da wenig – ich weiß, daß das Werk für Leute meinesgleichen hervorgebracht wurde (letztlich für jemanden, der in der Lage sein sollte, die Intentionen des Urhebers – auch er ist meinesgleichen – zu teilen), und daß diejenigen, die *nicht* meinesgleichen sind, selbst wenn sie das Werk in der einen oder anderen Weise »konsumieren«, es offensichtlich unzureichend, weil nur in seinen sekundären Bedeutungen und Aspekten erfassen, aufnehmen und genießen. Zwar leugnet oder vergißt der Ästhetiker niemals, daß es eine Gemeinschaft von empfänglichen Neugierigen gibt, die mit der Gemeinschaft der Gebildeten nicht identisch ist; gleichwohl wird er die Eigenart des Werkes im Zeichen einer spezifischen Gemeinschaft definieren, welcher dessen Urheber, er selbst und jene Leute angehören, die auf der Ebene des Urhebers zu reagieren vermögen, kurz, deren Reaktion dazu beiträgt, Wahrheit und Wesen des Werkes hervorzuheben, während die Reaktion der anderen weniger an das Werk selbst geknüpft ist als vielmehr an eine Fassung des populären Geschmacks in einer ganz bestimmten historischen oder sozialen Situation. So sehr sich der Ästhetiker auch bemüht, die Möglichkeit von Genußweisen zu erwägen, die von der Norm abweichen, die das Werk ist, *er wird allemal sich selbst zum Bestimmungsort für den »normalen Genuß« nehmen*, d.h. die Werkstrukturen so charakterisieren, daß die Genüsse, die sich von der durch seinen Genuß festgelegten Wertnorm unterscheiden, als *abweichend* erscheinen. Auch die Definition des Werks als Bezugsschema für zahllose Genüsse entgeht diesem Zirkel nicht, der in dem Augenblick unvermeidlich ist, da man das Werk in den einheitlichen Begriffen einer bestimmten kulturellen Sichtweise beschreibt. Doch diese Beschränkung gilt nicht für einen Mangel, sondern als natürliche Verfassung, in welcher der Ästhetiker sich bewegen muß, wenn er im Rahmen einer kulturellen Überlieferung einen verständlichen Diskurs führen will. Würde er auf Mittel der soziologischen Bestätigung zurückgreifen, um sowohl dem Verhalten des Gebildeten – der das Werk »ästhetisch« auffaßt – als auch dem des Rohlings, der, beispielsweise, ein Gemälde vorzüglich als Brennmaterial oder eine griechische Statue als bloßen Stachel der Begierde wahrnimmt –, gleiche Geltung einräumen, wechselte er nicht nur den Blick, sondern auch das Revier. Denn seine Aufgabe besteht darin, der Erfahrung der Kunst innerhalb einer ausgeprägten Vorstellung von Zivilisation, Humanität und Kultur einen Sinn zuzuweisen.

Das Problem ändert sich jedoch, sobald von Gegenständen die Rede ist, die im Bereich der Massenkommunikation produziert werden. Die Ästhetik kann hier, aufgrund ihres axiologischen Programms, lediglich zwischen der Kunst im strengen Sinne (als Schöpferin bevorzugter Werte) und einer weitverbreiteten »Kunstfertigkeit« unterscheiden, die vielfältig nutzbare Produkte hervorbringt.[19] Unter Bedingungen der Massenkultur wird jedoch die *Gültigkeit eines exemplarischen ästhetischen Genusses in Frage gestellt;* es wird gerade bezweifelt, daß das Produkt auf ästhetischen Genuß im eigentlichen Verstande des Wortes ausgerichtet sei. Das Massenprodukt kann, durchaus unter Gebrauch »künstlerischer Mittel«, sehr verschiedenartige Effekte erzeugen – spielerische, erotische, pädagogische –, indem es eine handwerkliche Technik anwendet, die der Kunst Operationsweisen und Wertbezüge entlehnt. Daß keiner dieser Effekte die Ästhetik betrifft, ist völlig belanglos; doch sehr wohl betreffen sie die Kommunikationstheorie, die Phänomenologie der Kunstfertigkeit, die Medienpädagogik.

Im Angesicht eines strukturell analysierbaren Objekts gibt es also eine Vielfalt von möglichen Reaktionen, deren Kontrolle sich dem Forscher ebenso entzieht, wie einem eben erst *im Feld* eingetroffenen Ethnologen die Gesamtkontrolle über die psychologischen Wirkungen eines primitiven Ritus. *Im Feld der Massenkommunikation ist der Forscher nicht mehr mit der Versuchsperson identisch.* Auf der einen Seite steht das Werk, auf der anderen eine Vielzahl von »Indern« (um Hume zu zitieren). Die Reaktionen dieser »Inder« sind vom Forscher nicht rekonstruierbar, wie sehr auch immer er sich bemühen mag, Einfühlung in die und Geistesverwandtschaft mit der Situation der anderen zu entwickeln. Denn die »anderen« sind sehr viel zahlreicher und differenzierter als seine Möglichkeiten, sich ihnen zu nähern, sich ihnen anzunähern. Ja, das Objekt wird gerade in der vorurteilslosen Annahme einer Vielheit von »anderen« produziert (selbst wenn sie, bequemlichkeitshalber, im hypothetischen Modell des »Massenmenschen« zusammengefaßt werden). Allein empirische Forschung als Feldforschung vermag über die vielfältigen Möglichkeiten der Reaktion auf das Objekt aufzuklären. Deshalb ist die vorläufige Untersuchung der Strukturen des Objekts durch die Aufdeckung dessen zu ergänzen, was die »Inder« im Objekt unterschieden haben. Strukturforschung kann die empirische Forschung zwar orientieren, aber niemals bestimmen. Dieser Umstand macht sie keineswegs wertlos, sondern vielmehr zum ersten unentbehrlichen Schritt – unsere Lektüre von *Steve Canyon* hat sich in dieser Richtung bewegt. Anders ausgedrückt: Das Ziel ist die interdisziplinäre Zusammenarbeit. Die *Ästhetik* wird die Organisationsweisen einer Botschaft, die Poetik, definieren, die ihr zugrunde liegt; die *Psychologie* wird Veränderungen der Genußmodelle untersuchen, die *Soziologie* die Auswirkungen der Botschaften im Leben der Gruppen und ihre Abhängigkeit von der Gliederung des Gruppenlebens erkunden; *Ökonomie und Politologie* müßten die Beziehungen zwischen den Medien und den Basisbedingungen einer Gesellschaft klären; die *Pädagogik* hätte zu bedenken, wie sich die Botschaften auf die Bildung der Angehörigen einer Gesellschaft auswirken; die *Kulturanthropologie* schließlich sollte ergründen, in welchem Grade die Medien eine Funktion des Systems der Symbole, Werte, Glaubensansichten und Verhaltensweisen in einer Industriegesellschaft sind, und so verstehen helfen, welche Bedeutung die traditionellen Werte der Kunst, des Schönen, der Bildung in diesem neuen Zusammenhang annehmen.

Die Aufgabe der Kritik und der Geschichtsschreibung

Es wäre jedoch nicht nur naiv, sondern auch unangemessen, Schlußfolgerungen über Wesen und Wirkungen der Massenmedien grundsätzlich empirischen Untersuchungen vorzubehalten, die genaue Informationen über die wirkliche oder vermeintliche Relativität der Reaktionen lieferten. Die Dringlichkeit solcher Untersuchungen ist freilich häufig ignoriert worden – Ausnahmen davon sind einige verdienstvolle experimentelle soziologische und/oder psychologische Studien, die leider sehr begrenzt waren.[20] Es käme jedoch darauf an, den Diskurs philosophisch und historisch zu öffnen.

Wie schon gesagt, es verlangt vor allem die kritische Reflexion nach empirischer Begründung – um ihre Anfangshypothesen zu prüfen und, mit neuen Kenntnissen ausgestattet, zum Untersuchungsgegenstand zurückzukehren. Unsere Lektüre von *Steve Canyon* erbrachte bereits einige Ergebnisse, z. B. über die ideologische Lektion der Erzählung oder die Bedeutung einiger technischer Verfahrensweisen. Nun könnte vielleicht eine Analyse der Genußweisen, die zu einer Liste von Varianten führt, unsere gesamte Beschreibung entkräften oder dazu zwingen, gewisse Perspektiven richtigzustellen. Dann müßte die Arbeit der Strukturanalyse von vorn beginnen, ja, sie müßte um so eher wiederbeginnen, als dieselben Genußweisen, wenn sie in einem gewissen zeitlichen Abstand überprüft werden, sich wahrscheinlich als verändert herausstellen würden: Die von uns untersuchte Comic-Seite, als Botschaft gesendet für die Angehörigen einer modernen Industriegesellschaft, die einem raschen Wechsel der Standards unterliegt, hat es zwangsläufig mit einem Publikum zu tun, das sich wandelt und das ihr immer wieder mit neuen Kodes entgegentritt. Das heißt, Erkenntnisse über die Massenmedien lassen sich nur im Konjunktiv formulieren: »Wenn diese Bedingungen unverändert blieben, dann müßte man daraus schließen, daß...«

Doch unbeschadet der unbestrittenen Veränderlichkeit der Resultate und der Gegenstände sucht die kritische Reflexion schließlich auf die Position zurückzukehren, auf der wir den Ästhetiker vorgefunden haben. Dieser weiß, daß mit dem Wandel der geschichtlichen Konstellation oder des Publikums auch die Physiognomie des Werkes sich ändert: das Wahrgenommene, nicht lediglich die Wahrnehmung. Sein verantwortungsvolles Projekt besteht jedoch nicht zuletzt darin, das Kunstwerk an der *Gegenwart* zu messen, an der kulturellen Umwelt, in der er arbeitet; ihm einen *gewissen Sinn* zuzuschreiben und in dessen Lichte seine Begriffe, seine Beweisführung, seine Analysen und seine Rekonstruktionen zu entwickeln.

Das gleiche geschieht mit den Produkten der Massenmedien. In dem Bewußtsein, an einem Gegenstand zu arbeiten, der von einer Masse von »Indern« (deren Reaktionen er nicht ignorieren darf) eine Definition erwartet, muß der Kritiker (der Philosoph in der Funktion eines Kulturhistorikers), ausgehend von einem möglichst deutlichen Begriff der geschichtlichen Periode, in der er lebt, die Rolle des Produkts in bezug auf jene Werte zu begreifen suchen, die er als Parameter angenommen hat. Er ist sich im klaren darüber, daß es noch ganz andere Parameter gibt: andere soziale und kulturelle Verabredungen über Werte, Symbole, Sinnfälligkeiten, die, sobald *sie* die Rezeption prägen, die Physiognomie des Produkts nachdrücklich verändern; und es gehört zu seinen Obliegenheiten, die Aufmerksamkeit dafür zu schärfen. Mittlerweile jedoch muß er Urteile über den Gegenstand fällen. In den Augen des Kritikers teilt eine Botschaft gewisse Werte mit; möglicherweise sind diese Werte in den Augen eines »Inders« ganz andere oder ändern ihre Funktion. Tatsache ist, daß diese Werte, im Vergleich zu den Werten, nach denen der kulturelle Diskurs verfährt, so tief in eine Welt von Bezügen eingefügt sein können, daß er sie implizit beurteilt, wenn er sie in eine bestimmte Perspektive rückt. Wir wollen dies an einem Beispiel zeigen.

Die Comics über Li'l Abner von Al Capp, die täglich von fünfzig Millionen Lesern gelesen werden, führen den gleichen homogenen Diskurs seit dreißig Jahren. Dennoch ist dieser Diskurs schwer zu definieren, weil er am Leitfaden des Humors und der Groteske geführt wird. Leichter wäre es, den Diskurs in Harold Grays *Little Orphan Annie* zu bestimmen: seine ideologische Linie ist klar, die reaktionäre Haltung des Autors unmißverständlich. Protokollierte man die Reaktionen von Tausenden von »Indern«, so stellte sich vielleicht heraus, daß der Comic auf einige von ihnen einen mehr oder weniger verborgenen politischen Einfluß ausübt; anderen erschiene die Ideologie darin so unverhüllt, daß sie weder zu verführen noch zu überzeugen imstande wäre; und von wiederum anderen würde, ihrer besonderen Lektüregewohnheiten wegen, die ideologische Botschaft erst gar nicht aufgenommen werden können. Kurz, Harold Grays Comic bildet, in genauer Entsprechung des 19. Jahrhunderts, das konservative Ausdrucksfeld der konservativen Weltanschauung.

Was nun *Li'l Abner* betrifft, so hat Steinbeck Al Capp mit Sterne, Cervantes und Rabelais verglichen und ihn (in löblicher und vorsorglicher Bescheidenheit) zum einzigen nobelpreiswürdigen Amerikaner erklärt. Al Capps Satiren auf den amerikanischen Alltag, die beißenden Anspielungen auf das politische Leben, die sarkastische Heiterkeit seines Erzählstils haben ihm den Ruhm eines unbeugsamen Pamphletisten eingetragen. Zu Recht? Nachdem Dutzende von namhaften Schriftstellern und Publizisten Ströme von Tinte vergossen haben, um Al Capp zu feiern, erscheint es da nicht geboten, die innovative Kraft dieses Comics anzuzweifeln und sich zu fragen, ob er, der jedes Ärgernis, jede Unmutserfahrung, jedes Problem auf das Miniaturformat liebenswert-kritischer Persiflage bringt, in Wirklichkeit die Brisanz des Alltags nicht entschärft, sie entdramatisiert, indem er sie lächerlich macht? Benutzt er das Werkzeug der witzigen und originellen Zeichnung anstatt zur Entblößung einer Figur, einer Konstellation oder eines Vorfalls (wie es Grosz oder, schlichter, Feiffer getan hat), nicht vor allem zu ihrer Verzerrung, ihrer Karikatur?

Eine erste Antwort auf diese Fragen ließe sich vielleicht durch einen »Rekurs auf den Inder« geben. Um die Diskussion zu vereinfachen, beschränken wir uns auf zwei Lektüreprotokolle; das eine stammt vom Autor, das andere von einem seiner Kritiker.[21] Al Capps Selbsterklärungen schwanken zwischen praktisch wirksamem Zynismus und moralischem Engagement. Da wir es bei ihm mit einem Humoristen zu tun haben, wird es schwer sein, die Augenblicke, in denen er sich offenbart, von denen zu unterscheiden, in denen er sich maskiert. Seine Stellungnahmen sind von folgender Art: »Der erste Zweck von *Li'l Abner* ist der, mein Auskommen zu sichern.« Doch dann fügt er hinzu: »Der zweite und bekannteste ist der, Skepsis und Zweifel an der Vollkommenheit der Institutionen zu wecken. Das nenne ich Erziehung. [...] Eine gehörige Portion Skeptizismus gegenüber der Unantastbarkeit des Establishments ist ein wichtiger Bestandteil der Erziehung. [...] Mein Metier (und das Metier jedes Humoristen) besteht darin, die Leute daran zu erinnern, daß sie mit nichts zufrieden sein dürfen.«

Gelegentlich hat ihn ein Kritiker interviewt und zu einem langen Tonbandgespräch veranlaßt. Hier zeigt Al Capp sich gelöster, sein Moralismus mäßigt sich, und es treten einige Widersprüche hervor: »Der Comic ist unter den Massenmedien das freieste«, sagt er. Tatsächlich ist sein Autor nicht der Tyrannei des Fernsehsponsors ausgesetzt; zwar gibt es Erwartungen und auch Zwänge, zwischen denen er sich bewegt, doch keiner davon zerrüttet seine Initiative, seine Einbildungskraft. Er hat die Freiheit, seinem Publikum gegenüber jede Idee auszudrücken, »die ihm durch den Kopf geht«. Freilich unterliegt auch er gewissen Einschränkungen: Er muß sich vor allem so ausdrücken, »daß die Idee klar genug formuliert ist, um von der Mehrzahl der Menschen verstanden zu werden«. Doch ist es nicht so, daß gerade diese Bedingung die Idee, die ausgedrückt werden soll, verändert? Capp weicht zunächst aus und versucht glauben zu machen, Ideen interessierten ihn im Grunde nicht: »Mein erster Gedanke ist der, unterhaltsam zu sein und den Leser so zu verblüffen, daß er genötigt ist, mich auch am nächsten Tag zu lesen.« Eine rein kommerzielle Zielsetzung also? Nein. Capp fügt hinzu, er habe »einige Vorstellungen über die Welt und den Menschen, die ich den Lesern nahebringen will«. Also eine pädagogische Zielsetzung. Woraus besteht nun aber dieser pädagogische Plan?

>Ich glaube, daß der Mensch sich für zwei oder drei Dinge interessiert. Er interessiert sich für den Tod; der Gedanke an den Tod heitert ihn auf. Das ist die Grundlage aller Abenteuer von *Li'l Abner*. Es gibt darin stets eine Art Flirt mit dem Tod; es gibt darin stets den Triumph über etwas, von dem wir glauben, es müßte über uns triumphieren. Ich denke also, daß *Li'l Abner* die Flucht vor der endgültigen Gewißheit ist.
Sodann glaube ich, daß die Leute an der Liebe in allen ihren Aspekten interessiert sind. Viele halten sich in der Liebe für gescheitert. In *Li'l Abner* kommt es vor, daß sogar das Scheitern die Liebesphantasien wahr werden läßt. Die Mißgeschicke, Lächerlichkeiten, die erbärmliche Niederlage der Einwohner von Dogpatch tragen dazu bei, daß wir anderen, die wir so leicht der Enttäuschung der eigenen Wünsche ausgesetzt sind, uns vielleicht ein bißchen weniger dumm und stümperhaft vorkommen.
Und schließlich glaube ich, daß wir auch an dem interessiert sind, was aus dem Sieg hervorgeht; aus dem, was wir in der Konkurrenz mit irgend jemand anderem erreicht haben. Tod, Liebe und Macht sind die drei großen Interessen des Menschen. Sie liegen allen Geschichten von *Li'l Abner* zugrunde. [...]
Ich denke, daß die ganze Bedeutung der Existenz, der Preis dafür, noch einen Tag gelebt zu haben, darin liegt, daß dieser Tag weniger schlecht gewesen ist, als er hätte sein können. Ich glaube, die größte Befriedigung für die Leser von *Li'l Abner* ist die: So schlecht ihr Tag auch gewesen sein mag, seiner [Li'l Abners] war noch schlechter.«

Was sollte man diesen Erläuterungen hinzufügen? Daß sie von einer uralten und elementaren Denkweise, von einem tragischen und geschwächten Pessimismus beseelt sind. Daß diese Denkweise sich aber in dem Augenblick, da sie zu einem pädagogischen Plan verdichtet wird (nämlich andere davon zu überzeugen, daß man, trotz allem, auf die bestmögliche Weise lebe), in dem Augenblick, da sie zum täglichen Brot für die Bürger einer Massengesellschaft wird, die bereits im Verdacht stehen, »außengeleitet«, passiv zu sein, manipuliert zu werden von Beeinflussungskräften, vor deren Strategien und Interessen sie keinerlei Handlungschance haben, sich in nichts mehr von jener Ethik des billigen Glücks unterscheidet, auf der die Zivilisation des Profits und des Konsums aufruht. Ist also Al Capp nichts anderes als der treue Diener der Macht, der Erfinder eines glänzenden Linderungsmittels, das einer Gemeinschaft von fünfzig Millionen Anhängern in täglichen Dosen eingeflößt wird?

Betrachten wir jetzt das zweite Lektüreprotokoll, das von einem »gebildeten« Fürsprecher Al Capps stammt, der zudem ein leidenschaftlicher Verehrer der Comics als einer typisch amerikanischen Kunstgattung ist: David Manning White.

> »Capp gehört in die Linie der großen satirischen Autoren *über* die und *in* der amerikanische(n) Tradition. [...] Zusammen mit Kelly ist er der einzige Karikaturist, der die Streifen zur Kommentierung der politischen Probleme verwendet. Er hat sich mit allen großen Themen befaßt, die die amerikanische Gesellschaft bedrängen, vom Rassenvorurteil bis zur Auslandshilfe, vom Raumfahrtprogramm bis zum Wohlstand. Wenn es eine Botschaft gibt, die sich durch seine Geschichten hindurch manifestiert und entwickelt, dann ist es der Nachweis der Dummheit, die uns arme Sterbliche von allen Seiten bedroht, die schwärmerische Anklage gegen die Intoleranz, die Borniertheit der Massenmedien, die Belastung durch die kurzsichtige Bürokratie, die Gefühllosigkeit; dies nicht nur in einem allgemeinen Sinn, sondern direkt bezogen auf die nationalen amerikanischen Laster.«

In einem Interview mit Al Capp äußerte White die These, im Laufe von dreißig Jahren habe dieser Humorist beinahe das gesamte Institutionengefüge der amerikanischen Gesellschaft demoliert. Capp habe erwidert, er sei in seiner Arbeit lediglich einem ehrwürdigen Grundsatz gefolgt: »Nichts ist vollkommen.«

Wie man sieht, schwankt die Interpretation von *Li'l Abner* in den zwei von uns herangezogenen, besonders autorisierten »Lektüren«

zwischen einer allgemeinen metaphysischen Poetik und einer bewußten Betonung der Gesellschaftskritik. Ich erinnere mich, die ersten Comics über Li'l Abner mit dreizehn oder vierzehn Jahren, nach dem Kriege, gesehen zu haben: Das, was mir damals daran auffiel, war weder die gesellschaftliche Polemik noch der zeitlose Pessimismus (und dessen Mäßigung im tragischen Optimismus des Autors), sondern die herausfordernde Schönheit von Daisy Mae und ihre offenen Kleider – jener weibliche Archetypus, der ein Jahrzehnt später seine filmische Inkarnation in Marilyn Monroe finden sollte.[22] Für wie viele Leser, junge und alte, mögen die Geschichten von *Li'l Abner* nichts anderes gewesen sein und bleiben, als dies: eine Einladung zur Flucht, eingeschrieben in einen vom Humor erhellten sexuellen Appell – oder in einen sexuellen Appell, der im Lächerlichen verkam?[23]

Doch kehren wir noch einmal zurück zu den kulturellen Bedeutungsfeldern unseres Gegenstandes. Reuel Denney hat, im Zusammenhang mit den *Pogo*-Geschichten, *Li'l Abner* einen Aufsatz gewidmet (in: *The Astonished Muse*)[24], worin er *Li'l Abner* in den für den amerikanischen Comic bedeutsamen Strang des Naturalismus einreiht, der in der Pädagogik Deweys und in den Programmvorschlägen der »Popular Front« von 1930 seine Wurzeln hat. 1935 sei *Li'l Abner* das Paradigma eines »regionalen« und »kulturalen« (im anthropologischen Sinne) Realismus gewesen, ein Aufklärungsvorhaben, das die Leser über die landwirtschaftliche Verelendung ins Bild gesetzt habe. Die Geschichten hätten von Anfang an die im *New Deal* angelegten Forderungen des Volkes gespiegelt, sich einer in ihren realen Spannungen hochexplosiven gesellschaftlichen Entwicklung bewußt zu werden.[25] *Pogo* dagegen stelle anthropomorphe Tiere in einer ländlichen Südstaaten-Szenerie dar, eskamotiere jedoch den Sozialzusammenhang und entwickele einen Diskurs der politischen Satire, der zwar demokratisch sei, aber dem Leitbild der individualistischen Verfeinerungen gehorche. *Li'l Abner,* gebunden an ein sicherlich karikaturistisches, jedoch realistisches graphisches Zeichen, bevölkert mit Personen und Stimmungen, wie wir sie aus den Werken von Sherwood Anderson kennen, zeige das Individuum in der Auseinandersetzung mit der gesellschaftlichen Desorganisation, in Konflikten, in deren Verlauf es eine anhaltende Kraft zum ideologischen Widerstreit erwerbe – eine Kraft, die *Pogo* nicht besitze, der fast ausschließlich damit beschäftigt sei, eine elitäre postfreudianische Ideologie zu verbreiten, welche die »menschliche Existenz im Lichte von Problemen betrachtet, die in der ›Psychopathologie des Alltagslebens‹ entfaltet sind«.

Dies ist ein Beispiel kritischer Lektüre, das zweifellos Aufmerksamkeit verdient. (Denney stellt einen ausführlichen Vergleich zwischen graphischen und ideologischen Elementen in den beiden Comics an, wobei er die Wechselbeziehung zwischen Form und Inhalt sowie die insgeheimen Verknüpfungen zwischen Sprache und psychologischer Einstellung mit großem Scharfsinn ausleuchtet.) Gleichwohl bleiben erhebliche Vorbehalte bestehen. Und es erhält sich insbesondere der Verdacht, *Li'l Abner* sei im Kern ein politisches Besänftigungsspiel. Der treibende Impuls hinter den populären Mythen, der Schilderung regionaler Besonderheiten, dem Alltagskonkretismus und hinter Al Capps beweglicher Formensprache ist die funkelnde Sonntags-Parole, man dürfe sich von den Widrigkeiten der Welt nicht unterkriegen lassen: Heilsgewißheit im Winkel. Welches ist also die Wurzel einer Kritik, die, so unerbittlich sie auch ist, stets an der Grenze zur Empörung haltmacht und den Einspruch, die Ungeduld im *amor fati* verschwinden läßt?

Die Antwort darauf liegt vermutlich jenseits der Schlußfolgerungen, die Denney gezogen hat. Sie lautet, daß Li'l Abner, wie häufig gesagt worden ist, im Grunde ein amerikanischer Held ist[26], d.h. ein Held, dessen Aufstand gegen die Ungerechtigkeit, dessen Unmut über die Lebensverhältnisse und dessen Einsicht in die sozialen und politischen Widersprüche niemals die Schattenlinie eines beinahe religiösen Vertrauens in die Stichhaltigkeit der Gesellschaftsordnung, in die er hineingeboren worden ist, überschreitet. Ein Held im Stile Kennedys, gerade als Anhänger des *New Deal*, verkörpert Li'l Abner die Kritik des »guten Menschen« an den Übergriffen, deren Zeuge er ist. Da es aber seine Umwelt ist, die ihn zum »guten Menschen« hat werden lassen oder gemacht hat, sucht er (unbewußt) nach Lösungen für die Probleme ausschließlich in dieser Umwelt. In seiner Naivität ist Li'l Abner der aufgeklärteste unter den Stevensonschen Radikalen, und mit ihm sein Autor. Befangen in dem Streben nach Reinheit, ist er außerstande, sich vorzustellen, daß die Reinheit das Gesicht des Umsturzes, der Abschaffung des Gewohnten annehmen könnte. Darin ist er ein Exponent amerikanischer Religiosität, die ihre Schubkraft aus der Predigt der Pilgerväter zieht.[27] Im Einzugsbereich seines Universums erscheint Li'l Abner vollkommen – und dort sollte er wohl auch beurteilt werden. Seine Ideologie ähnelt der von *Steve Canyon*. Freilich, während Caniff sämtliche Mythen des amerikanischen Mannes als gut akzeptierte und mit ihnen auf den Markt ging, unterwirft Capp sie einer ständigen Revision. Doch beider gemeinsame Absicht ist die Rettung des Bestehenden durch seine Reform. Capp weiß: Wenn auch nicht die Mythen überdauern, so doch (im wesentlichen) die Instanz, die sie verkündet: der Mensch.[28]

Die ideologische Übereinstimmung wird durch eine formale erhärtet (nur daß unser Interpretationsschlüssel ein anderer als derjenige Denneys ist). Genau besehen beruhen *Steve Canyon* und *Li'l Abner* – obwohl unterschiedlich ausgeprägt – auf einer naturalistischen Darstellungstechnik. Daisy Mae ist ebenso begehrenswert wie Copper Calhoon, auch wenn jene diese stillschweigend ironisiert. Beide Formen der Zeichnung appellieren an eine gesellschaftlich tolerierte Sensibilität, an allgemeine und verallgemeinerte Empfindungsgewohnheiten. Der Respekt vor der *endoxa* im Bereich des Geschmacks schließt den Respekt vor der *endoxa* in den anderen Lebensbereichen ein. Auch im Comic geht die Negation einer Denkweise fast immer durch die Negation einer Formbildungsweise hindurch. Feiffer befindet sich bereits an der Schwelle zu diesem Projekt. Er erfüllt nicht mehr die Wünsche seines Lesers und bietet ihm auch keine konsumierbaren Sinnesreize an; *er stellt ihm eine mögliche Welt vor.* (Schulz entzieht sich dem Naturalismus durch groteske Stilisierung; das Groteske bei ihm entspricht jedoch nicht dem bei Al Capp, und seine Personen sind gerade deshalb »wahr«, weil sie niemals reale sein könnten; anders Daisy Mae, sie erscheint begehrenswert und verweist auf die Alltagsrealität – nicht weil sie uns dazu verpflichtete, über den Alltag nachzudenken, sondern weil sie ihn uns so präsentiert, wie er ist, oder jedenfalls fast so.)

Anmerkungen

1 Vgl. für eine erste Analyse dieser Seite die Hinweise von S. Becker, *Comic Art in America*. New York 1960.
2 [»Daisy«: Slangausdruck für einen männlichen Homosexuellen. A. d. Ü.]
3 Freilich ist zu bemerken, daß »Semantik des Comic« ein rein metaphorischer Ausdruck ist, da der Comic von der Alltagssprache Gebrauch macht und die Bezugnahmen der verschiedenen Zeichen im Sinne der Alltagssprache analysiert werden. Vor allem wendet der Comic als *Signifikanten* nicht nur sprachliche Ausdrücke an, sondern, wie wir gesehen haben, auch ikonographische Elemente, die ein eindeutiges Signifikat besitzen. Zweitens:

Von dem Augenblick an, da in der »Sprechblase« *(balloon)* die Ausdrücke der Alltagssprache eingeschlossen erscheinen, übernehmen sie Signifikate, die häufig nur im Bereich des Comic-Kodes gültig sind. In diesem Sinn wäre der *balloon* mehr als ein konventionelles, einem Zeichenrepertoire angehörendes Element, nämlich ein *Element der Metasprache,* genauer: ein vorläufiges Signal, das durch die Dechiffrierung der in ihm enthaltenen Zeichen den Rekurs auf einen bestimmten Kode erzwingt.

4 Mit der kommunikativen Wirkung dieses Kontinuums hat sich Evelyn Sullerot befaßt, als sie die Struktur des Photoromans analysierte. Bei der Untersuchung der Fähigkeit, einen Photoroman zu erinnern, zeigte sich, daß die Leserinnen, die sich dem Text unterzogen, Szenen schilderten, die in dem Roman gar nicht vorgekommen waren, sondern durch die Nebeneinanderstellung von zwei Photographien suggeriert wurden. Sullerot zitiert eine aus zwei Einzelbildern bestehende Sequenz (ein Exekutionskommando, das schießt; der Verurteilte liegt am Boden), anläßlich deren die Versuchspersonen lange über ein drittes Einzelbild sprachen (der Verurteilte sinkt zu Boden). Sullerot deutet eine Analogie zwischen diesem elliptischen Verfahren und dem der telegraphischen Kommunikation an, eine Analogie, die sich in streng informationstheoretischen Begriffen als programmierte Beseitigung der Redundanzen definieren läßt. So gesehen müßte die Technik des Comic strips eine Botschaft mit großer Informationskapazität erlauben. Tatsächlich verweist diese Technik jedoch auf einen solch genauen Kode – die Redundanzen werden an Stellen eliminiert, wo die Voraussagbarkeit der Botschaft zu erwarten ist –, daß sie schließlich eine zuverlässige Bedeutung und damit eine reduzierte Botschaft liefert. Mit anderen Worten, die Botschaft wirkt mit verminderter Redundanz, soweit es die innere Struktur betrifft (und wäre damit aus der Sicht der mathematischen Analyse der Information mit einem bestimmten Informationspotential ausgestattet), jedoch banal in kommunikativer Hinsicht (Verhältnis zwischen Struktur und der Botschaft und in Anbetracht der Kenntnisse, die der Empfänger bereits besitzt); kurz gesagt, sie ist wie ein Telegramm, das (unter Beseitigung aller Redundanzen) mitteilt, daß Weihnachten auf den 25. Dezember fallen wird. Daß zwischen das schießende Exekutionskommando und den liegenden Mann das Bild des stürzenden Mannes eingeschoben wird, zwingt den Empfänger dazu, eine bestimmte Information aus der Sequenz herauszuholen; doch die Information war von allen leicht voraussehbar, und die Verminderung der Redundanz hat im Empfänger keinerlei Neugier angeregt. Evelyn Sullerot analysiert auch eine Reihe von Bezügen zur Filmsprache, dank derer es dem Photoroman gelingt, in einer einzigen Einstellung mehrere Gemütszustände, eine Stimmung (mood), eine Gesamtheit von impliziten Effekten anzudeuten, da solche Ausschnitte aufgrund eines filmischen Kodes inzwischen eine beinahe starre Bedeutung haben und als eindeutige Botschaft fungieren. Vgl. *Il fotoromanzo, mercato comune latino dell'imagine,* in: *Almanacco Bompiani* 1963 – *Civiltà dell'imagine,* und *La presse féminine,* Paris 1963, wo verschiedene Beispiele für Bildeinstellungen angegeben sind, in denen der Schnitt oder die ikonographische Komposition den Wert einer präzisen Botschaft annimmt.

5 Über den Mechanismus der Wiederholung vgl. »Der Mythos von Superman«, in diesem Band S. 187 ff. Zum Comic als »Lumpenkultur« vgl. Robert Warshow, »Woofed with Dreams«, in: *The Funnies – An American Idiom*, Glencoe 1963.
6 Zu dem Unterschied zwischen »Stereotyp« (Gemeinplatz, »Topos«) und »Typus« siehe »Die praktische Anwendung der literarischen Person«, in diesem Band S. 161 ff.
7 Vgl. »Der Mythos von Superman«, in diesem Band S. 187 ff.
8 Vgl. dazu unten die Ausführungen über die Figur von Li'l Abner und die über die Geschichten von Pogo, sowie »Die Welt von Charlie Brown«, S. 223 ff.
9 Ein anderes Beispiel ist der Gebrauch, den Walter Kelly in *Pogo* von der Sprache Joyces macht. Vgl. Reuel Denney, »The Revolt against Naturalism in the Funnies«, in: *The Funnies*, a.a.O., bes. S. 67 ff.
10 *Es geht um Abstufungen*: Einer aristokratischen Kulturvorstellung zufolge (ein Beispiel dafür ist der oben zitierte Essay von MacDonald) ist jede Übertragung von Stilmitteln von einer Sphäre der avantgardistischen Entdeckung auf die Sphäre des Konsums verwerflich.
11 Über die Unfähigkeit der Massenmedien, etwas auszudrücken, das nicht bereits offenkundig ist und angeeignet wurde, haben wir in *Massenkultur und Kultur-Niveaus* gesprochen. Die oben angestellten Überlegungen zu den Kommunikationsstrukturen der »Comic«-Botschaft (und die Hinweise auf eine Redundanz, die, wenn sie auf der einen Ebene eliminiert wird, sich auf anderen Ebenen wieder einstellt – wie in Anm. 3 ausgeführt wurde –), scheinen denjenigen Recht zu geben, die die konservative Funktion der Massenmedien mit der Kommunikationsstruktur verbinden, die sie annehmen: »Redundanz, Funktions- und Gebrauchsautomatismen des Sprachsystems haben das gewöhnliche Kommunikationsniveau immer schon geprägt, doch heute nehmen sie eine quantitativ größere Bedeutung an. Die Vervielfachung der »mittleren« Kulturprodukte (Lexika, *Reader's Digest*, Comic-Hefte, Illustrierte, Radio- und Fernsehsendungen usw.), die eine semantische Verkürzung des Zeichens auf das Maß der begrifflichen Popularisierung bewirken; die große Verbreitung der industriellen Konsumprodukte, unauflöslich mit einem magischen Verhältnis zu ihren Benennungen verbunden, die dadurch ihres semantischen Gehalts beraubt werden, um dann durch das Werk der Reklame mit den Attributen der Gegenstände selbst identifiziert zu werden; die visuelle Kommunikation (Kino, Fernsehen, Plakatwerbung, Signalisierung), die eine nötigende Relation zwischen dem Sprachzeichen und dem Bild der greifbaren Realität herstellt, binden den Sprecher vor allem semantisch und syntaktisch an genormte Kommunikationsmuster, [...] also an einen Kommunikationstypus, der an die Durchsetzung einer bestimmten Form von Kulturpolitik, Produktion, Konsum usw. gekoppelt ist.« (Luigi Rosiello, »La funzione linguistica del messaggio poetico«, zuerst in: *Nuova Corrente*, 31, 1963.)
12 Gerade weil sich das Problem in der Realität in eine Reihe konkreter Fälle aufspaltet, ist als erster Schritt eine Analyse der ideologischen Gehalte des

Comic notwendig. Vgl. als Beispiel die entsprechende Analyse von *Little Orphan Annie*, die Lyle W. Shannon durchgeführt hat (»The opinions of *Little Orphan Annie* and her friends«, in: *Mass Culture*, a.a.O.), oder Evelyn Sullerots Studie über Photoromane sowie die thematisch statistische Untersuchung von Francis E. Barcus, »The World of Sunday Comics«, in: *The Funnies*, a.a.O. Die Inhaltsanalyse bleibt jedoch ungenügend, wenn sie nicht mit der Analyse der Formalstrukturen verknüpft wird, gerade um die Abhängigkeit einer ideologischen Wahl von einer bestimmten stilistischen Lösung zu bestimmen oder um deutlich zu machen, wie eine stilistische Lösung einer bestimmten ideologischen Wahl die Bedeutung entzieht (oder deren Physiognomie verändert).

13 Andererseits erscheint es uns als höchst einseitig, die Kommunikationsstruktur der Comics als eine Abfolge von abstrakt einschätzbaren Reizen zu beschreiben, die von den Inhalten abgetrennt sind, die mittels dieser Strukturen ausgedrückt werden. Die Filmwissenschaft hat zum Beispiel herausgefunden, daß der Betrachter gewisse unwillkürliche Reaktionen zeigt, wenn er auf der Leinwand sieht, daß jemand einen Faustschlag versetzt. Doch dies ist lediglich ein Ausgangsdatum: Zu fragen ist, in welchem Maße mein Verhalten von dem Wissen beeinflußt wird, *wer den Schlag empfängt*. Welches auch immer die instinktive Reaktion ist, es steht zu vermuten, daß die Gesamtreaktion des Betrachters sich ändert, je nachdem, ob der Schlag ein wehrloses Kind, einen Priester, einen Verräter oder einen politischen Gegner trifft. »Die empirische Forschung stellt sich den Antrieb [stimolo] oft als ebenso inhaltsleer vor, wie es ein Farbreiz [stimolo di colore] in einem psychologischen Laboratorium ist. Aber der Reiz, der in der Massenkultur auftritt, unterliegt selbst einem historischen Prozeß, und die Beziehung zwischen Reiz und Antwort ist durch das geschichtliche und gesellschaftliche Schicksal des Reizes und des Antwortenden schon vorgeformt und vorstrukturiert.« (Leo Löwenthal, »Historical Perspectives of Popular Culture«, in: *The American Journal of Sociology*, Januar 1950 (deutsch: »Standortbestimmung der Massenkultur«, in: Leo Löwenthal, *Literatur und Massenkultur*. Frankfurt a. Main 1980, *Schriften Band I.*, S. 9–25, Zitat S. 25).

14 Als die erste Folge von *Steve Canyon* auf italienisch erschien (in der Wochenzeitschrift *L'avventura* vom 25. Dezember 1947), brach sie vier Ausschnitte früher ab. Der Spannungseffekt war gleich Null.

15 Auf eben diese Weise entsteht ein Massenprodukt, das sich dem von Rosiello beschriebenen Redundanzgesetz entzieht und das, wenn auch nur in Spurenelementen, die Grundstruktur der poetischen Botschaft aufweist, die darin besteht, ihre eigene Struktur zum Hauptgegenstand des Diskurses zu machen.

16 Symptomatisch ist, daß in der erwähnten italienischen Ausgabe von *Steve Canyon* verborgen bleibt, daß Steve Flieger ist – in der Übersetzung gehen gerade jene Hinweise auf seine Tätigkeit verloren, die im Original durch die beiden Slang-Ausdrücke gegeben werden.

17 Es ist die sehr bequeme Äquivokation, die beispielsweise auf einer Fernsehpolitik lastet, welche danach strebt, den Ansprüchen eines durchschnittli-

chen Publikums zu genügen, während sie in Wirklichkeit dem Plan folgt, Ansprüche zu setzen.

18 Auch wenn uns die Kritik an jener Gruppe von Forschern, die den Autoren als Vorwand dienen, nicht völlig akzeptabel erscheint, stimmen wir mit der Polemik von Pierre Bourdieu und Jean-Claude Passeron überein: »Sociologues des Mythologies et mythologies des sociologues«, in: *Les Temps Modernes*, Dezember 1963. Die Autoren greifen die apokalyptischen Kritiker der Massenkultur an und behaupten: »Der bevorzugte Gegenstand dieser Phantasiesoziologie ist neben den ›Massen‹ oder den Massenmedien die ›Vermassung‹, d.h. das, was bewirkt, daß die Massen zu Massen werden, oder besser, was bewirkt, daß die Massen eben Massen sind: tatsächlich ist die Vermassung am Ende Selbstvermassung, da das Zur-Masse-Werden nichts anderes ist als der historische Prozeß, durch den sie ihr Wesen verwirklichen. Kurz gesagt, es werden nicht nur Dinge beschrieben, die gemacht werden und auch nicht die Mechanismen und die Akteure, die sie machen, sondern eine phantasmagorische Logik, die zu jeder Folgerung und zu jeder Kapriole ermächtigt. So ist zum Beispiel das ›Phänomen Soraya‹ nicht Soraya, nicht das Organisationssystem, das mit seinen realen Mitteln, Funktionen und Absichten die Literatur über Soraya produziert; es sind nicht die Übertragungstechniken der Information über Soraya, wobei das einfache Gespräch nicht die unwichtigste ist, es ist nicht die differenzierte Rezeption des Soraya-Bildes und der diversen Formen, die dieses Bild je nach Publikum annimmt, sondern der *verselbständigte Mythos* Sorayas, der sich der mystifizierenden Behandlung anbietet. Vernünftig wäre es, zum Modell sowohl die impliziten als auch die expliziten Intentionen der Autoren dieser Botschaften zu nehmen; die bewußten und unbewußten Vorbilder, die ihre technischen, ethischen und ästhetischen Entscheidungen steuern; die Erwartungen und Einstellungen der Empfänger dieser Botschaften, ihre tatsächlichen Rezeptionsweisen, ihre Faszination oder ihre Distanz. Dies würde aber auch bedeuten, einen willkommenen Vorwand für prophetische Taschenspielereien auf einen ganz gewöhnlichen Gegenstand der Wissenschaft zu reduzieren.« Ungerecht wird die Anklage dann, wenn sie in diese Verurteilung auch die Strukturanalyse einer Botschaft einzubeziehen versucht: um bestimmte operative Intentionen zu verstehen, die – wie ja gesagt wurde – unbewußt sein können; um zu verstehen, auf welche Vorbilder sich die Autoren der Botschaften berufen, kann die Strukturanalyse der Botschaft sehr viel nützlicher sein als ein psychoanalytischer Seitenhieb gegen die Autoren oder eine Studie über Dokumente von zweifelhafter Zuverlässigkeit. Nur daß sie eben vervollständigt werden muß durch Untersuchungen der konkreten Rezeptionsweisen, die Bourdieu und Passeron mit Recht in den Vordergrund rücken, wobei sie die Überzeugung zum Ausdruck bringen, daß die »Massen« autonomer und weniger »vermasst« sind, als man glaubt, und daß sie durchaus in der Lage sind, Reichweite und Grenzen der von ihnen empfangenen Botschaften zu verstehen.

19 Vgl. Luigi Pareyson in seinem Essay »I teorici dell'Ersatz'«, in: *De homine*, 5–6, 1963.

20 Von den neuesten (und anregendsten) Untersuchungen über die Reaktionsmuster differenzierter Publikumsgruppen auf einen Film (nicht auf das isolierte Filmbild, sondern auf den Film als Handlung) erwähren wir hier die von Leonardo Ancona, »Il film come elemento nella dinamica dell'aggressività, in: *Ikon,* April 1963 (und allgemein alle in dieser Zeitschrift auch in ihrer früheren Form als *Revue internationale de filmologie* erschienenen Untersuchungen). Für den besonderen Bereich der Comics vgl. die Bibliographie im Anhang zu *The Funnies,* a.a.O.

21 Zu den Ansichten von Al Capp und D. Manning White vgl. *From Dogpatch to Slobbovia (The Gasp! World of Li'l Abner),* Boston 1964; eine Anthologie von Al Capp-Comics, kommentiert vom Autor und von White.

22 Eine direkte Beziehung zwischen Daisy Mae und Marylin Monroe wird von Edgar Morin in *Les stars,* Paris 1957 (3., erweiterte Auflage Paris 1972) behauptet. Morin versucht auch einen – anfechtbareren – Vergleich zwischen Steve Canyon und Charlton Heston. Jedenfalls geht in beiden Fällen der Comic dem Film als eine Instanz, die neue Modelle schafft, voraus.

23 Das Problem des Lächerlichen müßte gründlicher erforscht werden. Es ist kein Zufall, daß in den Comics der humoristische Aspekt beträchtlich überwiegt. Edgar Morin (*L'esprit du temps,* Paris 1962 Band I, 1976 Band II; Neuauflage Paris 1983) stellt eine Beziehung zwischen *loisir* (Freizeit) und dem Zerfall der »Grandes Transcendances« her: »Aus der Leere der großen Werte entsteht der Wert der großen Ferien. All dies ist übrigens dem zeitgenössischen Nihilismus nicht fremd, der nicht nur eine Angelegenheit der Philosophen, Literaten und Halbstarken ist, sondern historisch erlebt wird, wenn auch nicht überall und von allen innerhalb der westlichen Gesellschaften, so doch wenigstens auf allen Ebenen der Existenz, weil sich herausstellt, daß die großen Transzendenzen, der über das sterbliche Leben hinausgehende und ihm überlegene Sinn in Verfall geraten oder schon tot sind. In dieser Beziehung ist die Struktur des modernen Individualismus tatsächlich von dem Augenblick an nihilistisch, da das Individuum keine andere Rechtfertigung sieht als nur das eigene Glück.« Und: »Die ungewöhnliche Entwicklung des Humors in den Massenmedien, des Humors, der in den Pressezeichnungen die Satire ersetzt, des absurden Humors, der sich in den Filmkomödien durchsetzt (die Brüder Marx, Helzapoppin, Tashlin, Trickfilmzeichnungen – Bosustow oder Tex Avery), bezeugen das Vordringen dieses Nihilismus und seiner Gegengifte, des Spiels und der Unterhaltung.« (E. Morin, *Der Geist der Zeit,* Köln/Berlin 1965, S. 96.)

24 Wieder abgedruckt in *The Funnies,* a.a.O., als »The Revolt against Naturalism in the Funnies«.

25 In dieser Hinsicht wäre es aufschlußreich, *Li'l Abner* als Spiegelung jenes überschießenden Nationalismus mit demokratischem Hintergrund zu erforschen, den Alfred Kazin in dem Kapitel »America! America!« seines Buches *On Native Grounds* beschrieben hat: ein Bedürfnis nach Entdeckung der amerikanischen Realität, das nicht zufällig die Gestalt eines Massenmediums: der Dokumentarphotographie, angenommen hat.

26 Zu Li'l Abner als »amerikanischem Helden« vgl. Heinz Politzer, »From Little Nemo to Li'l Abner«, in: *The Funnies,* a.a.O.

27 Darin erinnert die Ideologie von Li'l Abner an die eines Autors wie Theodore White, der in *The making of the president,* New York 1960 [deutsch: *Der Präsident wird gemacht,* übersetzt von Klaus Schönthal, Köln, Berlin 1963, *A.d.Ü.*], die Technik der Machtergreifung durch Kennedy mit der Fixierung ans amerikanische System als einer positiven und unbestreitbaren Garantie in Zusammenhang bringt.
28 Dies ist auch die Interpretation, die Denney von Kelly und dessen *Pogo* gibt – ohne zu berücksichtigen, daß Capps *Li'l Abner* ein Ausdruck derselben Konstellation ist.

Die praktische Anwendung der literarischen Person

Der Rekurs auf den »literarischen Ort« appelliert weniger an ausgefeiltes Bildungswissen als vielmehr an eine Erfahrung. Mag die Bemerkung, eine Stadtansicht scheine »wie von Stendhal gebaut« oder eine Situation sei »kafkaesk«, noch genaue literarische Kenntnisse verraten, so spricht die Feststellung – im Zusammenhang eines rührseligen Erlebnisses –: »Das könnte aus *Les deux orphelins* stammen« (Halévy) etwas aus, das auch einem schlichten Leser zugänglich ist. Einen literarischen »Ort« oder eine literarische Person zu zitieren, ist eine alltagssprachliche Handlung; sie erfolgt häufig auf gut Glück, zuweilen mit erhellendem Effekt (und in diesem Fall mit fast epigraphischer Betonung, in einer Eindringlichkeit, die das Urteil zuspitzt, eine Pointierung erlaubt, wie sie der komplexen Beschreibung meist verwehrt ist). Der Rekurs auf den literarischen »Ort« schöpft, durch Erinnerung, aus dem Repertoire der Kunst; er entlehnt ihr Figuren und Situationen und führt sie in den kritischen und emotionalen Diskurs ein.
Das Verfahren kann sich, zur Norm geworden, sprichwörtlicher Wendungen bedienen – Beispiel: »Hannemann, geh du voran«, ein Satz, der sich von seinem ursprünglichen Anlaß längst abgespalten hat; »Hannemann« ist ein merkwürdiger *flatus vocis* geworden, so wie »Hans im Glück«. In anderen Fällen dagegen nimmt das Zitat gerade im Sinne der Wiedererinnerung der Person eine individuelle Gestalt an; sie wird so empfunden, wie das einst gelesene Werk sie uns präsentiert hatte, wobei die Wiederbelebung der Person mitsamt der *Art und Weise*, wie sie als ästhetisches Gebilde vorgestellt wurde, die unerläßliche Bedingung der Applikation des Rekurses ist.
Blickt man zu einem bestimmten Zeitpunkt in einer bestimmten Jahreszeit von der Via Po auf die Hügellandschaft Turins und zitiert man, um der eigenen Stimmung Ausdruck zu verleihen, Pavese, so beruft man sich auf eine Erfahrung, die der Schriftsteller in *Il diavolo sulle colline* [*Der Teufel auf den Hügeln*] oder in *La bella*

estate [Der schöne Sommer] gestaltet hat. Es geht nicht um die Wiederbelebung einer Regung, die beiläufig mit unserer Pavese-Lektüre verbunden war, vielmehr bedeutet dieser Rekurs auf den »Ort« eine *Identifikation* mit Empfindungen oder mit einer gedanklichen Verfassung, die der Künstler wirklich zu vermitteln beabsichtigte. Es wird also das Werk deshalb wieder lebendig, weil in diesem Augenblick die in dem System der Anregungen, welches das Werk ist, ausgebildete Form des Empfindens von neuem ersteht und mit der Form unserer Empfindung zusammenfällt. Anders ausgedrückt: Einerseits finden wir eine vergangene, an ästhetische Formbildung gebundene Erfahrung bestätigt, andererseits gewinnt eine gegenwärtige Gefühlsregung eine Ordnung, eine Bestimmung, einen Wert gerade deshalb, weil wir sie in einer uns vom Künstler vorgeschlagenen Form mit uns führen. Hätten wir nicht vor Jahr und Tag Pavese gelesen, so hätten wir unser Gefühl beim Anblick der Landschaft Turins vielleicht nicht in einem Namen zu fassen und unterzubringen vermocht. Der Rekurs auf den »Ort« vollzieht sich also folgendermaßen: Wir haben zwar die Wiedererinnerung an die Erfahrung eines anderen, aber dieser Prozeß löst sich nicht im bloßen Spiel eines angelernten Lektürevergnügens auf. Da wir die Erinnerung an die ästhetische Erfahrung dazu gebraucht haben, eine eigene moralische oder Verstandes-Erfahrung zu bestimmen, bleibt das Bewußtsein davon nicht in der Kontemplation stehen, sondern wirkt in die Praxis fort. Der Vorgang endet nicht in einer (wenngleich edelmütigen) »Erfahrung Pavese«, sondern in einer »Haltung«, die mit Formen der Bewußtwerdung und mit Entscheidungen verbunden ist, die in dieser Haltung wurzeln. Daher unsere Gefühlsregung an diesem bestimmten Tag, die nicht mehr diejenige Paveses ist, sondern eine, die sich auf unsere eigene psychische Entwicklung stützt; daher die Annahme oder Ablehnung dieser Gefühlslage, sobald der Rekurs auf den »Ort« ihre Eigenart erhellt hat; daher unsere Lebensgeschichte und unser moralisches Glück in ihrer ganzen Komplexität und Individualität.

Das gewählte Beispiel soll nicht dem Eindruck Vorschub leisten, der Rekurs auf den literarischen »Ort« sei ein erlesenes ästhetisches Spiel. Er hat vielmehr Züge klarer moralischer Wiedererkennung: An Emma Bovary kann uns das spießige Elend eines Ehebruchs mit einem Schlag deutlich werden; an Tonio Kröger die Zweideutigkeit einer intellektuellen Verfassung, die unfähig macht zu Beziehungen mit anderen Menschen; an Eliots James A. Prufrock die Angst vor hoffnungsloser Anonymität. Stimmt unsere persönliche Situation, und sei es auch nur in Nuancen, mit jener der literarischen Person überein, so wirkt die Wiedererinnerung an sie wie der Impuls zu einer ethischen Entscheidung. In diesem Fall hat der Rekurs uns in der literarischen Person einen moralischen »Typus« erkennen lassen.

Das ästhetische Problem des »Typus«

Es ist nicht vorgesehen, die Debatte über das »Typische« noch einmal zu eröffnen, um ein Gespenst zum Leben zu erwecken. In der Philosophie führt der Begriff des Typischen oder der Typik des Kunstwerks oder künstlerischen Produkts eine ganze Meute von Aporien mit sich, und von der »typischen« Person reden heißt, an die Darstellung eines abstrakten Gedankens mittels einer bildlichen Vorstellung denken: ›Emma Bovary oder Der bestrafte Ehebruch‹, ›Tonio Kröger oder Von der ästhetischen Krankheit‹ usw. – Formeln, welche die Person, die sie zu kennzeichnen vorgeben, in Wirklichkeit entstellen oder unkenntlich machen. Derlei Formeln der Polemik sind historisch und kulturell überholt. Bezeichnet »Typus« den Versuch des Künstlers, es mit der Allgemeinheit und Diskursivität der Philosophie aufzunehmen, so ist die Typik gerade die Negation der Kunst. Zwar hat noch De Sanctis ausgiebig über die künstlerischen Möglichkeiten des Typischen nachgedacht, aber er sah im Typus lediglich die Vorstufe der vollständigen Individuierung des künstlerischen Geschöpfes – in bestimmten Perioden der Literaturgeschichte erscheine er, gegenüber der Abstraktheit der Allegorie, geradezu als die unmittelbare Vorahnung des Individuums.[1] Croce hatte den Begriff des Typischen als ästhetische Kategorie mit einer einwandfreien Argumentation zum Verschwinden gebracht:

> »Wenn man unter dem Typischen das Individuum versteht, dann liegt auch hier nur eine einfache Variation von Worten vor. Typisieren wird in diesem Falle so viel bedeuten, wie das Individuum zu charakterisieren oder zu definieren und darzustellen. Don Quichote ist ein Typus; aber wessen Typus ist er, wenn nicht der aller Don Quichotes? Ist er sozusagen ein Typus von abstrakten Begriffen, wie etwa dem Verlust eines Sinnes für das Reale oder der Liebe des Ruhmes? Nein, gewiß nicht: Unter solchen Begriffen kann man sich unendlich viele Personen denken, die

kein Don Quichote sind. Wir finden, mit anderen Worten, in der Expression eines Dichters (z.B. in einer dichterischen Person) unsere eigenen Impressionen völlig bestimmt und zu Wahrheit geworden; und wir nennen jene Expression typisch, die wir ganz einfach als ästhetisch bezeichnen könnten.«[2]

Will die zeitgenössische Kritik und Ästhetik dem Problem der »typischen Person« weiter und aussichtsreich nachspüren, so darf sie die Argumente von Croce ebensowenig außer acht lassen wie diejenigen von De Sanctis. Wenn die literarische Person nicht in jeder ihrer Handlungen in konkreter Weise individuell ist, dann ist sie belanglos: eine Totgeburt. Damit ist nicht ausgeschlossen, daß die Kunst auch allegorische Figuren hervorbringen kann, die sich auf einen originären Begriff zurückführen lassen. Doch haben wir es in einem solchen Fall nicht mit Personen zu tun, sondern mit symbolischen Chiffren (und also mit einem anderen ästhetischen Verfahren, das wir allerdings für legitim halten). Faux Semblant, Bon Accueil und alle anderen Figuren des *Roman de la Rose* sind etwas gänzlich anderes als eine Person wie Lucia Mondella oder Doktor Schiwago, nämlich heraldische Embleme, Abstraktionen, jedoch Abstraktionen, die sich in einem stilisierten und anmutigen Bild konkretisieren. In einer Zeit, da die Einbildungskraft des Lesers diesem Typus der allegorischen Anregung verhaftet war, gewährten dergleichen Figuren einen befriedigenden ästhetischen Genuß (der übrigens vom heutigen Leser wiederholt werden kann, wenn er sich die Modalitäten und Motive des mittelalterlichen Geschmacks zu eigen macht). Die zeitgenössische Literatur ist dabei, den Gebrauch von Symbol und Emblem wiederzuentdecken, und die Ästhetik hat längst erkannt, daß, obwohl die im traditionellen Sinn narrative Person die Konkretheit einer »persona« besitzen muß, auch eine solche ästhetische Produktionsweise stichhaltig sein und zu hohen Ergebnissen gelangen kann, die mit Symbolen, Stilisierungen und Hieroglyphen arbeitet.
Die Erwägungen von De Sanctis und Croce zum Typus erscheinen uns daher im Zusammenhang einer Poetik der literarischen Person von grundsätzlicher Gültigkeit: Wenn die Person gelungen ist, dann ist sie eine ästhetische Größe, und es ist nutzlos, sie zusätzlich mit der Kategorie des Typischen zu definieren.

Motive für die Poetiken des Typischen

Die Argumentation bedarf jedoch der Feinunterscheidungen angesichts des gegenwärtigen Wiederaufblühens von Poetiken, die sich unter dem Vorsatz einer engagierten formbildenden und erzieherischen Kunst erneut das Problem des Typischen als ästhetischer Grundkategorie stellen. Als offizieller Interpret einer Parteipoetik vertrat Fadeev vor Jahren die Ansicht, daß die sozialistische Lebenswelt bestimmte menschliche Eigenschaften hervorbringe: »Um sie aber bildlich darzustellen, muß der Künstler sie verdichten, verallgemeinern, typisieren. [...] Es ist notwendig, die besten Eigenschaften und Gefühle des Sowjetmenschen *auszuwählen*.«[3] Das ist das Programm jener »revolutionären Romantik«, die ihren glaubwürdigen Theoretiker in Maxim Gorki gefunden hatte.[4] Letztlich handelt es sich dabei um eine Poetik, die sich den *positiven* Typus zum Leitbild nimmt – eine an sich legitime und vielfältig ausdeutbare Poetik, deren Anhänger und Befürworter jedoch rasch erkennen mußten, daß nicht nur die ideale Positivität, sondern das Leben in seiner Gesamtheit (einschließlich des Zweifels, des Irrtums und des Scheiterns) Gegenstand der Kunst ist, was allerdings Engagement nicht ausschließt.

In der Tat ist, philosophisch genommen, der Vorsatz, es müßten »typische Personen hervorgebracht werden«, vage und eine blasse Parole, solange er sich nicht in einen Erzähl-»Gegenstand« umgesetzt hat, d. h. solange die Person nicht erfunden und zum Handeln gebracht worden ist. Erst an diesem Punkt läßt sich eine Diskussion über das Typische in Gang bringen. Das Problem des Typischen interessiert also die Ästhetik so lange nicht, als es im Gehege der Poetik verbleibt (als Bestreben oder als ausgedrückte Formel); es interessiert sie erst dann, wenn es in der Phase der »Lektüre des Werks« auftritt. Das Typische kommt nicht als Kriterium einer Produktionspoetik in Betracht, sondern einzig als Kategorie einer Methodologie der Kritik (oder, allgemeiner, einer philosophischen Ästhetik). Es kann nämlich sehr wohl sein, daß die Lektüre die Eigenschaft des Typischen solchen Werken zuschreibt, die in ganz anderer Absicht als der des Typisierens geschrieben worden sind, die aber gleichwohl Leseerwartungen genügen, die in dieser Zuschreibung sich artikulieren. Und ebenso kann es sein, daß Werke, die dem vom Leser gesuchten oder gewünschten Typischen nacheifern oder sich ihm anbequemt haben, nicht das Typische darstellen, sondern eine bloße Larve, eine gesichtslose Formel bilden.

Einen auffälligen Beleg für eine solche Lektüre liefern uns die Klassiker des Marxismus. Engels behauptet beispielsweise, daß der Realismus, den er befürwortet (und der für ihn darin besteht, »typische Charaktere unter typischen Umständen« wiederzugeben), »den Ansichten des Autors zum Trotz« sich durchsetzen könne.[5] Statt Rezepte zur Gestaltung typischer Personen vorzuschreiben (wie dies später die marxistische Scholastik getan hat), suchten Marx und Engels in den literarischen Figuren die Verkörperung gesellschaftlicher Erfahrungen zu finden; beispielsweise in den Personen Balzacs – eines Verfechters des legitimistischen Katholizismus – die Zerfallssignale einer aristokratischen Gesellschaft, den Ehrgeiz und die Verstrickungen der aufsteigenden bürgerlichen Klasse, das Gewicht des ökonomischen Faktors in den praktischen Lebensdeterminanten der Individuen, kurz, die soziologischen Motive der Epoche, an denen sich die marxistische Geschichtsinterpretation erproben ließ.

Lukács, der Typik mit Realismus gleichsetzt, hält die Personen Stendhals für typischer als diejenigen Zolas, obwohl sich doch gerade dieser eine »realistische« Poetik vorgenommen hatte. Realismus bedeute nicht die minutiöse Wiedergabe der Realität, sondern die literarische Verdichtung (in einer neuen perspektivischen Verkürzung) der bedeutsamsten Momente einer historischen Periode oder einer Situation. Was heißt, daß die phantastischen Personen in Hoffmanns Erzählungen realistischer sind als eine Figur, die sorgfältig und haargenau mit streng realistischen Kunstmitteln zusammengefügt worden ist. Sowohl Engels als auch Lukács betonen, daß die Person, um typisch zu sein, nicht das Abbild eines statistischen Durchschnitts sein muß, sondern vor allem ein »bestimmter Einzelmensch, ein ›Dieser‹, wie der alte Hegel sich ausdrückt«.[6]

Das, was eine literarische Person zum Typus macht (oder werden läßt), ist ihre künstlerische *Stimmigkeit*. Die Personen und Situationen bei Balzac erschienen Marx und Engels deswegen als typisch, weil sie diese *Stimmigkeit* besaßen. Und einzig deshalb waren diese Geschöpfe auch soziologisch beredt. Obwohl Marx gelegentlich auf die Romane von Balzac wie auf einen einfachen Wirtschaftstext zurückgriff[7], war seine politisch-soziologische Lektüre dieser Werke und ihrer Personen in aller Regel fundiert in der aufmerksamen Erschließung ihrer ästhetischen Besonderheit.[8]

Der Gebrauch, den die Klassiker des Marxismus uns hinsichtlich der Typik als Lektürekriterium vorschlagen, bestätigt uns in der

Auffassung, daß wir in der literarischen Person nur dann Motive und Verhaltensweisen wiedererkennen können, die auch die unsrigen sind, wenn diese Person künstlerisch gelungen ist.

Genauere ästhetische Bestimmungen des Typischen

Dies bestärkt uns in der Ansicht, das Typische der literarischen Person verdanke sich weniger ihrer »Ontologie« als vielmehr ihrer »Soziologie«. Das Typische ist keine objektive Norm, der die Figur genügen muß, damit sie ästhetisch (oder ideologisch) »gültig« werde, sondern es geht aus dem Genußverhältnis zwischen Figur und Leser hervor; es ist eine Erkenntnis (oder eine Projektion), die der Leser an der Figur gewinnt (oder vollzieht). So betrachtet, läßt das Problem des Typischen jene Widersprüche hinter sich, die die idealistische Ästhetik geplagt hatten; der Begriff des Typischen erweist sich als eine ästhetische Kategorie, die nicht die literarische Person als autonomes Kunstprodukt definiert, sondern ein bestimmtes *Verhältnis zur literarischen Person,* das auf eine »Anwendung« oder »Ausbeutung« dieser Person hinausläuft.

Doch obwohl der Begriff des Typischen das Genußverhältnis zwischen literarischer Person und Leser beschreibt, verweist er auf eine »ontologische« Betrachtung der Person, d.h., in strengeren Begriffen, auf eine Reflexion über ihre *Struktur* als ästhetischer Gegenstand. Es muß nämlich festgelegt werden, welche Aspekte des ästhetischen Gegenstandes, den die Person darstellt, den Leser veranlassen, sie als beispielhaft wahrzunehmen und sich mit ihr – zumindest *sub aliqua ratione* – zu identifizieren. Vor allem müssen wir uns fragen, ob nicht jede künstlerische Schöpfung in eigentümlicher Weise »typisch« ist, sei es nun das in seiner Gesamtheit aufgefaßte Werk oder auch nur Teile davon (wie es die Personen eines Romans sein können oder die Art, wie ein Maler das Hell-Dunkel gebraucht, usw.). Und zweifellos ist das, was man die »Manier«, die schulbildende Suggestionskraft eines bedeutenden Werkes nennt, nichts anderes als ein Effekt jener Typik, die das Werk besitzt. Typisch in diesem Verstande kann sein, wie das Material angeordnet, eine Gefühlsregung wiedergegeben, eine Idee ausgedrückt, ein realer Umstand dargelegt werden. In dem Maße, wie solche Darstellungs- und Kompositionsverfahren kohärent und einleuchtend sind, werden sie emblematisch; sie inspirieren zu ähnlichen Formbildungen (die nie zuvor so einfach und wirksam realisiert wurden) oder fassen geläufige zu neuartigen Kombinationen zusammen. In diesem Falle erscheint es jedoch angebracht, von der »Mustergültigkeit« eines Kunstwerks zu sprechen. Exemplarisch oder mustergültig in diesem Sinne ist die gelungene Form.[9]

Wir bezeichnen gemeinhin ein Kunstwerk auch deshalb als typisch, weil es nicht allein in seinen stilistischen Verfahrensweisen, sondern auch in seinen Inhalten eine »persönliche Handschrift« erkennen läßt, eine bestimmte Sicht der Realität, die von verschiedenen Lesern oder Betrachtern als die vollkommene Erhellung ihrer eigenen Wahrnehmungen erlebt wird. So kann es z.B. geschehen, daß uns ein unmittelbarer Eindruck etwa einer Landschaft, wenn wir ihn vertiefen, das Gemälde eines großen Landschaftsmalers in den Sinn bringt, das plötzlich als genaue und dauerhafte Besiegelung unserer eigenen visuellen Erfahrung erscheint. Doch die Typik, von der in diesen Anmerkungen die Rede ist, scheint uns auf ein engeres Umfeld beschränkt zu sein, und das Verständnis, in dem der Terminus des »Typischen« gewöhnlich gebraucht wird, zwingt uns zur Einschränkung des Umfelds. Es erscheint angemessen, im Zusammenhang mit jenen Künsten von Typik zu sprechen, die explizit den Menschen, seine Welt, seine Verhaltensweisen zum Gegenstand haben. Bei dieser Abgrenzung hilft uns die aristotelische Definition der Tragödie als »Nachahmung einer Handlung«.

Eine dramatische oder erzählerische Handlung liegt dann vor, wenn die *Nachahmung (mimesis)* menschlichen Verhaltens bestimmend ist, die Verknüpfung von Begebenheiten [intreccio[10]], wodurch die Personen Physiognomie und Charakter erlangen bzw. eine aus vielfältigen Verwicklungen menschlichen Verhaltens entstandene Situation Physiognomie und Charakter annimmt.

Wir gebrauchen diese Termini nun freilich in einer umfassenderen Bedeutung als der ursprünglichen aristotelischen:

1. Wenn wir *mimesis* sagen, denken wir nicht an eine platte Imitation (ebensowenig wie Aristoteles), sondern an die produktive Fähigkeit, Tatsachen lebendig werden zu lassen, die wegen ihres Entwicklungszusammenhangs *wahrscheinlich*[11] anmuten, also an das Gesetz der Wahrscheinlichkeit als ein Strukturgesetz der logischen Vernünftigkeit, der psychologischen Plausibilität. Anstelle von *mimesis* sollte man besser von der *Strukturierung einer Handlung* sprechen.[12]

2. Wenn wir *Handlung* sagen, erweitern wir den Begriff auf Ereignisse, die Aristoteles anders definiert hätte. Unter »Handlung«

verstehen wir nicht bloß die Aufeinanderfolge äußerlicher Begebenheiten (Wiedererkennung und Peripetie), sondern auch die Rede, durch die die Figuren sich gegenseitig erklären, und die innere Rede, in der sich die Figuren sich selbst und dem Leser erklären: die in der ersten Person vorgetragene psychologische Introspektion, die Beschreibung innerer Regungen durch einen allwissenden Autor, die objektive Aufzeichnung eines unbewußten oder unkontrollierten *stream of consciousness*.[13]

3. Ferner sprechen wir von Handlung nicht nur im Hinblick auf die erzählende Literatur, das Theater oder den Film, sondern ebenfalls auf das epische Gedicht, auf Werke wie die *Göttliche Komödie,* kurz, wir meinen alle jene Werke, in denen Handlungsverknüpfung und Anspielung auf wirkliches, dargestelltes Verhalten von Menschen vorherrschen, auch dort, wo, wie in bestimmten Beispielen der figurativen Kunst, die Handlung virtuell bleibt und die Person in allen Möglichkeiten ihres Charakters gegenwärtig ist (wir denken dabei an bestimmte Porträts von Lotto oder Holbein und an »Szenen aus dem Leben«, wie Van Goghs *Kartoffelesser*).

Die Physiognomie der typischen literarischen Person

Der »Typus«, der sich als Resultat der erzählten oder dargestellten Handlung herausbildet, ist die individuelle und überzeugende Person oder Situation, die im Gedächtnis haften bleibt. Als typisch kann eine Person gelten, die im Gesamtzusammenhang der Erzählung, die sie hervorbringt, eine vollständige Physiognomie gewinnt, welche nicht nur eine äußerliche, sondern auch eine intellektuelle und moralische ist.

Der Ausdruck »intellektuelle Physiognomie« wird von Lukács gebraucht, um *eine* der Weisen zu definieren, in der eine Person Gestalt annehmen kann: Eine Person ist dann gültig, d.h. gelungen, wenn sie durch ihre Gesten und ihr Verhalten, ihre Art des Reagierens und Einwirkens auf die Dinge, ihre »Weltauffassung« bestimmt wird: »Die großen Meisterwerke der Weltliteratur zeichnen immer sorgfältig die intellektuelle Physiognomie ihrer Gestalten.«[14] Die Verknüpfung der Begebenheiten erzeugt eine Synthese komplexer Handlungen; durch den erzählten Konflikt nimmt eine Leidenschaft, eine geistige Haltung, Gestalt an. Nun ist es freilich legitim zu behaupten: »Die dichterische Gestalt kann nur dann bedeutungsvoll und typisch sein, wenn es dem Künstler gelingt, die vielfältigen Verbindungen zwischen den individuellen Züge seiner Helden und den objektiven allgemeinen Problemen der Epoche aufzudecken; wenn die Gestalt vor unseren Augen selbst die abstraktesten Fragen ihrer Zeit als ihre eigenen individuellen, sie auf Leben und Tod interessierenden Fragen erlebt.«[15] Der besondere Ansatz von Lukács' Poetik besteht jedoch in der Hypothese, Typik könne es *nur* unter diesen Bedingungen geben. »Typisch« ist für Lukács allein »die Erscheinung der Widersprüche auf ihrer höchsten und reinsten Stufe«. Uns scheint hingegen, daß eine literarische Person auch dann überzeugend als wahr empfunden werden kann, wenn sie weder ihre Weltauffassung noch ihr Einwirken auf die Dinge noch ihre Persönlichkeit ausdrückt, sondern Identitätszerfall, Anonymität, Begriffslosigkeit, Leiden an den Dingen, ohne gegen sie zu rebellieren. Völlig in Bann geschlagen vom Ideal eines *positiven Typus* hat Lukács beispielsweise das Werk von Flaubert herabgewürdigt: Nur ein eminenter Mangel an Geistesverwandtschaft oder die hartnäckige Vorliebe für Thesen kann ihn gehindert haben zu erkennen, welch eindringliches Bild einer moralischen (historisch und psychologisch *typischen*) Krise uns, zum Beispiel, Frédéric Moreau in der *Education sentimentale* darbietet und wie »mustergültig« der Gegensatz – ob er nun programmatisch ist oder nicht – zwischen Moreaus Hingabe an das individuelle Abenteuer und den ebenso grandiosen wie heftigen Ereignissen der Pariser Unruhen von 1848 erscheint, die den Kontrapunkt zur Haupthandlung bilden. Begreift man den exemplarischen Wert bestimmter Situationen nicht und lehnt sie ab, weil sie nicht »positiv« sind, begeht man offensichtlich auch aus der Sicht eines revolutionären Literaturbegriffs einen Fehler. Indem Lukács Werke verwirft, die menschliche Konflikte und gesellschaftliche Sachverhalte auf der Stufe des »Durchschnitts« oder der »Banalität« vergegenwärtigen, auf der die Personen niemals jene wichtigen und entscheidenden Reden führen, die sich zur Bestimmung ihrer intellektuellen Physiognomie und zum Nachweis eines bewußten Verhältnisses zu den »großen Problemen ihrer Zeit« eignen, verschließt er sich dem Verständnis der »typischen« Situationsanklage, die solche Werke sind. Wir erinnern uns, wie mitten in der Zeit des Faschismus Moravias *Gli indifferenti [Die Gleichgültigen]* die moralische Korruptheit einer Gesellschaft und ihre heuchlerische Sozialrhetorik aufdeckten und damit, mehr als viele andere Schriften, zur politischen und ethischen Bewußtwerdung einer ganzen Generation beitrugen. Wie vor ihm Flaubert erzählt Moravia von anscheinend farblosen Personen unter tatsächlich farblosen Umständen. Es fehlt die Schilderung des »Außergewöhnlichen als typischer gesellschaftlicher Realität«, die Lukács fordert; es fehlen nicht der Zufall und die Alltagsrealität, wohl aber die »universalen« Wesenszüge einer exemplarischen Wirklichkeit[16], wie sie unbestritten in den Figuren Stendhals, Shakespeares und Goethes versammelt sind. Doch ist auch dies nur eine unter mehreren möglichen literarischen Techniken, Figuren zu prägen. Madame Bovary besitzt weder das »Außergewöhnliche« von Hamlet noch das von Othello, aber sie besitzt Universalität, sofern Universalität für die Person die Möglichkeit bedeutet, aufgrund der überzeugenden Geschlossenheit der Eigenschaften, mittels derer sie dargestellt worden ist, von Lesern erfaßt und verstanden zu werden, selbst von solchen, die durch einen großen Abstand der Zeit und der Gewohnheiten von ihr getrennt sind.[17] Im Rahmen der einen oder anderen Weltanschauung mag Emma Bovary als »negativer« Typus erscheinen. Dies ändert jedoch nichts daran, daß in ihr angeschaute Welt gefaßt ist und daß viele Leser in ihr sich wiedererkennen können. Der Typus bietet sich an und wirkt im Bewußtsein des Lesers; das ist die Tatsache. Und dies gilt auch von jenen literarischen Personen, denen Lukács eine intellektuelle Physiognomie nicht zuerkennen würde: von der Person, die »keine Zeit hat«, wichtige Dinge zu sagen, deren Bewußtsein im Mahlstrom der Alltagswahrscheinlichkeit zerrüttet, vom Ansturm der Banalität zermürbt wird, oder der Person, die nicht in Bedeutungen, sondern in barer Münze spricht und die das Erlebnis der Nichtkommunizierbarkeit verkörpert (die Figuren Ionescos z. B.) – auch sie sind auf ihre Weise typisch. Sie bringen in scharfer Kontur die Verfassung der gegenwärtigen Zivilisation – oder einige ihrer Bedingungen – und den inneren Zustand einer Kultur zum Ausdruck.

Wenn wir also von Lukács den Terminus »intellektuelle Physiognomie« entlehnen wollen, müssen wir ihm eine umfassendere Bedeutung geben, entsprechend der Perspektive, in der wir das Thema erwägen. Mit »intellektueller Physiognomie« könnte das Gesamtprofil einer Figur gemeint sein, sozusagen ein Schlüsselbildnis, das es dem Leser erlaubt, sie in allen ihren Motiven zu erfassen und sie intellektuell zu begreifen, so als ob er statt einer Erzählung eine psycho-soziohistorische Analyse dieser Figur in den Händen hätte – nur daß ihn die Erzählung diesen Menschen, der ja eine Erfindung ist, besser verstehen läßt, als ihn persönliche Bekanntschaft oder ein wissenschaftliches Dossier verständlich machen könnte. Es ist nicht paradox, zu behaupten, daß wir Julien Sorel besser kennen als unseren Vater. Unser Vater hat ungekannte Aspekte, viele verschwiegene Gedanken, es gibt bei ihm unbegründete Handlungen, unausgesprochene Gefühle, bewahrte Geheimnisse, die verdeckten Zonen seiner Kindheit... Von Julien Sorel hingegen wissen wir alles, was man wissen muß, um zu verstehen. Der Unterschied liegt darin: Unser Vater gehört dem Leben an, und im Leben, in der Geschichte (wie Aristoteles sagen würde) geschehen viele einzelne Dinge nacheinander, ohne daß wir das komplexe Spiel ihres Zusammenhangs hinreichend zu erfassen vermöchten. Julien Sorel jedoch ist das Werk der Erfindung und der Kunst, und die Kunst wählt aus und fügt nur das zusammen, was für den *Zweck* dieser bestimmten Handlung und ihrer einheitlichen und wahrscheinlichen Entwicklung *zählt*. Manches an Julien Sorel mag uns noch immer unklar, unverständlich sein, doch dies ist nur ein Problem unserer Aufmerksamkeit, denn alle Elemente zu seinem Verständnis, für das, was zur Erzählung gehört, sind in der Erzählung enthalten. Von Julien Sorel ist uns daher ein vollständiges Verständnis möglich, d.h. eines, das uns nicht nur seine Beweggründe und seine Regungen erschließt, sondern sie uns auch zu beurteilen und zu erörtern gestattet. Freilich, die Verfahren, wie eine »intellektuelle Physiognomie« in eine Person eingetragen wird, sind vielfältig und komplex. Im *Doktor Faustus* von Thomas Mann zum Beispiel nimmt die Physiognomie von Adrian Leverkühn kraft der minutiösen, durchdachten, beinahe klinischen Beschreibung Gestalt an, die Serenus Zeitblom von ihm gibt. Von dieser Schilderung empfängt jede Geste Adrians den Nimbus des Zweideutigen, er tritt nicht als lebendige und beeindruckende Figur auf. Der Leser fühlt sich von der symbolischen Kälte, die Adrian einhüllt, zugleich angezogen und abgestoßen; bei alledem kann niemand dieser Figur eine faszinierende Individualität absprechen, die allerdings das Ergebnis einer besonderen Erzähltechnik ist. Parallel zur Darstellung Adrians entwickelt sich nämlich die implizite Darstellung von Serenus: Sein Charakter – viel lebendiger und stärker, als es zunächst scheinen mag, und ein bewußt fragmentarisches Diagramm des deutschen Intellektuellen goethescher Tradition – entsteht aus den Reaktionen des Erzählers gegenüber Adrian, die am Ton der Erzählung deutlich werden. Sozusagen mit derselben Erzähltechnik, die in zwei parallelen Absichten verwendet wird und auf zwei Ebenen gleichzeitig wirkt, werden zwei verschiedene Personen in verschiedener Weise gekennzeichnet – in einem Satz beispielsweise, der eine Geste Adrians beschreibt, signalisiert die emotionale Tönung, in welcher der Satz geäußert wird, die »Geste« von Serenus. Anthony Patch hingegen, der Protagonist in *The Beautiful and the Damned* von Scott Fitzgerald, wird am Anfang des Romans, noch bevor er seinen Auftritt hat, minutiös vorgestellt, in einer Geschichte weniger seiner Gedanken als seiner Verhaltensweisen und Gewohnheiten, beinahe im Sinne eines ironischen Erziehungsrapports, wie die Kapitelüberschriften andeuten (Beispiel: »Past and Person of the Hero«).[18] Wenn die Person die Szenerie betritt, ist sie bereits fertig: definiert, gewogen und gestempelt. Im Gegensatz dazu enthüllt sich uns Francis Macomber, der Held einer Erzählung von Hemingway[19], erst nach und nach, mit vielfachen Verzögerungen und in tiefen Brechungen. Seine Feigheit, seine Unterwerfung, sein Unglück, seine tragischstolze Wendung – all dies zählt der Autor weder auf, noch analysiert er es jemals. Er zeigt es uns, indem er uns Gesten berichtet und gleichsam telegraphische Gespräche und Gedanken aufzeichnet. Die Person geht ausschließlich aus ihrem Handeln hervor; sie erscheint, indem sie agiert, und sie ist das, was sie tut und was ihr angetan worden ist. – Nun gibt es allerdings auch literarische Figuren, die in dem Material, aus dem sie zusammengesetzt sind, zu verschwinden scheinen. Dies hat Lukács vom *Ulysses* behauptet – die Psychologisierung habe hier zur Auflösung der Charaktere geführt.[20] In Wahrheit freilich gewinnt der aufmerksame Leser am Ende des Romans ein äußerst lebendiges Bild zum Beispiel Blooms (*everyman* im Exil in der Stadt, die Suche nach der Vaterschaft usw.); die Personen sind in ihren Empfindungen und Verstandeshandlungen deutlich konturiert, ihre Konflikte und Leidenschaften zeichnen klar unterscheidbare Muster. Zugegeben, Joyce hat eine ungewöhnliche Erzähltechnik angewandt, und sie hat sowohl die Wahl der Darstellungsmittel als auch die Auswahl des Darzustellenden und Darstellbaren bestimmt. Er hat den Handlungsverlauf auf Zeit-Abszissen angeordnet, die der inneren Zeitrechnung der Personen korrespondieren. In diesem literarischen Universum sich zurechtzufinden, verlangt – das bestreitet niemand – vom Leser größere Aufmerksamkeit und mehr Scharfsinn als beispielsweise das Verständnis von Renzo Tragmaglino in Manzonis *I promessi sposi*.

Wiewohl in sehr unterschiedlicher Weise präsentiert, sind die fünf von uns betrachteten Figuren allesamt Individualitäten hohen Ranges. Die *Mittel zu ihrer Beschreibung sind jeweils in einen geschlos-*

senen Zusammenhang gebracht worden. Das Verhältnis von Mitteln und Zweck ist in jedem dieser Fälle überzeugend. Der Erzähler hat ausgewählt, zusammengefügt, verschärft, um sichtbar zu machen; er hat seine Figuren antworten lassen auf Konstellationen, die ebenfalls ausgewählt und zusammengefügt waren.[21] Aufgrund dieser Auswahl und Zusammenfügung (worin die Kunstfertigkeit besteht) hat die literarische Person im *Kontext* des Werkes eine »intellektuelle Physiognomie« angenommen, so daß wir veranlaßt sind, sie als lebendige Formel, als Verkörperung von Verhaltensweisen aufzufassen. Daher können wir uns in ihr wiedererkennen. Das heißt, daß sich die Typik der literarischen Person in dem Verhältnis zwischen ihr selbst und der Wiedererkennung, die der Leser an ihr vornehmen kann, bestimmt. Der Typus ist eine imaginäre Formel, die jedoch mehr Individualität und Anregungskraft besitzt als alle wahrhaften Erfahrungen, die sie in sich vereint und versinnbildlicht: eine zugleich *genießbare und glaubwürdige* Formel.

Dieser Glaubwürdigkeit wegen, die sich in der Genießbarkeit realisiert, dauert der Typus in der Erinnerung des Lesers fort. Es ist dies die Wirkung eines ästhetischen Prozesses, dessen Emblem im Alltagsleben als *Verhaltensmodell,* als *Formel eines intellektuellen Bewußtseins,* als individuelle Metapher, die eine Anschauungsform vertritt, gelesen werden kann.[22]

Typus, Symbol, »Ort«

Wir haben von *Formel* und von *Emblem* (Sinnbild) gesprochen; beide Ausdrücke legen nahe, den Typus – in der gewöhnlichen Rede oder in der kulturellen Bestimmung von Erfahrungen – als *Symbol* wahrzunehmen und zu verwenden. Das ist möglich, wenn unter »Symbol«, wie mittlerweile häufig (und durch die Definition jedes Kunstfaktums als »symbolisch« noch verstärkt), ein höchst spezialisiertes Zeichen verstanden wird, das gleichzeitig mit dem Bezeichneten erfaßt, aufgenommen und beurteilt wird. Das poetische Symbol beispielsweise ist in dem Sinne *semantisch reflexiv,* daß es ein Teil dessen ist, was es bedeutet. Verstehen wir das Symbol mit Coleridge als ein »gewisses Durchscheinen des Besonderen im Allgemeinen oder des Allgemeinen im Besonderen«, so verweist der Umstand, daß verschiedenste Menschen sich in literarischen Personen wiedererkennen können, eindeutig auf eine symbolische Rolle des Typus.[23]

Doch obwohl jeder Typus ein Symbol sein kann, trifft das Umgekehrte nicht zu. Melvilles Kapitän Ahab ist eine so eindringlich gezeichnete und überzeugende, wenngleich psychologisch unbestimmte Figur, daß sie als Symbol für vielfältige moralische Situationen gelesen werden kann. Für Moby Dick gilt das Gegenteil: Zwar haben die Interpreten und Leser ihm immer wieder symbolische Bedeutungen zugeschrieben – und es besteht auch gar kein Zweifel, daß Melville ein Symbol aus ihm machen wollte –, aber er ist weder eine Person noch gar ein Typus. Als typisch erscheint allein die Situation der Jagd, das Verhältnis Ahabs oder Ishmaels zum Wal; der Wal selbst ist bloß eine faszinierende Hieroglyphe. Anders ausgedrückt: Das Typische ist mit dem Symbolischen keineswegs koextensiv. Das Symbol unterscheidet sich vom Typus auch deshalb, weil es das Element eines mythologischen, heraldischen, anthropologischen oder magischen Repertoires sein kann, das der Kunst vorausgeht – ein ursprünglich literarischer »Ort«, der inzwischen von der Konvention eingeholt wurde, eine alltägliche Konstellation, die die Literatur topisch werden ließ und mit Anspielungen erfüllte (die Reise, der Traum, die Nacht, die Mutter); es kann eine »archetypische Vorstellung« sein oder eine Manifestation des kollektiven Unbewußten, von dem Jung spricht (zum Beispiel: Fruchtbarkeit als Weiblichkeit, Gaia, Kybele, die Muttergöttin und das Ewig Weibliche in verschiedenen Religionen).[24] Der Typus indessen existiert niemals vor dem Werk, sondern markiert dessen Gelingen. Es ist ebensowohl möglich, daß der Typus, ist er gelungen, populär wird und zum »Ort« eines Repertoires verflacht (das »odysseehafte« Geschehen), wie daß ein geläufiges und mit einer reichen historischen Überlieferung belastetes Symbol, wenn es in ein Kunstwerk eingeht, trotz seiner vorgezeichneten symbolischen Aura in einen höchst individualisierten Typus umgeschmolzen wird, so wie es beim Archetypus der Gaia Tellus der Fall ist, der im *Ulysses* in der Person der Molly Bloom wiedererscheint.

Die wissenschaftliche Anwendung der Typik

Was eine Person zum Typus macht, ist nicht eine allgemeine und abstrakte (soziologische oder psychologische) Charakteristik. Die Buddenbrooks sind nicht deshalb typisch, weil sie, in wirkungsvoller Zusammenfassung, Aspekte und Kennmale der Handelsbourgeoisie in einem bestimmten historischen Augenblick verallgemeinern. Gleichwohl kann der Soziologe oder der Psychologe an der typischen Person oder der typischen Situation Erkenntnisse gewinnen. Doch ist hier Vorsicht geboten (und Umsicht), wenn nicht die blanke Konventionalisierung einreißen soll (Beispiel: »Ödipuskomplex«). Greift der Wissenschaftler auf den Typus wie auf eine Metapher zurück, muß er sich der Ästhetizität der Rede, an die der Gebrauch einer Metapher gebunden ist, gewachsen zeigen.[25] Hat der Rückgriff eine Erfahrung zur Partitur, darf er die Intensität der Erfahrung nicht zum Verstummen bringen; das setzt voraus, daß er den Notenschlüssel achtet, so wie es Kierkegaard vor der Figur Don Juans getan hat. Kurz, es muß im wissenschaftlichen Diskurs des Typischen Respekt vor der ästhetischen Integrität der literarischen Person walten.

Typus und »Topos«

Nun läßt sich freilich die These, die Wiedererkennung der Typik erfolge ausschließlich bei künstlerisch gelungenen, ästhetisch reichhaltigen und komplexen Figuren, mit einer Reihe von Erfahrungen bestreiten. Ja, man könnte sogar behaupten, es würden weniger die von der großen Kunst präsentierten Figuren als typisch wahrgenommen, als vielmehr die von der kommerziellen Literatur, vom Film, vom Kunsthandwerk angebotenen Figuren; der Starkult sei dafür der einschlägige Beweis, und Donald Duck oder das Ehepaar Jiggs und Maggie von McManus hätten sich ja wohl als »Typen« bewiesen, deren Entsprechungen im wirklichen Leben ausfindig zu machen sehr wohl möglich sei. Wir bemerken jedoch, daß das eheliche Unglück von Jiggs nicht dasselbe ist (nicht so mitleiderregend, bewegend und denkwürdig) wie dasjenige Chaplins in *Pay Day* [*Zahltag*, 1922]: eines armen Tagelöhners, den die Ehefrau – ein entsetzliches Mannweib – an der Straßenecke erwartet, um ihm den ganzen Lohn abzunehmen. Es gibt also einen Unterschied zwischen dem Typus, der von der kommerziellen Erzählung angeboten wird, und dem, der in der literarischen Erzählung vorkommt. Zu klären bleibt, worin der Intensitätsunterschied besteht, um zu verstehen, warum in dem einen Fall von Kunst gesprochen wird und in dem anderen nicht. Bedienen wir uns eines Beispiels, bei dem der Unterschied nach einer genaueren Bestimmung verlangt, als bei unserem ersten Vergleich.

Die drei Musketiere sind wohl kein Kunstwerk im Sinne der modernen ästhetischen Terminologie. Man könnte sie, mit Croce, als

»Belletristik« klassifizieren. Aber gerade mit dieser Einschränkung sind sie ein begeisterndes Buch – Croce selbst räumte dies ein. Der *plot* steckt voller Einfälle, Situationen, unvorhergesehener Umstände und Theatercoups, das Buch hat *verve* und Lebendigkeit; die zwar grobschlächtige, aber kundige Schlauheit, mit welcher der Handwerker Dumas die Ereignisse anordnete, versorgte (und versorgt) das Phantasierepertoire der Leser mit einer Reihe von Figuren und Konstellationen (aus über zwei Jahrhunderten), die wir durchaus als typisch bezeichnen können, weil sie sich zitieren lassen, erinnerbar sind, regelmäßig wiederkehren oder sich an Alltagserfahrungen spiegeln lassen. In einem gewissen Sinne kommt d'Artagnan Odysseus oder dem Ritter Roland gleich. Als Agenten in dem Zusammenspiel von piratenhafter Sorglosigkeit, flinkem Wagemut und naiver, handgreiflicher Skrupellosigkeit können wir uns sehr wohl d'Artagnan an der Stelle von Odysseus vorstellen, oder umgekehrt. Allerdings ist klar, daß eine solche Wiedererkennung der Analyse nicht standhält; sie ist ein Beschwörungsversuch, sie hat die Urteilsfindung in einem Spiel der Vorstellung aufgehen lassen. Führen wir in der Urteilsfindung fort, so stellte sich rasch heraus, daß d'Artagnan die Komplexität fehlt (auch wenn er noch so viele Dinge treibt), auf die der literarische Typus angewiesen ist, wenn Wiedererkennung möglich sein und auch eintreten können soll. Während er uns mit seinen Abenteuern vorzüglich unterhielt, wurden wir nicht gewahr, daß der Autor uns im Grunde nichts über ihn mitteilt, und daß die Abenteuer, die d'Artagnan erlebte, *ihn keinesfalls bestimmten*. Daß er dabei anwesend war, war zufällig. Die Beziehung zwischen d'Artagnan und seinen Erlebnissen ist weder eine *notwendige* noch eine wesentliche – d'Artagnan ist ein Vorwand zur Inszenierung von Ereignissen. Seine einzelnen Taten sind nicht durch »Notwendigkeit« miteinander verknüpft, was Aristoteles für die Fabel als ausschlaggebend erachtete; zwischen Person und Tat herrschen Beiläufigkeit und Zufall.

So werden wir denn, indem wir uns klarzumachen versuchen, warum d'Artagnan kein Typus ist, uns bewußt, warum *Die drei Musketiere* nicht ein Kunstwerk im strengen Verstande sind. Dem gefälligen Strom der erzählten Begebenheiten fehlt die Eigenschaft des »Systems«, jene ordnende Kraft, die, in schwerlich veränderbaren Strukturbeziehungen, den *plot* mit der Charakterbeschreibung verbindet und diese wiederum mit der Sprache; die das »Ganze« gerade dadurch zu einer Einheit macht, daß sie es in einer »Formbildungsweise« auflöst, die an jedem Punkt des Bauwerks strukturell die gleiche ist – so daß der Leser sich zwar in der typischen Person zu erkennen glaubt, im Grunde aber sich im gesamten Werk wiedererkennt, in dem historischen, gesellschaftlichen und kulturellen Umschlagplatz, dessen »Musterbeispiel« der Typus wird.

Die Abenteuer d'Artagnans konnten sich ebenso am spanischen Hof wie einige Jahrhunderte später am Hof Napoleons abspielen, und es hätte genügt, ein paar Einzelheiten zu modifizieren, um den Handlungsablauf stimmig und schlüssig zu erhalten; Constance Bonacieux war zwar eine Kammerzofe der Königin, sie hätte aber ebensogut eine Dame des Hofes sein können, den Bericht der Ereignisse hätte das wenig berührt. Kurz, d'Artagnan ist eine »disponible« Figur, für viele Übersetzungen offen. Ganz anders, zum Beispiel, Julien Sorel. Die Handlungen (das Handlungsfeld) und die Empfindungen (das Empfindungsfeld) Juliens sind kaum von den historischen Konnotationen und von dem moralischen Klima Frankreichs in der Restaurationszeit abzulösen. Doch gerade weil diese Geschichte in so komplexer Weise individuell ist, gerade weil die Verknüpfungen so einmalig sind, daß sie zu lebendigen Zeichen werden (die Lebensverhältnisse und Charaktere von Louise Rênal und Mathilde de La Mole sind weder austauschbar noch übertragbar), hat Stendhals Erzählung innere Notwendigkeit und wird der Typus Julien »universal« (im bereits erläuterten Sinn).[26] Julien Sorel, ein Geschöpf der Kunst, wird zu einer *Kategorie der Moralität.* D'Artagnan dagegen steht für eine *Kategorie der Einbildungskraft:* er läßt sich als visuelles, malerisches Prädikat einsetzen. Eine Art des Sichbewegens, Sichverhaltens kann »nach d'Artagnan aussehen«, und zwar so lange, als man nicht nach den Gründen für dieses Sichbewegen, Sichverhalten fragt. Julien Sorel jedoch legt eine Existenzweise fest.

Wir werden also eine solche Erzählung als Kunstwerk definieren, die Figuren hervorbringt, welche zu »Musterbeispielen« und Sinnbildern gerinnen können, die repräsentativ für das Urteil über unsere Erfahrungen werden. In allen anderen Werken können einzig »Typen« vorkommen. Nützlich und harmlos wie sie sind, wirken sie als Muster der Einbildungskraft, die sich im Eindruck aufbrauchen, und ihre Anwendung hat etwas von dem erfinderischen Glück, mit dem aus einem Lebensanlaß eine Erzählsituation gewonnen wird. Man sollte sie daher besser als *topoi* bezeichnen, als *Örter,* die sich leicht in Konventionen überführen und mühelos brauchen lassen. Der *Topos* als Muster der Einbildungskraft wird vorzüglich dort eingesetzt, wo eine Erfahrung von uns eine Lösung verlangt und die ins Gedächtnis gerufene Figur an die Stelle eines kompositorischen Akts der Einbildungskraft tritt; er entlastet uns davon, selber erfinden zu müssen. So mögen ein dunkler Korridor, eine schwach beleuchtete Straße, eine im Nebel kaum sichtbare Laterne die Phantasie anregen; in vergnügter Oberflächlichkeit mögen wir uns daran ergötzen, uns Fantômas vorzustellen, wie er auf den Trottoirs von Paris davonhastet – die Situation war bereits erfunden und wird von uns lediglich zitiert, angewandt. Es ist jedoch ein anderer Gebrauch derselben Situation ebenfalls denkbar: Dieselbe dunkle Straße kann in uns die Erinnerung an den Mord wachrufen, der an Josef K. begangen wurde.

Der Rekurs auf das Topische und die Sensibilität der Décadence

Der Gebrauch des literarischen Orts als Ersatz für die Erfindung hat mit dem Spiel insofern etwas gemeinsam, als er von der Kunst verschieden ist: Das spielende Kind *transformiert* eine Sache in eine andere, es schafft jedoch nichts Neues.[27] Nun gehört gerade zum alexandrinischen Habitus der Rückgriff auf das künstlerische Produkt und dessen Applikation als Form auf das Leben, nicht um das Leben besser zu verstehen und somit auf es einzuwirken, und nicht um die Erinnerung an die Kunst in Gang zu halten, indem sie in die aktive Sequenz des praktischen Verhaltens eingefügt wird, sondern um das Leben in Kunst aufzulösen und zum Stillstand zu bringen, in einer Wahrnehmung als Selbstzweck, in einer Offenbarung, und sie ins Gedächtnis eingehen zu lassen. Auch der Rekurs auf die Kunst wird so zur kostbaren Wiedererinnerung eines kulturellen »Ortes«, der eine Forderung der faul gewordenen Einbildungskraft erfüllt. Für den Décadent verdünnt sich der Rekurs aufs Typische zu einem Rekurs aufs Topische, auf die künstlerische Erfahrung, ohne sie freilich auf das Leben zurückzubeziehen, aus dem sie hervorging und auf das sie verweist. Es ist ein Merkmal alexandrinischer Epochen, über die Bücher und nicht über das Leben nachzudenken, über Bücher und nicht über Dinge zu schreiben, das Leben aus zweiter Hand zu erleben, indem sein Bild den Hervorbringungen der Imagination entlehnt wird, und häufig mit den Phantasien anderer zu phantasieren. Nicht die formbildende Kraft, sondern der Filter des *Topos* verleiht der Erfahrung Gestalt. In

D'Annunzios Roman *Il Piacere*²⁸ gibt es keine Seite, auf der die Erlebnisse des Protagonisten, Andrea Sperelli, nicht durch Anspielungen und Referenzen konturiert und beglaubigt würden: »Constanza Landbrook [...] erschien wie ein Geschöpf von Thomas Lawrence«; Elena Muti »erinnerte mit ihren anmutigen Gesichtszügen an bestimmte Frauenprofile auf den Zeichnungen des jungen Moreau, auf den Vignetten von Gravelot«; Andrea selbst gemahnt Elena wegen seines jungenhaften Mundes »aufgrund eines einzigartigen Zufalls an das Porträt des unbekannten Edelmanns in der Galleria Borghese«. In all diesen Fällen und in anderen mehr fungiert der Verweis als Ersatz für eine eigenständige evozierende Beschreibung. Häufig ist die Assoziation der Erfahrung mit dem zitierten Ort gänzlich beliebig. Die Örter verlieren ihre Individualität und werden zu Ornamenten einer immergleichen Stimmung – der von Andrea Sperelli: »Rom erschien in einer ganz hellen Schieferfarbe, mit unbestimmten Umrissen, wie auf einem ausgewaschenen Gemälde, unter einem Himmel von Claude Lorrain, feucht und frisch [...].« Andrea Sperelli ist das typische Beispiel eines Décadent, der auf das Topische rekurriert: eine Figur, die sozusagen nur aus dem besteht, was ihr Urheber gelesen hat.

Am Anfang von *Dans un mois dans un an* von Françoise Sagan befindet sich einer der Protagonisten, Bernard, in einem literarischen Salon und bewundert schweigend die geliebte Dame: Josée. Während er sie betrachtet und sich vornimmt, ihr seine Liebe zu gestehen, hört er, wie der Pianist eine schöne, zarte Musik spielt, »avec une phrase légère qui revenait sans cesse [...]«. In diesem Augenblick gewahrt Bernard, daß das musikalische Thema für ihn die Bedeutung einer Offenbarung annimmt, mit dem geliebten Objekt verschmilzt, mit seinem Wunsch zu lieben, mit dem Wunsch aller Männer, mit ihrer Jugend und ihrer Melancholie. Dieses Gefühl ist sehr dunkel und kaum spürbar, und der Leser wartet darauf, daß es geklärt werde. An diesem Punkt teilt die Autorin jedoch unvermittelt einen Gedanken Bernards mit: »Voilà, pensat-il avec exaltation – c'est cette petite phrase! Ah, Proust, mais il y a Proust; je n'ai rien à faire de Proust à la fin.«²⁹ Hier bricht die kurze Episode ab; der Zauber ist gebrochen, Bernard kehrt wieder ins Leben des Salons zurück. Wir wohnen in dieser Episode jedoch noch einem anderen, weniger offenkundigen Spiel bei, in dessen Verlauf Françoise Sagan sich schließlich mit Bernard identifiziert. Die Autorin hat zwar auf eine Gefühlsregung ihrer Figur aufmerksam gemacht, aber in dem Augenblick, da diese Gefühlsregung bekräftigt und vertieft werden sollte, weicht sie aus: »Wenn ihr wissen wollt, was Bernard beim Anhören dieses Themas empfunden hat«, so scheint sie uns anzudeuten, »erinnert euch an die Gefühle und Gedanken Swanns, als er das berühmte Thema der Sonate von Vinteuil hörte, wie Proust es uns im ersten Band der *Suche nach der verlorenen Zeit* erzählt.« Kurz, die Autorin hat, anstatt eine Situation zu schaffen, eine Situation geborgt. Sie hat nicht erzählt, sondern zitiert.[30] Vielleicht steckt dahinter, außer Unfähigkeit, noch etwas anderes, nämlich der Appell – aus Bequemlichkeit – an eine snobistische Komplizenschaft mit dem Snobismus des Lesers. Der Leser wird auf seine Erfahrungen mit einem anderen Buch hingewiesen, so wie es zwischen Menschen üblich ist, die »einander verstehen«. Auf diese Weise erzielt die Autorin ohne große Mühe ein Ergebnis. Sie brauchte keine Gefühlsregung »darzustellen« oder »zu erzeugen«, sondern verwies den Leser auf das »bereits vorgefertigte« Gefühl: Snobismus und Faulheit, Handel mit prestigebeladenen »Universalien«, eine typische Manifestation des *midcult*, wie ihn MacDonald beschrieben hat.

Wenn die Einbildungskraft produktiv sein will, muß sie auf vorgeprägte Muster verzichten[31]; nicht so das Handeln, das Muster und Beispiele nötig hat und das sich als um so lebendiger herausstellt, je lebendiger das Modell ist und je weiter dieses von der mnemotischen Formel oder vom Gesetzesartikel entfernt ist. Solche Lebendigkeit scheint sich im authentischen Rekurs auf den Typus zu verwirklichen.[32]

Anmerkungen

1 Francesco De Sanctis, *Lezioni e saggi del periodo zurighese: Paradiso, lez. XVI*, in: *Lezioni e saggi Su Dante*. Torino 1955, S. 603. Im Typus ist die Dualität von Form und abstrakter Idee bereits überwunden (»die Gattung darf sich nicht erhaben in sich selbst verschließen, wie ein müßiger Gott; sie muß sich umwandeln, zum Typus werden«; im Typus »durchdringt die Form das Wesen, sie wird identisch mit den Gedanken, der Gedanke existiert als Form«; vgl. a.a.O., S. 588–9). Beim Typus neigt der Leser jedoch dazu, das Individuum zu annullieren, um die Idee zurückzubehalten.

2 Benedetto Croce, *Estetica come scienza dell'espressione e linguistica generale*, Bari 1902, S. 39 [deutsch: *Ästhetik als Wissenschaft vom Ausdruck und allgemeine Sprachwissenschaft. Theorie und Geschichte*. Nach der 6. erweiterten italienischen Auflage übertragen von Hans Feist und Richard Peters, Tübingen 1930, S. 37.] Ein solcher Prozeß wurde von De Sanctis

gekennzeichnet, als er daran erinnert: »Es gibt Namen von Individuen, die sich nach und nach in Gattungsnamen oder Typennamen verwandeln, wie Don Quijote, Don Giovanni, Rodomonte, Tartuffe, usw. Ein Typus wird zunächst nur skizziert, bis er sich nach einer gewissen Zeit der Formung in einem Individuum vollständig verkörpert. Dieses wird zum Exemplar, das anschließend von anderen Dichtern entwickelt und vollendet wird, bis es vom Manierierten zum Überspitzten und von diesem zur mechanischen Reproduktion übergeht.« (De Sanctis, a.a.O., S. 518.)

3 Rede bei der Vollversammlung des Präsidiums des Sowjetischen Schriftstellerverbandes 1950.

4 »Jene Romantik, die dem Mythos zugrunde liegt, kann dazu dienen, eine revolutionäre Haltung gegenüber der Realität zu wecken, eine Haltung, die die Welt praktisch verändert.« Rede auf dem 1. Unionskongreß der Sowjetschriftsteller 1934. [Im Abdruck dieser Rede bei Fritz J. Raddatz (Hrsg.), *Marxismus und Literatur. Eine Dokumentation in drei Bänden,* Reinbek, b. Hamburg 1969, Band I, S. 335–346, findet sich die von Eco zitierte Passage nicht; vermutlich ist sie in dem früheren Aufsatz »Über Literatur« (1930) oder in »Über sozialistischen Realismus« (1933) enthalten. In der Rede Shdanows, ebenfalls auf dem Kongreß 1934 gehalten, findet sich folgende Stelle: »Ingenieur der menschlichen Seele zu sein, heißt mit beiden Beinen auf dem Boden des realen Lebens zu stehen und folglich mit der Romantik vom alten Typus, mit der Romantik, die ein nichtexistierendes Leben und nichtexistierende Helden darstellte und den Leser aus dem widerspruchsvollen und bedrückenden Leben in die Welt des Unwirklichen, in die Welt der Utopien führte, zu brechen. Für unsere Literatur, die mit beiden Beinen auf festem materialistischem Boden steht, kann es keine lebensfremde Romantik geben, sondern nur eine Romantik von neuem Typus, eine revolutionäre Romantik.« In: Raddatz (Hrsg.), a.a.O., Bd. 1, S. 351–352. *A. d. Ü.*]

5 Vgl. Karl Marx/Friedrich Engels, *Über Kunst und Literatur.* Zwei Bände, Berlin DDR 1967, Band 1, S. 157–158 [»Realismus bedeutet, meines Erachtens, außer der Treue des Details die getreue Wiedergabe typischer Charaktere unter typischen Umständen. [...] Der Realismus, von dem ich spreche, kann sogar den Ansichten des Autors zum Trotz durchbrechen.« Engels an Margaret Harkness, London, April 1888 (Entwurf); Engels führt als Beispiel Balzacs *Comédie Humaine* an.]

6 Bei der Analyse von Minna Kautskys Roman *Die Alten und die Neuen* sagt Engels über die Personen: »[...] jeder ist ein Typus, aber auch ein bestimmter Einzelmensch, ein ›Dieser‹, wie der alte Hegel sich ausdrückt, und so muß es sein.« (Marx/Engels, a.a.O., Band 1, S. 155; zu Lukács vgl. ders., *Karl Marx und Friedrich Engels als Literaturhistoriker,* Berlin 1948, ²1952; dort auch die Hinweise auf Hoffmann.

7 »In *Le curé du village* von Balzac findet sich das Folgende: Si le produit industriel n'était pas *le double en valeur de* son prix *de revient en argent,* le commerce n'existerait pas. Qu'en dis-tu?« (Brief an Engels).

8 »Verschluß des Geldes gegen die Zirkulation wäre gerade das Gegenteil seiner Verwertung als Kapital, und Warenakkumulation im schatzbildneri-

schen Sinn reine Narretei.« (Anm. 28a): »So ist bei Balzac, der alle Schattierungen des Geistes zu gründlich studiert hatte, der alte Wucherer Gobseck schon verkindischt, als er anfängt, sich einen Schatz aus angehäuften Waren zu bilden.« Karl Marx, *Das Kapital I*, Berlin 1966, MEW Bd. 23, S. 615.

9 Vgl. Luigi Pareyson, *Estetica: teoria della formatività*, Turin 1954, Kapitel VII (»Esemplarità dell'opera d'arte«).

10 [Aristoteles, *Poetik* (griechisch-deutsch) Leipzig 1979, sechstes Kapitel, S. 25: Tragödie: »die Nachahmung einer ernsten, in sich abgeschlossenen Handlung (praxis). [...] Die nachahmende Darstellung (mimesis) der Handlung ist die Fabel (des Stückes); darunter verstehe ich die Verknüpfung der Begebenheiten [...]. Am wichtigsten ist die Verknüpfung der Begebenheiten.« Ital. *intreccio*, engl. *plot*: Verknüpfung der Begebenheiten; Fabel des Stückes bei Aristoteles: *mythos*. *A. d. Ü.*]

11 Aristoteles, *Poetik*, IX. Kap.: »gemäß der inneren Wahrscheinlichkeit oder Notwendigkeit«. Zum Begriff des ›Wahrscheinlichen‹ bei Aristoteles vgl. Luigi Pareyson, »Il verisimile nella poetica di Aristotele«, in: ders., *L'esperienza artistica. Saggi di storia dell'estetica*, Milano 1974, S. 7–38.

12 Hier beginnt das komplexe Problem der Unterscheidung zwischen Verknüpfung der Begebenheiten und *Handlung*.

13 Über diese verschiedenen Arten, die Psychologie der literarischen Person darzustellen, vgl. die Klassifikation von Henri Pouillon, *Temps et roman*, Paris 1950.

14 Georg Lukács, »Die intellektuelle Physiognomie des künstlerischen Gestaltens« (1936), in: *Das Wort. Literarische Monatsschrift*, Moskau 4, 1936, S. 62–71; abgedruckt in: Georg Lukács, *Probleme des Realismus I. Essays über Realismus* (= *Werke*, Band 4), Neuwied und Berlin 1969, S. 152.

15 Lukács, a.a.O., S. 156.

16 Bei Lukács kommen häufig Wendungen wie »universal« oder »Wirklichkeit in ihrem Wesen« vor, die aufmerksam analysiert werden müßten.

17 Im Rückgriff auf die Terminologie, die in *Die Struktur des schlechten Geschmacks* vorgeschlagen wurde, sagen wir, daß in einem gelungenen Werk die syntaktische Ebene der Botschaft so zusammengefügt erscheint (als ein System von Relationen), daß jeder beliebige Leser auch in zeitlichem Abstand und in einem anderen geschichtlichen Zusammenhang die Grundelemente des Kodes wiedererkennen wird, auf dem das Werk aufgebaut ist. Auf diese Weise dringt er nochmals in die Welt des Autors ein, verwirklicht eine Geistesverwandtschaft, die es ihm erlaubt, einen Dialog mit dem Werk aufzunehmen.

18 [F. Scott Fitzgerald, *The Beautiful and the Damned* (1922), London 1983, S. 12: »Die Vergangenheit und die Person des Helden.« *A. d. Ü.*]

19 [Ernest Hemingway, »The Short Happy Life of Francis Macomber«, deutsch: »Das kurze glückliche Leben des Francis Macomber«, in: ders., *Schnee auf dem Kilimandscharo. 6 stories*. Autorisierte Übersetzung von Annemarie Horschnitz-Horst. Reinbek b. Hamburg 1961 S. 5–64. *A. d. Ü.*]

20 »Das modern-bürgerliche Denken löst die objektive Wirklichkeit in einen Komplex von unmittelbaren Wahrnehmungen auf.« (A.a.O., S. 173). Der

ungarische Kritiker greift diese Abwertung »avantgardistischer« Erzähltechniken in seiner Schrift *Il significato attuale del realismo critico* (Torino 1957, deutsche Ausgabe: *Wider den mißverstandenen Realismus*, Hamburg 1958) wieder auf: Erneut formuliert Lukács hier einen simplen Gegensatz zwischen realistischen und dekadenten Schriftstellern (als dekadent gelten Joyce, Kafka, Proust), wie er sich bereits in den Vorträgen abzeichnete, die er in Italien hielt [Vorträge an den Universitäten von Rom, Florenz, Bologna, Turin und Mailand im Jahre 1956 bildeten die Grundlage für die zuerst in italienischer Sprache erschienene Schrift *Il significato attuale del realismo critico*. A. d. Ü.] Für eine Reihe von scharfsinnigen Einwänden gegen diese Aburteilung moderner Erzähltechniken vgl. Roberto Barilli, »Lukács e gli scrittori di avanguardia«, in: *Il Mulino*, Mai 1958, S. 354.

21 In diesem Sinne ist Lukács zuzustimmen, wenn er sagt: »Die tiefe Kenntnis des Lebens beschränkt sich niemals auf die Beobachtung des Alltäglichen. Sie besteht vielmehr darin, aufgrund der Erfassung der wesentlichen Züge Charaktere und Situationen zu erfinden, die im Alltagsleben vollständig unmöglich sind, die jedoch jene wirkenden Kräfte und Tendenzen, deren Wirksamkeit das Alltagsleben nur verworren zeigt, in der Klarheit der höchsten und reinsten Wechselwirkung der Widersprüche aufzeigen.« (Lukács, »Die intellektuelle Physiognomie des künstlerischen Gestaltens« [1936], a.a.O., S. 160)

22 Eine Metapher, die durch das Zusammenfallen zweier Situationen ermöglicht wird.

23 Dieses Verständnis des Symbols muß umfassender sein als die strikt »symbolistische« Konzeption verschiedener zeitgenössischer Poetiken, für die das Symbol ein an sich bestimmtes Bild ist, das auf etwas Unbestimmtes und Unbestimmbares verweist.

24 Für eine Untersuchung der *topoi* in der abendländischen Tradition vgl. Ernst Robert Curtius, *Europäische Literatur und lateinisches Mittelalter*, Bern 1948, Kap. v (Topik) und VI (Göttin Natura).

25 Lewis Mumford hat das *idolum* analysiert, die ideologischen Vorstellungen und die möglichen Definitionen der Realität und des Lebens, die auf die mechanistische Weltauffassung (im 17. Jahrhundert) folgten. Er schließt mit der Bemerkung, daß jener Teil der Welt, den die neue Wissenschaft erklärte, derjenige Calibans war, der zum Maß des neuen Menschen geworden war: »[...] diese neue Welt hatte weder für das Göttliche noch für das Menschliche Platz; sowohl Ariel als auch Prospero waren aus ihr verbannt.« (*The Condition of Man*, New York 1948.)

26 In der »Einleitung« zur *Kritik der politischen Ökonomie* (1857) (*MEW* 13, S. 640–642) identifiziert Marx die Schwierigkeit einer materialistischen Ästhetik nicht in dem Umstand, daß Kunst und Epos der Griechen »an gewisse gesellschaftliche Entwicklungsformen geknüpft sind«, sondern in der Erklärung, wie und warum diese Kunst uns immer noch »Kunstgenuß gewähren und in gewisser Beziehung als Norm und unerreichbares Muster gelten« kann, auch für jemanden, der sich in einer ganz anderen geschichtlichen Lage befindet. Allerdings scheint uns, anders als Marx, die Lösung nicht in der Sehnsucht nach einer »nie wiederkehrenden Stufe« der »geschichtlichen

Kindheit der Menschheit« zu liegen, sondern in einer strukturalen Ästhetik: Wie Francis Fergusson sagt (a.a.O.) hindert uns der Umstand, daß wir weder die Feste des Dionysos, aufgrund deren Sophokles den *König Ödipus* schrieb, noch die rituellen Bedeutungen der Tragödienform kennen, nicht daran, die Tragödie zu genießen und die intensive Lebendigkeit der Person wahrzunehmen, da sich durch die Fabel und die Worte hindurch ein bestimmter »darstellbarer Rhythmus des Lebens und Handelns« entfalte, der uns auch heute noch berühre. Dieser Rhythmus entspricht dem, was wir in einer früheren Anmerkung syntaktische Organisation nannten, in dem Sinne, daß er uns über den Kode orientiert, nach welchem das Werk zu lesen ist.

27 Vgl. Ernst Cassirer, *An Essay on Man*, New Haven 1944 [deutsch: *Was ist der Mensch*. Übersetzt von Wilhelm Krampf. Stuttgart 1960.] Unter Voraussetzung einer Erfindungskraft, eines Vermögens der Erfindung, der Personifikation sowie der Produktion sinnlich wahrnehmbarer Formen ordnet das Kind das von der Wahrnehmung gelieferte Material neu und mischt es neu, verteilt es neu, stellt jedoch keine neuen Formen her. Siehe dazu die Ausführungen über *le bricolage* [das Basteln] in »Die Struktur des schlechten Geschmacks«.

28 [Gabriele D'Annunzio, *Il piacere* (1899); deutsch: *Lust*. Übersetzt von Maria Gagliardi, Berlin 1902. A.d.Ü.]

29 [»avec une phrase légère qui revenait sans cesse«: »mit einem zarten, unablässig wiederkehrenden Thema«; »Voilà – pensa-t-il avec exaltation – c'est cette petite phrase! Ah, Proust, mais il y a Proust; jen'ai rien à faire de Proust à la fin [...]«: »Das ist doch jenes kleine Thema – dachte er überschwänglich. Ach Proust, da gibt es doch Proust; schließlich habe ich nichts mit Proust zu tun« (Anspielung auf das »kleine Thema« der Sonate von Vinteuil, das in *Eine Liebe von Swann* und Odette spielt; vgl. unten. A.d.Ü.]

30 Solche Schwächen kommen sogar bei Balzac vor. In fünften Kapitel von *Une ténébreuse affaire (Eine dunkle Affäre)* beruft der Autor sich auf eine Figur von Walter Scott, um Lorenza de Cinq-Cygnes zu beschreiben, nämlich auf Diana Vernon in dem Roman *Rob Roy:* »Diese Erinnerung kann dazu beitragen, Lorenza zu verstehen, wenn man den Eigenschaften der schottischen Jägerin die verschlossene Überspanntheit von Charlotte Corday hinzufügt, dabei allerdings die reizende Lebhaftigkeit beiseite läßt, die Diana so anziehend macht.«

31 Diese Bemerkungen gelten ausschließlich für die Aktionskünste. Der Gebrauch, den eine bestimmte zeitgenössische Lyrik von »Örtern« und Personen macht, hat einen anderen Sinn: Hier wird die Anstrengung nicht umgangen, sondern in der Konstruktion einer anspielungsreichen Beziehung zwischen *topoi*, im Spiel der Verweisungen und in der »Gedankenmusik« vollzogen. Man denke zum Beispiel an Eliot. Im übrigen kann sich die Poesie durchaus eine Ausdrucksweise erlauben, die ausschließlich aus literarischen *topoi* besteht: In *Keepsake* (Le occasioni) beschränkt sich Montale darauf, verschiedene Figuren aus berühmten Operetten aufzuzählen (Fanfan kehrt als Sieger zurück; Molly verkauft sich auf der Auktion).

32 Die Diskussion könnte in dem Rahmen, in dem sie hier geführt wurde, den Gedanken nahelegen, eine Realisierung des »Typus« liege in den gewöhnlich als »hohe« oder »gebildete« Kunst verstandenen Manifestationen vor, während in der Konsumliteratur lediglich mehr oder weniger gelungene *topoi* vorkämen. In »Lektüre von ›Steve Canyon‹« haben wir selbst die Hypothese vorgebracht, daß es für einen bestimmten Typus der populären Erzählweise (im vorliegenden Fall: des *Comic strip*) unerläßlich ist, mit konventionellen Charakteren zu arbeiten (d.h. mit genormten »Örtern«, die der Erzählung vorangehen, so wie im Grunde das Muster des Gascogners d'Artagnan den *Drei Musketieren* vorangig, und so wie die Gefühlsregung Swanns der Gefühlsregung Bernards bei Françoise Sagan voranging). Dennoch sind hier zwei Klärungen vonnöten. Die Anwendung des *topos* muß ein künstlerisches Ergebnis nicht unbedingt verhindern; es war von allegorischen Gedichten die Rede, die mit Sinnbildern arbeiten, und im Grunde gründet die gesamte Fabeldichtung auf *topoi* (der schöne und edle Prinz, die Fee, die Hexe, das ungehorsame Kind usw.). Durchaus plausibel ist die Hypothese, daß jede Erzählung, die zum Zweck praktischer Nutzanwendung mit *topoi* arbeitet, lediglich pädagogisch »konservative« Botschaften mitteilt; der *topos* ist vorgängig festgelegt, deshalb spiegelt er eine Ordnung, die es schon vor dem Werk gegeben hat; allein ein Werk, das *ex novo* einen Typus schafft, vermag eine Weltansicht und ein Lebensprogramm vorzuschlagen, die über die gegenwärtigen Sachverhalte hinausweisen. Die Lektüre zeitgenössischer Comics, eines großen Teils der Krimiliteratur und eine Analyse des Fernsehens könnten diese Hypothese erhärten. Tatsache ist aber auch, daß in einigen anderen Fällen (beispielsweise in bestimmten Science-fiction-Erzählungen) der konventionelle *topos* (der Weltraumheld, das Ungeheuer mit den Insektenaugen – ein so weitgehender *topos*, daß er heute in der kritischen Science-fiction-Literatur mit einer Abkürzung versehen wird: BEM, *bug-eyed monster* –, der intergalaktische Technokrat oder der verrückte Wissenschaftler) zum konstitutiven Bestandteil einer Allegorie wird, die Züge des Bruchs und des Entwurfs annimmt, im Gegensatz zu einer bloßen Bestätigung des Faktischen. Doch in diesen Fällen spielt die Person keine zentrale Rolle, vielmehr wird sie zum Vorwand, um eine Ereigniskette mit einer klaren lehrhaften Funktion vorzuführen. Die Schlußfolgerung wäre, daß jedesmal dann, wenn die fiktionale Person (als reiner Topos) zum expliziten Zweck der Erzählung wird, das Werk bloß äußerliche Lebensmodelle darstellt, in denen der Leser sich wiederzuerkennen glaubt, während er in Wirklichkeit einen Aspekt seiner Persönlichkeit auf sie projiziert. Der Aufsatz über Superman definiert das Bild eines *topos*, dessen »Unwahrscheinlichkeit« gerade in der konsequenten Manipulierung des *plot* begründet liegt: Das Erzählschema stützt und begründet die Konventionalität der Person.
Schließlich ist daran zu erinnern, daß gelegentlich auch im Umkreis populärer Erzählweisen eine vorgeblich konventionelle Person zum Typus geworden ist, dank einer besonderen Erzählstruktur, einem System von Wiederholungen und Leitmotiven. Dies scheint etwa bei der Figur von Charlie Brown der Fall zu sein.

Der Mythos von Superman

I.

Das Thema, mit dem wir uns befassen wollen, verlangt eine vorläufige und einigermaßen schlüssige Definition der »Mythisierung« als unbewußte Symbolisierung, als Identifikation des Objekts mit einer Gesamtheit von nicht immer bewußten Zielen, als bildliche Projektion von Neigungen, Hoffnungen und Ängsten, die wir sowohl bei Individuen als auch bei Gemeinschaften und ganzen Geschichtsepochen beobachten können.
Spricht man von unserer Zeit als einer Ära der »Entmythisierung« und bringt dabei diesen Begriff mit der Krise des Sakralen und mit der Symbolverarmung jener Vorstellungen zusammen, in denen wir, gestützt auf eine feste ikonologische Überlieferung, verbindliche, geheiligte Bedeutungen zu finden gewohnt waren, so ist damit insbesondere die allmähliche Auflösung eines zur Institution gewordenen Symbolrepertoires gemeint, das für das frühe und das mittelalterliche Christentum charakteristisch war (und das vom gegenreformatorischen Katholizismus in gewissem Grade wiederholt wurde). Dieses Repertoire erlaubte es, die Begriffe einer Offenbarungsreligion ziemlich eindeutig in Bilder zu übersetzen – die begrifflichen Elemente der Religion wurden, *per speculum in aenigmate,* in eine Anschauungssprache übertragen, die zu verstehen auch denen möglich war, die theologisch ungeschult waren. Dies lag unstreitig im Interesse der Kirche, wie die zahlreichen Konzile bezeugen, die sich mit dem »Bilderproblem« befaßten.
Halten wir fest: Die »Mythisierung« der Bilder war eine institutionelle Tatsache; sie wurde ›von oben‹ verordnet; kodifiziert wurde sie von Männern der Kirche, wie dem Abbé Suger, die sich ihrerseits auf ein in der Bibelhermeneutik seit Jahrhunderten verankertes Symbol- und Allegorierepertoire beriefen, das schließlich vulgarisiert und von den großen Enzyklopädien der Zeit, den Bestiarien und Lapidarien, verbreitet und in ein System gefaßt wurde.

Zweifellos jedoch hat, wer den gesellschaftlichen Wert und die allgemeine Bedeutung bestimmter Bilder festlegte, mythenbildende Tendenzen des Volkes interpretiert, indem er die ikonische Aura archetypischer Vorstellungsgehalte ›zitierte‹ und einer umfassenden mythologischen und ikonographischen Tradition Zeichenelemente entlieh, die in der Volksphantasie nunmehr mit bestimmten psychologischen, moralischen und übernatürlichen Konstellationen in Verbindung gebracht wurden.[1] Allmählich wanderten die symbolischen Identifikationen in die Alltagserfahrung ein. Sie wurden populär: Bestandteile einer allgemeinen Gefühls- und Empfindungsweise, so daß es zunehmend schwieriger wurde, zwischen »gelenkter« und »spontaner« Mythenbildung zu unterscheiden (die Ikonographie der mittelalterlichen Kathedralen ist voll von Beispielen). Im Grunde allerdings orientierte sich diese Mythenbildung an den kulturellen Einheitskoordinaten, die auf Konzilen sowie in den *summae* und in den Enzyklopädien festgeschrieben worden waren (und wurden) und die durch die Hirtentätigkeit der Bischöfe und die Erziehungsanstrengungen der Klöster und Abteien verallgemeinert wurden.

Die Krise dieses Amalgams aus Bildern, historischen Wahrheiten, übernatürlichen Bedeutungen, also der »Verschleiß« der sakralen Sinngehalte, deren Träger Statuen oder gemalte Figuren waren, und die Verweltlichung ikonographischer Elemente, die nach und nach zum Vorwand formaler Übungen verkamen (oder der Übermittlung anderer Bedeutungen dienten, obwohl sie scheinbar immer noch an das Zeichensystem einer Offenbarungsreligion gebunden waren), gingen einher mit der Krise einer Systematik und einer ganzen Kultur. In dem Augenblick, da neue Methodologien die traditionale Weltansicht erschüttern und eine auf Revision und Zweifel gegründete Forschung sich durchzusetzen beginnt, zerfasert die Beziehung zwischen dem Bilderrepertoire und dem Repertoire philosophischer, theologischer und historischer Bedeutungen – die festen Verbindlichkeiten erlöschen.

Daß sich jedoch der Prozeß der »Mythisierung« der Bilder nicht mit dem historisch sehr begrenzten Prozeß der Gleichsetzung von Bildern und institutionalisiertem Wahrheitskorpus deckte, wird an den Versuchen der modernen Kunst augenfällig, angesichts des Zerfalls der *objektiven Symbole*, auf denen die klassische und die mittelalterliche Kultur beruhten, *subjektive Symbole* zu schaffen. Genau besehen sind Künstler immer Schöpfer symbolischer Bedeutungen gewesen. Und wo dies nicht absichtlich geschah, sind ihre

Bilder oder Werke von denen, die sie anschauten oder lasen, jedenfalls mit solchen Bedeutungen versehen oder zum Symbol bestimmter Situationen und Werte erwählt worden: zu ikonischen Äquivalenten für intellektuelle oder emotionale Befindlichkeiten. So gab es, beispielsweise, Symbole der Liebe, der Leidenschaft, des Ruhms, des politischen Kampfs, der Macht, der Revolte. Insbesondere die zeitgenössische Lyrik hat die subjektive Symbolbildung weit vorangetrieben, die zu entziffern nur noch Lesern gelingt, die sich in den Imaginationsbahnen des Dichters zu bewegen imstande sind: im inneren Laboratorium des Künstlers. Symbole dieser Art sind die drei Bäume bei Proust, das Vogelmädchen bei Joyce, die Flaschenscherben bei Montale. Und selbst in den Fällen, in denen der Dichter aus einem traditionellen Symbolrepertoire schöpft (Mann, Eliot), pflanzt er den alten mythischen Bildern eine neue symbolische Substanz ein. Deren Universalisierung überläßt er den Mitteilungskräften der Poesie. Anders ausgedrückt: Er will eine bestimmte neue Weise des Empfindens und Sehens *begründen*, da die gewohnte, eingeschliffene ihm zerstört, ihre Universalität ihm unwiederbringlich verloren erscheint.

Symbole und Massenkultur

Nun gibt es heute allerdings Bereiche, in denen man eine Universalität des Empfindens und Sehens auf populären Grundlagen wiederhergestellt hat, so vor allem in den Massenmedien, wo sich ein eigentümliches Wertesystem, das hinreichend beständig und umfassend ist, durch Mythenproduktion, deren Arbeitsweise wir untersuchen wollen, in einer Reihe von Symbolen konkretisiert hat, die sowohl von der Kunst als auch von der Technik angeboten wurden. Tatsächlich können wir in der gegenwärtigen Massengesellschaft, im Zeitalter der industriellen Zivilisation Mythisierungsprozesse beobachten, die mit denen in primitiven Gesellschaften verwandt sind, obwohl sie am Anfang oft jener Mechanik der Mythenbildung folgen, welche die modernen Dichter in Gang gesetzt haben. D. h. es handelt sich um die ursprünglich private, subjektive Identifikation eines Objekts oder eines Bilds mit einem Ensemble bald bewußter, bald unbewußter Ziele, so daß Bild und Ziel zu einer Einheit verschmelzen (die an die magische Einheit erinnert, aus welcher der Primitive seine Mythen schöpfte).
So wie der auf die Wand der prähistorischen Höhle gezeichnete

Bison mit dem echten Bison »identisch« wurde und dem Maler den Besitz des Tieres durch den Besitz des Bildes sicherte, das Bild also eine sakrale Aura annahm, so fungiert heute das Automobil als Zeichen des ökonomischen *Status,* mit dem es schließlich verschmilzt. Die moderne Soziologie, von Veblen bis zu den populären Analysen von Vance Packard, hat mit guten Argumenten dargetan, daß die sogenannten »Statussymbole« in einer Industriegesellschaft mehr und mehr mit dem Status selbst gleichgesetzt werden: Einen Status erlangt haben heißt, eine bestimmte Automobilmarke, ein bestimmtes Fernsehgerät, einen bestimmten Haustypus mit einem bestimmten Typus von Swimming pool sein eigen nennen. Zugleich wird jedes der Besitzelemente – Automobil, Kühlschrank, Haus, Fernseher – zum sichtbaren, greifbaren Symbol der Gesamtsituation. Der Gegenstand ist die gesellschaftliche Situation *und* deren Zeichen, das übrigens nicht nur für ein konkretes, erstrebenswertes Ziel steht, sondern gleichzeitig das rituelle Symbol, das mythische Bild ist, in dem sich die Hoffnungen und Wünsche verdichten[2]: die Projektion dessen, was wir sein möchten. Mit anderen Worten, der Gegenstand ist nicht länger Ausdruck der Persönlichkeit, sondern das Mittel ihrer Aufhebung – sie verschwindet in ihm. Deshalb sprechen wir im Zusammenhang damit von Mythenproduktion. Und sie trägt Züge der Universalität, weil an ihr die Gesellschaft insgesamt beteiligt ist. Dies gilt in doppelter Weise: Sie ist einerseits Schöpfung ›von unten‹, andererseits Suggestion ›von oben‹. Um bei unserem Beispiel zu bleiben: Daß ein Automobil zum Statussymbol wird, hat seinen Grund nicht allein in unbewußten mythenschaffenden Neigungen der Massen, sondern auch in den bewußten Zugriffen der Industriegesellschaft (die auf steigende Produktion und beschleunigten Konsum angewiesen ist) auf diese unbewußten Strebungen. Die Abbés Suger unserer Zeit, die mythische Bilder schaffen und zu verbreiten suchen, indem sie sie in der Sensibilität der Massen verwurzeln, sind die Forschungsbüros der Großindustrie und die Werbefachleute der Madison Avenue, denen die populäre Soziologie das vielsagende Epitheton »geheime Verführer« angeheftet hat.

In Anbetracht dieser neuartigen Version der Mythenbildung erscheinen uns zwei Vorhaben als besonders dringlich: erstens Erforschung der *Ziele,* die das Bild verkörpert, d.h. dessen, *was auf das Bild folgt;* zweitens *Entmystifizierung,* d.h. die Bestimmung dessen, *was hinter dem Bild steckt,* also nicht nur der unbewußten Bedürfnisse, die es begünstigt haben, sondern auch der bewußten

Postulate einer paternalistischen Pädagogik, einer insgeheimen Überzeugung, die mit ökonomischen Zwecken besetzt ist.[3]
In der Produktion der Massenmedien und insbesondere in der Industrie der Comic strips haben wir ein offenkundiges Beispiel für »Mythisierung« vor uns. Offenkundig deshalb, weil hier ein populäres mythologisches Repertoire im Spiele ist, das industriell betrieben, d. h. von einer Industriebranche erzeugt und eingesetzt wird, die im übrigen sehr empfindlich auf die Stimmungen des Publikums reagiert, dessen Nachfrage sie zu befriedigen hat.
Daß diese *Massen*literatur eine Überredungs- und Überzeugungskraft gewonnen hat, die nur mit jener der großen, von einer ganzen Gemeinschaft geteilten mythologischen Entwürfe vergleichbar ist, läßt sich anhand einiger höchst aufschlußreicher Episoden verdeutlichen. Dazu braucht man nicht erst an die Moden zu erinnern, die sie immer wieder ausgelöst hat, an die zahllosen gewerblichen Produkte, die sie beflügelt hat, an die Uhren, deren Zifferblätter mit dem Bild eines der geläufigen Helden geschmückt sind, an die Krawatten und an die Nippsachen; vielmehr ist an die Fälle zu denken, in denen die gesamte öffentliche Meinung sich hysterisch in imaginäre, von einem Comic-Autor inszenierte Konstellationen vertieft hat, als ob es um Tatsachen ginge, welche die Gemeinschaft unmittelbar betreffen: vom Raumflug bis zum atomaren Konflikt. Ein typisches Beispiel dafür bietet die Figur Terrys, die von Milton Caniff gezeichnet wurde. Terry, ein Abenteurer, dessen Erlebnisse 1934 begannen, mit wechselhaften Schicksalen auf den Meeren um China, war alsbald zum Idol des amerikanischen Publikums geworden. Bei Kriegsausbruch nun erschien es angebracht, ihm seine Unschuld zurückzugeben (die er niemals besessen hatte): Er wurde in einen regelrechten Frontkämpfer verwandelt und nährte so die Phantasie sowohl der Soldaten an der Front als auch der zu Hause wartenden Familien. Das Publikum identifizierte sich mit den Figuren Caniffs derart nachhaltig, daß in dem Augenblick, da er aus erzählerischen und aus politischen Gründen über das Schicksal Burmas (einer faszinierenden Abenteuerin, die sich mit den Japanern eingelassen hatte) entscheiden mußte, dies sogar die Militärbehörden interessierte. In Burma begegneten sich zwei gleichstarke Mythen – ein patriotischer und ein sexueller. Burma war schön und rätselhaft, und sie verkörperte die Verheißungen einer zweideutigen und »verfluchten« Sexualität. Ursprünglich konzipiert als Reinkarnation des Vamp, genauer: der *belle dame sans merci*, geriet sie jetzt in die Rolle der Feindin des Landes, das im Krieg stand

und dessen positives Symbol Terry war. So wurde der Problemfall Burma zum Auslöser einer Kollektivneurose, die schwer zu heilen war. Daß Terry auf den Kriegsschauplatz befördert wurde, war sogar den seriösen Zeitungen eine Notiz wert, und der Stab der amerikanischen Luftwaffe schickte offiziell eine Karte mit einer Matrikelnummer. – Ein anderes Beispiel: Als Caniff eine Figur, die bis dahin im Hintergrund geblieben war (ein Mädchen namens Raven Sherman), mit markanten Attributen auszustatten begann, wandelte sie sich im Zusammenspiel mit den Sehnsüchten des Publikums langsam zu einem Symbol der Tugend, der Anmut und der Tapferkeit. Raven entzückte breite Leserschichten – bis Caniff sie sterben ließ. Die Reaktionen übertrafen alle Erwartungen: Die Zeitungen brachten die Trauernachricht, Studenten der Universität Loyola veranstalteten eine Schweigeminute, und am Tag der Beerdigung mußte Caniff am Radio seine Handlungsweise rechtfertigen.[4] – Als Chester Gould, Autor der Figur Dick Tracy, den Gangster Flattop sterben ließ, brach ebenfalls eine öffentliche Hysterie aus – Flattop hatte die Bewunderung des Publikums in geradezu krankhafter Weise auf sich gezogen. Ganze Gemeinden brachten ihre Trauer zum Ausdruck, der Autor wurde mit Telegrammen überschwemmt, in denen er nach den Gründen für seine Entscheidung gefragt wurde.

In diesen und anderen Fällen geht es nicht nur um Enttäuschung oder um anhängliche Leser, die sich einer Figur beraubt sehen, welche für sie eine Quelle des Vergnügens, der Unterhaltung und Anregung bildete. Man kennt übrigens ähnliche Beobachtungen vom letzten Jahrhundert, Briefe von Lesern an die Autoren der Zeitungsromane, etwa an Ponson du Terrail, in denen gegen den Tod einer sympathischen Figur protestiert wurde. Im Zusammenhang der Comics handelte es sich jedoch um massenhafte Reaktionen, um den Aufschrei einer Gemeinde von Gläubigen, die den Gedanken nicht ertragen konnte, daß mit einem Schlag ein Symbol verschwinden sollte, das bis zuletzt ihre Hoffnungen gebündelt hatte. Die Hysterie geht auf die Enttäuschung einer Empathiewirkung zurück, darauf, daß der physische Träger notwendiger Projektionen fehlt. Das Bild stürzt ein, und damit stürzen auch die Ziele, die das Bild symbolisierte. Die Gemeinde der Gläubigen gerät in eine Krise, die nicht nur eine religiöse, sondern auch eine psychische ist. Das Bild hatte den Individuen als seelischer Stabilisator gedient.

Der Mythos von Superman

Ein symbolisches Bild von besonderem Interesse ist das von Superman. Der mit übernatürlichen Kräften ausgestattete Held ist in der populären Vorstellungswelt eine Konstante – von Herkules zu Siegfried, von Roland über Pantagruel bis zu Peter Pan. Häufig erscheinen seine übernatürlichen Kräfte als die erhabene Verwirklichung eines natürlichen Vermögens: Schlauheit, Schnelligkeit, Tüchtigkeit oder spitzfindige Intelligenz und ausgeprägter Beobachtungsgeist wie bei Sherlock Holmes. Doch in einer nivellierten Gesellschaft, in der psychische Störungen, Enttäuschungen, Minderwertigkeitsgefühle an der Tagesordnung sind, in einer Industriegesellschaft, die den Einzelnen seiner Besonderheit enteignet zugunsten einer förmlichen Organisationsgewalt, die für ihn entscheidet, und in der individuelle Kraft, wenn sie nicht im Sport geübt wird, angesichts der Kraft der Maschine, die für den Menschen handelt und die ihm sogar seine Bewegungen vorschreibt, lächerlich wird – in einer solchen Gesellschaft muß der positive Held die Selbständigkeitswünsche und Machtträume, die der einfache Bürger hegt, aber nicht befriedigen kann, geradezu exzessiv auf sich versammeln.

Superman ist der geeichte Mythos für diese Bürger. Superman ist kein irdisches Wesen, er gelangte als kleines Kind vom Planeten Krypton auf die Erde. Krypton stand vor der Zerstörung durch eine kosmische Katastrophe, und Supermans Vater, ein begabter Wissenschaftler, rettete seinen Sohn, indem er ihn einem Raumschiff anvertraute. Obwohl auf der Erde herangewachsen, ist Superman mit übermenschlichen Gaben ausgestattet. Er fliegt mit Lichtgeschwindigkeit durch den Raum, und wenn er schneller als das Licht reist, überwindet er die Zeitmauer und vermag sich in andere Epochen zu versetzen. Mit der Kraft seiner Hände verwandelt er Kohle in Diamant. Er kann in wenigen Sekunden einen ganzen Wald abholzen, Bäume in Bretter verwandeln und daraus ein Dorf oder ein Schiff bauen; er kann Berge durchbohren, Ozeandampfer emporheben, Staudämme errichten oder einreißen. Sein Gesichtssinn, geschärft von X-Strahlen, erlaubt es ihm, aus fast unbegrenzter Distanz durch Körper hindurchzusehen und mit seinem Blick Metallgegenstände zum Schmelzen zu bringen. Sein hochempfindliches Gehör nimmt Gespräche von jedem beliebigen Punkt aus auf. Er ist schön, tugendhaft und hilfsbereit; sein Leben ist dem Kampf gegen das Böse geweiht, die Polizei hat in ihm einen unermüdlichen Helfer.

Gleichwohl lädt das Bild von Superman die Leser zur Identifikation ein. Er lebt nämlich in Wirklichkeit als der Journalist Clark Kent unter den Menschen, und Kent ist furchtsam, schüchtern, durchschnittlich intelligent, ein wenig linkisch, kurzsichtig und der herrschsüchtigen und begierigen Kollegin Lois Lane hörig, die ihn jedoch verachtet, da sie leidenschaftlich in Superman verliebt ist. Diese Doppelidentität erlaubt, die Erzählung der Abenteuer, die Zweideutigkeiten, die Theatercoups, einen gewissen *suspense* des Kriminalromans vielfältig zu variieren. Zugleich begünstigt und befördert sie die Mythenbildung, denn Clark Kent personifiziert hinreichend typisch den durchschnittlichen Leser, er ist diesem ähnlich und nährt dessen geheime Hoffnung, eines Tages die Fesseln der Mittelmäßigkeit, die ihn an seine Lebensverhältnisse binden, abstreifen zu können: von einem Biedermann zu einem Weltbeweger zu werden.

Mythenstruktur und Romankultur

Die mythologische Konnotation der Person steht also fest. Betrachten wir nun die Erzählstrukturen, mit denen der »Mythos« täglich oder wöchentlich dem Publikum dargeboten wird. Es gibt nämlich einen grundlegenden Unterschied zwischen einer Gestalt wie Superman und, beispielsweise, den Helden der klassischen oder der nordischen Mythologie oder den Leitfiguren der Offenbarungsreligionen. Das traditionelle religiöse Bild war das einer Person göttlicher oder menschlicher Herkunft, die in ihren zeitlosen Eigenschaften und in einem unumkehrbaren Ereignisablauf festgehalten blieb. Zwar mochte es hinter der Person, außerhalb des Ensembles von charakteristischen Merkmalen und Eigenschaften, auch noch eine Geschichte geben; aber diese Geschichte war einer bestimmten Entwicklung gemäß definiert und legte die Physiognomie der Person in einer endgültigen Weise fest. Wählen wir als Beispiel eine griechische Herkulesstatue. Ob sie nun Herkules darstellt oder eine Szene der Herkulesarbeiten, in beiden Fällen – im zweiten noch mehr als im ersten – erschien Herkules als jemand, der eine Geschichte besaß, und diese Geschichte prägte seine göttliche Physiognomie. Jedenfalls hatte sich die Geschichte ereignet. Herkules hatte sich zwar in einer zeitlichen Entwicklung von Ereignissen »konkretisiert«, aber diese Entwicklung war zu einem Abschluß gelangt, und die Statue symbolisierte mit der Person die Geschichte ihrer Entwicklung, im Sinne definitiver Aufzeichnung und Bewertung. Dies konnte durchaus in erzählerischer Form geschehen – man denke etwa an die Fresken über die Auffindung des Kreuzes oder an Skulpturen über die Erlebnisse Theophils, der seine Seele dem Teufel verkaufte und von der Heiligen Jungfrau gerettet wurde (auf dem Tympanum von Souillac). Das sakrale Bild schloß die Erzählung nicht aus, doch sie folgte dem Weg, den die sakrale Person gegangen war, wobei sie sich eindeutig bestimmt hatte.

Das Personal des Comic hingegen ist ein Geschöpf der *Romankultur*. Die in antiken Kulturen beliebte Erzählung berichtete fast immer von abgeschlossenen, geschlossenen Geschehnissen; sie waren dem Publikum bereits bekannt. Mochten die Prüfungen und Abenteuer des Ritters Roland noch so oft variiert werden, das Publikum war eingeweiht in die Leiden und Freuden des Helden. (Pulci, der in *Morgante maggiore* den karolingischen Zyklus wieder aufgriff, teilt am Ende keine überraschende Pointe, sondern eine altvertraute Tatsache mit: daß Roland in Roncevaux stirbt.) Anders ausgedrückt: Nicht die Neuigkeit, sondern die gefällige Darstellung bereits vertrauter Ereignisse und Erfahrungen zeichnete die Berichte aus und nahm für sie ein. Wohl waren Zusätze, Abschweifungen und Ausschmückungen erlaubt, doch sie waren Beiwerk und tasteten die strenge und genaue Linienführung des erzählten Mythos nicht an. Das belegen noch die bildhauerischen und malerischen »Erzählungen« in den gotischen Kathedralen oder in den Kirchen der Renaissance und der Gegenreformation. In oft dramatischer und bewegter Weise wurde erzählt, was *bereits geschehen* war. Ganz anders die romantische Tradition (dabei ist gleichgültig, ob deren Wurzeln weit vor der Romantik liegen): Sie begründet und gebraucht ein Erzählmuster, das die Unvorhersehbarkeit dessen, *was künftig geschehen wird,* und damit die Erfindung der Erzählhandlung (plot) in den Vordergrund der Aufmerksamkeit rückt. Das Ereignis hat sich nicht *vor* der Erzählung abgespielt; es entsteht und findet statt, *während* erzählt wird. Der Theatercoup des Ödipus, der sich nach der Enthüllung Tiresias schuldig erkennt, »funktionierte« nicht deshalb, weil er die des Mythos unkundigen Zuhörer überraschte, sondern weil der Mechanismus der Fabel, wie in den aristotelischen Regeln vorgesehen, das Ereignis wiederholte: mittels Furcht und Schrecken, und das Publikum veranlaßte, sich in die Situation und in die Figur zu versetzen. Wenn dagegen Julien Sorel auf Madame de Rênal schießt, wenn Poes Detektiv den Verantwortlichen für den Doppelmord in der Rue Morgue entdeckt, wenn Javert seine Dankesschuld bei Jean Valjean begleicht, dann wohnen wir einem Theatercoup bei, dessen Unvorhersehbarkeit zur Erfindung gehört und im Kontext einer neuen narrativen Poetik ästhetische Bedeutung gewinnt – unabhängig vom sprachlichen Ausdruck, mittels dessen das Faktum mitgeteilt wird. Dies wird um so wichtiger, je populärer der Roman konzipiert ist: Der Zeitungsroman für die Massen – das Abenteuer von Rocambole oder von Arsène Lupin – hat keinen anderen handwerklichen Wert als den der einfallsreichen Erfindung unerwarteter Begebenheiten.[5]

Diese innerliche Offenheit der Erzählung wird mit einer geringeren »Mythisierbarkeit« der Person bezahlt. Die Person des Mythos verkörpert ein Gesetz, eine universale Forderung, und muß deshalb in ihrer Entwicklung *vorhersehbar* sein; sie darf sich keine Überraschungen vorbehalten. Die Person des Romans jedoch handelt unter Bedingungen der Ungewißheit, wie wir alle, und was ihr zustoßen kann, ist ebenso unvorhersehbar wie das, was uns zustoßen könnte. Daher rührt, was wir ihre »ästhetische Allgemeinheit« nennen; sie ist verfügbar für unsere Anteilnahme, ein Partner unserer wandelbaren Verhaltensweisen und Gefühle und gerade deshalb nicht wie der Mythos die Hieroglyphe oder das Emblem einer übernatürlichen Wirklichkeit, Verallgemeinerung des Besonderen. Vielmehr stützt sich die Ästhetik des Romans auf ein Gestaltungs- und Erfahrungsmodell, dessen Anspruch gerade dort laut wird, wo die Kunst den Bereich des Mythos verläßt: das »Typische«.

Die mythologische Person des Comic nun befindet sich in einer einzigartigen Lage: Sie muß einerseits archetypisch sein, bestimmte kollektive Hoffnungen zusammenfassen und deshalb emblematisch in einer Weise fixiert sein, die sie leicht wiedererkennbar macht (eben dies geschieht mit Superman); da sie aber als »romanhaftes« Produkt für ein Publikum gehandelt wird, das »Romane« konsumiert, muß sie andererseits einer Entwicklung unterzogen werden, wie sie für die Person des Romans charakteristisch ist.

Um einer solch zwieschlächtigen Konstellation gerecht zu werden, gibt es Kompromisse, und eine Untersuchung der Ereignisabläufe in den Comics unter diesem Gesichtspunkte wäre vermutlich höchst lehrreich. Wir werden uns auf eine Analyse Supermans beschränken, weil er einen interessanten Grenzfall bezeichnet: Der Protagonist besitzt alle Eigenschaften des mythischen Helden, zugleich ist er in eine romanhafte Situation im heutigen Verstande eingelassen.

Die Verknüpfung der Begebenheit und die Abnutzung der Person

Nach den Bestimmungen des Aristoteles liegt eine tragische Handlung dann vor, wenn die Person plötzlichen Schicksalswechseln (Erkennungen, Erfahrungen von Mitleid und Furcht) ausgesetzt ist, die in einer Katastrophe gipfeln; eine romanhafte Handlung, so fügen wir hinzu, liegt dann vor, wenn diese dramatischen Wendepunkte in eine kontinuierliche und gegliederte Entwicklung eingebaut sind, die im populären Roman zum Selbstzweck wird und ad infinitum fortzuwuchern droht. *Die drei Musketiere*, deren Abenteuer sich in *Zwanzig Jahre später* fortsetzen und in *Vicomte de Bragelonne* mit Mühe zu einem Abschluß gelangen (doch greifen hier parasitäre Erzähler ein), sind ein Beispiel für eine Fabelkonstruktion, die sich wie ein Bandwurm verlängert und die um so lebendiger erscheint, je häufiger sie sich in Gegensätzen, Krisen und Lösungen zu behaupten weiß.

Superman indes befindet sich in der bedenklichen narrativen Situation, ein Held ohne Gegner und damit ohne Entwicklungsmöglichkeiten zu sein. Hinzu kommt, daß seine Abenteuer einem trägen Publikum vorgesetzt und verkauft werden, das durch eine unbegrenzte Entfaltung und Auffächerung von Begebenheiten, die das Gedächtnis über Wochen hinweg belasteten, abgeschreckt würde. So kommt denn jede der Geschichten nach wenigen Seiten zum Abschluß, jedes Einzelheft besteht aus zwei oder drei vollständigen Episoden, von denen jede einen einzigen Handlungsknoten schürzt und auflöst. Da ihm ästhetisch und kommerziell die elementaren Gelegenheiten zu einer erzählerischen Entwicklung entzogen sind, stellt Superman seine Autoren immer wieder vor ernste Probleme. Nach und nach werden verschiedene Formeln ins Auge gefaßt, um Kontraste zu erzeugen und zu rechtfertigen: Superman hat, zum Beispiel, eine Schwäche; er ist gegenüber den Strahlungen des Kryptonits wehrlos, eines von Meteoriten stammenden Metalls, das sich seine Gegner beschafft haben, um ihren Richter außer Gefecht zu setzen. Doch seine ungewöhnlichen körperlichen und intellektuellen Kräfte lassen ihn nicht im Stich. Er weiß sich zu helfen und geht aus den Fährnissen, Bedrohungen und Anfechtungen als Sieger hervor. Mit welchen Hindernissen immer Superman sich konfrontiert sieht – und mögen sie noch so gewaltig und unkalkulierbar erscheinen –, er wird ihrer Herr werden. Dieses Kompositionsverfahren arbeitet mit zwei Wirkungen: Zunächst wird der Leser durch die Fremdartigkeit des Hindernisses gefesselt; es werden teuflische Erfindungen ins Spiel gebracht, merkwürdig ausgerüstete Weltraumwesen, Zeitmaschinen, Mißbildungen als Resultate ungewöhnlicher Experimente, Ränke schmiedende Wissenschaftler, die Superman mit Hilfe des Kryptonits besiegen wollen, Konflikte Supermans mit Geschöpfen, die gleiche oder den seinen ebenbürtige Fähigkeiten besitzen, wie der Gnom Mxyzptlk, der aus der fünften Dimension kommt und der nur zu bezwingen ist, wenn Superman ihn dazu bewegen kann, seinen Namen rückwärts zu buchstabieren (Kltpzyxm), und so fort; sodann wird die Krise dank der fintenreichen Überlegenheit des Helden rasch behoben: im Rahmen der *short story*. Aber damit ist das Problem keineswegs gelöst. Denn indem er das Hindernis (eine innerlich von den kommerziellen Kriterien des Genres gezogene Grenze) überwunden hat, hat Superman immerhin *etwas vollbracht;* die Person hat eine Handlung vollzogen, die sich in ihre Vergangenheit einschreibt und die nun auf ihrer Zukunft lastet; sie hat, mit anderen Worten, einen Schritt auf den Tod hin gemacht, und selbst wenn sie nur eine einzige Stunde gealtert ist, hat sie, handelnd, den Bestand ihrer Erfahrungen in nicht umkehrbarer Weise angereichert. *Handeln* bedeutet für Superman wie für jede andere Gestalt (und wie für uns alle), sich *abzunutzen.*

Nun kann Superman sich aber nicht abnutzen, weil ein Mythos nicht abnutzbar ist. Wie wir gesehen haben, ist die Person des klassischen Mythos gegen Verschleiß gefeit – zum Wesen der mythologischen Fabel gehört, daß die Person sich bereits in einer beispielhaften Aktion verbraucht hat; doch ebenso wesentlich ist für sie die Möglichkeit ständiger Wiedergeburt, die den Vegetationszyklus oder den Kreislauf der Ereignisse und des Lebens symbolisiert. Superman ist jedoch unter der Voraussetzung ein Mythos, daß er ins Alltagsleben der Gegenwart eingelassen, scheinbar an unser aller Lebens- und Todesbedingungen gebunden, obwohl mit höheren Fähigkeiten ausgestattet ist. Ein unsterblicher Superman wäre kein Mensch, sondern ein Gott, und die Identifikation des Publikums mit seiner doppelten Persönlichkeit (jene Identifikation, derentwegen die doppelte Identität ausgeheckt wurde) ginge ins Leere. Deshalb muß Superman resistent bleiben und sich gleichwohl nach den Mustern der Alltagsexistenz verschleißen. Er besitzt zwar die Eigenschaften des zeitlosen Mythos, wird aber nur in dem Maße akzeptiert, wie sich sein Handeln in der Ordnung der Zeitlichkeit abspielt. Das erzählerische Problem, das seine Text- und Bildautoren daher lösen müssen, ob sie sich dessen nun bewußt sind oder nicht, ist das der Paradoxie der Dauer in der Welt der Vergänglichkeit.

Abnutzung und Zeitlichkeit

Nun impliziert, wie man weiß, der Begriff der Zeit seit der aristotelischen Lehre den Begriff der Sukzession, und Kant hat unzweideutig dargelegt, daß dieser Begriff mit dem der Kausalität (»reiner Verstandesbegriff«) in Verbindung gebracht werden muß: »Wenn es nun ein notwendiges Gesetz unserer Sinnlichkeit mithin eine formale Bedingung aller Wahrnehmungen ist: daß die vorige Zeit die folgende notwendig bestimmt (indem ich zur folgenden nicht anders gelangen kann, als durch die vorhergehende): so ist es auch ein unentbehrliches Gesetz der empirischen Vorstellung der Zeitreihe, daß die Erscheinungen der vergangenen Zeit jedes Dasein in der folgenden bestimmen, und daß diese, als Begebenheiten, nicht stattfinden, als so fern jene ihnen ihr Dasein in der Zeit bestimmen, d. i. nach einer Regel festsetzen.«[6] Daran hat auch die relativistische Physik festgehalten – nicht bei der Untersuchung der transzendentalen Bedingungen der Wahrnehmung, wohl aber bei der Bestimmung der kosmologischen Objektivität des Wesens der Zeit: Die Zeit erscheint als die *Ordnung der Kausalketten*. Unter Berufung auf diese Einsteinschen Auffassungen hat neuerdings Reichenbach die Ordnung der Zeit als Ordnung der *offenen* Kausalketten und die *Richtung* der Zeit in Begriffen einer *zunehmenden Entropie* formuliert (indem er, auch im informationstheoretischen Sinn, Erklärungen der Thermodynamik wiederaufnahm, die die Philosophen schon mehrfach interessiert hatten und die sie sich bei der Rede über die Unumkehrbarkeit der Zeit zu eigen gemacht hatten).[7]

Das *Vorher* bestimmt kausal das *Nachher,* und die Reihenfolge dieser Bestimmungen kann nicht rückgängig gemacht werden, zumindest nicht in unserem Universum (nach dem epistemologischen Modell, mit dem wir uns die Welt erklären, in der wir leben), sie ist vielmehr unumkehrbar. Es ist bekannt, daß andere kosmologische Modelle andere Lösungen für dieses Problem vorsehen; im Umkreis unseres Alltagsverständnisses von Ereignissen (folglich auch der Strukturierung einer narrativen Figur) ist dies jedoch eine Lösung, die uns erlaubt, uns zu bewegen und sowohl die Ereignisse als auch ihre Richtung zu erkennen.

Existentialismus und Phänomenologie haben, wiewohl in unterschiedlicher Terminologie, auf der Basis der Ordnung von Vorher und Nachher und der kausalen Wirkung des Vorher auf das Nachher (mit jeweils unterschiedlicher Betonung der Determination) das Problem der Zeit auf das Feld der Subjektivität verschoben und das Denken über Praxis, Möglichkeit, Entwurf und Freiheit auf deren Zeitverhältnis gestützt – Zeit als *Struktur der Möglichkeit,* Bewegung auf eine Zukunft hin, mit der Vergangenheit im Rücken. Unabhängig davon, ob die Vergangenheit nun als Schranke unserer Freiheit zum Entwurf aufgefaßt wird (einem Entwurf, der uns schließlich zwingt, zu wählen, was wir schon gewesen sind), oder als Rohstoff künftiger Möglichkeiten, der Möglichkeit sowohl der Erhaltung wie der Veränderung dessen, was man gewesen ist (allerdings stets in Begriffen eines Prozesses und fortschreitenden Einwirkens, wobei einerseits an Heideggers *Sein und Zeit* zu erinnern ist, andererseits an Abbagnano), es sind jedenfalls die Bedingung und die Koordinaten unserer Entscheidungen in den drei Ausdehnungen der Zeitlichkeit und in einem gegliederten Verhältnis zwischen ihnen bestimmt. Wenn, wie Sartre sagt, »die Vergangenheit die ständig wachsende Totalität des An-sich [ist], das wir sind«, wenn ich diese Vergangenheit sein will und sie nicht sein kann, dann hängen meine Möglichkeiten, eine Zukunft zu wählen oder nicht zu wählen, in jedem Falle von den Handlungen ab, die ich vollzogen habe und die mich zum Ausgangspunkt meiner möglichen Entscheidungen gemacht haben. Doch kaum ist sie getroffen, modifiziert meine Entscheidung, da sie sich in der Vergangenheit begründet, sogleich das, was ich bin, und verändert die Ausgangslage für die nachfolgenden Entwürfe. Das Problem der Freiheit und der Verantwortlichkeit in philosophischen Termini zu formulieren erscheint nur dann aussichtsreich und sinnvoll, wenn es, unter dem Siegel einer Phänomenologie dieser Akte, in der Struktur der Zeitlichkeit verankert wird.[8]

Für Husserl gilt: »Das Ich ist frei als Vergangenes. In der Tat, die Vergangenheit bestimmt mich und damit auch meine Zukunft, aber diese wiederum ›befreit‹ die Vergangenheit. [...] In meiner Zeitlichkeit liegt meine Freiheit und in meiner Freiheit liegt es, daß meine Gewordenheit mich zwar bestimmt, doch nie ganz, weil sie in kontinuierlicher Synthese mit der Zukunft erst von dieser her ihren Gehalt erhält.«[9] Wenn es nun zutrifft, daß das Ich frei ist »als schon-bestimmtes und sein-sollendes in eins«, dann liegt in dieser von Bedingungen, vom Gewesenen und unwiderruflich Bleibenden so belasteten Freiheit eine »Schmerzhaftigkeit«, »die Husserl ›Faktizität‹ nennt«.[10]

Jedesmal, wenn ich auf die Zukunft hin entwerfe, gewahre ich die Tragik meiner Befindlichkeit, ohne sie verlassen zu können; gleichwohl mache ich Pläne, weil ich dieser Tragik die Möglichkeit der Veränderung dessen, was ist, entgegensetzen will, eine Veränderung, die ich auf die Zukunft hin einleite. Entwurf, Freiheit und Befindlichkeit bilden also einen Zusammenhang, den ich in meinem Handeln im Zeichen der *Verantwortlichkeit* wahrnehme. Husserl meint dies, wenn er sagt: »Dieses Gerichtetsein als kontinuierliches kommt zur kontinuierlichen Erfüllung im einzelnen; alle einzelnen Ziele stehen in Horizonten möglicher Ziele, aber unbekannter, noch unerschlossener; das Gerichtetsein kommt aber nicht zu einem letzten Ende; jedes Ende, jede Erfüllung ist Durchgang, Korrektur und neue Wahl, aber in dieser kontinuierlichen ›Verendlichung‹ lebt eine ideale ›Teleologie‹, ein kontinuierliches Streben zu einem universalen Lebensmodus der Echtheit in wahrer relativer Ver-Endlichung.«[11]

Ein Handlungsverlauf ohne Abnutzung

In den Geschichten von Superman zerfällt freilich die Zeitauffassung, die wir soeben erörtert haben, ja, es löst sich die Zeitstruktur selbst auf. Dies geschieht nicht im Bereich der Zeit, *von der erzählt wird,* sondern im Bereich der Zeit, *in der erzählt wird.* Das heißt, obwohl in den Geschichten unseres Helden von phantastischen Exkursionen in die Zeit und die Zeitalter berichtet wird, obwohl er in die Zukunft und in die Vergangenheit reist, bleibt er jener Entwicklung und jener Abnutzung unterworfen, von denen wir erkannt haben, daß sie für ihn als mythische Figur tödlich sind. Kurz, in den Geschichten von Superman ist es *die Zeit der Erzählung,* die in eine Krise gerät, d. h. der Begriff der Zeit, die eine Erzählung mit der anderen verknüpft.

Innerhalb einer Geschichte vollbringt Superman eine bestimmte Tat (er zerschlägt zum Beispiel eine Gangsterbande), und an diesem Punkt hört die Geschichte auf. Im selben *comic book,* oder in der folgenden Woche, beginnt eine neue Geschichte. Nähme er die Handlung an der Stelle wieder auf, wo er sie verlassen, sie unterbrochen hat, so hätte er einen Schritt auf den Tod hin gemacht. Eine Geschichte anzufangen, ohne zu zeigen, daß ihr eine andere vorangegangen war, entzöge zwar den Helden eine Zeitlang dem Gesetz der Abnutzung; doch eines Tages (Superman »läuft« seit 1938) würde das Publikum die Absicht bemerken und die Komik der Situation wahrnehmen, so wie es mit der Heldin von *Little Orphan Annie* geschehen ist, deren von Unglücksfällen überschattete Mädchenzeit seit Jahrzehnten andauert und die deswegen zur Zielscheibe satirischer Kommentare geworden ist, wie sie auch heute gelegentlich in humoristischen Zeitschriften, z.B. in *Mad*, erscheinen.

Die Bild- und Textautoren Supermans haben freilich eine klügere und zweifellos originelle Lösung ausgeheckt. Die Geschichten spielen sich in einer Art Traumsphäre ab – vom Leser unbemerkt –, in der ganz und gar undeutlich bleibt, was vorher und was nachher passiert ist, und der Erzähler nimmt den Faden der Ereignisse immer wieder auf, als ob er etwas zu sagen vergessen hätte oder dem bereits Berichteten zusätzliche Lichter aufstecken wollte.

So kommt es, daß neben den Geschichten von Superman die Geschichten von Superboy erzählt werden, d.h. von Superman als Knaben, oder die von Superbaby, d.h. von Superman als Kleinkind. Und daß an einem bestimmten Punkt unvermutet Supergirl die Bühne betritt, eine Cousine von Superman (auch sie der Zerstörung Kryptons entronnen), so daß sämtliche Ereignisse, die mit Superman zu tun haben, in gewisser Weise »wiedererzählt« werden, um die Anwesenheit dieser neuen Figur zu untermauern (die, wie es heißt, deshalb bisher nicht erwähnt wurde, weil sie unter falschem Namen in einem Mädchenpensionat lebte; es wird jedoch berichtet, in welchen und wie vielen Fällen sie, von der bislang nicht die Rede gewesen war, an Abenteuern teilhatte, in die wir ausschließlich Superman verwickelt wähnten). Man stelle sich vor, wie, mittels der Erfindung der »Zeitreisen«, Supergirl, als Zeitgenossin von Superman, in der Vergangenheit mit Superboy zusammentrifft und mit ihm spielt, oder wie Superboy, der zufällig die Zeitgrenze überschritten hat, Superman begegnet, d.h. sich selbst, so wie er viele Jahre später sein wird. Da nun aber in solchen Phantasmagorien die Figur von Entwicklungen kompromittiert werden könnte, die ihre späteren Handlungen beeinflussen müßten, wecken die Autoren am Ende einer derartigen Geschichte den Verdacht, Superboy habe geträumt – und heben die Zustimmung zu ihr auf. Das originellste Verfahren dieser Art ist zweifellos das der *imaginary tales*. Tatsächlich kommt es vor, daß das Publikum in Leserbriefen von den Autoren *unterhaltsame* erzählerische Wendungen verlangt; daß, zum Beispiel, gefragt wird, warum Superman denn nicht die Journalistin Lois Lane heirate, die ihn schon so lange liebe. Doch wenn Superman Lois Lane heiratete, würde für den Fortgang des Comic ein irreversibles Schema eingeführt. Gleichwohl müssen immer wieder neue erzählerische Anreize entfaltet und die »romanhaften« Ansinnen des Publikums beachtet werden. So wird denn beispielsweise erzählt, »was geschehen wäre, *wenn* Superman Lois Lane geheiratet hätte«. Diese Annahme wird in vielfältigen dramatischen Verwicklungen durchgespielt. Am Ende jedoch heißt es: Wohlgemerkt, das war nur eine »phantasierte« Geschichte, die sich in Wahrheit gar nicht zugetragen hat.[12]

Die *imaginary tales* kommen häufig vor, ebenso die *untold tales,* d.h. Erzählungen, die bereits dargestellte Vorfälle betreffen, in denen aber »etwas zu sagen versäumt wurde«, das nun, in einer veränderten Konstellation, nachgetragen wird. Angesichts dieses massiven Bombardements mit Geschehnissen, die kein logischer Faden mehr zusammenhält und die wechselseitig durch keinerlei Notwendigkeit mehr ausgezeichnet sind, verliert der Leser den Sinn für zeitliche Ordnung, natürlich ohne sich dessen bewußt zu werden. Plötzlich findet er sich in einem imaginären Universum wieder, in welchem, im Unterschied zum unsrigen, die Kausalketten nicht offen sind (A ruft B hervor, B ruft C hervor, C ruft D hervor usw., bis ins Unendliche), sondern geschlossen (A ruft B hervor, B ruft C hervor, C ruft D hervor und D ruft A hervor), und wo es deshalb unsinnig wird, sich auf jene Zeitordnung zu berufen, auf deren Basis wir gewöhnlich die Prozesse im Makrokosmos beschreiben.[13]

Es scheint, daß – abgesehen von den zugleich mythenbildnerischen und kommerziellen Zwängen, die hierbei am Werk sind – die strukturelle Bilanz der Superman-Geschichten Überzeugungen zum Vorschein bringt, wenn auch auf niedrigem Niveau, die in unserer Kultur hinsichtlich der Begriffe Kausalität, Zeitlichkeit, Unumkehrbarkeit der Ereignisfolge verbreitet sind. Und fraglos spiegelt ein Großteil der zeitgenössischen Kunst, von Joyce bis Robbe-Grillet und zu einem Film wie *Letztes Jahr in Marienbad*, paradoxe Zeitsituationen, deren *Muster* in den gegenwärtigen wissenschaftstheoretischen Diskussionen vorgebildet sind. Tatsache ist aber auch, daß in Werken wie *Finnegans Wake* oder *Dans le labyrinthe* der Bruch mit den geläufigen Zeitverhältnissen bewußt vollzogen wird, sei es vom Autor, sei es von demjenigen, der aus einem solchen Eingriff ästhetischen Genuß zieht. Es hat also die Krise der Zeitlichkeitsbestimmung sowohl eine Forschungs- als auch eine Indikatorfunktion; sie liefert dem Leser Phantasiemodelle, die ihn mit Fragestellungen der zeitgenössischen Wissenschaft vertraut machen können und die die Tätigkeit einer Einbildungskraft, die noch auf traditionelle Bestände eingeschworen ist, mit der Tätigkeit eines Verstandes versöhnen, der es wagt, Universen hypothetisch darzustellen oder zu beschreiben, die nicht auf Bilder oder auf gewohnte Muster zurückführbar sind. Folglich haben diese Werke eine eigentümliche mythenbildende Kraft (hier beginnt jedoch eine andere Diskussion), da sie dem Bewohner der gegenwärtigen Welt eine Art von symbolischer Andeutung oder ein allegorisches Diagramm jenes Absoluten vorschlagen, das die Wissenschaft nicht in einer metaphysischen Bestimmung der Wirklichkeit aufgelöst hat, sondern in einer Möglichkeit, unser Verhältnis zur Realität zu definieren und damit die Realität zu beschreiben.[14]

Die Abenteuer Supermans besitzen jedoch diese kritische Kraft keinesfalls, und das zeitliche Paradoxon, auf dem sie aufgebaut sind, muß dem Leser zwangsläufig entgehen (ebenso wie es vermutlich den Autoren entgeht), weil die verworrene Auffassung der Zeit, an die sie geknüpft sind, die einzige Bedingung der Glaubwürdigkeit der Erzählung ist. Superman kann sich als Mythos nur halten, wenn der Leser die Kontrolle über die zeitlichen Verhältnisse verliert und darauf verzichtet, auf ihrer Grundlage zu denken, sich also dem stetigen Sog der Geschichten hingibt, die ihm berichtet werden, und sich in der Illusion einer unbeweglichen Gegenwart behauptet. In der Gewöhnung an diese unablässige Vergegenwärtigung der Geschehnisse schwindet sein Bewußtsein davon, daß das Geschehen sich in den Koordinaten der drei Zeitformen vollziehen muß. Und damit schwindet auch das Gespür für die Probleme, die in diesen Zeitformen gestellt sind: das Problem der Freiheit (die Möglichkeit des Projekts, die Pflicht dazu, der Schmerz, den es mit sich führt), das Problem der Verantwortung, die sich daraus ergibt, und das Problem menschlicher Gemeinschaft, deren Entwicklung an den individuellen Entwurf gekoppelt ist.

Superman als Modell der Außensteuerung

Die von uns angeregte Analyse bliebe ziemlich abstrakt und könnte als apokalyptisch erscheinen, wäre derjenige, der Superman liest und für den Superman produziert wird, nicht eben derselbe, von dem in soziologischen Untersuchungen als dem »außengesteuerten« (oder »außengeleiteten«) Individuum die Rede war und ist. Außengeleitet ist, wem in einer Gesellschaft mit hohem technischen Standard und einer konsumorientierten Wirtschaft mittels Werbung, Fernsehsendungen und Überredungskampagnen suggeriert wird, was er zu wünschen hat und wie er es über festgefügte Kanäle erlangen kann, die ihn riskanter und verantwortlicher Entscheidungen entheben. In einer solchen Gesellschaft wird sogar Politik vermittels umsichtiger Verwaltung der Gefühlsressourcen des Wählers »betrieben«, nicht durch Anstöße zum Nachdenken und zu rationaler Bewertung. Ein Motto wie *I like Ike* ist dafür charakteristisch. Es wird dem Wähler nicht gesagt: »Du sollst aus folgenden Gründen, die wir Dir zum Nachdenken unterbreiten, für diese Person stimmen«, sondern es wird gesagt: »Du mußt darauf Lust haben«. Er wird also nicht zu einem Projekt eingeladen; vielmehr legt man ihm nahe, etwas zu wünschen, das andere für ihn projektiert haben.[15]

In der Werbung und ebenso in der Propaganda und in den Praktiken der *human relations* ist die Abwesenheit des »Entwurfs« ausschlaggebend. Nur so kann der Paternalismus der heimlichen Überredung wirksam werden, die Einflüsterung, das Subjekt sei weder für seine Vergangenheit verantwortlich noch Herr seiner Zukunft, noch den Gesetzen der Zeitlichkeit unterworfen. Statt dessen werden ihm »Fertigwaren« angeboten – angeblich um seinen Wünschen zu entsprechen, in Wahrheit jedoch, um in ihm Wünsche zu erzeugen oder zu befestigen, die ihn das Angebotene als etwas verkennen lassen, das er selbst gewollt und entworfen habe.

Die Analyse der Zeitstrukturen im Superman-Comic hat das Bild einer *Erzählweise* ergeben, die fundamental an die pädagogischen Prinzipien gebunden zu sein scheint, welche eine Gesellschaft dieser Art leiten. Lassen sich zwischen den beiden Bereichen Zusammenhänge nachweisen, etwa mittels der These, Superman sei nichts anderes als eines der pädagogischen Werkzeuge dieser Gesellschaft, und die Zerstörung der Zeit, die er betreibt, sei Teil ihrer Programmatik, um von dem Gedanken eines Programms der Selbstverantwortung abzulenken?

Dazu befragt, würden die Autoren wohl mit Nein antworten, und sie wären darin wahrscheinlich ehrlich. Aber auch ein primitiver Stamm, wenn man ihn über eine bestimmte rituelle Gewohnheit oder über ein Tabu befragte, wäre außerstande, den Zusammenhang zu erkennen, der die singuläre traditionelle Handlung mit dem allgemeinen Korpus der Glaubensansichten verbindet, den die Gemeinschaft vertritt: mit dem Kern des Mythos, auf dem die Gesellschaft beruht. Nach den Gründen befragt, warum er beim Behauen eines Kathedralenportals bestimmte Proportionen einhalte, hätte ein mittelalterlicher Meister sicherlich verschiedene ästhetische und technische Hinweise, doch niemals die Auskunft gegeben, daß er sich durch Beachtung dieser Norm und die Bekundung des Geschmacks für Proportionen an eine Thematik der Ordnung band, welche die Struktur der *summae,* der juristischen Kodizes, die Hierarchie des Imperiums und die der Kirche lenkte, und daß sich dies alles wie eine ständige, gelegentlich zur Theorie erhobene, häufig jedoch unbewußte Bekräftigung einer radikalen Überzeugung, d. h. der Idee behauptete, die Welt sei eine göttliche Schöpfung, Gott habe nach einer bestimmten Regel gehandelt und diese Regel müsse in jedem menschlichen Werk wiederholt und bestätigt werden. Der mittelalterliche Handwerker, der den Bart eines Propheten mit symmetrisch angeordneten Kehlen meißelte, gab auf diese Weise unbewußt seine Zustimmung zum Schöpfungs-»Mythos«. Heute sehen wir in seiner Handlung den Ausdruck eines einheitlichen *Kulturmodells,* das sich noch in den kleinsten Konfigurationen zu wiederholen vermochte. Nachdem uns die moderne Geschichtsschreibung derlei Einblicke eröffnet hat, können wir die kulturanthropologische Hypothese wagen, die uns die Comics von Superman als *Widerspiegelung* einer gesellschaftlichen Situation, als marginale Bestätigung eines Modells zu lesen erlaubt.

II.

Verteidigung des Wiederholungsschemas

Die Wiederholung von Ereignissen nach einem festen Muster (regelmäßig wiederkehrend, so daß jedes von einem scheinbaren Anfang ausgeht, wobei es den Endpunkt des vorangegangenen Ereignisses außer acht läßt) sei, so ließe sich einwenden, in der populären Erzählweise nicht neu, sondern eines ihrer charakteristischen Merkmale. Man könnte dazu, beispielshalber, auf die Geschichten über Signor Bonaventura verweisen, wo der Erwerb der Million am Schluß die Lage des Protagonisten keineswegs ändert, den der Autor uns pünktlich zu Beginn jeder nachfolgenden Episode wieder vorstellt, *als ob vorher nichts geschehen wäre*, folglich *als ob die Zeit von neuem begonnen hätte*. (Es handelt sich hier um einen berühmten italienischen Comic strip aus den ersten Dezennien dieses Jahrhunderts, U. E.) Wir haben bewußt ein Beispiel gewählt, das jeder Leser in dankbarer Erinnerung behält, gerade um die Anwendungsmöglichkeiten des »Wiederholungsschemas« in angenehmen Weisen ins Licht zu rücken. Man kann die heiteren Zeichnungen von Sergio Stofano wohl kaum einer verborgenen paternalistischen Strategie verdächtigen – selbst wenn man in der Person Bonaventuras das Spiegelbid eines notleidenden, attentistischen, unterentwickelten Italiens erblickt, das zuversichtlich an die Vorsehung glaubt.

Der Mechanismus, auf dem der Genuß an der Wiederholung beruht, ist für die Kindheit typisch – Kinder wollen keine neue Geschichte hören, sondern immer wieder die Geschichte, die sie bereits kennen und die ihnen schon häufig erzäht wurde.

Man mag nun einen Mechanismus der *Zerstreuung*, der die Regression auf die Kindheit inszeniert, mit Nachsicht betrachten und sich fragen, ob wir, wenn wir ihn unter Anklage stellen, nicht Banalitäten und Selbstverständlichkeiten schwindelerregende Bedeutungen unterschieben. Denn schließlich haben wir ja in der Lust an der Wiederholung eine der Quellen der Zerstreuung und des Spiels erkannt. Und niemand wird die heilsame Wirkung des Spiels und der Zerstreuung leugnen wollen.

Beobachten wir, um uns dem Problem weiter zu nähern, die Einstellung des Fernsehzuschauers zu einem Kriminalfilm mit Perry Mason. Die Geschicklichkeit des Autors und des Drehbuchautors ist in jeder »Folge« darauf gerichtet, eine Situation zu erfinden, die sich von den vorangegangenen unterscheidet; doch unser Vergnügen wurzelt nur in ganz geringem Maße in der Wahrnehmung dieser Verschiedenheiten. In Wirklichkeit genießen wir die Wiederholung des Grundschemas: »Verbrechen – Anklage gegen den Unschuldigen – Eingriff von Mason – Prozeßphasen – Zeugenbefragung – Boshaftigkeit des Staatsanwalts – der Trumpf in der Hand des Anwalts, der sich für eine scheinbar verlorene Sache engagiert – glückliche Auflösung, mit einem Theatercoup zum Schluß.« Eine Perry-Mason-Episode ist kein Werbespot, dem wir zerstreut folgen, sondern etwas, das wir uns anzusehen entschließen und wozu wir eigens das Fernsehgerät einschalten. Was ist das wirkliche Motiv dieses Entschlusses? Es ist der intensive Wunsch, ein Schema wiederzuerleben, es wiederzuerkennen.

Diese Haltung ist nicht lediglich die des Fernsehzuschauers. Sie leitet auch den Kriminalroman-Leser. Die Lektüre von Kriminalromanen, zumindest des herkömmlichen Typs, gleicht dem genüßlichen Kosten eines Schemas: vom Verbrechen über die Kette der Ermittlungen zur Aufdeckung. Das Schema ist so wichtig, daß selbst berühmte Autoren ihren Erfolg auf seine Unveränderlichkeit gegründet haben. Gemeint ist nicht allein ein Schematismus in der Ordnung des *plot*, sondern auch einer der Gefühle und der psychischen Einstellungen. Bei Simenons Maigret oder bei Agatha Christies Poirot gibt es die ständig wiederaufflackernde Regung des Mitleids; sie geht einher mit der Enthüllung der Fakten durch den Detektiv, d. h. mit der Einfühlung in die Beweggründe des Schuldigen: ein Akt der *caritas,* der sich mit dem Akt der aufdeckenden und verurteilenden Gerechtigkeit vermischt.

Doch weil er damit noch nicht zufrieden ist, führt der Autor des Kriminalromans eine Reihe von Konnotationen ein (zum Beispiel besondere Merkmale des Polizisten und seiner unmittelbaren Umgebung); ihre Wiederholung in jeder Geschichte bildet die entscheidende Voraussetzung für den Erfolg, das unverwechselbare Identitätszeichen: die »Tics« von Sherlock Holmes, die eigensinnigen Eitelkeiten von Hercule Poirot, die Pfeife und das familiäre Leid Maigrets, das Kölnisch Wasser und die Players Nr. 6 des Slim Callaghan von Peter Cheney, das Glas Cognac mit Eiswasser des Michael Shayne von Brett Halliday – Laster, Gesten, enervierende schlechte Angewohnheiten, die uns einen vertrauten Freund wiedererkennen lassen und die gleichsam der Schlüssel zum »Eintritt« in die Handlung sind. Der Beweis dafür: Hat unser Lieblings-Kriminalautor eine Geschichte geschrieben, in der nicht der eingeprägte Held agiert, bemerken wir nicht einmal, daß das Grundschema dasselbe geblieben ist – wir lesen das Buch mit einer gewissen Distanziertheit und neigen rasch dazu, es als »minderes« Werk, als einen »Ausrutscher« einzustufen.

Ganz deutlich zeigt sich dies, wenn wir eine inzwischen berühmt gewordene Figur betrachten: den von Rex Stout unsterblich gemachten Nero Wolfe. Nur provisorisch – eine Vorsichtsmaßnahme für den Fall, daß es unter den Lesern jemanden gibt, der ausschließlich hochrangige Literatur liest, dieser Figur daher noch nie begegnet ist – will ich kurz die Elemente in Erinnerung rufen, die der Konstruktion des »Typus« Nero Wolfe und seiner Umwelt zugrunde liegen. Nero Wolfe, ein Montenegriner, ist ein seit unvordenklichen Zeiten naturalisierter Amerikaner. Er ist außergewöhnlich schwergewichtig, benötigt deshalb einen eigens für ihn gebauten Sessel; er leidet an schlimmen Faulheitsanfällen. Tatsächlich geht er niemals aus dem Haus (die Ausnahmen von dieser Regel sind, wie seine treuen Anhänger wissen, so selten, daß sie als bibliophile Rarität gehandelt werden) und bedient sich bei seinen Ermittlungen der Hilfe des unbefangenen Archie Goodwin, mit dem er in einer angespannten und kontinuierlichen Auseinandersetzung steht, die einzig beider »sense of humour« mildert. Nero Wolfe ist ein ausgefuchster Feinschmecker, und Fritz, der Koch, ist vollauf damit beschäftigt, Wolfes raffinierten Geschmackswünschen zu genügen, die mit Unersättlichkeit innig gepaart sind. Neben den Tafelfreuden pflegt Wolfe eine zeitraubende und exlusive Leidenschaft für Orchideen, von denen er im obersten Stockwerk des Hauses, das er bewohnt, eine Sammlung von unschätzbarem Wert unterhält. Von der Feinschmeckerei und den Blumen vielfältig beansprucht und geplagt von ausgeprägten Tics (einer Vorliebe für gelehrsame Lektüre, einer Aversion gegen Frauen, einer unersättlichen Geldgier), folgt Nero Wolfe seinen detektivischen Neigungen – die ein meisterlicher psychologischer Scharfsinn befeuert –, indem er, in seinem Büro sitzend, die von seinem unternehmungslustigen Archie gelieferten Daten abwägt, die Verdächtigen und die Zeugen befragt, welche allesamt gezwungen werden, ihn in seinem Büro aufzusuchen. Häufig sowohl mit Inspektor Cramer (Achtung: er trägt immer eine erkaltete Zigarre im Mund) als auch mit dem verhaßten Sergeanten Purley Stebbins im Streit, führt er schließlich in einer festgelegten Inszenierung, von der kaum einmal abgewichen wird, die Hauptbeteiligten in seinem Büro zusammen (gewöhnlich abends), wo er mit geschickten Winkelzügen, fast immer bevor er im Besitz der vollständigen Wahrheit ist, den Schuldigen, der sich dabei entlarvt, in einen Anfall von Hysterie treibt.

Kenner von Rex Stouts Geschichten wissen, daß mit diesen Einzelheiten das Repertoire der *topoi*, der feststehenden und regelmäßig wiederkehrenden Muster, die diese Handlungsabläufe beleben, keineswegs zureichend beschrieben ist. Die Kasuistik ist weit umfassender: die fast übliche Verhaftung Archies wegen des Verdachts der Verheimlichung oder Fälschung von Beweisen; die juristischen Diatriben über die Art und Weise, wie Wolfe von einem Klienten beauftragt wird; die Anstellung von Gehilfen (Saul Panzer oder Orrie Carther); das Bild an der Bürowand, mit einem Guckloch, durch das entweder Archie oder Wolfe Verhalten und Reaktionen eines Verdächtigen im Büro beobachten können; die *Szene* zwischen Wolfe und dem unaufrichtigen Klienten ... Man könnte mit der Aufzählung beliebig fortfahren, denn die Liste dieser »Örter« ist so lang, daß sie praktisch alle Handlungsmöglichkeiten einschließt, die jede dieser Geschichten zuläßt.

Gleichwohl sind die Variationen über das Thema unerschöpflich. Jedes Verbrechen hat eigentümliche psychologische und ökonomische Motive, jedesmal heckt der Autor eine scheinbar neue Situation aus. *Scheinbar.* Denn tatsächlich wird der Leser nie veranlaßt, zu überprüfen, ob und in welchem Grade ihm etwas bislang Unbekanntes erzählt wird. Die starken Seiten der Erzählung sind daher auch nicht jene, die etwas Unerwartetes präsentieren; das sind bloß Vorwände. Die starken Seiten sind jene, auf denen Wolfe seine üblichen Gesten wiederholt, sich seinen Orchideen zuwendet, während die Handlung den dramatischen Höhepunkt erreicht, auf dem Inspektor Cramer drohend eintritt, den Fuß in die Tür stellt, Goodwin beiseite schiebt und mit erhobenem Zeigefinger Wolfe warnt, diesmal werde er nicht ungeschoren davonkommen. Die Anziehungskraft des Buches, das Gefühl der Erholung und der psychischen Entspannung, das es zu vermitteln vermag, rühren daher, daß der Leser, in seinen Sessel oder in den Sitz des Eisenbahnabteils zurückgelehnt, Punkt für Punkt wiederfindet, was er schon weiß, was er noch einmal wissen will und wofür er sein Geld ausgegeben hat: das Vergnügen an einer Nicht-Geschichte (sofern denn eine Geschichte die Entwicklung von Ereignissen ist, die uns von einem Ausgangspunkt zu einem Endpunkt führt, an dem anzukommen wir nicht einmal im Traum gedacht hätten). Ein Vergnügen, bei dem die Zerstreuung darin besteht, daß die Entwicklung von Ereignissen verweigert wird, daß die Spannung von Vergangenheit-Gegenwart-Zukunft von uns genommen wird, damit wir uns auf einen *Augenblick* zurückziehen können, den wir lieben, weil er regelmäßig wiederkehrt.

Das Wiederholungsschema als redundante Botschaft

Zweifellos werden diese Mechanismen in der zeitgenössischen Konsumliteratur beharrlicher realisiert als im Zeitungsroman des 19. Jahrhunderts, dessen Handlung – wie wir gesehen haben – auf einer *Entwicklung* gründete und der von der Person verlangte, daß sie sich bis zum letzten, bis zum Tode aufbrauchte (vielleicht eine der ersten unverbrauchbaren Personen beim Niedergang des Zeitungsromans um die Jahrhundertwende, als die Belle Epoque verblühte, war Fantômas[16]; mit ihm geht eine Epoche zu Ende). Dennoch bleibt zu fragen, ob die modernen Wiederholungsmechanismen nicht einem fundamentalen Interesse der heutigen Menschen entsprechen und ob es deshalb nicht gewichtigere Gründe und bessere Rechtfertigungen für sie gibt, als man auf den ersten Blick zuzugeben bereit wäre.

Betrachten wir das Wiederholungsschema unter dem Struktur-Gesichtspunkt, so stellen wir fest, daß wir es dabei mit einer typischen *Botschaft mit hoher Redundanz* zu tun haben. Ein Roman von Pierre Souvestre und Marcel Allain, den Autoren von *Fantômas*, oder von Rex Stout ist eine Botschaft, die zwar kaum Informationen transportiert, aber dank der Verwendung redundanter Elemente ein Signifikat bestätigt, das wir bei der Lektüre des ersten Werks der Reihe in Ruhe aufgenommen haben (im vorliegenden Fall ist das Signifikat ein bestimmter Handlungsmechanismus, der auf das Eingreifen »topischer« Personen zurückgeht). Der Geschmack am Wiederholungsschema stellt sich somit als Geschmack an der Redundanz dar. Der Hunger nach Unterhaltungsliteratur, die auf diesen Mechanismen beruht, ist ein *Hunger nach Redundanz*. So gesehen besteht der größte Teil der Massenerzählungen aus Redundanzerzählungen.

Paradoxerweise wird also ausgerechnet der Kriminalroman, den man gern jenen Produkten zurechnen möchte, die den Geschmack am Unvorhergesehenen und Sensationellen befriedigen, aus den entgegengesetzten Gründen konsumiert, nämlich aus Neigung zu dem, was friedlich, erwartet, vertraut und vorhersehbar ist. Daß wir den Schuldigen nicht kennen, ist ein eher beiläufiges Moment, fast schon ein Vorwand. Dafür spricht, daß im Action-Krimi (wo die Wiederholung des Schemas ähnliche Triumphe feiert wie im Detektivroman) die Spannung, endlich zu erfahren, wer denn nun der Schuldige ist, oft gar nicht aufrechterhalten bleibt; es geht nicht darum zu entdecken, wer ein Verbrechen begangen hat, sondern darum, gewisse »topische« Gesten von »topischen« Personen zu verfolgen, an denen wir mittlerweile die feststehenden Verhaltensweisen lieben. Um diesen »Hunger nach Redundanz« zu erklären, bedarf es keiner sonderlich subtilen Hypothesen. Der Fortsetzungsroman, der auf dem Triumph der Information gründet, war die bevorzugte Nahrung einer Gesellschaft, die inmitten von redundanzgesättigten Botschaften lebte. Der Sinn für die Tradition, die Normen der Geselligkeit, die Moralprinzipien, die einschlägigen Verhaltensregeln, welche in der bürgerlichen Gesellschaft des 19. Jahrhunderts bei jenem Publikum galten, das die Konsumenten des Fortsetzungsromans stellte – alles dies bildete ein Ensemble voraussehbarer Mitteilungen, die das soziale System an seine Mitglieder richtete und die gewährleisteten, daß das Leben ohne abrupte Zäsuren, ohne Umsturz der Wertetafeln vonstatten ging. In dieser Welt gewann die »informative« Erschütterung, die eine Novelle von Poe oder ein Theatercoup von Ponson du Terrail auszulösen vermochte, eine genaue Bedeutung. In der modernen Industriegesellschaft dagegen bündeln sich die Ablösung der Parameter, der Zerfall der Überlieferungen, die gesellschaftliche Mobilität, der Verschleiß der kulturellen Muster und der moralischen Grundsätze zu einem Informationsaufgebot, das ständig Neuanpassung der Sensibilität, raschen Wandel der psychologischen Annahmen und gravierende Umorientierungen der Intelligenz erheischt. Unter diesen Verhältnissen erscheint die Redundanzliteratur als ein milder Anreiz zum Ausruhen, als einzigartige Gelegenheit der Entspannung, während die »hohe« Kunst, die sich unablässig in Bewegung befindet, angestrengte Aufmerksamkeit erfordert und nichts als Irritation anbietet: Grammatiken, die sich gegenseitig eliminieren; dauernd wechselnde Kodes.[17] Liegt es da nicht nahe, daß auch der Gebildete, der in Augenblicken intellektueller Anspannung vom informellen Bild oder vom seriellen Musikstück Ansporn seines Verstands und seiner Phantasie verlangt, in (willkommenen und unentbehrlichen) Momenten der Entspannung und Zerstreuung sich wieder dem arglosen, kindlichen Nichtstun zuwendet und vom Konsumprodukt erwartet, daß es ihn mit dem Überschwang der Redundanz zufriedenstelle?

Sobald man das Problem unter diesem Blickwinkel betrachtet, ist man versucht, den Phänomenen der ablenkenden Unterhaltung (zu denen auch der Mythos von Superman zählt) mit Nachsicht zu begegnen, ja sich selbst eines allzu hartnäckigen und von Sophistereien durchsetzten Moralismus zu bezichtigen. Das Problem ändert jedoch sein Erscheinungsbild in dem Maße, wie das Vergnügen an der Redundanz von einer erholsamen Entlastung, von einer Unterbrechung des konvulsivischen Rhythmus der in der Informationsverarbeitung engagierten Intellektuellenexistenz zur *Norm* jeder Phantasietätigkeit wird. Mit anderen Worten: Für wen stellt die Redundanzliteratur eine Alternative zu etwas anderem dar, und für wen ist sie die ausschließliche Impulsquelle? Hinzu kommt folgendes: Wie sehr verstärkt innerhalb derselben Wiederholungsschemata eine jeweils andere Dosierung der Inhalte und Sujets die negative Funktion des Schemas?

Das Problem liegt nicht in der Frage, ob unterschiedliche ideologische »Inhalte«, die durch dasselbe Erzählschema übermittelt werden, unterschiedliche Wirkungen erzielen können. Ein Wiederholungsschema ist und bleibt ein solches nur, insoweit es semantische Bezüge aufrechterhält und ausdrückt, die ihrerseits ohne jede Entwicklung sind. Anders ausgedrückt: Eine Erzählstruktur drückt eine Welt aus. Genauer: Wir werden an ihr gewahr, daß die Welt dieselbe Konfiguration besitzt wie die Struktur, in der sie zum Ausdruck kommt. Der Fall Superman bestätigt diese Hypothese. Achten wir auf die ideologischen »Inhalte« der Superman-Geschichten, so zeigt sich, daß sie kommunikativ aufgrund der Struktur der Erzählserie Bestand haben und funktionieren; doch zugleich legen sie die Struktur, die die ideologischen Gehalte zum Ausdruck bringt, als ein zirkuläres und statisches Gefüge, als Träger einer ihrem Wesen nach starren pädagogischen Botschaft fest.

Staatsbürgerliches und politisches Bewußtsein

Die Superman-Geschichten haben eine Eigenschaft mit anderen, auf Helden mit »Superkräften« gegründeten Abenteuern gemeinsam. Aber da die verschiedenartigen Bauelemente dieses Genres hier zu einem homogenen Ganzen verschmelzen, ist unsere besondere Aufmerksamkeit gerechtfertigt. Im übrigen ist es kein Zufall, wenn Superman, alles in allem, der populärste der Helden ist, von denen wir sprechen werden: Er ist nicht nur der Stammvater der Gruppe (Dienstantritt 1938), sondern von allen diesen Figuren auch die am ausführlichsten charakterisierte; er besitzt eine wiedererkennbare Persönlichkeit, die auf einer langjährigen Sammlung von Anekdoten beruht. Und obwohl er aus den geschilderten Gründen – und, wie wir sehen werden, aus anderen mehr – nicht als *Typus* bezeichnet werden kann, hätte er unter seinesgleichen fraglos den größten Anspruch auf einen solchen Titel. Ferner darf nicht verschwiegen werden, daß in seinen Geschichten eine gewisse Ironie, eine wohlwollende Nachsicht der Autoren steckt, die zwar die Person und ihre Handlungen zeichnen, aber sich bei alledem einigermaßen bewußt sind, letztlich eine »Komödie«, kein »Drama« oder keinen »Abenteuerroman« zu montieren. Eben diese Bewußtheit bei der Dosierung romanhafter Effekte, die Präsentation der Figur im Flackerlicht der Selbstironie, rettet Superman, jedenfalls teilweise, vor der Banalität des niederen Kommerz und macht ihn zu einem »Fall«. Seine Verwandten sind ihm unterlegen, es sind Phantome, die sich von einem Einzelbild zum anderen fortbewegen und die so austauschbar sind, daß man unmöglich mit ihnen sympathisieren oder sie gar lieben kann.

Doch gehen wir der Reihe nach vor. Bei den Superhelden könnten wir unterscheiden zwischen solchen, die mit übermenschlichen Kräften ausgestattet sind, und den anderen, die nur über – wiewohl höchst gesteigerte – irdische Gaben verfügen. Zu den ersten gehören Superman und die Hauptfigur in *The Manhunter from Mars (Der Spürhund vom Mars)*. Superman kennen wir bereits. Der Spürhund ist ein Marsbewohner, der auf der Erde in einer Polizeimission unterwegs ist und sich unter dem Decknamen des Detektivs John Jones verbirgt. Charakteristisch für den Spürhund vom Mars (dessen wahrer Name J'onn J'onnz lautet) ist seine Fähigkeit, das Aussehen jedes beliebigen Individuums annehmen sowie sich entmaterialisieren und somit feste Körper durchdringen zu können. Sein einziger Feind ist das Feuer (das hier die Funktion des Kryptonits bei Superman wahrnimmt). Sein *pet* (Haustier, Liebling) ist Zuk, ein Tier aus dem Weltraum, das mit gewissen Superkräften ausgestattet ist und das Pendant zum Hund Krypto, dem *pet* von Superman, darstellt.[18]

Zu den Helden, die nur menschliche Vermögen haben, zählt das Paar Batman und Robin. Auch hier zwei Individuen, die sich gewöhnlich unter einem Decknamen verbergen (das Thema der Doppelidentität ist eine regulative Idee des Genres) und die im Gefolge der Polizei an den Ort der Verbrechen eilen, in einem Kostüm, das der Gestalt einer Fledermaus ähnelt. Ebenso wie bei Superman und dem Spürhund vom Mars (und, wie wir sehen werden, auch bei anderen) ist das Kostüm ein enganliegendes elastisches Trikot, was die Hypothesen jener Interpreten bestätigt, die, wie der schon zitierte Giammanco, in diesen Figuren und in ihren an Männerbünde erinnernden Lebensbedingungen Elemente von Homosexualität erkennen wollen. Eine Spezialität von Batman und Robin besteht darin, sich mittels passender langer Seile von einem Gebäude zum anderen zu schwingen oder aus dem Helikopter abzusteigen (auch er hat die Gestalt einer Fledermaus, wie ihr Automobil und ihr Motorboot – und tatsächlich tragen die Bezeichnungen dieser Transportmittel das Präfix *bat* –).

Nahe Verwandte von Batman und Robin sind Green Arrow und Speedy. Das enganliegende Trikot ist hier um einige weitere Kleidungsstücke ergänzt: ein Paar Stiefel und Handschuhe. Ihr Kostüm gleicht dem von Robin Hood. In der Tat sind diese beiden Figuren dessen späte, technisch hochgetrimmte Wiederverkörperung, insofern sie ausschließlich mit Pfeilen arbeiten. Diese Pfeile sind in einer höchst ausgeklügelten Weise ausgedacht und erlauben den unterschiedlichsten Gebrauch als Wind-Pfeile, Treppen-Pfeile, Raketen-Pfeile, Faust-Pfeile, Netz-Pfeile, Wurfanker-Pfeile, Bolas-Pfeile, bengalische Feuer-Pfeile, und so fort. Anstelle einer Spitze haben sie hochpräzise Apparate, die, wenn sie mit dem Ziel in Berührung kommen, die seltsamsten Wirkungen entfalten – je nach Anlaß und Bedarf werden sie zur Leuchtrakete, zur Wurfschlinge, zum Kletterhaken, zum Betäubungsstab usw. Die verblüffende Anwendung dieses technischen Geräts garantiert, daß die Kräfte der beiden Helden ebenso effektiv sind wie die akrobatische Geschicklichkeit von Batman und Robin oder, wenn auch nicht immer, wie die Superkräfte von Superman und J'onn J'onnz.

Zu ihnen gesellt sich Flash. Seine Grundausstattung ist die gleiche; die geschniegelte Kleidung, die Gabe rascher Verwandlung, die Doppelidentität (im Alltag ist er Polizeichemiker, seine Verlobte ist Journalistin, und er ist für die Reize der jungen Frau nicht unempfänglich, gelegentlich gibt er ihr einen Kuß). Auch er gebietet über Superkräfte: die Fähigkeit, sich mit Lichtgeschwindigkeit fortzubewegen, mithin die Fähigkeit, den Erdball in kürzester Zeit zu umkreisen; die Fähigkeit, feste Körper zu durchdringen, aufgrund eines nicht genauer beschriebenen Gesetzes, das, im Photonenbereich, die Beschleunigung der »Teilchen« gestattet, aus denen sein Organismus besteht.

Man könnte die Aufzählung zwar fortsetzen[19], aber ich glaube, hiermit die charakteristischsten Figuren gekennzeichnet zu haben. Daß sie allesamt nach einem gemeinsamen Bauplan konstruiert sind, ist unverkennbar. Doch erst bei genauer Lektüre fällt die einheitliche pädagogische Botschaft auf, die sie miteinander verbindet. Jede von ihnen verfügt über solch erhebliche Fertigkeiten und Gaben, daß sie die Regierungsgewalt an sich ziehen, ein Heer aufstellen und das planetarische Gleichgewicht umstoßen könnte. Ist da bei Batman und Green Arrow noch ein gewisser Zweifel angebracht, so steht bei den drei anderen die immense Reichweite ihrer operativen Fähigkeiten außer Frage. Im übrigen ist jede dieser Figuren im Innersten gut, moralisch und den Idealen der Menschheit verpflichtet, und deshalb ist es nur natürlich (und schön), daß sie ihre Kräfte ausschließlich zu guten Zwecken gebrauchen. So gesehen erscheint die »Lehre«, die diese Geschichten verbreiten, jedenfalls unter dem Aspekt der Jugendliteratur, unbedenklich, zumal die Gewaltszenen, mit denen sie gespickt sind, dazu tendieren, das Böse am Ende unterliegen und die Ehrbarkeit siegen zu lassen.[20] Die Zweideutigkeit der Moral offenbart sich allerdings in dem Augenblick, in dem man die Frage stellt, *was denn das Gute sei*.

An dieser Stelle begnügen wir uns mit einem neuerlichen Blick auf Superman, da er die Grundzüge solcher Helden in sich vereint.

Superman ist praktisch omnipotent; von seinen körperlichen, geistigen und technischen Fähigkeiten war ja schon mehrfach die Rede. Ein Wesen, das über derartige Fähigkeiten verfügt und das sich für das Wohl der Menschheit engagiert (wir wollen hier das Problem in aller Offenheit stellen, aber mit der größten Verantwortung, indem wir alles für wahrscheinlich erachten), hätte, in der Tat, ein unermeßliches Betätigungsfeld vor sich. Von einem Menschen, der, in wenigen Sekunden, Arbeit und Reichtum astronomischen Ausmaßes bewirken kann, könnte man wohl die Umwälzung der politischen, ökonomischen und technologischen Ordnung der Welt erwarten, die Abschaffung des Hungers ebenso wie die Urbarmachung der Wüsten. (Superman »von rechts« gelesen: Warum geht er nicht hin und befreit sechshundert Millionen Chinesen vom Joch Maos?) Kurz, Superman vermöchte, aufgrund seiner großen Talente, das Gute in geradezu kosmischen, ja galaktischen Dimensionen durchzusetzen und gleichzeitig einer neuen Ethik zum Zuge zu verhelfen. Statt dessen geht er seiner Tätigkeit in einer kleinen Gemeinde nach, in der er lebt (Smallville in der Kindheit, Metropolis im Erwachsenenalter). Und so wie es dem mittelalterlichen Landmann widerfahren konnte, daß er zwar das Heilige Land kennenlernte, nicht aber die fünfzig Kilometer entfernte Nachbargemeinde, so bleibt Superman, der ungehindert Reisen in ferne

Galaxien unternimmt, vielleicht nicht »die Welt«, jedoch die »Welt der Vereinigten Staaten« unbekannt.[21] In seiner *little town* tritt das Böse, das es zu bekämpfen gilt, in Gestalt von Verbrechern auf, die sich weder mit Drogenschmuggel noch mit der Bestechung von Behörden und Politikern beschäftigen, sondern mit dem Ausrauben von Banken und Postwagen. Mit anderen Worten: *Die einzige sichtbare Form, die das Böse annimmt, ist der Anschlag auf das Privateigentum.* Das Böse im Weltraum ist ein nebensächliches Ingredients, es ist zufällig; die Unterwelt hingegen ist ein endemisches Übel, eine Art Strang der Verdammnis, der die menschliche Geschichte durchzieht, die klar und manichäisch gegliedert ist: Jede Autorität ist von Grund auf gut und unverdorben, jeder Bösewicht ohne Aussicht auf Rettung. Man hat, mit Gründen, gesagt, Superman sei das eklatante Beispiel eines *staatsbürgerlichen* Bewußtseins, das vom *politischen* Bewußtsein abgetrennt ist. Sein Bürgersinn ist durchaus perfekt, doch er bewegt und bekundet sich in den Grenzen einer kleinen geschlossenen Gemeinschaft.[22]

Kennzeichnend dafür ist, wie Superman enorme Energien für spektakuläre Wohltätigkeitsveranstaltungen verausgabt, um Geld für Waisenkinder und Arme zu sammeln. Diese paradoxe Verschwendung von Mitteln (dieselbe Energie könnte direkt zur Erzeugung von allgemeinem Wohlstand oder zur radikalen Veränderung der gesellschaftlichen Verhältnisse eingesetzt werden) fällt dem Leser immer wieder auf. Ebenso wie das Böse allein unter dem Aspekt des Angriffs auf das Privateigentum erscheint, *tritt das Gute allein in der Gestalt der Wohltätigkeit hervor.*[23] Diese schlichte Gleichung scheint Supermans Moral hinreichend auszudrücken. Doch es ist noch ein weiterer Sachverhalt zu bedenken. Daß Superman ausschließlich im Rahmen bescheidener reformerischer Zielvorstellungen agiert, hängt mit der statischen Metaphysik zusammen, die der Handlung zugrunde liegt, und ist die unmittelbare und ungewollte Folge des erzählerischen Strukturmechanismus, der allein, wie es scheint, die Botschaft, um die es geht, zu übermitteln imstande ist. Die Geschichte ist statisch und muß Entwicklung vermeiden. Sie zwingt Superman, so zu handeln, wie er handelt: Das, was man seine Tugend nennen könnte, setzt sich aus lauter kleinen Einzeltaten zusammen. Auch da ist freilich nicht so sehr von einer bewußten Absicht der Autoren zu sprechen als vielmehr von ihrer Anpassung an eine Auffassung von »Ordnung«, die das kulturelle Modell durchdringt, innerhalb dessen sie leben und von dem sie »Spielzeugmodelle« mit *Widerspiegelungsfunktionen* herstellen.

Schlußfolgerungen

Es bekräftigen also die Superman-Episoden unsere Überzeugung, daß es eine wirksame ideologische Aussage, die das thematische Material nicht in einer *Formbildungsweise* auflöst, nicht geben kann. Die Superman-Geschichten sind zwar ein bescheidener, aber genauer Beleg dafür, wie verschiedene Systeme von Bezügen vereinheitlicht werden können, so daß jedes von ihnen in einem jeweils bestimmten Maßstab die Schranken und Widersprüche des anderen reproduziert. Wenn die ethische Ideologie Supermans ein geschlossenes System darstellt – was der Fall ist – und die Struktur der einzelnen Systeme ihrerseits ein System erzeugt, dann erscheint diese »Saga« selber als ein exakt bemessenes *System aus Systemen,* das dazu einlädt, die Eigenart der Zeichnung, den Tonfall der Sprache und die Charakteristik der Figuren zu untersuchen – ein Vorhaben, das wir hier lediglich in groben Zügen haben skizzieren können.

Im nächsten Aufsatz werden wir sehen, wie in den Comics von Charles M. Schulz dieselbe Wiederholungsstruktur die Charakterisierung konkreter und »historischer« Personen nicht nur nicht verhindert, sondern sie überhaupt erst ermöglicht. Allerdings ist dort die Wiederholung nicht an eine bestimmte Abfolge, sondern an einen *ästhetischen Rhythmus* geknüpft. Und sie legt die Beziehungen zwischen den Figuren und der geschichtlichen Realität fest, mit klaren Verweisungen und genauen Bezügen. Die Personen in den *Peanuts* sind nicht austauschbar, wohl aber ist dies Superman. Und Superman ist in hohem Maße mit den anderen Superhelden austauschbar. Er ist und bleibt ein *Topos,* von dem Kontext, in dem er agiert, deutlich abgetrennt. Er handelt unterhalb seiner Möglichkeiten, verweigert sich dem Wahrscheinlichen. Das verlangt vom Leser die »suspension of disbelief«, die Suspendierung des Mißtrauens, kurz, die Entscheidung, Superman so zu akzeptieren, wie er ist: als eine Märchengestalt, an der vor allem die vielfachen Variationen eines Themas zu genießen sind. Und wie in Märchen werden auch in der Sage von Superman immer wieder Möglichkeiten des Handlungsverlaufs eröffnet, die nicht verwirklicht werden. »Manntje, Manntje, Timpe Te / Buttje, Buttje in der See, / Myne Fru de Ilsebill / Will nich so, as ik wol will«, sagt der Fischer zum verzauberten Fisch. Was auch immer die Frau sich wünscht, es wird ihr gewährt, weil dies dem Gesetz des Märchens entspricht. Erst als die Frau »wie Gott werden« will – »se will wurden as de lewe Gott« –, erzürnt sie den Fisch und erlischt die Magie. Die einstige Not, das alte Unglück kehren zurück. Kann ein Märchen die Ordnung des Universums verändern?

Anmerkungen

1 Über die Vorfälle im Zusammenhang mit bestimmten Symboldarstellungen siehe Jurgis Baltrušaitis, *Le Moyen Age fantastique, antiquités et exotismes dans l'art gothique*, Paris 1944 (Neuauflage Paris 1981), und ders., *Réveils et prodiges*, Paris 1960.
2 Zur Popularisierung der soziologischen Thematik des *Status* und seiner Symbolik verweisen wir auf Vance Packard, *The Status Seekers* [deutsch: *Die Pyramidenkletterer*, Düsseldorf 1963]; zum Status als soziologische Kategorie siehe L. Reissman, *Class in American Society*, Glencoe 1959. Zu der Mehrdeutigkeit des Begriffs und den Gefahren einer simplifizierten Soziologie der Statussymbole vgl. E. Larrabee, *The Self-conscious Society*, New York 1960. Zur Symbolik des Automobils im besonderen vgl. D. Riesman und E. Larrabee, »Autos in Amerika«, in: Lincoln H. Clark (Hrsg.), *Consumer Behavior*, New York 1958.
3 Wir beziehen uns auf die Methodologie die Paul Ricoeur in »Herméneutique et réflexion« (auf dem Symposion über *Demitizzazione e Immagine*, Rom 1962) skizzierte.
4 Vgl. Carlo della Corte, *I Fumetti*, Milano 1961, S. 179 ff., In C. Waugh, *The Comics*, New York 1947, ist eine Seite aus *Terry* abgedruckt, auf der die Funktion der patriotistischen Propaganda, die der Comic unter der Obhut der Behörde übernommen hatte, klar hervortritt.
5 Wir würden sagen, der bei diesem Erzähltypus angestrebte Wert sei als »Informations«-Reichtum einer quantifizierbaren Information bestimmbar. Vgl. dazu in meinem Buch *Das offene Kunstwerk*, a.a.O., das Kapitel »Offenheit, Information, Kommunikation«.
6 Immanuel Kant, *Kritik der reinen Vernunft*, »Die Analytik der Grundsätze«, B 244, A 199. Zitiert nach der Ausgabe von Wilhelm Weischedel, Frankfurt am Main 1968 (Theorie Werkausgabe), Band III, S. 234.
7 Vgl. bes. Hans Reichenbach, *The Direction of Time*, Berkeley 1956.
8 Bei den Erörterungen Sartres beziehen wir uns auf das 2. Kapitel des 2. Teils (»La temporalité«/»Die Zeitlichkeit«) von *L'être et le néant* (1943), Paris 1966, S. 150–218.
9 Gerd Brand, *Welt, Ich und Zeit*. Nach unveröffentlichten Manuskripten Edmund Husserls. Den Haag 1955, S. 127 (aus den Manuskripten C 13 III, S. 11 und C 4, S. 12).
10 Ebd., S. 129. Man vergleiche diese Stelle mit Sartre: »In einem Wort, ich bin meine Zukunft im dauernden Hinblick auf die Möglichkeit, sie nicht zu sein. Von da rührt jene Angst, die wir oben beschrieben haben, und daher kommt, daß ich die Zukunft, die ich zu sein habe und die meiner Gegenwart

ihren Sinn gibt, nicht genug bin: denn ich bin ein Sein, dessen Sinn stets problematisch ist.« (*Das Sein und das Nichts*, 2. Teil, 2. Kapitel, 1 C, übersetzt von Karl August Ott, Reinbek b. Hamburg 1980, S. 189).

11 Husserl, Manuskript C 2 III, Brand, a.a.O., S. 4.

12 In diesem Sinne glauben wir von einem anderen Gesichtspunkt aus eine Bemerkung von Roberto Giammanco (vgl. sein *Dialogo sulla società americana*, Torino 1964, S. 218) zum konstant »homosexuellen« Charakter von Personen wie Superman oder Batman (eine weitere Variante über das Thema »Superkräfte«) klären zu können. Daß dies besonders für Batman gilt, duldet keinen Zweifel, und Giammanco gibt dafür Gründe an, auf die wir noch zurückkommen werden. Im Fall von Superman scheint uns aber, daß man statt von Homosexualität besser von »Parsivalismus« sprechen sollte. Bei Superman fehlt fast vollständig das Element des »Männerbündischen«, das bei Figuren wie Batman und Robin, Green Arrow und dessen Partner und bei vielen anderen vorhanden ist. Auch wenn er oft in Übereinstimmung mit der Legion der Superhelden der Zukunft arbeitet (Jugendliche mit außergewöhnlichen Kräften, gewöhnlich ephebisch, aber – und die Feststellung ist angebracht – beiden Geschlechtern zugehörig), versäumt Superman nicht, mit der Cousine Supergirl zusammenzuarbeiten. Er ist nicht misogyn; vielmehr offenbart er die schamhafte Unsicherheit eines durchschnittlichen jungen Mannes in einer matriarchalischen Gesellschaft. Andererseits ist den aufmerksamen Philologen seine unglückliche Liebe zu Loris Lemaris nicht verborgen geblieben, die ihm, da sie eine Sirene ist, allenfalls eine »Unterwasserehe« anbieten könnte, eine versüßte Verbannung, die Superman jedoch aus Pflichtgefühl, aus Gründen seiner »Sendung« ablehnen muß. Was Superman allerdings charakterisiert, ist die platonische Dimension seiner Affekte, das implizite Keuschheitsgebot, das nicht so sehr von seinem Willen als vielmehr vom »Sachzwang« abhängt, von der Einzigartigkeit seiner Lage. Der »Parsivalismus« Supermans ist eine jener Bedingungen, die verhindern, daß er sich abnutzt, und die ihn vor den Ereignissen (und damit vor den zeitlichen Verläufen) schützen, die mit dem erotischen Engagement verknüpft sind.

13 Vgl. auch hierzu Hans Reichenbach, *The Direction of Time,* a.a.O., S. 36–40.

14 Für eine Erörterung dieser Gedanken verweise ich auf mein Buch *Das offene Kunstwerk,* a.a.O., vor allem auf die Essays »Die Poetik des offenen Kunstwerks« (S. 27–59) und »Die Poetiken von Joyce. Von der *Summa* zu *Finnegans Wake*« (S. 295–442).

15 Wem die Formulierung zu radikal erscheint, der lese das exemplarische Buch von Theodore H. White, *The Making of the President* [deutsch: *Der Präsident wird gemacht.* Übersetzt von Klaus Schönthal. Köln, Berlin 1963]. In dieser seriösen Reportage eines demokratischen Journalisten, der das von ihm beschriebene System unterstützt, zeichnet sich das Bild der Machteroberung in einer Folge von vier Momenten ab: 1. Eine Gruppe von Männern entschließt sich, die Macht zu übernehmen. 2. Sie untersuchen die öffentlichen Stimmungen und Leidenschaften, die sie für ihre Zwecke einspannen müssen. 3. Sie setzen eine psychologische Maschinerie in Gang,

die, indem sie sich auf diese Stimmungen und Leidenschaften stützt, die Zustimmung der Öffentlichkeit erwirkt. Nachem sie die Macht erlangt haben, üben sie »Vernunft« aus, als deren qualifizierte Vertreter sie erscheinen, um politisch zugunsten jener Öffentlichkeit zu handeln, die sie gewählt hat. Merkwürdig ist, daß in einem solchen Buch nicht die Frage nach der *Grundlage* dieser Vernunft gestellt wird, nach welcher die führende Elite handelt (es wird zu verstehen gegeben, daß es sich dabei um die Anwendung eines »common sense« angelsächsischer Tradition handelt, der geschichtlich auf dem moralischen Erbe der Pilgerväter beruht und theologisch abgesichert ist durch konkreten Erfolg – gemäß dem bereits von Max Weber beobachteten Zusammenhang zwischen dem Geist des Kapitalismus und der protestantischen Ethik.

16 Jede Fantômas-Episode schließt mit einer Art »gescheiterter Katharsis«. Wenn Juve und Fandor es endlich geschafft haben, den Ungreifbaren zu fassen, entzieht er sich mit einer unvorhergesehenen Aktion der Verhaftung. Ein weiteres kennzeichnendes Element besteht darin, daß Fantômas – verantwortlich für fabelhafte Betrügereien und Raubüberfälle – zu Beginn jede Episode unerklärlicherweise arm ist, dringend Geld und somit auch neue »Aktionen« braucht. Somit kann die Handlung wieder von vorn beginnen.

17 Zu dieser für die zeitgenössische Kunst typischen Erneuerung der Kodes vgl. *Das offene Kunstwerk*, a.a.O., sowie meine Essays »Due ipotesi sulla morte dell'arte«, in: *Il Verri*, 8, 1963; »Postille a un dibattito«, in: *La Biennale*, Nr. 44–45, 1961; »Del modo di formare comme impegno sulle realtà«, in: *Menabò*, 5, 1962, bes. Anm. 10, sowie den Aufsatz im vorliegenden Band: »Massenkultur und Kultur-›Niveaus‹«.

18 Ein nicht allzu ferner Verwandter des Spürhundes vom Mars ist, nebenbei bemerkt, das Resultat italienisch-französischer Koproduktion: Radar. Er nimmt die Gestalt von Tieren an, sobald er jemanden um Hilfe rufen hört.

19 Von den übrigen Figuren (sie werden alle von derselben Gruppe, der National Periodical Publication Inc., veröffentlicht) erwähnen wir Green Lantern, der einen Ring besitzt, welcher Energie freizusetzen vermag; Aquaman mit seinem Partner Aqualad (einem ephebenhaften Jüngling), der unter Wasser leben kann und über telepathische Fähigkeiten verfügt, mit denen er die Meeresungeheuer kommandiert; Wonder Woman, das weibliche Pendant zu Superman. Ferner: Dr. Solar (mit Superkräften, die auf die Speicherung radioaktiver Strahlen zurückgehen); Magus, the Robot Fighter; The Fantastic Four, und andere mehr. Das Thema der Superkraft kehrt regelmäßig wieder.

20 Übrigens ist darauf hinzuweisen, daß jeder dieser Helden Blut und Gewalt meidet. Batman und Green Arrow, beides menschliche Wesen, schlagen sich bravourös mit ihren Gegnern, verletzten sie jedoch niemals, der Übeltäter geht allenfalls bei einem tragischen Unglück zugrunde, aber Superman und der Spürhund vom Mars – und Flash, der zwar ein Mensch ist, aber durch einen chemischen Zufall regeneriert wurde – vermeiden sogar unmotivierte Verletzungen; um eine Gangsterbande zu fangen, muß Superman gewöhn-

lich nur das Auto oder das Schiff abtransportieren, in dem sie sitzen, oder das Gebäude, das dann bis auf die Fundamente entfernt wird.
21 Nur ein einziges Mal – wobei es sich jedoch um eine »phantastische Erzählung« handelt – wird er Präsident der Vereinigten Staaten.
22 Als Bruder Supermans – im Sinne eines Musters absoluter Treue zu den Werten – erscheint Doktor Kildare, ein Held des Comic strip und des Fernsehens. Vgl. dazu den scharfsinnigen Essay von Furio Colombo, »Il dottor Kildare e la cultura di massa«, in: *Il Mondo* vom 18.1.1964.
23 In welchem Grade eine solche »Lektion« für die Massenkultur typisch ist, habe ich in dem Aufsatz »Fenomenologia di Mike Buongiorno«, in: *Diario Minimo,* Milano 1963, dargelegt.

Die Welt von Charlie Brown

Wie die Analyse des Superman-Mythos uns gezeigt hat, ist die Lektüre von Comics keinesfalls eine harmlose Vergnügung, die zwar vorwiegend für Kinder bestimmt ist, die aber auch von Erwachsenen – nach dem Essen, im Lehnstuhl – genossen werden kann, eine sanfte, kleine Zerstreuung ohne Schaden und Aufwand. Die Industrie der Massenkultur stellt die Comics für den internationalen Markt her und verbreitet sie professionell sogar in dessen Nischen. Vor diesem Zugriff (der Schlager, der Comics, der Kriminalromane, des Fernsehens, der Unterhaltungspolitik) verstummt die Volkskunst, sterben die autochthonen Traditionen des sozialen Austauschs ab; es entstehen keine Geschichten mehr, die am Ofen erzählt werden; es treten keine Bänkelsänger mehr auf, die ihre Schautafeln bei Erntefesten und auf Jahrmärkten enthüllen. Der Comic, ein ausgefeiltes Industrieprodukt, funktioniert gemäß den Regeln der heimlichen Verführung, setzt beim Konsumenten die Haltung der Zerstreutheit voraus, die die paternalistischen Tendenzen der Auftraggeber unmittelbar stimulieren. Und die Autoren passen sich dem an. So spiegelt der Comic in den meisten Fällen die implizite, innere Logik der Gesellschaftsordnung und fungiert als Verstärker der herrschenden Mythen und Werte. In dieser Weise bekräftigt *Dennis the Menace* das am Ende glückliche und gewissenlose Bild einer »guten« Mittelschicht-Familie, die aus dem Deweyschen Naturalismus einen Erziehungsmythos gemacht hat; *Little Orphan Annie* wird für Millionen von Lesern zum Stützpunkt eines nationalistischen McCarthyismus, eines klassischen Frühkapitalismus, eines kleinbürgerlichen Philistertums, das sich an den Veranstaltungen der John Birch-Society berauscht; *Jiggs and Maggie* verhunzt das gesellschaftliche Machtgeschäft des amerikanischen Matriarchats zu einer simplen Privataffäre; *Terry and the Pirates* widmet sich beharrlich dem nationalistisch-militaristischen Training der fröhlichen amerikanischen Jugend; *Dick Tracy* hat den Sadismus des Action-Krimis nicht nur durch seine Ränke

allen zugänglich gemacht, sondern auch durch seine äußerst komplexe und blutrünstige Zeichnung (es ist dabei unerheblich, daß er den Geschmack seines Publikums »aufgefrischt« hat); und *Joe Palooka* singt unentwegt und unbeirrt das Loblied auf den rechtschaffenen und treuherzigen Amerikaner, auf den die konservative Wahlpropaganda zugeschnitten ist. Gleichzeitig werden die Kritik und der Protest gegen das Gewohnte, sofern es sie überhaupt gibt, schicklich im Magnetfeld des Systems gehalten und auf die Dimension der Fabel verkleinert. Jedermann ist bekannt, daß Dagobert Duck die Laster eines unspezifischen Kapitalismus verkörpert: Anbetung des Geldes und Ausbeutung der Schwachen und Machtlosen; aber derselbe Name, den die Figur im Original trägt: Uncle Scrooge (was an den alten Geizhals aus *A Christmas Carol* von Charles Dickens erinnert), dient dazu, diese indirekte Kritik auf ein Kapitalismusmodell des 18. Jahrhunderts zu richten (das verbunden ist mit der Ausbeutung der Kinder in Bergwerken und der Prügelstrafe in den Schulen), das die moderne Gesellschaft nicht mehr in Unruhe versetzt und das heute zu kritisieren gänzlich unverdächtig ist. Und soweit die Comics von Al Capp anhand der Abenteuer von Li'l Abner Kritik an amerikanischen Tics und Mythen entwickeln, gelegentlich in ungezügelter Bosheit – ich denke insbesondere an die Satire auf eine opulente Konsumgesellschaft, wie sie die Geschichte des Shmoo (Al Capp, *Life and Times of the Shmoo*) eine Zeitlang so eindrucksvoll vorgestellt hat –, speist auch sie sich aus unzerstörbarer Gutgläubigkeit und festem Optimismus; der Schauplatz der Ereignisse jedenfalls, die Kleinstadt Dogpatch, ist geradezu das Modell einer »Bodenständigkeit«, die, ebenso sagenhaft wie beschränkt, jedem Gegengedanken, jedem Traum, jeder noch so konkreten Einmischung den Stachel zieht.
Heißt das, daß der in den eisernen Regeln des industriell-kommerziellen Kreislaufs von Produktion und Konsumtion gefangene Comic nichts als genormte Abbilder eines manchmal unbewußten, manchmal programmierten Paternalismus hervorzubringen vermag? Daß er selbst dort, wo er erzählerische Schnittmuster, Erzählfiguren, sicherlich originelle und anregende Geschmacksentwürfe für die Masse entwickelt hat (die davon auch Gebrauch machte), seine Phantasie und seine ästhetischen Mittel trotzdem und beständig der Zerstreuung und der Verschleierung der Realität dienstbar macht?
Wir könnten darauf antworten, freilich bloß theoretisch, daß seit

Bestehen der Welt sowohl die großen als auch die kleinen Künste fast immer nur in einem kulturellen System blühen konnten, das dem Künstler im Austausch gegen eine gewisse Untertänigkeit bestimmte Autonomie-Räume gewährte; daß in den festgelegten Kreisläufen von Produktion und Konsumtion es Künstlern immer wieder gelungen ist, die Erfahrungs- und Empfindungsweise der Menschen gründlich zu verändern, ja, daß sie in der Gesellschaft selbst eine kritische und befreiende Kraft bildeten – gegen alle Einschränkungen des Ausdrucks durch den »Sachzwang«.
Ich glaube, daß der Comic strip in diesem Sinne zwei Hauptwege eröffnet hat. Der erste ist jener, dessen jüngster und vielleicht bedeutendster Verfechter Jules Feiffer ist: Die Satire des Autors von *Munro* (1951) und *Bernard Morgendeiler* (1965) ist so präzise, erfaßt die Übel der modernen Industriegesellschaft, die er exemplarisch in *Typen* umsetzt, mit einer solchen Genauigkeit und betreibt die Enthüllung dieser Typen mit so viel Menschlichkeit (Bosheit und Mitleid zugleich), daß ihre Veröffentlichung in jeder beliebigen Zeitung, ungeachtet ihres Erfolgs und auch dann, wenn jedermann sie lächelnd akzeptiert – einschließlich jener, die sich eigentlich angegriffen fühlen und erschreckt sein müßten –, ihr nichts von ihrer Brisanz zu nehmen vermag. Ist eine Geschichte von Feiffer einmal publiziert, kann sie nicht mehr stillgestellt werden; ist sie einmal gelesen worden, bleibt sie im Gedächtnis haften und wirkt dort insgeheim, lautlos weiter. In den Fällen, wo die Satire mechanisch bleibt, wird sie, langfristig gesehen, ins Repertoire der Gemeinplätze eingehen; in den Fällen jedoch, wo (wie es häufig geschieht) ein »universales« Moment menschlicher Schwäche definiert ist, erhält der Comic sich am Leben und schlägt eine Bresche in das System, das ihn in seine Schranken zu zwingen versuchte.
Daneben gibt es den zweiten Weg, und um diesen zu illustrieren, wähle ich einen inzwischen klassisch gewordenen Comic strip aus: *Krazy Kat* von George Herriman, der zwischen 1910 und 1911 entstanden ist und mit dem Tod seines Autors 1944 endete. Er hatte drei *dramatis personae:* eine Katze unbestimmten Geschlechts, vermutlich weiblich; eine Maus, Ignatz; einen Hund in der Rolle eines Polizisten, Offissa Pop. Die Zeichnung, die wegen ihrer surrealistischen Anklänge einzigartig war, besonders in den an Mondlandschaften gemahnenden Landschaftsbildern, nimmt den Begebenheiten jeden Anstrich von Wahrscheinlichkeit. Worum geht es? Die Katze liebt leidenschaftlich die Maus, und die bösar-

tige Maus haßt die Katze und tyrannisiert sie. Der Hund versucht angestrengt, die Katze zu beschützen, sie aber will von ihm nichts wissen; die Katze liebt die Maus und ist stets bereit, sie zu entschuldigen. – Aus dieser absurden Situation ohne besonderen komischen Reiz entwickelte der Autor eine endlose Kette von Variationen, die sich auf ein Strukturmuster stützen, welches für das Verständnis von Comics entscheidend ist: Die kurze tägliche oder wöchentliche Geschichte, der Streifen – auch wenn er eine Begebenheit erzählt, die nach vier Bildern endet –, funktioniert nicht für sich genommen, sondern gewinnt ihre Anziehungskraft allein aus der eigentümlichen Kontinuität, die sich Streifen um Streifen, Tag für Tag, fortspinnt. Die Poesie von *Krazy Kat* gründet in dem unverwechselbaren lyrischen Eigensinn des Autors, der die Handlungszüge unendlich oft wiederholte, wobei er ständig das Thema variierte, und einzig unter dieser Bedingung stifteten die Frechheit der Maus, das unerwiderte Mitgefühl des Hundes und die hoffnungslose Liebe der Katze das, was vielen Kritikern als Zustand der Poesie erschien, als die ununterbrochene Elegie des einfachen Leidens. In diesem Comic entdeckte der Leser, der nicht durch überbordende Einfälle, durch realistische Bezüge oder karikaturistische Hinweise, durch willkürliche Beschwörung von Sexualität oder Gewalt von der Routine seines Geschmacks abgelenkt wurde, die ihn im Comic die Befriedigung bestimmter Bedürfnisse suchen ließ, die Möglichkeit einer Welt, die nur aus Anspielungen besteht, eines Vergnügens »musikalischer« Art, eines Spiels mit keineswegs banalen Gefühlen. In gewisser Weise wurde hier die Legende von Scheherazade wiederholt – die vom Sultan geraubte Konkubine, die nach gemeinsam verbrachter Nacht getötet werden sollte, begann eine Geschichte zu erzählen, der Sultan vergaß über der Geschichte die Frau und erlebte eine neuartige Wirklichkeit, andere Werte und Genüsse.

Ein Indikator dafür, daß der Comic strip ein Industrieprodukt für den Konsum ist, liegt in dem Umstand, daß selbst dann, wenn ein genialer Autor eine Figur erfunden hat, er nach kurzer Zeit durch ein Team ersetzt wird – seine Genialität wird austauschbar, seine Erfindung zu einem Werkstattprodukt. Indirekter Beweis dafür ist, daß *Krazy Kat* kraft einer elementaren Poesie das System zu beherrschen vermochte, daß nach dem Tod Herrimans niemand dessen Erbe übernehmen wollte und die Comics-Industriellen eine Änderung dieser Situation nicht erzwingen konnten.[1]

Von hier aus führt uns die Argumentation zu den *Peanuts* von

Charles M. Schulz, die wir dem »lyrischen« Stil, für den *Krazy Kat* einsteht, zuordnen. Auch hier eine schlichte Ausgangskonstellation: eine Gruppe von Kindern, Charlie Brown, Lucy, Violet, Patty, Frida, Linus, Schroeder, Pig Pen und der Hund Snoopy, die sich Spielen und Gesprächen hingeben. Auf diesem Grundschema entwickelt sich ein beständiger Fluß von Variationen, gemäß dem eigentümlichen Rhythmus bestimmter primitiver Epen (primitiv ist auch die absurde, stetig wiederholte Bezeichnung des Protagonisten durch Vor- und Zunamen – selbst die Mutter nennt ihn so –, wie beim Titelhelden eines Epos), wobei man freilich den Zauber dieser »poésie ininterrompue« niemals wahrnähme, wenn man nur eine, zwei oder zehn Folgen läse, sie offenbart sich erst, nachdem man sich gründlich auf die Charaktere und die Situationen eingelassen hat, da die Anmut, die Zartheit und die Heiterkeit allein aus der unablässig wechselnden Wiederholung der Schemata, aus dem Festhalten am Grundeinfall hervorgehen und vom Leser einen unverbrüchlichen Treue- und Sympathiebeweis verlangen.

Schon aus dieser formalen Struktur ließe sich die eigentümliche Kraft dieser Geschichten erklären. Doch das ist nicht alles: Ihre Poesie entsteht daraus, daß wir in dem Verhalten der Kindergestalten die Nöte und Sorgen der Erwachsenen wiederfinden, die hinter der Kulisse bleiben. So gesehen ist Schulz ein neuer Herriman, der sich allerdings den sozialkritischen Positionen eines Feiffer angenähert hat. Diese Kinder gehen uns nahe; sie sind die unheimlichen miniaturisierten Repräsentanten der Neurosen eines Bürgers der Industriekultur. Sie gehen uns nahe, weil sie, wie wir gewahren, Monstren sind, zu denen wir Erwachsene sie gemacht haben. Sie vergegenwärtigen die Diagnosen Freuds, die Erfahrung der »Vermassung«, die durch »Digests« verdaute Kultur, den vergeblichen Kampf um Erfolg, das Streben nach Mitgefühl, die Einsamkeit, die abrupte Aggressivität, die Fügsamkeit und den neurotischen Protest. Gleichwohl erscheinen diese Sachverhalte, so wie wir sie kennen, nicht in Ausdrücken einer Gruppe Unschuldiger; sie sind wohlbedacht und werden erst ausgesprochen, nachdem sie den Filter der Unschuld passiert haben.

Die Kinder bei Schulz sind kein Werkzeug, um hämisch Probleme der Erwachsenen einzuschmuggeln; diese Probleme werden vielmehr in der Optik einer kindlichen Psychologie erlebt, und gerade deshalb scheinen sie uns hoffnungslos betroffen zu machen, so als ob wir unversehens erkennten, daß wir mit unseren Versehrungen die Dinge bis an die Wurzel angesteckt haben.

Und weiter: Die Verkleinerung der Erwachsenenmythen auf Mythen der Kindheit (einer Kindheit, die nicht mehr vor der Reife, sondern nach ihr kommt – und die deren Risse zeigt) ermöglicht Schulz eine Wiedergewinnung: Seine Kindermonstren sind einer Naivität und Aufrichtigkeit fähig, die alles in Frage stellt, allen Schutt beseitigt und eine Welt wiederherstellt, die trotz allem und immer noch liebenswert und sanft ist, die nach Glück und Reinheit schmeckt, so daß wir in dem ständigen Auf und Ab von Reaktionen innerhalb einer Geschichte oder zwischen verschiedenen Geschichten nicht wissen, ob wir verzweifeln oder zuversichtlich sein sollen. Jedenfalls stellen wir fest, daß wir den Zirkel von Konsum und Zerstreuung verlassen und fast schon die Schwelle zur Nachdenklichkeit erreicht haben. Der verblüffende Beweis dafür (und für einiges andere mehr): Während ausgesprochene »Bildungs«-Comics wie *Pogo Possum* nur den Intellektuellen gefallen (und von den Massen eher versehentlich aufgenommen werden), faszinieren die *Peanuts* gleich stark die anspruchsvollen Erwachsenen und die Kinder, als ob jeder darin etwas für sich finden könnte, und es ist doch ein und dasselbe, das freilich nach zwei verschiedenen Lesarten genossen werden kann.

Die Welt der Peanuts ist ein Mikrokosmos, eine kleine menschliche Komödie, für jeden Geldbeutel erschwinglich. Im Zentrum steht Charlie Brown: arglos, ein Dickkopf, untüchtig und deshalb zur Erfolglosigkeit verurteilt. Er hat ein fast schon neurotisches Bedürfnis nach Mitteilung und »Beliebtheit«, wird von den matriarchalisch altklugen Mädchen um ihn herum mit Verachtung, mit Anspielungen auf seinen Rundschädel, mit Vorwürfen der Dummheit und mit kleinen Bosheiten gestraft. Doch unerschrocken sucht Charlie Brown überall Zärtlichkeit und Zustimmung: beim Baseball, beim Basteln von Drachen, in der Beziehung zu seinem Hund Snoopy, beim Spielen mit den Mädchen. Er scheitert jedesmal. Seine Einsamkeit wird grenzenlos, sein Minderwertigkeitskomplex ist allgegenwärtig (und von dem ständigen Verdacht begleitet – der auch den Leser ergreift –, daß Charlie Brown gar keinen Minderwertigkeitskomplex habe, sondern tatsächlich minderwertig sei). Tragisch daran ist: Charlie Brown ist nicht minderwertig; er ist gänzlich normal. *Er ist wie alle anderen*, er bewegt sich ständig am Rande des Selbstmords oder des Zusammenbruchs, weil er Rettung mit Hilfe jener Rezepte sucht, die ihm die Gesellschaft, in der er lebt, vorschlägt: Die Kunst, Freunde zu gewinnen; Wie man ein begehrter Unterhalter wird; Wie man sich in vier Lektionen Bildung aneignet; Die Suche nach dem Glück; Wie man bei Mädchen Erfolg hat... (offensichtlich haben ihn Doktor Kinsey, Dale Carnegie und Lin Yutang völlig verdorben). Da er dies aber unschuldigen Herzens und ohne jede Arglist tut, weist ihn die Gesellschaft sogleich ab: in der Person Lucys, einer hinterhältigen und selbstbewußten Matriarchin, Unternehmerin, wenn es um sicheren Profit geht, allzeit bereit, ihren wertlosen, aber überaus effektvollen Eigendünkel zu verhökern (ihre Naturwissenschafts-Lektionen für den Bruder Linus sind ein Sammelsurium von Frechheiten, bei denen es Charlie Brown übel wird: »I can't stand it« [»Ich halte es nicht aus«], seufzt der Unglückliche, doch mit welchen Waffen ließe sich die perfekte Unlauterkeit stoppen von jemandem, der das Pech hat, reinen Herzens zu sein...).

Man hat Charlie Brown das »feinfühligste Kind, das je in einem Comic aufgetreten ist und das zu Stimmungsschwankungen von Shakespearscher Färbung fähig ist«, genannt (Becker), und der Zeichenstift von Schulz vermag diese Schwankungen mit einer Ökonomie der Mittel wiederzugeben, die an ein Wunder grenzt. So verbindet sich der Comic, vorgetragen in einem beinahe feierlichen Ton, in einer Harvard-Sprache (diese Kinder fallen selten in den Jargon oder verstoßen kaum einmal gegen die grammatischen Regeln), mit einer Zeichnung, die jeder Figur noch die geringste psychische Regung einzuschreiben vermag. So prägt sich die alltägliche Tragik von Charlie Brown unserem Blick mit beispielhafter Eindringlichkeit ein.

Zu Charlies Tragödien der Nicht-Integration bietet das Verzeichnis der psychologischen Typen einige Alternativen an: Die Mädchen entgehen ihnen aufgrund ihrer hartnäckigen Selbstgenügsamkeit und ihres Hochmuts – Lucy (eine Riesin, die man nur bestaunen kann), Patty und Violet leiden nicht an Ambivalenzen und Lebenszweifeln; vollkommen integriert (sollten wir besser sagen: »entfremdet«?), wechseln sie von den hypnotischen Sitzungen vor dem Fernseher zum Seilspringen und zu Allerweltsgesprächen über, die aus Bosheiten gewoben sind; sie gewinnen ihren Frieden durch Gefühllosigkeit.

Linus dagegen, der kleinste, ist bereits von den Großen Neurosen versehrt; emotionale Unbeständigkeit wäre seine dauerhafte Verfassung, hätte ihm die Zivilisation, in der er lebt, mit der Neurose nicht zugleich schon das Heilmittel verordnet: Freud, Adler und, vielleicht, Binswanger (durch Rollo May); Linus hat in der Bettdecke aus der Säuglingszeit das Symbol eines intrauterinen Friedens und eines rein oralen Glücks erkannt... Den Daumen im Mund und die Decke *(blanket)* an die Wange gepreßt (möglichst bei eingeschaltetem Fernseher, vor dem er wie ein Indianer kauert, aber notfalls auch ohne einen Gegenstand: in einer Isolation orientalischen Zuschnitts, ganz und gar den eigenen Schutzsymbolen verhaftet), findet Linus sein »Sicherheitsgefühl«. Man brauchte ihm nur seine Decke wegzunehmen und er stürzte in die emotionalen Störungen zurück, die ihn Tag und Nacht belauern. Da er, so ist hinzuzufügen, zusammen mit ihrer Wankelhaftigkeit das gesamte Wissen der neurotischen Gesellschaft in sich aufgenommen hat, ist er nicht lediglich ihr Opfer, sondern auch ihr technisch bestausgerüstetes Geschöpf. Während es Charlie Brown nicht gelingt, einen Drachen zu bauen, der wirklich flöge, offenbart Linus hin und wieder science-fiction-hafte Fähigkeiten und schwindelerregende Fertigkeiten – er fängt mit dem Zipfel seiner Decke, die er wie eine Peitsche schwingt, eine Vierteldollarmünze im Fluge ein (»the fastest blanket in the West!«).

Und Schroeder? Er findet seinen Frieden in der Religion des Schönen: Seinem kleinen schäbigen Klavier entlockt er Melodien und Akkorde von geradezu transzendentaler Komplexität; einer schrankenlosen Schwärmerei für Beethoven hingegeben, schützt er sich vor den alltäglichen Chocs, indem er sie zu Entzückungen eines künstlerischen Wahns sublimiert. Nicht einmal die verliebte Bewunderung Lucys vermag ihn zu rühren (Lucy kann die Musik – eine wenig einträgliche Tätigkeit, deren Gründe sie nicht versteht – nicht lieben, bewundert jedoch in Schroeder etwas unerreichbar Hohes; vielleicht reizt sie gerade die Unerreichbarkeit ihres Sechzehntel-Parzivals, jedenfalls setzt sie eigensinnig ihr Verführungswerk fort, doch ohne die Abwehr des Künstlers entkräften zu können): Schroeder hat den Frieden der Sinne im Rausch der Einbildungskraft gewählt: »Schelten Sie diese Liebe nicht, Lisaweta; sie ist gut und fruchtbar. Sehnsucht ist darin und schwermütiger Neid und ein klein wenig Verachtung und eine ganz keusche Seligkeit« – das ist natürlich nicht Schulz, sondern *Tonio Kröger*, doch der springende Punkt ist derselbe. Und nicht zufällig bilden die Kinder bei Schulz einen Mikrokosmos, in dem die Menschliche Tragödie oder die Menschliche Komödie vollständig verkörpert ist.

Auch Pig Pen ist mit einem beklagenswerten Makel behaftet: Er ist unrettbar schmutzig. Sauber und gekämmt verläßt er das Haus, und eine Sekunde später gehen ihm die Schnürsenkel auf, rutscht ihm die Hose, sind seine Haare schuppig, überziehen sich Haut und Kleider mit einer Dreckschicht. Pig Pen ist sich dieser Neigung zum Ruinösen durchaus bewußt und wehrt sich, indem er aus der Not eine Tugend macht: »Auf mir sammelt sich der Staub zahlloser Jahrhunderte... Ich habe einen unumkehrbaren Prozeß eingeleitet: wer bin ich denn, um den Lauf der Geschichte zu ändern?« – es ist, wohlgemerkt, keine Figur von Beckett, die so spricht, sondern Pig Pen; der Mikrokosmos von Schulz berührt hier die letzten Ausläufer des existentialistischen Projekts.

In beständiger Gegenstrophe zu den Leiden der Menschen treibt der Hund Snoopy die Neurosen der Fehlanpassung an die äußerste metaphysische Grenze. Snoopy weiß, was es heißt, ein Hund zu sein; er war gestern ein Hund, er ist heute ein Hund, und morgen wird er wahrscheinlich immer noch ein Hund sein; für ihn gibt es in der optimistischen Dialektik der satten Gesellschaft, die den sozialen Aufstieg zu ihrer zentralen Inspirationsquelle erklärt hat, keinerlei Hoffnung auf Beförderung. Ab und zu riskiert er es, mit dem letzten Hilfsmittel: der Bescheidenheit (»Wir Hunde sind ja so bescheiden...«, seufzt er, ganz ergeben); er klammert sich sachte an jemanden, der ihm Achtung und Rücksicht verheißt. Gewöhnlich jedoch akzeptiert er sich nicht und versucht zu sein, was er nicht ist. Er ist eine gespaltene Persönlichkeit: Er wäre gern ein Alligator, ein Känguruh, ein Geier, ein Pinguin, eine Schlange... Er probiert alle Wege der Mystifikation aus, schickt sich am Ende jedoch, aus Faulheit, aus Hunger, aus Müdigkeit oder Schüchternheit, aus Klaustrophobie (die ihn übermannt, sobald er durch hohes Gras streift) oder aus Feigheit, in die Wirklichkeit. Er wird zwar beschwichtigt, aber niemals zufrieden sein. Er lebt im Stande der *Apartheid;* vom Außenseiter hat er die Psychologie, und von den Schwarzen à la Onkel Tom hat er die Demut und den eingefleischten Respekt vor dem Stärkeren.

In dieser Enzyklopädie der zeitgenössischen Schwächen gibt es, wie gesagt, unversehens strahlende Aufheiterungen, freie Variationen, Allegri und Rondos, in denen die Spannung, die Qual, die Erschütterung in wenigen lebhaften und wendigen Takten zur Ruhe kommen, die Monster sich wieder in Kinder verwandeln und Schulz zu einem Dichter der Kindheit wird.

Wir wissen, daß all dies nicht wahr ist, und dennoch tun wir so, als ob wir daran glaubten. Schon mit dem nächsten Streifen wird Schulz darin fortfahren, uns im Gesicht Charlie Browns mit zwei Strichen seine Version der *conditio humana* vorzustellen.

Anmerkung

1 Ich gebe hier ein mittlerweile kanonisches Argument wieder, das, genaugenommen, falsch ist. In Wirklichkeit wurde der Zyklus *Krazy Kat* von den Dell Comics vor kurzem wiederaufgenommen. Von der bescheidenen Qualität des *remake* einmal abgesehen, handelte es sich dabei jedoch nicht so sehr um eine Fortsetzung als vielmehr um eine Wiederausgrabung: um die Spekulation mit einem Mythos.

Eugène Sue: Sozialismus und Trost

Einleitung

Die folgende Studie ist in essayistischer Absicht entstanden; vor der »wissenschaftlichen« Analyse sollte der Gesprächsstil den Vorrang haben. Gleichwohl liegen der Darstellung methodologische Prinzipien zugrunde, die zwei allgemeine Begrifflichkeiten berühren: die der *Literatursoziologie* und die der Semiotik der *Erzählstrukturen*. Es erscheint sinnvoll und nützlich, diese Prinzipien kurz zu erläutern, damit sie für andere Vorhaben dieser Art formalisiert werden können.

Ausdrücke wie »soziologische Untersuchung der Literatur« oder »Literatursoziologie« können an unterschiedliche Verfahren geknüpft sein. Das eine Verfahren erfaßt das literarische Werk als Dokument einer geschichtlichen Epoche; das andere benutzt gesellschaftliche Daten zur Erklärung ästhetischer Entwürfe und Phänomene; das dritte nimmt eine »Dialektik« zwischen dem Werk und der Gesellschaft an – zwar greift der gesellschaftliche Prozeß in das ästhetische Gebilde ein, aber es geht in ihm nicht auf. Die Analyse der Werkstruktur wirft Licht auf die Lage der Gesellschaft oder der Kultur.

Welchen Nutzen können nun für die Zwecke des dritten Verfahrens semiotische Untersuchungen haben, deren Aufmerksamkeit den kommunikativen Makrostrukturen gilt, welche die Bausteine der Erzählhandlung sind? Wir wissen sehr wohl, daß eine bestimmte Deutungsmethode die Erzählstrukturen als neutrale Elemente einer völlig formalisierten Kombinatorik ansieht, die jedoch für die Gesamtheit der Bedeutungen, welche Geschichte und Gesellschaft einem Werk zuschreiben, keine Gründe anzugeben vermag. Für sie sind diese zugeordneten Signifikate bloße und zufällige Abweichungen, die das Werk in seinem Baugesetz nicht berühren, oder die sich gerade als von diesem Gesetz determiniert erweisen.

Wir wissen aber auch, daß jede Bemühung, eine signifikante Form zu definieren, ohne sie gleichzeitig mit einem Sinn in Zusammenhang zu bringen, vergeblich und trügerisch ist. Ein absoluter *Formalismus* ist lediglich ein maskierter »*Inhaltismus*«. Formale Strukturen isolieren heißt, sie als relevant für eine »globale« Hypothese anerkennen. Es gibt keine Analyse von relevanten signifikanten Aspekten, die nicht bereits Interpretation und damit Sinnerfüllung wäre.

Folglich ist jede strukturelle Analyse eines Textes gleichzeitig eine Überprüfung von sozialpsychologischen und ideologischen Hypothesen, selbst wenn diese nur latent sind. Es lohnt sich daher, sich diesen Sachverhalt bewußt zu machen, um das Kräftefeld unvermeidlicher Subjektivität (oder Historizität) aufzuhellen (ohne den Anspruch zu erheben, es hinreichend vermessen zu können).

Es gäbe nun einen Weg, um dieser »Zirkularität« (von der Interpretationshypothese zu den Signifikanten und von diesen zur Hypothese) zu entkommen, nämlich ein System von Erzählfunktionen zugrunde zu legen, die sich in jedem Text realisieren, und zu überprüfen, wie sie sich im jeweiligen Text realisieren. Dazu müßte freilich das »Bündel« der Funktionen stark verkleinert werden, und zwar bis zu dem Punkt, an dem, im Extremfall, *Hamlet* und *Rotkäppchen* zu einer Einheit zusammenschießen. Nun ist allerdings die Behauptung, alle Geschichten seien, genau besehen, ein und dieselbe, eine Ausgangsannahme, kein Erkenntnisresultat, und zu klären wäre deshalb vor allem, in welcher Weise und warum alle Geschichten von dem Augenblick an, da sie für ein und dieselbe gelten, verschieden und in unterschiedlicher Komplexität erscheinen. Anders ausgedrückt: Die Hypothese, es gebe »erzählerische Universalien«, ist, wenn sie für bare Münze genommen wird, ihrerseits eine ideologische Ausgangsannahme.

Nachdem dies einmal gesagt ist, muß bei der Festlegung der epistemologischen Grenzen einer semiotischen Untersuchung darauf geachtet werden, nicht in den entgegengesetzten Fehler zu verfallen, mit dem viele Literatursoziologien »vulgär«-marxistischer Machart geschlagen sind: die Dauer und den Bestand der Gattungsregeln, den übergeschichtlichen Zwang von Erzählstrukturen zu leugnen und Kunstwerke unmittelbar auf die sozioökonomischen Verhältnisse einzuschwören, die sie angeblich in einer einzigen Richtung determinieren.

Es geht vielmehr darum, dem Prinzip der Zirkularität in seiner eigenen Funktionsweise zu größtmöglicher Geltung zu verhelfen. Und man muß den Mut aufbringen, zwei *Reihen* (die gesellschaftlich-geschichtliche und die der Textstruktur) zunächst als voneinander unabhängige Größen zu analysieren, bevor man sie, in einem zweiten Schritt, zueinander in Beziehung setzt. Das ist möglich, sofern man in beiden Fällen homogene formale Werkzeuge anwendet. Denn nur so wird sich die *strukturelle Homologie* zwischen Elementen des formalen Werkzusammenhangs (wobei unter »Form« auch jene Form verstanden wird, welche die sogenannten »Inhalte«, die Charaktere, die von den Personen geäußerten Ideen sowie die Ereignisse annehmen, in die sie verwickelt sind) und Elementen des gesellschaftlich-geschichtlichen Zusammenhangs entpuppen.

Gelingt dies, wird die Frage unerheblich, ob geschichtliche Strukturen literarische Strukturen determinieren, oder ob eine bestimmte Erzählweise (die aus der Gattungstradition stammt) den Autor bindet, auf gesellschaftliche Sachverhalte in einer bestimmten Weise zu antworten. Vielmehr wird es darauf ankommen, die Homologien ins Licht zu rücken. Jedenfalls wird man so den ökonomistischen Kurzschluß: »A schreibt, wie er schreibt, weil er von B bezahlt wird«, vermeiden: Schließlich kennt die Geschichte zahlreiche Beispiele von Künstlern, die sich nicht auf die Seite der Macht gestellt haben, die sie bezahlte, ebenso wie von solchen, die in absoluter Ergebenheit einer Klasse dienten, von der sie nicht bezahlt wurden.

Es gilt aber, die Homologiebeziehungen zwischen Textstrukturen und Gesellschaftsstrukturen weiterhin zu vermitteln, so daß wir es mit mindestens drei Reihen zu tun haben: den beiden schon erwähnten und einer dritten, *kulturellen oder ideologischen,* zu der die Textstrukturen in einem innigen Verhältnis stehen.

Nun ist es freilich so, daß auch die sozioökonomischen Bestimmungen niemals eindeutig sind: Man braucht nicht von irgend jemandem bezahlt zu werden, um dessen Ideologie nachzuschreiben; es ist sehr wohl möglich, sich die geistige Unabhängigkeit zu bewahren, während man gleichzeitig einem Zirkel der Textdistribution erliegt, der mit der ökonomischen Reihe in Einklang steht, ohne daß dies offensichtlich sein muß. Auf diese Weise prägen die Bedingungen des Marktes (die scheinbar von den Eigentumsverhältnissen abgetrennt sind) Textstrukturen, die zu ihrer angemessenen »Erfüllung« ideologische Strukturen verlangen. Kurz, der Kreis schließt sich zwar, aber nach Bewegungsgesetzen, die nicht jene des vulgären Soziologismus sind.

Im übrigen tritt noch eine weitere Reihe zu den bislang angedeuteten hinzu, nämlich die Reihe der (zuweilen gegensätzlichen) Interpretationen, die das Publikum, je nach Motiven und Klasse und Kulturniveau, der Botschaft zuordnet, die ihm gelegen kommt. Dabei entsteht bisweilen ein erstaunlicher Unfug: Texte, die in glühendem proletarischen Geiste verfaßt worden sind, dienen plötzlich als Handbücher des Konservativismus, und umgekehrt. Hier trennt sich denn auch die Analyse der Erzählstrukturen (als höhere Form der Inhaltsanalyse) von der Analyse der Interpretationsergebnisse sozialer Schichten und historischer Epochen. Dieser nichtelementaren Dialektik nachzuspüren setzt voraus, auf Kausalerklärungen zu verzichten, das Wechselspiel der Reihen zu erforschen und sie im Rahmen des semiotischen Modells, zu dem sie führen, zu untersuchen. Und wenn es ein schriftstellerisches Werk gibt, das diese strukturellen Parallelen (oder Divergenzen) mit der Genauigkeit eines Lehrbuchs zu bestätigen scheint, dann das von Eugène Sue, und zwar sowohl aus historischen und biographischen Gründen als auch aus Gründen der Verteilungsmechanik des Populärromans und der erzählerischen Geschicklichkeit.

Im folgenden werden zunächst die biographischen Daten referiert, um den Leser mit der ideologischen Welt von Eugène Sue und seiner Zeit bekannt zu machen. Sodann beginnt die Textlektüre, die zwei an sich unabhängige Reihen miteinander zu vermitteln sucht: die *Ideologie* des Autors und die *Strukturen der Handlung*. Als »äußeres« Erklärungselement im Sinne eines Indikators wurden (wobei es jedoch um eine weitere Reihe geht, die eigentlich eine selbständige Beschreibung erforderte) die Marktbedingungen herangezogen, die im 19. Jahrhundert die Verbreitung des sogenannten »Populär«-Romans förderten.

Bei der Lektüre sind wir davon ausgegangen, daß es regelmäßig wiederkehrende Erzählstrukturen gibt. Wir haben versucht, herauszufinden, wie und warum diese Strukturen im Werk von Sue eine idiosynkratische Gestalt angenommen haben. Die Erklärung für diese individuellen Veränderungen des »universalen« Schemas ergibt sich aus dem Rekurs auf die homologen Veränderungen der anderen Schemata: der ideologischen und jener der Verteilungsstruktur des *Feuilleton*-Marktes.

Die folgende Studie ist nicht der Beweis einer Methode; dazu hätte sie viel stärker »formalisiert« werden müssen. Es handelt sich vielmehr um Erwägungen, um vorläufige Erkundungen, die aber, wie ich hoffe, zureichend auf die oben skizzierten methodologischen Prinzipien gestützt sind.

Je suis socialiste

Eugène Sue beginnt mit der fortsetzungsweisen Veröffentlichung der *Geheimnisse von Paris* am 19. Juni 1842. Es ist kaum ein Jahr her, daß er in der Tür zur Wohnung eines Arbeiters, den er am selben Abend kennengelernt hatte, verkündet hat: »Ich bin Sozialist!« Er ahnt zwar, daß er einen großen populären Roman schreibt; aber seine These ist noch vage. Vermutlich ist er von den Erkundungen fasziniert, die er (um sich gründlich zu informieren) sowohl auf dem Papier als auch in den Elendsvierteln der Hauptstadt unternimmt. Er hat freilich noch keine zureichende Vorstellung von dem, was er in Gang bringt. Wohl spricht er vom »Volk«, doch das Volk ist eine fremdartige Realität für den anerkannten Schriftsteller, für den verwöhnten Dandy, der das väterliche Vermögen aufzehrt, indem er es für prunkvolle Kutschen und mit der Attitüde eines vermaledeiten Ästheten verschleudert.

Und der Romancier? Er beschreibt die Mansarde der Morels, die Familie des ehrbaren und glücklosen Steinschneiders mit der Tochter, die ihren Ruf verloren hat, seit sie von dem arglistigen Notar Jacques Ferrand geschwängert und dann des Kindesmords beschuldigt wurde; die kleine Vierjährige, die auf dem Strohlager an Auszehrung stirbt; die anderen Kinder, von Kälte und Hunger geschwächt; die sterbende Ehefrau; die geisteskranke, keifende Schwiegermutter, die die Edelsteine, die Morel anvertraut worden waren, verliert; die Gerichtsdiener vor der Tür, die ihn ins Gefängnis schleppen wollen... Dies sind die Wirklichkeitsbilder, an denen Sue die Kraft seiner Feder mißt. Und die Lebenswirklichkeit, die diese Bilder aufrühren? Hunderte von Briefen, die an ihn gelangen; adlige Damen, die, hingerissen, ihm ihre Alkoven öffnen; Proletarier, die in ihm den Apostel der Armen begrüßen; berühmte Literaten, die um seine Freundschaftsbeweise buhlen; Verleger, die mit gleißenden Vertragsangeboten seine Gunst zu gewinnen hoffen; die fourieristische Zeitschrift *Phalange*, die ihn als den Ankläger des Elends und der Unterdrückung verherrlicht; Arbeiter, Bauern, die *grisettes* von Paris, die sich in seinem Roman wiedererkennen; einer, der ein *Wörterbuch des modernen Argot* schreibt, *ein für das Verständnis der ›Geheimnisse von Paris‹ von Herrn Eugène Sue unentbehrliches Werk, vervollständigt durch ein ›aperçu phisiologique‹ über die Gefängnisse von Paris, die Geschichte einer jungen Gefangenen von Saint-Lazare, von ihr selbst erzählt, und durch unveröffentlichte Lieder von zwei berühmten*

Sträflingen von Sainte-Pélagie; die Lesestuben, welche die Exemplare des *Journal des Débats* für zehn Sous pro halbe Stunde ausleihen; Analphabeten, die sich von schriftkundigen Portiers die Romanfortsetzungen vorlesen lassen; Kranke, die mit dem Sterben warten, um den Ausgang der Geschichte kennenzulernen; der Ministerpräsident, der von Wutanfällen übermannt wird, wenn die Fortsetzung nicht erscheint; die den *Geheimnissen* nachgebildeten Gesellschaftsspiele; die auf die Namen von Rigolette [Lachtaube] und Fleur-de-Marie [Marienblume] getauften Rosen im Jardin des Plantes; die von der Goualeuse und dem Chourineur inspirierten Quadrillen und Lieder; flehentliche Bitten (»Lassen Sie den Chourineur aus Algerien zurückkommen!«, »Lassen Sie Fleur-de-Marie nicht sterben!«); der Abbé Damourette, der, von dem Roman inspiriert, ein Heim für Waisenkinder gründet; der Graf von Pontalis, der den Vorsitz einer Landwirtschaftskolonie nach dem Vorbild des Musterguts von Bouqueval übernimmt, das im dritten Teil beschrieben wird; russische Gräfinnen, die beschwerliche Reisen auf sich nehmen, um an ein Erinnerungsstück ihres Idols oder in dessen Nähe zu gelangen... Unter solchen und ähnlichen schwärmerischen Erfolgsbekundungen erreicht Sue jenen Ruhm, von dem alle Romanautoren träumen. Ihm gewährt die Wirklichkeit, was Pirandello sich nur in der Phantasie auszumalen vermochte – er erhält von seinem Publikum Geld, um der Familie Morel zu helfen. Und ein stellungsloser Arbeiter namens Bazire erbittet von ihm die Adresse des Fürsten von Gerolstein, dieses Engels der Armen und Verteidigers der Notleidenden, von dessen Großmut allein er sich noch eine Lebenschance verspricht.

Wie wir sehen werden, ist es von diesem Augenblick an nicht mehr Sue, der den Roman schreibt; vielmehr schreibt sich der Roman unter Mitwirkung des Publikums selbst.

Alles, was danach geschieht, ist normal; es muß geschehen. Daß der unglückselige Herr Szeliga, Literaturkritiker der *Allgemeinen Literatur-Zeitung,* sich von den Personen und Situationen des Romans zu einer Reihe von dialektischen Volten in wahrhaft Hegelscher Manier anregen ließ, bringt uns vielleicht zum Lachen, so wie es schon Marx und Engels zum Lachen brachte; aber es war normal. Dafür spricht jedenfalls, daß Marx und Engels, als sie die *Heilige Familie* schrieben, an den *Geheimnissen* ihre politische Polemik entzündeten (d.h. sie lasen sie nicht nur als ein ideologisches Dokument, sondern auch als ein Werk, das »typische« Personen vorstellt).

Normal ist, daß noch vor Abschluß des Buches die italienischen, englischen, russischen, deutschen und holländischen Übersetzungen begonnen wurden; daß allein in New York im Verlauf weniger Monate achtzigtausend Exemplare verkauft wurden; daß Paul Féval sich an die Nachahmung des Musters machte; daß alsbald *Geheimnisse von Berlin, Geheimnisse von München, Geheimnisse von Brüssel* erschienen; daß Balzac von der Begeisterung des Volkes dazu bewogen wurde, die *Mystères de Province* zu verfassen; daß Hugo den Plan zu den *Elenden* entwarf; daß Sue selbst eine Theaterfassung seines Romans herstellen mußte und das Pariser Publikum mit einer siebenstündigen spektakulären Leidensgeschichte ergötzte.[1]

Normal ist all dies deshalb, weil Sue kein Kunstwerk geschrieben hat – der Leser bemerkt es, auch wenn er fasziniert ist; er sieht atemlos zu, wie auf plumpe Sentimentalitäten anspielungsreiche Metaphern folgen, Systole und Diastole einer Maschinerie der Rührseligkeit, die in ihrem mechanischen und offenkundigen Drang, um jeden Preis unwiderstehliche Effekte zu erzeugen, bis an die Schwelle des Unerträglichen vordringt –, und wenn er ein Kunstwerk geschrieben hätte, dann wäre dies zwar von der Geschichte bemerkt worden, nicht aber von den Zeitgenossen: einhellig, durch Volksbeschluß, plötzlich, einem Blitzschlag gleich. Jedenfalls hat er eine Welt erfunden und sie mit Personen bevölkert, die gleichzeitig lebendig und emblematisch sind, falsch und exemplarisch, Gott weiß wie; einen Dschungel unvergeßlicher Masken. Wir können verstehen, was mit dem Lesern des Zeitungsromans geschah, da auch wir, obwohl wir immer wieder versucht sind, ein paar Dutzend Seiten zu überschlagen (besonders in der vollständigen Ausgabe – doch wehe, man liest nicht die vollständige Ausgabe, denn das Werk erzielt seine Wirkung gerade durch seine ganze verworrene Überfülle), am Ende von dem Spiel gepackt werden und uns schämen, weil uns angesichts der im rechten Augenblick einsetzenden Rache Rodolphes die Rührung überwältigt, weil wir in dem von Vitriol zerfressenen Gesicht des Maître d'école, in der Fratze von Squelette, in der saftigen und schlüpfrigen Heuchelei von Jacques Ferrand, in der unglaublichen Boshaftigkeit der Familie Martial, in der Unschuld von Fleur-de-Marie, in der Vornehmheit von Rodolphe und Madame d'Harville, in der Melancholie von Saint-Remy, dem Vater, in der ungestümen Aufrichtigkeit der Louve, in der Treue von Murph, in der zynischen Wissenschaftlichkeit von Polidori, in der Sinnlichkeit von Cécily (und so fort) Archetypen entdecken, die, ob gut oder schlecht, zu uns gehören, zu dem fragilsten und geheimnisvollsten Bereich unseres Empfindens, jener lauen Rührseligkeit, die in Sue einen ihrer Lehrmeister und in Tausenden von eingängigen Romanen und Filmen ihre Einflußkanäle besitzt; doch es gibt nichts einzuwenden, wir können sie zwar ablehnen, schweigend niederhalten im Lichte unseres Verstandes und der Ironie, aber niemand und nichts vermag sie den verborgensten Regungen unserer Seele auszutreiben. Heute gelesen, wirkt der Roman vielleicht gerade als Reagens, um das Verschwiegene, das Bovaryistische, Ungesättigte, das in uns schlummert, aufzuwecken und bloßzustellen. Und es muß uns nicht betrüben, daß das Reagens funktioniert und diese Geschichten und Sehnsüchte wiederaufleben läßt – der Mechanismus der Rührseligkeit muß uns in einer besonderen Verfassung antreffen, damit wir in den Roman eindringen können. Wir sollten uns in der Tat auf das Buch einlassen, nicht so sehr – und nicht allein und auch nicht unbedingt –, um dem Geschmack an der Wiederausgrabung zu frönen (die, wenn sie gelingt, freilich ein elementares und vielleicht sogar willkommenes Vergnügen bereitet), sondern um das Buch im Hinblick darauf zu erfassen, was es heute bedeutet und wodurch es aufschlußreich ist: einerseits als ein wichtiges Dokument, das uns einige der Bestandteile des sozialen Empfindens im 19. Jahrhundert von der Wurzel her verstehen hilft, andererseits als ein Schlüssel zu den Strukturen der Populärliteratur und dem Geflecht aus Marktbedingungen, Ideologie und erzählerischer Form.

Vom Dandytum zum Sozialismus

1. Auf welchem Wege kam Eugène Sue zu den *Geheimnissen von Paris?* Wir wollen hier keine Biographie versuchen; dazu verweisen wir auf umfänglichere und besser dokumentierte Studien. Hier geht es vielmehr darum, in groben Zügen die Geschichte einer Neigung zu verfolgen, einer Neigung zum Volke, einer geradezu *populistischen* Neigung, mit allen Nebenbedeutungen, die dieser Ausdruck heute mit sich führt. Die Grundlinien dieser Entwicklung hat Sue selbst ausgezogen, als er gegen Ende seines Lebens, im Exil in Annecy, den Plan faßte, am Leitfaden der Gesamtausgabe seiner Werke eine Art Autobiographie zu schreiben:

»Dieser Gedanke war mir schon vor langer Zeit eingefallen. Aus folgendem Grund: Ich habe damit begonnen, Seefahrerromane zu schreiben, weil ich das Meer gesehen hatte; in diesen ersten Romanen steckt ein politischer und ein philosophischer Aspekt *(La salamandre, Atar-Gull, La vigie de Koat-Ven,* u.a.), der meinen Überzeugungen der Zeit nach 1844 radikal entgegengesetzt ist *(Les mystères de Paris)*. Vielleicht wäre es interessant zu sehen, durch welche Umwandlungen und Geschehnisse meines Denkens, meiner Studien, meiner Ideen, meines Geschmacks und meiner Freundschaften (Schoelcher, Considérant) und im Anschluß an den festen Glauben an die in den Werken von de Bonald, de Maistre und Lamennais *(Essai sur l'indifférence en matière de religion)* – meine damaligen Lehrer – verkörperten religiösen und absolutistischen Gedanken ich allein durch die Lehre des Geschmacks, des Wahren und des Guten zum direkten Bekenntnis der demokratischen und sozialen Republik gelangt bin […]. Ich würde für diese Ausgabe die *Mystères du peuple* fertigstellen. Man könnte hier meine Schriften für das Theater, die politischen und sozialistischen Broschüren, sowie *L'histoire de la marine* hinzufügen, wo ich die Monarchie in der Person Ludwigs XIV. zu verstehen begann, als ich im Ministerium für auswärtige Angelegenheiten den Briefwechsel seiner Minister durchlas, woraus sich für mich eine völlige Desillusionierung ergab; damit fing mein Haß gegen die Monarchie an […].«[2]

Vom Legitimismus in der Politik, vom Dandytum im privaten und öffentlichen Leben, vom Satanismus in der Ästhetik zum sozialistischen Glaubensbekenntnis (eigentlich zum Bekenntnis zweier Auffassungen des Sozialismus, denn zwischen den *Geheimnissen von Paris* und den *Geheimnissen des Volkes* werden wir eine deutliche Veränderung feststellen), bis zum Tod im Exil. So sieht die intellektuelle Lebensgeschichte von Sue aus.
Eugène Sue wird 1804 als Sohn einer bedeutenden Ärzte- und Chirurgenfamilie geboren. Einer seiner Vorfahren (Sue erinnert in den *Geheimnissen* an ihn) schrieb 1797 eine Abhandlung gegen die Guillotine; sein Vater wird unter Napoleon I. Arzt in der königlichen Kaserne, seine Taufpatin ist Josephine de Beauharnais, damals Gattin des Ersten Konsuls. Eugène beginnt seine medizinische Laufbahn als Chirurgieassistent seines Vaters, er folgt ihm in den Krieg in Spanien, heuert aber 1826 als Marinearzt auf einem Schiff seiner Majestät an (wir befinden uns mitten in der Restauration),

ist in der Schlacht von Navarin aktiv oder passiv am Kampf der Griechen gegen die Türken beteiligt, kehrt nach Paris zurück und beginnt als Mitarbeiter von Zeitschriften mit hohen Auflagen, zunächst, wie es sich für einen Dandy ziemt, von *La Mode*. Dann erscheinen in rascher Folge die Romane, die ihn berühmt machen. Er wird umworben von den Damen, »die Einfluß haben«. Er ist wählerisch und blasiert, wie aus einem Brief an den Freund und Bewunderer Balzac hervorgeht, dem er einige Auskünfte über Pferde und Kutschen gibt; mit *nonchalance* berichtet er ihm von seinen Liebschaften, wortreich beklagt er die Dummheit und Posenhaftigkeit der »feinen Gesellschaft«, in der sich zur Schau zu stellen er gezwungen sei und die er um jeden Preis zu verblüffen versucht, was ihn immense Geldsummen kostet. Er ist Legitimist, weil es unter Louis Philippe als unschicklich erscheint, liberal zu sein, ja, er verfaßt sogar eine Eloge auf den Kolonialismus und die Sklaverei und verhöhnt die »Hitzköpfe«, die sich politische Exilanten nennten, obwohl sie lediglich ihren Schulden entflohen seien.

Die Figuren seiner ersten Bücher, dem Muster des Byronschen Helden, dem Schönen Unbekannten nachgebildet, befahren die Meere – als Seeräuber, wie Kernok, oder als Sklavenhändler, wie Brulart; sie sind grausame Rächer, wie der Neger Atar-Gull, oder raffinierte Verführer, wie Szaffie in *La salamandre*. Natürlich werden sie alle schließlich belohnt und genießen ein heiteres und ehrenvolles Alter. Das Böse siegt im Verbund mit der Schönheit. Alles in allem siegt aber der Stil.

Der Stil siegt indes keineswegs literarisch. So sehr man die Arbeiten des jungen Sue auch gefeiert und bejubelt hat, sie erinnern uns doch eher an die Abenteuerfabeln Sandokans als an die Sehnsuchtsentwürfe Byrons. Die Schreibweise ist recht einfach, wiewohl die exotischen Sujets Anlaß zu kühnen Namen geben. Eine statistische Erhebung über die regelmäßige Wiederkehr bestimmter Schlüsseladjektive, die sich auch in den *Geheimnissen* häufig finden (wir zitieren aus dem Gedächtnis drei davon: »fameux, blafard, opiniâtre« [»berühmt/groß, gewaltig; fahl; unbeugsam/hartnäckig«]), trüge gewiß zu einem besseren Verständnis der Karriere von Sue als populärer Autor bei. Trotz oder gerade wegen dieser Mängel besticht er mit genau kalkulierten Effekten und durch die Fähigkeit, Personen zu gestalten, die im Gedächtnis haften bleiben. Ohne Zweifel baut er an einem ganzen Kosmos, und während er diesen Kosmos zunächst in exotischen Szenerien vorzeichnet, bereitet er in Wirklichkeit den Stoff für die Masken der städtischen und politischen Komödie vor, die er mit den *Geheimnissen von Paris,* mit *Le juif errant* und mit den *Mystères du peuple* schreiben wird.

2. Der Übergang zum Sozialismus geschah, wie gesagt, durch eine rasche Bekehrung. Am 25. Mai 1841 wohnt er der Aufführung des Dramas *Les deux serrures* von Felix Pyat bei: eines Stücks, das in einer trostlosen Mansarde spielt. Im Rampenlicht steht das arme und reine Proletariat. Nach der Aufführung bekundet Sue dem Autor gegenüber Zweifel am Sujet. Pyat fordert ihn auf, sich selbst Gewißheit zu verschaffen. Sie besuchen einen jener Musterarbeiter, die Bücher über die Soziale Frage lesen, einen bewußten Sozialisten, Tribun, Vorläufer der Barrikadenkämpfer von 1848. Nüchterner und freundlicher Empfang, ein frisches Tischtuch, der Anblick einer harten, aber würdevollen Armut, Zubereitung eines einfachen Essens, eines ausgezeichneten Suppenfleischs, sodann die Lektion des Gastgebers, der sich zu den beunruhigenden politischen und gesellschaftlichen Themen der Gegenwart äußert, mit der gedanklichen Klarheit des Proletariers, der sich seiner Rechte bewußt ist. Es ist Sues Damaskus – als er die Wohnung verläßt, ist er für die Sache gewonnen.

Über diese plötzliche Erleuchtung ist viel geschrieben worden. Doch selbst ein so geneigter Biograph wie Bory, der den Sozialismus seines Autors für authentischer hält als nötig ist, kann sich, zumindest gelegentlich, nicht dem Eindruck verschließen, daß es bei Sue zwischen Dandytum und Sozialismus eine enge innerliche Verbindung gibt: Sue hat, in der Tat, eine neue Ausdrucksmöglichkeit gefunden, um sich von seinesgleichen zu unterscheiden; er sucht Paris nicht länger mit seinen Kleidern und seinen Pferden in Erstaunen zu setzen, fortan will er verblüffen, indem er die Religion des Volkes verkündet. Sie klingt in der Umgebung, in der er sich bewegt, ebenso provokativ wie exzentrisch.

Vermutlich unter diesem Vorzeichen schreibt er 1841 *Mathilde* (»ein unbestimmter Sozialismus hat gewisse Episoden im zweiten Teil des Romans gefärbt«)[3] und beginnt mit der Niederschrift der *Geheimnisse von Paris.* Er vergnügt sich damit, die schmutzigen Gäßchen der Altstadt zu durchwandern, die Kaschemmen, die Gaunerkneipen zu besuchen, die Schlupfwinkel der Prostituierten und Straßenräuber ausfindig zu machen – die topographischen Angelpunkte des Romananfangs. Noch einmal zeigt sich der Satanist, der vom Schrecken, vom Krankhaften, von der derben Würze des

Gaunerjargons angezogen wird; und es ist ohne Frage der Romantiker, der in Fleur-de-Marie einen Jahrtausend-Archetypus wiederentdeckt: »die befleckte Jungfrau«, das zwar körperlich geschändete, aber in seiner Seele unangetastete Mädchen, eine Gestalt, welche die Erfordernisse des Romanhaften mit den Geboten der Moral versöhnt – zur Einheit des Rührseligen, die seit Richardson den empfindsamen Erzählstil prägt.[4] Sue findet Gefallen daran, schlimmes Elend und die Unbilden des Lebens darzustellen, bittet dann aber seine Leser dafür um Entschuldigung, da er das Publikum immer noch für seinesgleichen hält: für eines, das sich vor dem Gestank der Hütten ekelt. Noch hat er nicht erkannt, daß die Leser, und zwar die Mehrheit, sich in seinen Figuren gespiegelt wähnen und sein Werk unter einem anderen Vorzeichen lesen werden. Sobald er dies bemerkt, wird er selbst das Vorzeichen ändern müssen. Ihm wird nun das unerbittliche Gesetz der Massenkommunikation deutlich: daß sich die Kodes der Leser vom Kode des Autors unterscheiden. Folgt der Autor kaltblütig einem kommerziellen Kalkül, muß er eine Botschaft herstellen, die im Lichte mehrerer Kodes lesbar ist; genau dies versuchen der Comic, der Film in Technicolor, der Roman für jedermann. Sue hingegen, bereits von einer Krise erfaßt, übernimmt in dem Augenblick, da er bemerkt, was sich abspielt, einen einzigen Kode, nämlich den der Volksmassen. Die rückständige Bourgeoisie lehnt sich in den offiziellen Verlautbarungen gegen ihn auf; dennoch gelingt es ihm, sie für seine Erzählungen zu begeistern. Sue wählt die Sprache und die Welt der Proletarier, findet aber, gleichwohl, allgemeinen Anklang. Was ist geschehen? Hat er die Menge bekehrt oder war seine Bekehrung ein Täuschungsmanöver gewesen? Während die Massen in Sue den Apostel der Sozialen Frage zu feiern beginnen, wird er allmählich gewahr, daß das, was er, gefesselt von der Einmaligkeit des Sujets, beschrieb, als Dokument aufgenommen wurde, zum Urteilsspruch über eine Gesellschaft sich verdichtete, zum politischen Protest, zu einer Aufforderung, mit den Zuständen zu brechen. Vermutlich verlor seine Aufmerksamkeit, indem er sich immer gründlicher informierte, nach und nach den Charakter distanzierter Beobachtung und wurde teilnahmsvoller. Was ihn jedoch am Ende bezwingt, ist die Forderung des Volkes. Auch Bory hebt wiederholt hervor: »Der populäre Roman (populär hinsichtlich seines Gegenstandes) wurde zusammen mit seiner Popularisierung (d.h. seinem Erfolg) zugleich populär im Hinblick auf seine Gedanken und seine Form.«[5]

Sue kleidet sich nun wie ein Arbeiter und erkundet achtsam die Orte seiner Erzählung bis in die letzten Winkel; er macht es wie Rodolphe, er geht unter das Volk und versucht, es zu verstehen. Sein Sozialismus wird emphatischer, anschaulicher; bald weint er selbst über das Unglück, mit dem er die Leute zu Tränen rührt. Sicherlich liegt genau hier die Grenze seines Engagements *und* seiner Einbildungskräfte – er weint und bringt zum Weinen. Zwar empfiehlt er »Lösungen«, doch ihre sentimentale, paternalistische und utopistische Einfärbung ist unverkennbar. Während er im dritten Teil Sozialreformen vorschlägt (den Musterhof von Bouqueval), erfährt im fünften Teil die Struktur des Werks selbst eine tiefreichende Änderung – die Handlung wird immer häufiger unterbrochen, um langen Tiraden, Moralpredigten und »revolutionären« Empfehlungen Platz zu machen (die, natürlich, reformistisch sind). In dem Maße, wie sich der Roman dem Abschluß nähert (doch der Abschluß rückt in immer weitere Ferne, weil das Publikum verlangt, daß die Geschichte andauere), werden die erzählerischen Anläufe länger und überschreiten die Schwelle des Zumutbaren.

Doch der Roman ist nun einmal so, er muß in Bausch und Bogen aufgenommen werden. Auch die langen Reden gehören zur Handlung. Wenn das Buch, so wie es ist und wie Bory sagt, ein Melodrama ist, dann sind die Reden darin seine Romanzen. Deshalb geben die Bearbeitungen, welche die Appelle und Abhandlungen weglassen, das innere Geflecht entstellt wieder, selbst wenn die gekürzte Fassung sich flüssiger liest.

Die *Geheimnisse von Paris* stellen sich dem Leser der Zeit als das enthüllte Geheimnis der Bedingungen gesellschaftlicher Ungleichheit dar, die, zusammen mit dem Elend, das Verbrechen hervorbringen. Laßt uns also die Armut eindämmen, helfen wir den Waisen, führen wir die Häftlinge in die Gesellschaft zurück, befreien wir den fleißigen Arbeiter vom Schrecknis der Schulden, das Mädchen vom Entweder-Oder der Hingabe an den wohlhabenden Verführer, schaffen wir allen eine Chance der Rettung, gewähren wir ihnen geschwisterliche Hilfe und christliche Unterstützung, dann wird sich die Gesellschaft insgesamt bessern... Welch edle Botschaft! Wie sollte man mit Sue nicht einverstanden sein? Das Böse ist eine gesellschaftliche Krankheit. Und hier sind die Heilmittel. Sues Buch, im Zeichen der Epik der Unterwelt begonnen, triumphiert als Epik des *unglücklichen, aber errettbaren Arbeiters*. Um dies zum Ärgernis zu nehmen, mußte man tatsächlich mit der

Reaktion verschworen sein. Und die Reaktion protestiert denn auch, wie es sich ziemt; so z.B. die Zeitschrift *La Mode* vom 25. Juli 1843, die jetzt tief bedauert, die ersten literarischen Versuche des Sittenverderbers veröffentlicht zu haben: »Noch nie hat die romanische Lüsternheit ausschweifendere Szenen hervorgebracht als die, in denen Herr Sue die ›Versuchung‹ des Notars Ferrand in Gestalt der Mulattin Cécily beschreibt [...]. Faublas und das schändliche Buch des Aretino werden angesichts der *feuilletons* konservativer Zeitungen zu Monumenten der Moral [...]. Die Popularität des *Journal des Débats* muß bei den gefallenen Mädchen von Saint-Lazare jeden Tag zunehmen.« Und in einer Kirche in der Rue de Bac kann man folgende Predigt hören: »Seht diesen Mann an, o meine Brüder, dessen Namen auszusprechen allein schon ein Verbrechen wäre: er greift das Eigentum an, er entschuldigt den Kindesmord [...]. Er maskiert den Kommunismus mit dem Gewand der Unterhaltung, er will die in den Clubs verkündeten Ideen in eure Wohnzimmer und eure Familien eindringen lassen, indem er euch zwingt, seine Bücher zu lesen. [...] Ihr solltet wissen, daß diese Lektüre eine Todsünde ist.«[6]

Auch das ist normal. Vernehmen wir denn nicht heute in den Spalten konservativer Tageszeitungen ähnliche Klagen? Doch die Entrüstung der Rückständigen ist niemals ein guter Ratgeber. Im Falle Sues ist sie es gewiß nicht. Und deshalb hört manch gewitzter Leser zunächst einmal auf eine Kritik »von links«. Fangen wir mit Edgar Allan Poe an.[7]

In einer seiner *Marginalien*, kurz nach Erscheinen der englischen Übersetzung der *Geheimnisse* geschrieben, meldet er Einwände gegen die Übersetzung an und gibt ein paar Hinweise zur Erzählungsstruktur, auf die wir bei Gelegenheit zurückkommen werden; jedenfalls stellt er fest:

> »Die philosophischen Motive, die man Sue zugeschrieben hat, sind absurd im höchsten Grade. Sein erster (und im Grunde sein einziger) Zweck ist es gewesen, ein spannendes und deshalb gutverkäufliches Buch zu verfassen. Die offene oder verdeckte Tendenz zur ›Reform der Gesellschaft‹ o. ä. ist ein ganz gewöhnlicher Trick bei Autoren, die dadurch ihren Buchseiten einen Anstrich von Würde und Utilitarismus zu verleihen hoffen, der die Pille ihrer Liederlichkeit übergolden soll.«

In Wahrheit kritisiert Poe nicht »von links«; er kreidet Sue Unaufrichtigkeit an, der er zudem Berechnung unterstellt. Doch zur selben Zeit wie Poe schreibt Belinskij einen Essay, worin das, was Poe geargwöhnt hatte, in ideologisch schlüssigen Begriffen verdeutlicht wird.[8] Nach einem Überblick über die Lebensbedingungen der unteren Volksklassen in der westlichen Industriekultur[9] eröffnet Belinskij die Feindseligkeiten folgendermaßen:

»Eugène Sue war jener Glückspilz, der als erster auf den Gedanken kam, mit dem Namen des Volkes eine vorteilhafte literarische Spekulation ins Werk zu setzen. [...] ein ehrbarer Bourgeois im vollen Sinne des Wortes, ein kleinbürgerlicher, philisterhafter Konstitutionalist, und wenn es ihm glückte, ins Parlament zu kommen, wäre er genau ein solcher Abgeordneter, wie ihn die Verfassung heute verlangt. Bei der Darstellung des französischen Volkes in seinem Roman betrachtet Eugène Sue es wie ein echter Bourgeois, er sieht in ihm den hungernden, zerlumpten Pöbel, den Unwissenheit und Armut dazu verurteilen, zu Verbrechern zu werden. Er kennt weder die wahren Laster noch die wahren Tugenden des Volkes, er ahnt nicht, daß das Volk eine Zukunft hat, die es für die heute triumphierend herrschende Partei nicht mehr gibt, weil das Volk Glauben besitzt, Enthusiasmus und moralische Stärke. Eugène Sue zeigt Mitgefühl für die Nöte des Volkes, und warum sollten wir ihm die edle Fähigkeit des Mitleids absprechen, zumal sie ihm ja sichere Profite verspricht? Aber *wie* er mitfühlt – das ist eine ganz andere Frage. Er sähe es gern, daß das Volk nicht mehr Not litte, daß es aufhörte, hungriger, zerlumpter und zum Teil ungewollt verbrecherischer Pöbel zu sein, und zum satten, ordentlichen und anständig auftretenden Pöbel würde, wobei die Bürger und die, die gegenwärtig in Frankreich die Gesetze fabrizieren, der hochgebildete Spekulantenstand blieben. Eugène Sue zeigt in seinem Roman, wie die französischen Gesetze Sittenverderbnis und Verbrechen begünstigen. Und er zeigt es, das muß man sagen, sehr geschickt und überzeugend; aber er hat keine Ahnung davon, daß das Übel nicht in irgendwelchen einzelnen Gesetzen versteckt liegt, sondern in dem gesamten System der französischen Gesetzgebung, in der Gesellschaftsordnung...«

Die Anklage ist eindeutig; sie lautet auf halbherzigen Reformismus: Man möchte etwas ändern, aber nur, damit alles beim alten bleibt. Zwar zeige sich Sue im Mantel der Sozialdemokratie; in Wirklichkeit aber verkaufe er Gefühle und spekuliere mit dem Elend der Menschen, mit ihrer sozialen Ohnmacht.

Auf den einschlägigen Seiten der *Heiligen Familie* begegnen wir den gleichen polemischen Vorbehalten. Vor allem werden die Junghegelianer von der *Allgemeinen Literatur-Zeitung* systematisch verhöhnt, im besonderen Szeliga, der die *Geheimnisse* zum Epos jenes Bruchs erklärte, der die »Unsterblichkeit« von der »Hinfälligkeit« trenne. Hauptgegenstand der Polemik ist daher Szeliga, nicht Sue.[10] Um ihre Einwendungen plausibel und überzeugend zu machen, müssen Marx und Engels freilich zur Destruktion des Werkes von Sue übergehen; sie entlarven es als ideologischen Schwindel, auf den eben nur Leute wie Bruno Bauer und Konsorten hereinfallen konnten. Als das verräterische kleinbürgerlich-reformistische Brandmal erscheint ihnen, in absichtsvoller Verkürzung, der Satz des unglücklichen Morel auf dem Höhepunkt seiner wirtschaftlichen Fehlschläge: »Ah! si le riche le savait« [»Wenn es die Reichen nur wüßten«; *MEW* 2, S. 58]. Die Moral des Buches ist, daß die Reichen es wissen können und daß sie eingreifen könnten, um durch tätige Freigiebigkeit die gesellschaftlichen Wunden zu heilen.

Marx und Engels lassen es indes nicht bei der Ideologiekritik bewenden, sie begnügen sich auch nicht damit, die von Rodolphe vorgeschlagene Armenbank der ökonomischen Absurdität zu bezichtigen; ihr Angriff gilt in der Hauptsache der reaktionären Ethik des Romans. Die Rache des sich zum Richter in den sozialen Konflikten aufwerfenden Rodolphe sei ein Akt der Heuchelei; heuchlerisch sei die Beschreibung der gesellschaftlichen Wiedergeburt des Chourineur; von religiöser Heuchelei sei die ganze Straftheorie Sues verfälscht, wie am Maître d'école exemplifiziert wird, und heuchlerisch sei die Errettung von Fleur-de-Marie – ein sprechendes Beispiel »religiöser Entfremdung« im Feuerbachschen Sinn des Ausdrucks. Kurz, Sue wird hier nicht zum naiven Sozialdemokraten gestempelt, sondern als ein verzopfter und hinterhältiger Reaktionär dargestellt, als Anhänger de Maistres und Legitimist, der nicht einmal davor zurückschreckte, Kolonialismus und Sklaverei gutzuheißen.

War die Kritik von Marx und Engels zutreffend? Sie war es, soweit es um das Buch als *analysierbaren Gegenstand* geht; wir werden dies im zweiten Teil unserer Studie noch klarer erkennen. Zu prüfen bleibt, ob die Kritik der Person Sue und den gesellschaftlichen Wirkungen gerecht wurde, die von seinem Roman ausgegangen sind.

Es ist schwierig, sich über diesen zweiten Sachverhalt ein stichhaltiges Urteil zu bilden. Man kennt die Meinung, ein Buch wie Sues *Geheimnisse*, das die gesellschaftliche Versöhnung durch Wohltätigkeit predigt, sei zu mehr und zu anderem nicht in der Lage, als eben diese Predigt zu verbreiten (und nicht zufällig habe es ebenso die Bourgeoisie wie das Proletariat affiziert). Dem könnte man ein Argument entgegenhalten, das Jean-Louis Bory entwickelt hat: Die *Geheimnisse* hätten unverkennbar eine gesellschaftliche Bedeutung gehabt, sie hätten den Unwissenden die Lage der unteren Klassen vor Augen geführt und Tausenden von Unglücklichen zu einem geschichtlichen Bewußtsein verholfen: »Sue hat unbestreitbar eine gewisse Verantwortung für die Februarrevolution von 1848. Aufgrund des Paris der *Geheimnisse* ist der Februar 1848 zum faszinierenden Höhepunkt der Helden von Sue geworden: *classes labourieuses et classes dangereuses mêlées.*«[11] Insofern als nicht nur die genaue Klassenforderung, sondern auch eine allgemeine Unzufriedenheit des Volkes die sozialen Bewegungen inspiriert, ist die These zulässig: »Der Sieg der Zweiten Republik ist der Sieg der *Geheimnisse*.« Wir müssen uns freilich darüber verständigen, was die Zweite Republik ist; daß sie nichts anderes sein wollte als das, was die fourieristische Zeitschrift *La Démocratie pacifique* vom 1. April 1843 (durch Considérant, den Lehrer und Freund von Sue) verkündete: »Der Antagonismus der Klassen ist nicht irreduzibel; im Grunde sind ihre Interessen gemeinsame, und sie können mit der Klassenvereinigung in Einklang gebracht werden [...]. Zwischen der ›erstarrten‹ Demokratie der blinden Konservativen und der ›rückschrittlichen‹ Demokratie der Revolutionäre gibt es eine fortschrittliche, friedliche und schöpferische Demokratie, die die Rechte und Interessen aller vertritt.«[12]

Das Problem, auf das es uns ankommt, ist damit jedoch nicht gelöst. Es besteht darin, daß mit den *Geheimnissen* geschah, was mit Botschaften in einer massenhaften Zirkulation stets geschieht: Sie werden unter verschiedenartigen Vorzeichen gelesen. Selbst wenn Sues Roman manchen Zeitgenossen als die große Nachricht der Brüderlichkeit erschien, selbst wenn er sich den aufgeschlossenen Bürgern als vage Protestschrift präsentierte, die nicht an die Wurzel der Dinge rührte, können wir nicht ausschließen, daß andere, und zwar sehr viele, in ihm den ersten Ruf zum Aufstand vernahmen: direkt und weithin verständlich. Daß der Aufstand zweideutig und verfälscht war, ist unerheblich; das sind philosophische Finessen. Bestimmten Leuten blieb nur der Aufschrei. Und er folgte dem Hinweis von Sue, der den Finger auf den Skandal des Elends legte.

Sobald Ideen, auch fehlerhafte, einmal verbreitet sind, gehen sie ihren Weg allein. Man weiß nie genau, wo sie ankommen werden.

3. Die andere Frage, von der oben die Rede war, betrifft die Person Eugène Sue. Soweit es um die *Geheimnisse* und um die Jahre um 1843 geht, besteht kein Zweifel: Der Dandy bekennt sich als Sozialist, offenbart sich aber in Wirklichkeit als sentimentaler und versöhnlicher Menschenfreund.

1845 erscheint jedoch *Le juif errant*. Hier zeichnet die Wandlung sich bereits ab. War die in den *Geheimnissen* vorgeschlagene Reform noch an das Engagement von Priestern und Pfarrern geknüpft worden (Rodolphe überträgt die Verwaltung der Armenbank einem Geistlichen) und liefen die gesellschaftlichen Forderungen über die Kanäle des offiziellen Christentums, so rückt die Geschichte vom *Ewigen Juden* die Jesuiten und die weltliche Macht der Kirche ins Zentrum der Kritik. Zwar wird der Appell an ein »ursprüngliches Christentum« (Christus der erste Sozialist) wiederholt, und es tritt auch noch einmal die Figur des heldenmütigen und tugendhaften Priesters auf; doch in der Substanz ist *Le juif errant* eine heftige antiklerikale Schmähschrift, worin der Amtskirche ein laizistischer und kompromißloser Fourierismus entgegengestellt wird und Positionsbestimmungen der Arbeiterbewegung mit republikanischen und antikolonialistischen Plädoyers abwechseln. *Le juif errant* ist zwar ein mystisches (und ebenso ein pathetisches) Buch, aber seine Religiosität ist laizistisch, und die in ihm wirksame Mystik, nach bester Tradition des sozialistischen Utopismus, eine humanitäre. Die katholische Hierarchie spielt hier nicht mehr die Vermittlerrolle, die sie noch in den *Geheimnissen* innehatte, sondern wird zum Feind erklärt: zum Feind, der, seit urdenklichen Zeiten, rechts steht.

Gleichzeitig engagiert sich Sue stärker im politischen Leben, was ihm den gebündelten Unmut der Konservativen und der Gemäßigten einträgt. Sein Werk löst eine Welle des Jesuitenhasses aus, in den Fourierschen Phalanstères ertönt Jubel – die *Idee* hat ihr *Buch* gefunden. Sue wird immer berühmter (*Le juif errant* erscheint zwar im selben Jahr wie *Die drei Musketiere, Glanz und Elend der Kurtisanen* und *Der Graf von Monte Christo*, doch die Masse nimmt einzig von Sue Notiz), und während er weitere Werke zu schreiben beginnt (er fängt 1847 mit der Reihe der *Sept péchés capitaux* an), während Sozialreformen realisiert werden, die von den *Geheimnis*-

sen angeregt wurden (Landwirtschaftskolonien für Gefangene, Reorganisation der Pfandhäuser, Einrichtung von Einzelzellen in den Gefängnissen, Fürsorgeeinrichtungen für Haftentlassene), bricht die Bewegung von 1848 los. Im Eifer des nun einsetzenden Wandels (auch hier hatten die *Geheimnisse* vieles vorausgesehen und gefördert, etwa die Abschaffung der Todesstrafe) tritt Sue in die sozialistische republikanische Partei ein. Er stellt sich sogar zur Wahl, doch das allgemeine französische Wahlrecht begünstigt das Land und die Provinzen, die über die Forderungen der Pariser Arbeiter erschreckt sind; es siegen die gemäßigten Republikaner. Nun polemisiert Sue gegen diese und unterstützt »la république rouge«. Er lehnt zwar das Adjektiv »rot« ab, will aber die Errungenschaften der Februarrevolution nicht verlorengeben. Er kämpft. Da er den Phalansterianern verbunden ist, unterstützt er auch Kontakte mit Cabet, obwohl er den Kommunismus des Eigentums kritisiert. Im Dezember wird Louis Napoleon Präsident der Republik. Sue und seine Anhänger erkennen rasch den politischen Betrug. Sie schmieden ein Komplott gegen Bonaparte. Doch die Revolution scheint endgültig verraten zu sein.

In solcher Atmosphäre beginnt Sue ein neues Buch. Er wird es nicht vor 1856, kurz vor seinem Tod und im Schatten drohender Zensureingriffe beenden. Es trägt den Titel *Les mystères du peuple* und ist das am wenigsten bekannte, aber aufschlußreichste Werk dieses Autors; der Untertitel lautet: »Geschichte einer Proletarierfamilie durch die Jahrhunderte.« In der Tat wird darin die Geschichte einer französischen Familie seit der Römerzeit, dem Gallien der Druiden, bis 1848 erzählt. Die Familie Lebrenn (ein symbolischer Name, der auf die Figur des Brennus anspielt) überliefert ihre Erinnerungen und die Früchte ihres Kampfes gegen die Herrschaftsfamilie Plouermel von Generation zu Generation, der Vater dem Sohn. Die Lebrenns sind Proletarier, die Plouermels anfangs Feudalherren, dann Legitimisten, schließlich Kapitalisten. Es bildet sich in dieser erzählerischen Konstruktion eine Klassen- und Rassentheorie ab, welche die Geschichte Frankreichs im Sinne eines fortwährenden Konflikts zwischen einem autochthonen Proletariat und einer Herrenklasse ausländischer Herkunft auffaßt. Sue entdeckt hier zwar den Klassenkampf, vermag ihn aber, seines manichäischen Denkstils wegen, nur als die Auseinandersetzung zwischen dem Mythischen und dem Biologischen zu entziffern. Die Phantasiehandlung mischt sich immer wieder mit historischen Querverweisen, mit philosophischen und politischen Erwägungen; das Buch ist überfrachtet, wirr, schwerfällig, schrill vor Empörung und Auflehnung.[13] Aber ohne Zweifel hat Sue, während er es schrieb, die Existenz der Klassen und die Notwendigkeit, den damit gesetzten Interessenantagonismus auszufechten, erkannt. Er denkt jetzt nicht mehr an paradiesische Versöhnungen, seine Proletarier rufen nicht mehr aus: »Ach, wenn es nur die Reichen wüßten!« Sie wissen, daß die Reichen wissen, die eben deshalb Reiche sind und bleiben wollen. Daher greifen sie zu den Waffen und gehen auf die Straße. Das Buch endet mit den Februartagen von 1848 und mit einer heftigen, empörten Anklage gegen Bonaparte. Sue hat endlich begriffen, daß auch der Haß gegen die Ungerechtigkeit das Gesicht verzerrt, daß es in der Tat unmöglich ist, wahrhaft »gut zu sein«. Und die Wirklichkeit trägt nichts dazu bei, ihn von dieser Erfahrung abzubringen.

1849 versuchen die Montagnards nach neuerlichen Wahlen einen Aufstand; die Unterdrückung folgt auf dem Fuße, viele Freunde von Sue werden ins Exil getrieben oder zur Deportation verurteilt. 1850 finden die Ersatzwahlen statt, und diesmal erringt Sue einen triumphalen Erfolg. Der Antichrist, Autor von Büchern, die die Menge zur Unbotmäßigkeit aufreizen, sitzt im Parlament. Doch die Zeit ist reif für einen Staatsstreich, und Napoleon trifft Vorbereitungen, die Republik zu ersticken. Um der Behauptung Nachdruck zu verleihen, das Werk von Sue befördere die revolutionären Zielsetzungen, wird 1851 das Riancey-Gesetz erlassen, das jede Zeitung, die eine Romanfortsetzung druckt, mit einer Taxe von 5 Centimes belegt – ein elegantes Verfahren, den Zeitungsroman zum Erliegen zu bringen, dieses Verbreitungsmittel sozialer Ansteckungskeime (es geht dabei nicht nur um Sue, sondern auch um Dumas und andere).[14] Die *Mystères du peuple* können nur unter beträchtlichen Schwierigkeiten erscheinen, die Atmosphäre wird explosiv. Sue ruft nun offen zum Aufstand auf, aber es ist zu spät: Am 2. Dezember kommt es zum Staatsstreich. Die Republik stirbt, das Empire ersteht von neuem. Sue wird, zusammen mit anderen Abgeordneten seiner Partei, verhaftet. Ihm droht die Deportation. Schließlich, nach einer Intervention einflußreicher Freunde, erlaubt man ihm, an die Landesgrenze zu reisen, obwohl Napoleon III. ihn von ganzem Herzen haßt.

Jetzt beginnen die Jahre des Exils in Savoyen, in Annecy, inmitten von tausend Widerwärtigkeiten, von Versuchen, in anderen Ländern Aufnahme zu finden; eine hoffnungslose Altersliebe, Versammlungen der Exilierten im liberalen Piemont, die Freundschaft mit Gioberti und Mazzini (der veranlaßt, daß die *Mystères du peuple* in der Schweiz veröffentlicht werden), die wütenden Angriffe des savoyischen Klerus und der Konservativen, die die Anwesenheit des ›Sittenverderbers‹ beargwöhnen. Die Allianz zwischen Piemont und Napoleon III. bringt den Exilierten in ernste Schwierigkeiten. Die *Mystères* werden 1856 zum Abschluß gebracht; nach der Niederschrift des Schlußworts scheint sich Sue unaufhaltsam dem Ende zu nähern.

Inzwischen ist aus dem Dandy allerdings ein Mann von festen und entschiedenen Ideen geworden. Er ist keinen Schritt zurückgewichen, noch im Exil bereitet er dem Usurpator Angst. Er stirbt 1857, und sein Begräbnis droht sich in ein demokratisches Plebiszit zu verwandeln. Cavour schickt Telegramme, glaubt in Annecy die Ordnung gefährdet. Die Beerdigung ist eine Staatsaffäre, der Leichnam ein Symbol; verbannte Sozialisten und Republikaner strömen von überall her zusammen.

Das Begräbnis von Sue gibt schließlich auch eine Antwort auf die Unterstellung Belinskijs: Zumindest am Ende seiner Laufbahn hat Sue nicht mit dem Volk spekuliert. Er hat wirklich dem Volk vertraut, mit der Inbrunst eines humanitären Sozialisten und eines Utopisten. Sein Leben und sein Werk spiegeln die Schranken und Widersprüche einer verworrenen und höchst sentimentalen Ideologie.

Mit Sue stirbt auch das klassische *Feuilleton:* Neue Leitgestalten treten in jenen Jahren auf, etwa Ponson du Terrail, doch sie gehen andere Wege, die Ära der Apostel ist vorüber. Schon im Jahr zuvor hat Haussmann Paris umgestülpt. Er hat die Szenerie um den Nährboden neuer Mysterien gebracht und vor allem dafür gesorgt, daß auf den neuen breiten und baumbepflanzten Straßen fortan keine Barrikaden mehr errichtet werden können.

Nach dem Tode von Sue, und nach dem Tod des Paris von Sue, bleibt das Buch. Es steckt immer noch voller Anregungen; es genügt, wenn dort, wo die Anteilnahme unmöglich wird, der sehnsüchtige Geschmack an der »finsteren« alten Zeit sich einstellt, der kritische Geschmack an einem charakteristischen Dokument des romantischen Zeitalters – das mit den gewichtigeren Hervorbringungen, ob diese nun den Namen Sand oder Balzac, Hugo oder Poe, Cooper oder Scott tragen, enger verwandt ist, als man glaubt. Und es bleibt ein Modell, das eine Untersuchung verdient: Wenn die Problemspur einer Erzählung für die Massen überhaupt einen Sinn hat – und sofern heutige Tendenzen in den Phänomenen des

Literaturmarktes im 18. und 19. Jahrhundert vorweggenommen sind –, dann sind die *Geheimnisse von Paris* ein ideales Arbeitsfeld für eine Analyse, die zu ergründen wünscht, wie Kulturindustrie, Ideologie des Trostes und Erzähltechnik des Konsumromans sich wechselseitig verbinden und beeinflussen.

Die Struktur des Trostes

1. Die Konstruktion eines erzählerischen Werks, welches das Interesse der Volksmassen *und* die Neugier der gehobenen Klassen wecken soll, hat es mit folgendem Problem zu tun: Gegeben sei eine Alltagsrealität, die zwar unzulänglich durchdacht ist, in der aber die Bestandteile einer ungelösten Spannung ausfindig zu machen sind (Paris und sein Elend); gegeben sei ein Auflösungselement, das mit der Realität im Kontrast steht und eine unmittelbar tröstende Entspannung der anfänglichen Widersprüche anbietet. Wenn die Ausgangsrealität konkret ist und in ihr nicht Bedingungen herrschen, die eine Aufhebung der Gegensätze erlauben, dann muß das lösende Element eines der *Phantasie* sein. Sofern es ein Phantasieelement ist, läßt es sich von Anfang an als ein bereits realisiertes denken, und es wird wirken können, ohne erst die einschränkenden Vermittlungen der konkreten Ereignisse durchlaufen zu müssen.

Dieses Element ist Rodolphe von Gerolstein. Er besitzt alle hierzu erforderlichen märchenhaften Eigenschaften: Er ist ein Fürst (und ein souveräner, auch wenn Marx und Engels sich über diesen kleinen deutschen Serenissimus lustig machen, der von Sue wie ein König behandelt wird; aber bekanntlich gilt ja der Prophet nichts in seinem Vaterland). Er hat sein Reich mit Klugheit und Güte eingerichtet.[15] Er ist unermeßlich reich. Er leidet an einer unstillbaren Reue und an einer unheilbaren Sehnsucht (unglückliche Liebe zur Abenteurerin Sarah MacGregor; Geburt und vermeintlicher Tod der kleinen Tochter; der Vorwurf, gegen den Vater das Schwert gezogen zu haben). Er besitzt ein gütiges Herz und zugleich die Ausstrahlungskräfte eines romantischen Helden, die Sue in seinen früheren Büchern liebenswürdig gemacht hatte; er sinnt auf Rache, was einschließt, daß er Gewaltanwendung nicht verschmäht; er delektiert sich an schrecklichen Grausamkeiten (er läßt den Maître d'école blenden; er läßt Jacques Ferrand in Lüsternheit zugrunde gehen). Da er als Kontrahent der verderbten Gesellschaft vorgestellt wird, kann er nicht deren Gesetze und Regeln teilen; folglich erfindet er eigene. Rodolphe, ein Richter und Henker, Wohltäter und Reformator außerhalb der Gesetze, ist ein »Übermensch«, in der Geschichte des Fortsetzungsromans vielleicht der erste (er stammt direkt von den satanischen Helden der Romantik ab); er ist das Vorbild für Monte Christo, Zeitgenosse von Vautrin und, in jedem Fall, ein Vorläufer des Modells von Nietzsche. Schon Gramsci hatte in scharfsinniger Ironie festgestellt, der »Übermensch« gehe aus der Schmiede des Fortsetzungsromans hervor und gelange erst danach in die Philosophie.[16] Er verkörpert die Triebfeder für den Funktionskreislauf der Trostmechanik; er macht die Auflösung der Dramen spontan und unvorhersehbar; er tröstet sofort und er tröstet besser.[17]

Um diesen Übermenschen gruppieren sich, wie Bory gesagt hat, weitere Archetypen: Rodolphe ist ein Gottvater (seine Begünstigten wiederholen dies unermüdlich), der sich als Arbeiter verkleidet, sich in einen Menschen verwandelt und auf die Erde kommt. Gott wird zum Arbeiter. Marx und Engels hatten das Problem wohl nicht zu Ende gedacht und deshalb gegen den zum menschlichen Vorbild gestempelten Rodolphe den Vorwurf erhoben, er handle in Wirklichkeit gar nicht aus Gründen der Wohltätigkeit, sondern aus Gefallen an der Rache und am Verrat der Rechtsparteien. Das stimmt: Rodolphe ist ein grausamer und rachsüchtiger Gott, ein Christus mit der Seele eines verbitterten Jahwe.

Um in dem notleidenden unterirdischen Paris nach den Kriterien der Phantasie zu bestehen, muß Rodolphe:
1. den Chourineur (Messerhelden) bekehren,
2. die Chouette (Eule) und den Maître d'école (Schulmeister) bestrafen,
3. Fleur-de-Marie retten,
4. Madame d'Harville trösten und ihrem Leben wieder einen Sinn geben,
5. die Familie Morel aus ihrer verzweifelten Lage befreien,
6. die dunkle Macht des Notars Jacques Ferrand brechen und den Schwachen und Wehrlosen zurückerstatten, was dieser ihnen genommen hat,
7. die verlorene Tochter wiederfinden und dabei den Fallstricken der Sarah MacGregor entgehen.

Daran schließen sich noch kleinere Aufgaben an, die jedoch mit den großen zusammenhängen, etwa die Bestrafung zweitrangiger Bösewichte wie Polidori, der Familie Martial oder des jungen

Saint-Remy; die Rettung von Halbschurken wie der Louve (Wölfin) oder des guten Martial; die Befreiung einiger Guter, z.B. Germain, die junge Fermont, usw.

2. Das reale Element (Paris und sein Elend) und das Phantasieelement (Rodolphes Lösungen) müssen dem Leser bei jedem Schritt gegenwärtig sein, um seine Aufmerksamkeit zu fesseln und seine Empfindungen zu schärfen. Der Handlungsverlauf muß daher Höhepunkte der Information, d.h. des Nichterwarteten schaffen.
Damit der Leser sich sowohl in die Ausgangsbedingungen (in die Personen und Situationen vor der Lösung) als auch in die Endbedingungen (in die Personen und Situationen nach der Lösung) versetzen kann, müssen die Elemente, die diese Bedingungen charakterisieren, wiederholt werden, bis eine Identifikation möglich erscheint. Die Handlung muß also ein breites Band von Redundanzen entfalten, d.h. jeweils so lange beim Unerwarteten verweilen, bis es zu etwas Vertrautem geworden ist.
Die Informationsanforderung macht Theatercoups notwendig; die Redundanzforderung macht es notwendig, daß die Theatercoups in regelmäßigen Abständen wiederholt werden. In dieser Hinsicht sind die *Geheimnisse* nicht mit jenen erzählerischen Werken verwandt, die wir mit einer *konstanten Kurve* umschreiben können (bei denen sich die verschiedenen Handlungselemente so lange verdichten, bis sie eine maximale Spannung erreichen, die dann durch die Lösung gebrochen wird), sondern mit jenen, die wir mit *sinusförmiger Struktur* definieren: Spannung, Auflösung, neue Spannung, neue Auflösung, und so fort.
In der Tat sind die *Geheimnisse* voll von kleinen Dramenanfängen, die zum Teil gelöst und dann fallengelassen werden, um den Abschweifungen vom Bogen der Haupterzählung Platz zu schaffen, so als ob der Roman ein großer Baum wäre, dessen Stamm die Suche Rodolphes nach der verlorenen Tochter bildet und dessen einzelne Äste die Geschichte des Chourineur, die Geschichte Saint-Remys, die Beziehung zwischen Clémence d'Harville, dem alten Vater und der Stiefmutter, die Begebenheiten zwischen Germain und Rigolette, die wechselhaften Vorkommnisse in der Familie Morel sind. Wir müssen nun fragen, ob diese Sinusstruktur einem ausdrücklichen ästhetischen Programm entspricht, oder ob sie von äußeren Umständen bestimmt ist. Der Poetik des jungen Sue zufolge erscheint die Struktur beabsichtigt. Er hat bereits im Zusammenhang mit seinen Seefahrer-Abenteuern (von *Kernok* zu *Atar-Gull* und *La*

salamandre) die Theorie eines Episodendramas formuliert: »Statt die strenge Einheit von Interessen zu verfolgen, die auf eine vorbestimmte Zahl von Personen verteilt ist, welche vom Anfang des Buches an wohl oder übel bis ans Ende gelangen müssen, damit jede von ihnen ihren Beitrag zur Auflösung leisten kann«, sei es besser, keine Blockaden um jene Personen herum zu bilden, »die, da sie nicht als obligate Begleitung der moralischen Abstraktion dienen, welche den Angelpunkt des Buches ausmacht, unterwegs bei passender Gelegenheit und der Logik der Ereignisse entsprechend fallengelassen werden können«.[18] Daher die Freizügigkeit, mit der die Aufmerksamkeit und die harte Handlungslinie von einer Person auf die andere verschoben wird. Bory nennt diesen Romantypus (der Orte, Zeiten und Handlungen vervielfacht) *zentrifugal* und hält ihn für das typische Beispiel des Fortsetzungsromans, der, aufgrund seiner zeitlich aufgeteilten Distribution, das Interesse des Lesers Woche für Woche oder Tag für Tag auffrischen muß. Es geht jedoch nicht allein um die natürliche Anpassung der Romanstruktur an die spezifischen Bedingungen einer Gattung (auch wenn diese an einen besonderen Distributionstypus gebunden ist). Die Determinationen des Marktes setzen tiefer an. »Der Erfolg verlängert«, wie Bory bemerkt. Die Entstehung der jeweils folgenden Episoden verdankt sich den Wünschen des Publikums, das seine Figuren nicht preisgeben will. Zwischen der Marktnachfrage und der Handlungsstruktur stellt sich eine Dialektik her, so daß an einem bestimmten Punkt sogar Grundbedingungen der Intrige verletzt werden, die selbst für den Konsumroman sakrosankt zu sein scheinen.

Ob die Intrige nun die Form einer konstanten Kurve oder die einer Sinuskurve hat, die Kompositionskriterien einer Geschichte, wie Aristoteles sie in der *Poetik* festgelegt hat, werden dadurch noch nicht erschüttert: Anfang, Spannung, Klimax, Auflösung und Katharsis. Die sinusförmige Struktur ist vielleicht bloß das Ergebnis gehäufter Handlungsfäden, ein Thema, das bereits von den Theoretikern des 12. und 13. Jahrhunderts, den ersten Lehrmeistern der französischen Strukturalisten, erörtert wurde.[19] Das Bedürfnis des Lesers nach dem Wechselspiel von Spannung und Auflösung ist so stark, daß der schlechteste Fortsetzungsroman am Ende sogar falsche Spannungen und falsche Auflösungen hervorbringt. In *Le forgeron de la Cour-Dieu* von Ponson du Terrail zum Beispiel zählt man einige Dutzend falscher Erkennungen, in dem Sinne, daß Erwartungen aufgebaut werden, um dem Leser dann Fakten zu enthüllen, die er aus vorangegangenen Kapiteln bereits kennt und die lediglich einer bestimmten Figur unbekannt sind. In den *Geheimnissen* dagegen geschieht anderes, und zwar durchaus Verblüffendes.

Rodolphe, der um die verlorene Tochter weint, begegnet der Prostituierten Fleur-de-Marie und befreit sie aus den Klauen der Chouette. Er führt sie auf den rechten Weg zurück und bringt sie auf dem Mustergut Bouqueval unter. An diesem Punkt hat sich beim Leser unbewußt die Erwartung eingestellt: Und wenn nun Fleur-de-Marie Rodolphes Tochter wäre? Ein wunderbarer Stoff, mit dem über viele Seiten hinweg auszukommen wäre, ein Stoff, den auch Sue für den Leitfaden seines Buches gehalten haben muß. Doch was geschieht? Im XV. Kapitel des zweiten Teils, nach knapp einem Fünftel des Romans, verkündet der Autor: »Wir lassen nun diesen Strang, den wir später wieder aufnehmen werden, beiseite, da der Leser ja ohnehin bemerkt haben wird, daß Fleur-de-Marie die Tochter von Rodolphe ist.«

Die Verschwendung ist so offenkundig, die erzählerische Selbstdestruktion so unerklärlich, daß der Leser, heute, darüber bestürzt ist. Zur Zeit der Veröffentlichung muß es aber wohl anders gewesen sein. Sue sah sich unversehens genötigt, seine Geschichte zu verlängern, doch war die Maschinerie nur für einen kürzeren Erzählungsbogen eingerichtet. Die Spannung hätte nicht bis zum Schluß aufrechterhalten werden können; das Publikum wollte es wissen. Da wurde das Geheimnis eben preisgegeben, das nun wie ein pralles »Fortsetzung folgt« wirkte, und Sue ging dazu über, neue Handlungsfäden zu spinnen. Der Markt ist nun zwar befriedigt, aber die Handlung als organisches Ganzes ist zunichte gemacht. Der Distributionstypus, der für die Gattung des Zeitungsromans passende Regeln bereitstellen konnte, überwältigt an einem entscheidenden Punkt den Autor, und dieser legt die künstlerischen Waffen nieder. Die *Geheimnisse von Paris* sind nun kein Roman mehr, sondern ein Fließband für die Produktion fortwährender und wiederholbarer Gratifikationen. Fortan kümmert sich Sue nicht mehr um die Regeln des ›richtigen‹ Erzählens und wendet nach und nach, je mehr die Geschichte anwächst, Kunstgriffe an, die die große Erzählkunst des 19. Jahrhunderts zum Glück unbeachtet ließ und die sich merkwürdigerweise in den Sagen des Comic strip wiederfinden, etwa in der von Superman.[20]

So wird zum Beispiel das, was der Handlungsverlauf selbst nicht mehr zu evozieren oder zu erläutern vermag, in Fußnoten ins Gedächtnis gerufen. Neunter Teil, neuntes Kapitel: Die Fußnote merkt an, daß Madame d'Harville eine gewisse Frage stellt, weil sie, erst am Tag vorher angekommen, nicht wissen konnte, daß Rodolphe in Fleur-de-Marie seine Tochter erkannt hatte. Epilog, erstes Kapitel: Die Anmerkung hält fest, daß Fleur-de-Marie nunmehr Amélie genannt wird, weil der Vater vor ein paar Tagen ihren Namen geändert hat. Neunter Teil, zweites Kapitel, Anmerkung: »Der Leser wird nicht vergessen haben, daß Chouette, einen Augenblick, bevor sie Sarah erstach, glaubte, daß ...« Zweiter Teil, siebzehntes Kapitel: Die Anmerkung macht darauf aufmerksam, daß die Jugendliebe zwischen Rodolphe und Sarah in Paris nicht bekannt ist. Und so weiter. Der Autor erinnert an das bereits Erzählte, aus Sorge, das Publikum könnte es inzwischen vergessen haben. Und er legt nachträglich fest, was er noch nicht gesagt hat, kurz, er ergänzt, bereitet vor, revidiert, begründet, modifiziert. Das Buch ist ein Makrokosmos, in dem zu viele Personen leben, als daß Sue die Fäden noch zusammenzuhalten vermöchte. Wohlgemerkt, alle Anmerkungen kommen erst nach der Enthüllung über Fleur-de-Marie vor – denn an eben jener Stelle erfolgte der Zusammenbruch der Erzählhandlung. Daher rührt es, daß Sue sich teilweise wie ein entrückter Beobachter verhält, der über eine Welt, die sich ihm entzieht, keine Macht mehr besitzt, der aber immer noch das Privileg des allwissenden Romanautors für sich beansprucht, indem er dem Leser kräftige Verheißungen macht. Schon Poe bemerkte, Sue fehle das *ars celare artem,* er rede ständig auf den Leser ein: »Jetzt, in einem Moment, werden Sie sehen, was Sie sehen werden. Ich bin soeben dabei, einen erstaunlichen Eindruck bei Ihnen hervorzurufen! Machen Sie sich darauf gefaßt, Ihre Phantasie oder Ihr Mitleid aufs stärkste erregt zu spüren!« Eine herbe, jedoch stichhaltige Kritik. Sue verhält sich freilich gerade deshalb so, weil es einer der Hauptzwecke des Trostromans ist, *den Effekt hervorzurufen.* Und der Effekt läßt sich in zweierlei Weisen hervorrufen – die eine, bequemere, ist: Achten Sie auf das, was kommt! Die andere nimmt den Rückgriff auf den Kitsch zu Hilfe.[21]

3. Die *Geheimnisse von Paris* strotzen offensichtlich von Kitsch. Was gewährleistet den sicheren Effekt, weil es schon einmal erprobt wurde? Es ist der literarische »Ort«, der Gemeinplatz, der schon in anderen Zusammenhängen funktioniert hat. Der Ort funktioniert nicht nur, sondern veredelt auch. Zu ihm gehört die Gewöhnung an den ästhetischen Schauder, der ihn, aufgrund sei-

nes Rufs, begleitet. Auch hier gibt es zwei Verfahren. *Erstens,* man kann eine Empfindung, die andere schon einmal hervorgerufen oder beschrieben haben, direkt heraufbeschwören. Im vierzehnten Kapitel des siebenten Teils lesen wir: »Um die Wirkung dieses Bildes zu vervollständigen, stelle sich der Leser den geheimnisvollen, beinahe phantastischen Anblick eines Zimmers vor, in dem die Flamme des Kaminfeuers gegen die dunklen Schatten ankämpft, die an der Decke und auf den Wänden zucken...« Der Autor umgeht die Aufgabe, eine Empfindung kraft seiner Darstellung zu wecken, und bittet den Leser um Mithilfe, wobei er sich auf das *déjà vu* beruft. *Zweitens,* man kann auf Örter (Gemeinplätze) zurückgreifen, die zum allgemeinen Bestand der Erfahrung oder der Vorurteile gehören. Die Figur der Mulattin Cécily, mitsamt ihrer Schönheit und Boshaftigkeit, ist zusammengefügt aus Bestandstükken des exotisch-erotischen Arsenals der Romantik, genauer: aus geläufigen, assoziationskräftigen Kitschbildern, die allerdings auf einer Typologie beruhen: »Jedermann hat von diesen farbigen Mädchen gehört, die für Europäer tödlich sein sollen, von diesen Zaubervampiren, die ihr Opfer aufs schlimmste verführen und es bis auf das letzte Goldstück und den letzten Blutstropfen aussaugen und ihm, wie der derbe ländliche Ausdruck besagt, nur noch die Tränen zu trinken und das Herz abzunagen übriglassen.« (Siebter Teil, Kapitel vierzehn) Diese Stelle ist besonders aufschlußreich, weil hier nicht nur der literarische Ort, sondern auch die ›Volksweisheit‹ aus zweiter Hand stammt. Sue war jedoch gerade darin genial, Kitsch für die Armen zu erfinden. Er stellte nicht einfach Kitschbilder her, indem er bestimmte Elemente der Kunst einrahmte, vielmehr baute er ein riesiges Mosaik aus früheren Kitschbildern zusammen – gleichsam in einer »Pop«-Aktion, sofern sie bewußt ironisch wäre.

Mit diesem stilistischen Grundzug hängt zusammen, was Bory und andere als elementares und wirksames Spiel mit Archetypen deuten: die Ankoppelung der Repräsentanten des Bösen an Tiervorbilder (im Sinne Lavaters), von denen sie häufig auch die Namen haben (z.B. Chouette: die Eule); die Verschmelzung von Harpagon und Tartuffe im Notar Jacques Ferrand; die, negativ getönten, mythologischen Anklänge des aus dem blinden Maître d'école und dem niederträchtigen kleinen Scheusal Tortillard bestehenden Paars an das Paar Ödipus-Antigone; die stillschweigende Anspielung auf die »befleckte Jungfrau« (Fleur-de-Marie) – lauter respektable romantische Konfigurationen. Sicherlich spielt Sue, der einfallsreiche Erfinder, mit Archetypen, aber nicht um aus dem Roman mit Hilfe des Mythos einen Wegweiser zur Erkenntnis zu machen, wie beispielsweise Thomas Mann, sondern der darin verankerten Einbildungsmuster wegen, deren kulturelle Signale und deren Wirkung gewährleistet sind. Der Kitsch ist ihm ein Werkzeug der Phantasie, das, entsprechend dem eingangs skizzierten Plan, Entspannungsträume für eine spannungsvolle Lebenswirklichkeit anbietet.

Ein letzter Trick, um den Effekt zu wiederholen und ihn sicher durchzusetzen, ist die geradezu zwanghafte Verlängerung einzelner Szenen. Der Tod von Jacques Ferrand, der an Satyriasis zugrunde geht, ist mit der Präzision der klinischen Diagnostik und der Akribie eines Tonbandprotokolls beschrieben. Der Romanautor arbeitet nicht mit einer synthetischen Vorstellung vom Ereignis; er registriert es wie eine wahre Begebenheit, dehnt es so lange aus wie in der Wirklichkeit, läßt die Figur ihre Sätze so oft wiederholen, wie ein tatsächlich Todkranker sie wiederholen würde. Die Wiederholung löst sich jedoch nicht in einen Rhythmus auf; Sue akkumuliert Details, ohne innezuhalten, bis das Publikum so tief in der Situation steckt, daß es darin zusammen mit der Figur erstickt.

4. Im Rahmen solcher Erzählstrukturen können nun jene ideologischen Befunde mitgeteilt werden, die wir dem Autor der *Geheimnisse* bereits zugeordnet haben. So wie die Informationen sich sofort im Rinnsal einer liebevollen und versöhnlichen ›Normalisierung‹ verlieren, so werden auch die Konflikte Lösungen zugeführt, die sie den Wünschen der Leser entsprechend kanalisieren, ohne die gesellschaftlichen Verabredungen zu erschüttern. Es wäre eine müßige Frage, ob bei Sue der ideologische Vorsatz der erzählerischen Erfindung voranging, oder ob der Typus der erzählerischen Erfindung dadurch, daß er sich den Anforderungen des Marktes fügte, ihm einen bestimmten ideologischen Vorsatz aufgezwungen hat. Denn die Faktoren, die hier beteiligt sind, stehen miteinander in mehrfacher Wechselwirkung, und die einzige Möglichkeit der Verifikation gründet in dem Gegenstand selbst: dem Buch, so wie es ist. Es wäre deshalb ebenso falsch zu behaupten, die Wahl der Gattung »Fortsetzungsroman« münde zwangsläufig in eine konservative oder gelinde reformistische Ideologie, wie zu sagen, eine konservative oder reformistische Ideologie finde den ihr angemessenen Ausdruck notwendig in einem Fortsetzungsroman. Fest steht

lediglich, daß sich bei Sue die verschiedenen Elemente dieses Puzzles so zusammenfügen.
Wenn wir die Erziehung von Fleur-de-Marie betrachten, stehen wir ebenso vor einem ideologischen wie vor einem erzählerischen Phänomen. Da ist eine Prostituierte (ein Modell, das die bürgerliche Gesellschaft nach kanonischen Richtlinien festgelegt hat); sie ist durch die Ereignisse zu dem gemacht worden, was sie ist (sie ist unschuldig), gleichwohl hat sie sich prostituiert (sie trägt einen Stempel). Theatercoup Nummer eins. Rodolphe überzeugt sie, daß, wer gefallen ist, sich wieder aufrichten kann, und sie richtet sich wieder auf. Theatercoup Nummer zwei. Rodolphe entdeckt, daß sie seine Tochter ist, eine Prinzessin aus königlichem Geschlecht. Theatercoup Nummer drei (nicht eingerechnet die nebensächlichen Coups: Fleur-de-Marie geht einige Male verloren und wird jeweils, von wechselnden Personen, wiedergefunden). Kurz, der Leser wird mit Theatercoups überhäuft, die ebensovielen informativen Höhepunkten entsprechen. Erzählerisch funktioniert dieses Verfahren durchaus, doch gemessen an den Moralkodizes des Publikums wirkt es redundant – mehr wäre unerträglich; Fleur-de-Marie darf nicht auch noch glücklich und zufrieden herrschen. Die Anknüpfungspunkte für Identifikationen mit der Romansituation als Ganzes drohen zu zerfallen. Deshalb wird Fleur-de-Marie von der Reue zermürbt sterben. Genau dies erwartet der ›anständige Leser‹ vom Walten göttlicher Gerechtigkeit und von der Schicklichkeit. So verflüchtigen sich denn die erworbenen Informationen in der Formalität einiger klug bekräftigter Grundsätze von Sitte und Anstand. Nachdem man den Leser beeindruckt hatte, indem man ihm Dinge mitteilte, die er nicht wußte, wird er nun beruhigt, indem man ihm bestätigt, was er schon weiß. Die Maschinerie des Romans verlangt, daß Fleur-de-Marie so endet, wie sie endet. Es ist die persönliche ideologische Entscheidung von Sue, die Spannung zwischen dem erzählten Geschick der Figur und den Ansprüchen der Leserschaft in einer ›religiösen Wendung‹ zu lösen. (Und hier beweist die Analyse von Marx und Engels ihre innere Stimmigkeit.) Fleur-de-Marie hat entdeckt, daß man ein neues Leben beginnen kann, und aus ihrer Jugendlichkeit schöpft sie die Kraft für ein menschliches und konkretes Glück. Als Rodolphe ihr ankündigt, sie werde auf dem Gut Bouqueval leben, gerät sie vor Freude fast außer sich. Doch die religiösen Einflüsse von Madame Georges und dem Pfarrer lenken das menschliche Glück des Mädchens allmählich auf eine übermenschliche Unruhe hin ab.

Der Gedanke, daß ihre Sünde nicht getilgt werden kann, daß nur Gott ihr »trotz« des Übermaßes ihrer Schuld zu helfen vermag, und das sich verdichtende Gefühl, auf Erden sei ihr jede Hoffnung verweigert, treiben die unglückliche Goualeuse in eine abgrundtiefe Verzweiflung: »Von diesem Augenblick an ist Marie zur *Leibeigenen des Sündenbewußtseins* geworden. Während sie in der unglücklichsten Lebenssituation sich zu einer liebenswürdigen, menschlichen Individualität zu bilden wußte und innerhalb der äußern Erniedrigung sich *ihres menschlichen Wesens,* als *ihres wahren* Wesens, bewußt war, wird ihr nun der Schmutz der jetzigen Gesellschaft, der sie äußerlich berührt hat, zu ihrem innersten Wesen und die stete hypochondrische Selbstquälerei mit diesem Schmutz zur Pflicht, zu der von Gott selbst vorgezeichneten Lebensaufgabe, zum Selbstzweck ihres Daseins.«[22]

Nicht anders verläuft die Bekehrung des Chourineur. Er hat gemordet, und obwohl er im Innersten rechtschaffen ist, wird er von der Gesellschaft gnadenlos geächtet. Rodolphe rettet ihn, indem er ihm die Hand reicht: »Du hast noch Herz und Ehrgefühl.« Theatercoup. Nun muß der Abstand zwischen den beiden verringert und das Verhältnis in den Schranken der normalen Erwartungen wiederhergestellt werden. Lassen wir die Bemerkung von Marx und Engels beiseite, daß Rodolphe aus ihm einen *Agent provocateur* mache, um den Maître d'école in die Falle zu locken. Unstreitig ist jedenfalls, daß er aus ihm einen »Hund« macht, einen Sklaven, der nur noch im Schatten seines neuen Herrn (und Idols) lebensfähig ist; für ihn wird er auch sterben. Kurz, der Chourineur wird in der paternalistischen Umarmung durch den Wohltäter wiedergeboren, nicht kraft eines neuen, entwerfenden Bewußtseins seiner selbst.

Zur Bekehrung von Madame d'Harville ist eine subtilere Strategie geboten: Rodolphe veranlaßt sie zu einer nützlichen Tätigkeit. Doch wie ist dieser Wandel dem gewöhnlichen Leser glaubhaft zu machen? Clémence d'Harville widmet sich den Armen, weil nützlich und wohltätig zu sein ihr Vergnügen bereitet, eine edle und feinsinnige Freude. Man kann sich »amüsieren«, indem man Gutes tut.[23] Die Armen müssen zur Unterhaltung der Reichen dienen.

Auch die Bestrafung Ferrands folgt den festen Lesererwartungen: Er war lüstern, und er wird an unbefriedigter Lüsternheit sterben. Er hat Witwen und Waisen Geld weggenommen und wird zusehen müssen, wie es durch das Testament, das ihm von Rodolphe vorgesetzt wird, an die Witwen und Waisen zurückgegeben wird – ein

Plan, der sein ganzes Vermögen an die Neugründung der Armenbank bindet.

Hier treten die Grundzüge des Gesellschaftsbildes von Rodolphe – Sue zutage. Ein Bestandteil davon ist das Gut Bouqueval, Muster des triumphierenden Paternalismus. Der Leser braucht nur das sechste Kapitel im dritten Teil zu lesen. Das Gut ist ein perfektes Phalanstère, jedoch von den Entscheidungen eines Gutsherrn abhängig, der jedem Arbeitslosen Hilfe gewährt. Im selben Geist ist die Armenbank mitsamt den damit verbundenen Vorstellungen zur Reform der Pfandhäuser konzipiert: Weil es Armut gibt und weil der Arbeiter unversehens ohne Arbeit dastehen kann, gilt es Vorsorge zu treffen, um ihn in Zeiten der Arbeitslosigkeit mit Geld unterstützen zu können. Wenn er wieder arbeiten wird, wird er das Geld zurückerstatten. »Er gibt mir immer das in seiner Arbeitszeit, was er von mir in seiner arbeitslosen Zeit erhält«, merken die Autoren der *Heiligen Familie* dazu an.

Ein trefflicher Einfall.

In gleicher Weise verfahren die Pläne zur Verhinderung des Verbrechens, zur Senkung der Justizkosten für die Notleidenden und, schließlich, das Projekt einer »Polizei für die Guten«, die – analog zur Gerichtsbarkeit, die die Bösen aufindig macht und sie vor Gericht bringt – die Guten aufspürt, der Gemeinschaft ihre guten Taten offenlegt und sie zu öffentlichen Verhandlungen vorlädt, in deren Verlauf ihre Güte anerkannt und belohnt wird.

Diese Projekte wirkten bloß lächerlich, zehrten sie nicht von einem (verqueren) reformistischen Elan, der auch heute noch, in den sozialdemokratischen Rezepten für ökonomische Problemlagen, offen oder verdeckt am Werke ist. Die Leitparole der Ideologie von Sue lautet: Sehen wir zu, was sich für die Bedürftigen mittels christlicher Zusammenarbeit zwischen den Klassen tun und erreichen läßt, ohne daß die bestehenden Verhältnisse angetastet werden. Daß diese Ideologie außerhalb des Fortsetzungsromans ein politisches Bürgerrecht besaß, ist offenkundig und allbekannt. Daß sie mit der sozialen Gratifikationsrolle des Fortsetzungsromans zusammenhängt, ist zwar erst noch im einzelnen zu prüfen, doch haben wir dazu wenigstens ein paar Instrumente bereitgestellt. Wiederum geht es darum, den Leser zu trösten, indem ihm gezeigt wird, daß die dramatische Situation gelöst ist oder lösbar ist, aber so, daß der Leser nicht aufhört, sich mit der Situation des Romans im ganzen zu identifizieren. Das, woran Rodolphe als Wunderheiler operiert, *ist die Gesellschaft* des *Status quo ante*. Wäre sie anders, so würde sich der Leser in ihr nicht wiedererkennen, und die ihm angetragene Lösung, die an sich eine Phantasielösung ist, erschiene ihm unwahrscheinlich oder zumindest als nicht nachvollziehbar.

Zugegeben, es ist schwierig, die merkwürdigen Theorien von Sue über die Gefängnisreform und die Reform des Strafrechts im allgemeinen in diesem Schema unterzubringen. Wir haben es hier jedoch mit einer freien Improvisation des Autors über das Thema »Reform« zu tun, mit der Entfaltung eines eigentümlichen politischen und humanitären Ideals außerhalb des Romans, ähnlich den Romanzen, die die Handlung des Melodrams unterbrechen und eigenständige Themen bilden. Gleichwohl ist auch hier der Mechanismus »Verblüffung und sofortige Besänftigung« am Werk.

Verblüffend sind der Hinweis auf die Heiligkeit des menschlichen Lebens und die Forderung nach Abschaffung der Todesstrafe; doch als Ersatzstrafe wird die Blendung vorgeschlagen. Allerdings nimmt sich der Vorschlag im Lichte des Alltagsverstands weniger seltsam aus: als Geblendeter hat der Schuldige viele Jahre absoluter Innerlichkeit vor sich, ausreichend Zeit, zu bereuen und zu sich selbst zurückzufinden. Verblüffend ist ferner der Hinweis, daß das Gefängnis eher verdirbt als bessert und daß die Versammlung von Dutzenden von Verbrechern in einem einzigen Saal und in einer Situation erzwungenen Nichtstuns die Übeltäter noch schlimmer macht sowie die Guten in Mitleidenschaft zieht. Besänftigend ist jedoch das Ansinnen, jeden Häftling in eine gesonderte Zelle zu stecken (was, wie man ahnt, im Effekt der Blendung gleichkommt). Keine dieser Reformen sieht eine neue Autonomie des »Volkes« vor. Dennoch ist dies alles in sich schlüssig.

Angesichts der Rechtschaffenheit von Morel ruft Sue aus: »Ist es am Ende nicht erhebend und tröstend, sich vorzustellen, daß nicht Kraft und Gewalt und nicht der Schrecken, sondern allein der moralische Gemeinsinn dieses gefährliche Volksmeer zusammenhält, das die ganze Gesellschaft verschlingen könnte, wenn es über die Ufer treten und sich über ihre Gesetze und ihre Macht ebenso hinwegsetzen würde wie das entfesselte Meer über Dämme und Befestigungen!« Deshalb muß man eingreifen: um solch klugen moralischen Gemeinsinn in den Arbeitermassen zu festigen und zu fördern.

Wie? Durch einen Akt des aufgeklärten Verstandes der »Reichen«, die sich als Verwahrer eines dem Gemeinwohl verpflichteten Vermögens erkennen, »durch das willkommene Beispiel der Verbindung von Kapitalien und Arbeit. [...] Aber eine ehrliche, verständige und gerechte Verbindung, die das Wohlergehen des Handwerkers sichern würde, ohne dem Vermögen der Reichen Schaden zuzufügen [...], und die dadurch, daß sie zwischen den beiden Klassen Gefühlsbindungen herstellt, *die Ruhe des Staates für immer sichern würde.*«

Die Ruhe, die im Konsumroman die Gestalt des Trostes als Wiederholung des Erwarteten annimmt, nimmt in der Ideologie die Gestalt der Reform an, die einiges verändert, damit alles übrige unverändert bleibt, d.h. die Form einer Ordnung, die aus der Einheit in der Wiederholung, aus der Unveränderlichkeit der erworbenen Bedeutungen hervorgeht. Ideologie und Erzählungsstruktur treten in einer perfekten Verschmelzung zusammen.

5. Bestätigt wird dies durch ein besonderes technisches Merkmal des Romans von Sue, einen erzählerischen Trick, der dem Leser deutlich vor Augen tritt und den wir nicht besser kennzeichnen können als mit dem Mechanismus »Ach, hab ich einen Durst!«
Ich beziehe mich dabei auf einen alten Witz. Er handelt von einem Mann in der Eisenbahn, der seine Reisegefährten ärgert, indem er unablässig wiederholt: »Ach, hab ich einen Durst!« Davon aufs äußerste gereizt, stürzen die Mitreisenden beim nächsten Halt an einem Bahnhof an die Fenster und versorgen den Unglückseligen mit allen möglichen Getränken. Der Zug fährt ab, einen Augenblick lang herrscht Ruhe, dann hebt der Mann von neuem an und wiederholt unablässig: »Ach, hab ich einen Durst gehabt!«
Die typische Szene bei Sue ist folgende: Unglückliche Menschen (die Familie Morel, die Louve im Gefängnis, Fleur-de-Marie in einigen Situationen) beklagen sich und ihr Los, indem sie leidvolle und rührende Erlebnisse ausbreiten. Hat die Spannung des Lesers den Springpunkt erreicht, tritt Rodolphe oder einer seiner Sendboten auf den Plan und heilt die Wunde. Unmittelbar danach geht die Geschichte weiter, mit denselben Protagonisten, die sich entweder untereinander oder mit neu Hinzugekommenen unterhalten, indem sie berichten, wie schlecht es ihnen noch vor einem Augenblick gegangen sei und wie Rodolphe sie aus der finstersten Verzweiflung errettet habe.
Nun trifft zwar zu, daß das Publikum gern wiederholt und bestätigt bekam, was sich ereignet hatte, und jeder, der über die Vorfälle mit den Figuren von Sue weinte, hätte sich in einem vergleichbaren Fall ebenso verhalten. Aber der heimliche Beweggrund für den Me-

chanismus »Ach, hab ich einen Durst gehabt!« scheint ein anderer zu sein. Eben dieser Mechanismus ermöglicht es, die Situationen dorthin zurückzuversetzen, wo sie waren, bevor sie verändert wurden. Die Veränderung löst zwar einen Knoten, aber sie entfernt nichts (sie ändert nicht den Faden). Das Gleichgewicht und die Ordnung, die durch die informative Gewalt des Theatercoups gestört wurden, werden auf derselben Gefühlsbasis wie vorher wiederhergestellt. Vor allem jedoch »ändern« sich die Personen nicht.

In den *Geheimnissen* ändert sich niemand. Wer bekehrt wird, war schon vorher gut; wer böse war, stirbt ohne Reue. Es geschieht nichts, was irgend jemanden beunruhigen müßte. Der Leser ist getröstet, sowohl weil Hunderte von wunderbaren Dingen geschehen, als auch, weil diese Dinge die Wellen der Realität nicht beeinflussen. Das Meer rollt weiter, nachdem einen Augenblick lang geweint, gelacht, gelitten oder genossen worden ist. Das Buch setzt Belohnungsmechanismen in Gang, deren umfassendster und trostreichster der ist, daß alles in Ordnung bleibt. Und was sich ändert, ändert sich lediglich in der Phantasie: Marie besteigt den Thron, Aschenbrödel schlüpft aus der Verpuppung, doch wie auch immer, sie stirbt: aus übertriebener Vorsicht.

Innerhalb dieser Maschinerie ist der Traum frei und unbehindert. Rodolphe steht an der Straßenecke bereit, für jeden von uns; man muß nur zu warten wissen.

Es wurde eingangs darauf hingewiesen, daß im selben Jahr, in dem Sue stirbt, *Madame Bovary* erscheint. Und *Madame Bovary* ist der kritische Bericht über das Leben einer Frau, die Romane im Stile Sues las und aus ihnen gelernt hatte, auf etwas zu warten, das nicht kam. Es wäre ungerecht, den Menschen Sue und den Schriftsteller Sue allein im Lichte dieser unerbittlichen Dialektik zu sehen. Doch ist es hilfreich, die Probleme der Konsumerzählung von Sue bis in die Gegenwart zu betrachten, vom Schatten eines trügerischen Trostes verdunkelt.

Anmerkungen

1 Für diese Hinweise und die biographischen Angaben sei auf die ausgezeichnete Arbeit von Jean-Louis Bory, *Eugène Sue – Le roi du roman populaire*, Paris 1962, verwiesen. Vgl. vom selben Autor die *Einführung* in die 1983 erschienene Ausgabe der *Mystères*, sowie Einführung, Chronologie und

Anmerkungen zur Anthologie *Les plus belles pages – Eugène Sue,* Paris 1963. Seinem Autor vorbehaltlos zugeneigt, ist Bory höchst glaubwürdig für alles, was das Leben von Sue und den historischen Rahmen betrifft, in den es sich einfügt, während er in den kritischen Bewertungen eher apologetisch verfährt. In der Biographie von Bory findet sich eine umfassende Bibliographie über Sue, auf die hier hingewiesen sei. Merkwürdigerweise hat Bory (der übrigens der Kritik von Marx und Engels kaum Gewicht beimißt) die Kritiken von Poe und Belinski, auf die wir noch zu sprechen kommen werden, übersehen (tatsächlich enthält seine Bibliographie fast nur französische Titel).

[Die von Bernhard Jolles übersetzte und bearbeitete deutschsprachige Ausgabe der *Geheimnisse von Paris* (München 1982) ist auf ein kümmerliches Handlungsgerüst reduziert. Der Pariser Argot beispielsweise wird mit Ausdrücken aus der Sprache der Fahrenden, dem Jenischen, wiedergegeben: der Chourineur (Messerheld) heißt Schurimann, die Sängerin (la Goualeuse) Fleur-de-Marie ist die »Schallerin Marienblume«, usw. Diese oder eine ähnliche Übersetzung lag offenbar auch Marx und Engels vor, die zwar in einigen Zitaten die jenischen Ausdrücke übernehmen, in ihrer eigenen Analyse jedoch die Namen aus dem Original verwenden. Diesem Gebrauch folgt auch Umberto Eco. – In ihrem Nachwort zur deutschen Ausgabe gehen Norbert Miller und Karl Riha auf die Übersetzung nicht ein; Angaben über die Kürzungen in der deutschen Ausgabe fehlen ebenso wie die Quellen der angeführten Kritiken. *A. d. Ü.*]

2 Zitiert bei A. Parmenie und C. Bonnier de la Chapelle, *Histoire d'un éditeur et de ses auteurs: P. J. Hetzel,* Paris 1963 (vgl. Bory, *Eugène Sue,* a.a.O., S. 370–371).

3 Bory, *Eugène Sue,* a.a.O., S. 240. Zum »exzentrischen« Plan, den Sue auf seinem neuen Weg verfolgte, vgl. Sainte-Beuve: »Il est douteux qu'en commençant son fameux ouvrage, cet homme d'esprit et d'invention ait prétendu autre chose que de persister plus que jamais dans sa voie pessimiste, et, rassemblant tous ses secrets, à en faire un roman bien épicé, bien salé, à l'usage du beaumonde. J'imagine qu'il voulait voir, par une sorte de gageure, jusqu'où, cette fois, il pourrait conduire du premier pas ses belles lectrices et si les grandes dames ne reculeraient pas devant le ›tapis-franc‹.« (Vgl. Bory, a.a.O., S. 245–246). [»Man kann sich fragen, ob dieser geistvolle und einfallsreiche Mann zu Beginn seines berühmten Werkes etwas anderes im Sinne hatte, als seinen pessimistischen Weg noch hartnäckiger zu verfolgen und seine Geheimnisse aufzuhäufen, um daraus einen gepfefferten Roman für die vornehme Gesellschaft zu machen. Ich denke, er wollte mit einer Art Wette herausfinden, wie weit er seine schönen Leserinnen diesmal als erster führen konnte und ob die Damen der Gesellschaft nicht vor der ›Gaunerkneipe‹ zurückschreckten.«]

4 »Das Motiv der durch Liebe zu neuem Menschentum erwachten Dirne, das Prévost in Anlehnung an Defoe in *Manon Lescaut,* Rousseau in den *Confessions* (Zulietta) und in ›Les amours de Milord Edouard Bomston‹ am Schluß der *Nouvelle Héloise* (Lauretta Pisana), Goethe in der Ballade *Der Gott und die Bajadere* und Schiller in *Kabale und Liebe* (Die Favoritin Lady

Milford) behandeln, entwickelt sich bei den Romantikern zu einem der wichtigsten Motive für ihren Kult der gefallenen Schönheit. Wie oft begegnet uns dieser Typus der ›reinen Dirne‹, die Fleur-de-Marie von Sue, die Mila di Codro d'Annunzios: von Mussets *Rolla* (›War sie nicht seine Schwester, diese Dirne?‹) bis zu Gozzano, dem Haupt der italienischen Crepuscolari!« [Mario Praz, *La carne, la morte e il diavolo*, Firenze 1948, S. 113; deutsch: *Liebe, Tod und Teufel. Die schwarze Romantik*. Übersetzt von Lisa Rüdiger. München 1970, S. 111.] Über den Archetypus des »trotz allem unbefleckten Mädchens« im Zusammenhang mit den Bedürfnissen des Erzählungsmarktes der Bourgeoisie im 18. und 19. Jahrhundert (und dem Aufkommen eines weiblichen Käuferpublikums) vgl. insgesamt das Buch von Leslie Fiedler, *Love and Death in the American Novel* (in dem übrigens ein Hinweis auf Sue fehlt).

5 Vgl. Bory, *Eugène Sue*, a.a.O., S. 248.
6 A.a.O., S. 285–286.
7 Edgar Allan Poe, *Marginalia (1844–1849)*, deutsch: *Marginalien*, in: E.A. Poe, *Das gesamte Werk in zehn Bänden*, hrsg. v. Kuno Schumann und Hans-Dieter Müller, Herrsching 1979 (textidentischer Nachdruck der Ausgabe Olten 1966ff.), Band 10, S. 741–748: *Marginalie VII*, übersetzt von Arno Schmidt. Als besonders interessante Einzelheit sei hervorgehoben, daß Poe (wenn auch mit großer Liebenswürdigkeit – er spricht nicht von einem Plagiat, sondern von einer zufälligen Übereinstimmung) auf die Ähnlichkeit zwischen der Geschichte *Gringalet et Coupe-en-deux* (die als Erzählung eines Inhaftierten in die *Geheimnisse* eingefügt ist) und seiner Erzählung *The Murders in the Rue Morgue* hinweist: Ein Affe wird als Werkzeug für einen Mord eingesetzt.
8 Wissarion Grigorjewitsch Belinskij, Rezension der *Geheimnisse von Paris*, in ders., *Ausgewählte philosophische Schriften*. Moskau 1950, übersetzt von Alfred Kurella, S. 360–369.
9 Der Artikel enthält merkwürdige Behauptungen, die wohl den Kompromissen mit der Zensur zuzuschreiben sind, etwa die Behauptung, die schlimmen gesellschaftlichen Zustände, die Sue beschreibt, träfen nur auf Frankreich zu, nicht aber auf Rußland, wo offensichtlich niemand Hungers sterbe, »[...] nicht nur der fleißige arme Mann, sondern auch der ausgekochte Faulpelz und Bettler haben gar nicht die Möglichkeit, Hungers zu sterben« (S. 367); siehe auch die Bemerkungen über das Schicksal von Autoren wie Hugo und Balzac, die nach Aussage von Belinskij noch vor wenig mehr als zehn Jahren allgemeinen Erfolg hatten und heute (1844) dem Vergessen anheimgefallen sind... [Die deutsche Ausgabe enthält folgende Anmerkung zu dieser Äußerung über Balzac: »Balzac ist von Belinskij nicht nach Verdienst gewürdigt worden. In dieser Hinsicht teilte er das Schicksal einer Reihe anderer französischer Romanciers.« (S. 585) A. d. Ü.]
10 Hier ein Musterbeispiel dafür, wie Szeliga die *Geheimnisse* auslegt: »Hört also die Liebe auf, das Wesentliche der Ehe, der Sittlichkeit überhaupt zu sein, so wird die *Sinnlichkeit* das Geheimnis der Liebe, der Sittlichkeit, der gebildeten Gesellschaft – Sinnlichkeit sowohl in ihrer ausschließlichen Bedeutung, wo sie das *Zittern der Nerven*, der glühende *Strom* in den Adern

ist, als auch in der umfassenderen, als welche sie sich zu einem *Schein* geistiger Macht steigert, zu Herrschsucht, Ehrgeiz, Ruhmbegier sich erhebt. [...] Die Gräfin MacGregor repräsentiert« diese letztere Bedeutung »der Sinnlichkeit, als des Geheimnisses der gebildeten Gesellschaft.« [*MEW*, Bd. 2, S. 68] »Der *Tanz* ist die allgemeinste Erscheinung der *Sinnlichkeit als Geheimnis*« [ebd., S. 70]; »*Cecily* ist das enthüllte Geheimnis der gebildeten Gesellschaft« [*MEW*, Bd. 2, S. 72], usw. (Friedrich Engels und Karl Marx, *Die heilige Familie oder Kritik der kritischen Kritik* (1845), in: Karl Marx, Friedrich Engels, *Werke (MEW)*, Berlin ⁶1970, Band 2, S. 68–72).

11 Bory, Einleitung zur Ausgabe der *Mystères*, Paris 1963.

12 Es verdient festgehalten zu werden, daß die rassistische Interpretation der Klassenteilung bei Sue sich aus verschiedenen maßgeblichen Quellen speiste. In der Anmerkung 1 zum ersten Kapitel der ersten Episode des Werks zitiert Sue Augustin Thierry, *Récits des temps mérovingiens*, wo mehrmals Grégoire de Tours als Zeuge angeführt wird, von dem Sue später selbst Gebrauch machen wird; andererseits hatte Thierry seine Doktrin vom rassischen Ursprung der Klassengegensätze in der *Histoire de la conquête de l'Angleterre* entwickelt. Sue zitiert ferner Loyseau (*Traité des charges de la nobilité*, 1701), den Grafen von Boulainvilliers *(Histoire de l'ancien gouvernement de la France)*, den Abbé Sieyes *(Qu'est-ce que c'est le Tiers Etat?)* und schließlich Guizot *(Du gouvernement représentatif et de l'état actuel de la France)*. Bei Guizot tritt die Dichotomie zwischen Franken und Galliern, Herren und Pächtern, Adligen und Plebejern ganz deutlich hervor. (Sue kannte wohl auch die *Essais sur l'histoire de la France*, obwohl er sie nicht zitiert, wo das Thema ebenfalls vorkommt.) Sollte es überhaupt noch notwendig sein, die eklektische Naivität von Sues Sozialismus hervorzuheben, so genügt der Hinweis, daß sich das Gerüst seiner Klassentheorie von Theoretikern der Rechten oder vom liberalen Konservativismus unschwer benutzen ließ.

13 *La Démocratie pacifique*, 1. 4. 1843. Vgl. Bory, a.a.O., S. 295.

14 Über diese Episode einer indirekten Zensur gibt es ein ergötzliches Pamphlet von Alexandre Dumas père, das er als erstes Kapitel in die *Contesse de Charmy* eingefügt hat (auf dieses Buch folgte *Ange Piton*, darauf *Le collier de la reine* und darauf wiederum *Joseph Balsamo*). Dumas schimpft über das Gesetz Riancey, schreibt dieses dem Erschrecken der Kammer über den Eintritt von Sue als Deputierter zu und spottet darüber, daß damals die »Rückschrittler« alle Verbrechen der Geschichte, von der Ermordung Heinrichs IV. bis zu der des Herzogs von Enghien, dem Fortsetzungsroman zuschrieben.

15 »Ces braves gens jouissaient d'un bonheur si profond, ils étaient si complètement satisfaits de leur condition, que la sollicitude éclairée du grand-duc avait un peu à faire pour les préserver de a manie des innovations constitutionnelles.« (Teil II, Kap. XII) [»Diese rechtschaffenen Leute genossen ein so großes Glück und waren über ihre Lage so zufrieden, daß die aufgeklärte Fürsorge des Großherzogs sich kaum darum kümmern mußte, sie vom Wahn der Verfassungsneuerungen abzuhalten.«]

16 »Jedenfalls scheint die Behauptung gerechtfertigt, daß vieles von dem soge-

nannten nietzscheanischen ›Übermenschentum‹ nicht den Zarathustra als Ursprung und zum Vorbild hat, sondern den *Graf von Monte Christo* von Alexandre Dumas«, notiert Gramsci. Er ist sich nicht klar darüber, daß Rodolphe als Vorbild dem Monte Christo noch vorhergeht; *Der Graf von Monte Christo* stammt aus dem Jahre 1844 (ebenso wie *Die drei Musketiere*, wo der zweite »Übermensch« auftritt, nämlich Athos, während der dritte, den Gramsci zitiert, *Joseph Balsamo*, 1849 erscheint). Ihm steht vielmehr das Werk von Sue vor Augen (das er auch des öfteren analysiert): »Vielleicht muß man den populären Übermenschen bei Dumas tatsächlich für eine ›demokratische‹ Reaktion auf die Auffassung des Rassismus halten, die feudalen Ursprungs ist, und ihn mit der Verherrlichung des ›Gallizismus‹ in Verbindung bringen, die in den Romanen von Sue betrieben wird.« Antonio Gramsci, *Quaderni del carcere*. Edizione critica dell'Instituto Gramsci. A cura di Valentino Gerratana. Torino 1975, Band III, S. 1879–1882 (Heft 16, 1933–34, §13: »Origine popolaresco del ›superuomo‹«; vgl. Heft 14 a.a.O., S. 1657–1659, §4: »Letteratura popolare«.

17 »Der Fortsetzungsroman ersetzt (und fördert zugleich) das Phantasieren des Menschen aus dem Volke, er ist ein regelrechtes Träumen mit offenen Augen. [...] In diesem Fall kann man sagen, daß das Phantasieren im Volk vom (gesellschaftlichen) Minderwertigkeitskomplex abhängt, der weitschweifige Phantastereien über den Gedanken der Rache, der Bestrafung derjenigen bestimmt, die schuld sind an den erlittenen Übeln usw.« (Gramsci, a.a.O., Heft 6)

18 Eugène Sue, Vorwort zu *Atar-Gull* (vgl. Bory, *Eugène Sue*, a.a.O., S. 102).

19 Vgl. E. Faral, *Les arts poétiques du XIIe et du XIIIe siècle*, Paris 1958. Es ist kein Zufall, wenn die Texte dieser Theoretiker heute von den Strukturalisten wieder ausgegraben werden.

20 Vgl. meinen Aufsatz »Der Mythos von Superman«, in diesem Band, S. 187 ff.

21 Vgl. zur Diskussion über eine strukturelle Definition des Kitsches in dem Sinne, wie sie im folgenden angewandt wird, meinen Aufsatz »Die Struktur des schlechten Geschmacks«, in diesem Band, S. 59 ff.

22 *Die heilige Familie*, in: *MEW*, Bd. 2, S. 185.

23 »Die Ausdrücke, deren sich Rudolph in der Unterhaltung mit Clémence bedient: ›faire *attrayant*‹, ›*utiliser le goût naturel*‹, ›*régler l'intrigue*‹, ›*utiliser les penchants à la dissimulation et à la ruse*‹, ›*changer en qualités généreuses des instincts impérieux, inéxorables*‹ (›anziehend machen‹, ›den natürlichen Geschmack ausnutzen‹, ›die Intrige regeln‹, ›die Neigung zur Verstellung und zur List ausnutzen‹, ›die herrischen unerbittlichen Instinkte [Triebe] in edle Eigenschaften umwandeln‹) etc. – diese Ausdrücke ebensosehr wie die Triebe selbst, welche hier der weiblichen Natur vorzugsweise zugeschrieben werden, *verraten* die geheime Quelle von Rudolphs Weisheit – *Fourier*. Es ist ihm eine populäre Darstellung der fourieristischen Lehre in die Hand gefallen.« (*Die heilige Familie*, *MEW*, Bd. 2, S. 205.)

Die erzählerischen Strukturen im Werk Ian Flemings

1953 publiziert Ian Fleming den ersten Roman der Serie 007: *Casino Royale.* Ein Erstlingswerk kann dem Spiel der literarischen Einflüsse kaum entgehen, und wer in den fünfziger Jahren die Linie des traditionellen Kriminalromans verließ, um zum Action-Krimi überzuwechseln, konnte die Arbeiten Spillanes nicht ignorieren.
Casino Royale verdankt Spillane mindestens zwei charakteristische Elemente. Erstens die Figur Vesper Lynd, ein Mädchen, das die vertrauensvolle Liebe Bonds weckt und sich am Ende als feindliche Agentin entpuppt. In einem Roman von Spillane hätte der Protagonist sie getötet, während bei Fleming die Frau schamvoll den Freitod wählt; aber Bonds Reaktion auf diese Tat trägt die Spillaneschen Merkmale der Verwandlung von Liebe in Haß, von Zärtlichkeit in Grausamkeit: »Das Luder ist tot«, meldet Bond an die Londoner Zentrale und schließt damit sein Gefühlskonto ab.
Zweitens wird Bond von der Erinnerung an einen japanischen Code-Fachmann gequält, den er im 36. Stock des RCA-Wolkenkratzers, im Rockefeller Centre, kaltblütig ermordet hat, indem er ihn von einem Fenster des 40. Stocks des gegenüberliegenden Hochhauses aufs Korn nahm. Die Analogie zu Mike Hammer ist nicht zufällig, der ständig von der Erinnerung an einen kleinen Japaner verfolgt wurde, der während des Kriegs im Dschungel getötet worden war, wenngleich hier die emotionale Beteiligung stärker ist (Bonds Mordtat, durch die Doppelnull ministeriell autorisiert, ist aseptischer und bürokratischer). Die Erinnerung an den Japaner steht am Ursprung der unleugbaren Neurose von Mike Hammer (seines Sadomasochismus und seiner vermutlichen Impotenz); die Erinnerung an seinen ersten Mord könnte am Ursprung einer Neurose von James Bond stehen, wenn er nicht, speziell im Rahmen von *Casino Royale,* eine Figur wäre, deren Probleme der Autor auf nichttherapeutischem Wege gelöst hat: indem er nämlich die Neurose aus der Welt der erzählerischen Möglichkeiten ausschloß – eine Entscheidung, die die Struktur der

künftigen elf Romane Flemings beeinflußt und die vermutlich den Grundstein zu ihrem Erfolg gelegt hat.

Nachdem er den Tod zweier Bulgaren mitangesehen hat, die versucht hatten, ihn in die Luft zu sprengen, nachdem er überdies eine kräftige Mißhandlung seiner Genitalien erlitten hat, bei der Liquidierung von Le Chiffre durch einen sowjetischen Agenten dabei war, dem er ein Mal an der Hand verdankt, und nachdem er Gefahr gelaufen ist, die geliebte Frau zu verlieren, unterhält sich Bond, während er in einem Hospitalbett die Genesung des Gerechten genießt, mit seinem französischen Kollegen Mathis und läßt ihn an seinen Skrupeln teilhaben. Kämpfen sie beide tatsächlich für die gerechte Sache? Führte nicht auch Le Chiffre, der die Streiks der französischen kommunistischen Arbeiter finanzierte, »einen wunderbaren, wirklich lebenswichtigen Kampf, vielleicht den besten und höchsten Kampf von allen«? Ist der Unterschied zwischen Gut und Böse wirklich so klar und offenkundig, wie es die Hagiographen der Spionageabwehr behaupten? An diesem Punkt ist Bond reif für die Krise, für die heilsame Einsicht in die Ambiguität der Welt, und er könnte den gleichen Weg einschlagen, den vor ihm der Protagonist von Le Carré gegangen ist. Aber genau in dem Moment, in dem er sich nach dem Aussehen des Teufels fragt und, mit dem bösen Feind sympathisierend, ihn als »fernen Bruder« anzunehmen bereit scheint, wird James Bond von Mathis aus der Gefahr gerettet:

»Wenn Sie wieder in London sind, werden Sie feststellen, daß es noch mehr Le Chiffres gibt, die versuchen, Ihnen, Ihren Freunden und Ihrem Land Böses zuzufügen. M wird Ihnen davon erzählen. Und jetzt, da Sie einen wirklich schlechten Menschen kennengelernt haben und wissen, wie das Böse konkret aussehen kann, werden Sie die Bösewichter suchen, um sie zu vernichten und gleichzeitig sich selbst und die zu schützen, die Sie lieben. Sie wissen jetzt, aus welchem Holz die Burschen sind und was sie anderen antun können. [...] Umgeben Sie sich mit menschlichen Wesen, mein lieber James. Es ist leichter, für sie zu kämpfen als für Prinzipien. Aber [...] enttäuschen Sie mich nicht: werden Sie selbst nie menschlich. Wir würden ein wunderbares Instrument verlieren!«

Mit diesen lapidaren Sätzen grenzt Fleming für die künftigen Romane die Rolle des James Bond ab. Von dem Abenteuer in *Casino Royale* verbleiben ihm die Narbe auf der Wange, das grausame

Lächeln, der Sinn für gutes Essen, zusammen mit einer Reihe von im Verlauf dieses ersten Bandes minutiös entwickelten Nebenattributen. Aber Bond – von den Worten Mathis' überzeugt – verläßt die unzuverlässigen Pfade der moralischen Meditation und der psychologischen Selbsterforschung – mit all den Risiken einer daraus möglicherweise entstehenden Neurose. Er hört auf, ein Studienobjekt für Psychiater zu sein; er bleibt allenfalls ein Objekt für Physiologen (mit Ausnahme des wiederum psychologisch aufgeladenen Sujets im letzten und untypischen Roman der Serie: *The Man with the Golden Gun*), ein wunderbares Instrument, wie es, mit Mathis, der Autor und das Publikum wollen. Fortan meditiert Bond nur noch in den seltenen Augenblicken der Langeweile über Wahrheit und Gerechtigkeit, über Leben und Tod, vorzugsweise in Flughafenbars, aber immer mit dem Alibi gelegentlicher Phantasterei, ohne sich vom Zweifel angreifen zu lassen (zumindest in den Romanen, in den Erzählungen gönnt er sich ein wenig intimistischen Luxus). Psychologisch betrachtet wäre eine solch plötzliche Wandlung auf die von Mathis erteilten konventionellen Ratschläge hin zumindest überstürzt, doch diese Wandlung wird keineswegs psychologisch begründet. Am Ende von *Casino Royale* verzichtet Fleming nämlich auf die Psychologie als narrativen Motor und entschließt sich, Charaktere und Situationen im Rahmen einer objektiven und kalkulierten Strukturstrategie zu gestalten. Ohne es zu ahnen, trifft Fleming eine vielen zeitgenössischen Disziplinen vertraute Wahl – er geht von der psychologischen Methode zur formalistischen über.

In *Casino Royale* sind bereits alle Elemente versammelt, aus denen sich ein System bauen läßt, das auf der Basis ziemlich einfacher, von festen Kombinationsregeln beherrschten Einheiten funktioniert. Dieses System, das ohne irgendwelche Abweichungen in den nachfolgenden Romanen Verwendung findet, ist die Grundlage für den Erfolg der 007-Saga, einen Erfolg, der auf einzigartige Weise sowohl durch den Konsens der Massen wie die Wertschätzung anspruchsvoller Leser verbürgt ist. Wir wollen dieses narrative System jetzt im Detail untersuchen, um die Gründe für seinen Erfolg ausfindig zu machen, und werden eine deskriptive Tabelle der Erzählstrukturen in Flemings Werk entwerfen, wobei versucht werden soll, gleichzeitig für jedes Strukturelement seine wahrscheinliche Wirkung auf die Sensibilität des Lesers abzumessen. Wir werden deshalb bemüht sein, die erzählerischen Strukturen auf drei Ebenen zu ermitteln – 1. Ebene: die Charakter- und Wertgegen-

sätze; 2. Ebene: die Spielsituationen und die als ›Partie‹ verstandene Handlung; 3. Ebene: die literarische Technik.
Die Untersuchung stützt sich auf folgende Romane, die in der Reihenfolge ihrer Veröffentlichung angeführt werden (die Zeit der Abfassung liegt wahrscheinlich jeweils ein Jahr früher): *Casino Royale* 1953, *Live and Let Die* 1954, *Moonraker* 1955, *Diamonds are Forever* 1956, *From Russia with Love* 1957, *Dr. No* 1958, *Goldfinger* 1959, *Thunderball* 1961, *On Her Majesty's Secret Service* 1963, *You Only Live Twice* 1964. Wir beziehen auch die Erzählungen *For Your Eyes Only* (1960) und *The Man with the Golden Gun,* die 1965 herauskam, ein. Dagegen lassen wir *The Spy Who Loved Me,* das gänzlich atypisch erscheint, außer Betracht.

Die Charakter- und Wertgegensätze

Flemings Romane scheinen auf einer Reihe fester Gegensatzpaare aufgebaut zu sein, die eine begrenzte Anzahl von Veränderungen und Verzahnungen zulassen. Diese Gegensatzpaare sind Konstante, um die untergeordnete Gegensatzpaare kreisen, die von Roman zu Roman wechseln und deren Varianten darstellen. Wir haben vierzehn Kontrastpaare festgestellt, von denen vier nach verschiedenen Kombinationsmöglichkeiten vier Charaktere miteinander konfrontieren, während die anderen Wertgegensätze sind, die auf verschiedene Weise durch die vier Grundcharaktere repräsentiert werden. Die vierzehn Kontrastpaare sind:
a) Bond – M
b) Bond – Bösewicht
c) Bösewicht – Frau
d) Frau – Bond
e) Freie Welt – Sowjetunion
f) Großbritannien – nichtangelsächsische Länder
g) Pflicht – Opfer
h) Gier – Ideal
i) Liebe – Tod
k) Improvisation – Planung
l) Aufwand – Entbehrung
m) Außergewöhnlichkeit – Maß
n) Perversion – Reinheit
o) Loyalität – Illoyalität

Diese Gegensätze sind keine »ungenauen«, sondern »einfache«, und das heißt unmittelbare und allgemeine Elemente, und wenn man sich die Tragweite jedes Kontrastpaares vergegenwärtigt, stellt man fest, daß die zugelassenen Varianten eine ziemlich breite Skala umfassen und die narrativen Erfindungen Flemings erschöpfen.

Die Beziehung zwischen Bond und M ist die gleiche wie zwischen dem Beherrschten und dem Beherrschenden, die von Anfang an Grenzen und Möglichkeiten der Figur Bond festlegt und die Geschichten in Gang bringt. Über die psychologische oder psychoanalytische Interpretation dieser Beziehung, über Bonds Haltung gegenüber M, ist bereits andernorts gehandelt worden.[1] Fest steht, auch wenn man auf der Ebene der rein erzählerischen Funktionen bleibt, daß M als Träger einer absoluten Information vor Bond steht. Daher rührt seine Überlegenheit über den Protagonisten, der von ihm abhängt und der seine verschiedenen Aufgaben unter Bedingungen der Inferiorität gegenüber der Allwissenheit des Chefs in Angriff nimmt. Nicht selten schickt der Chef Bond in Abenteuer, deren Ausgang er zu Beginn schon vorausgesehen hat; Bond handelt also als das Opfer eines, wiewohl freundlichen, Betrugs; er kann nicht damit rechnen, daß die Entwicklung der Ereignisse jemals die ruhige Voraussicht M's übertreffen wird. Die Bevormundung Bonds – der von M autoritär ärztlichen Visiten, Kuraufenthalten *(Thunderball),* Waffentausch *(Dr. No)* unterworfen wird – macht die Autorität des Chefs noch unanfechtbarer und majestätischer. Auf zwanglose Weise summieren sich in M also weitere Werte: die Religion der Pflicht, das Vaterland (oder England) und die Methode (die als Element der Planung der für Bond typischen Tendenz, sich der Improvisation zu überlassen, gegenübersteht). Ist Bond der Held und besitzt er deshalb außergewöhnliche Eigenschaften, so stellt M das Maß dar, das als nationaler Wert verstanden wird. In Wirklichkeit jedoch ist Bond nicht so außergewöhnlich, wie eine übereilte Lektüre der Bücher (oder die spektakuläre Interpretation, die die Filme von den Büchern geben) glauben machen kann. Fleming selbst bestätigt, ihn als eine »ganz gewöhnliche Figur« konzipiert zu haben, und der Gegensatz zu M ist es, der die reale Statur von 007 hervortreten läßt, der mit vorteilhaftem Aussehen, Mut und schneller Auffassungsgabe ausgestattet ist, ohne allerdings weder diese noch andere Qualitäten in sonderlich hohem Grade zu besitzen. Es sind vielmehr eine gewisse moralische Kraft und eine hartnäckige Treue zur Aufgabe – zum Befehl von M, der immer als Leitbild präsent ist –, die es ihm ermöglichen, unmenschliche Prüfungen zu überstehen, ohne über übermenschliche Fähigkeiten zu verfügen.

Die Beziehung Bond – M setzt zweifellos eine affektive Ambivalenz voraus, eine gegenseitige Haßliebe, die zu erklären es keiner psychologischen Kategorien bedarf. Zu Beginn der Erzählung *The Man with the Golden Gun* versucht Bond, der aus einer langen Amnesie erwacht, in die ihn die Sowjets hatten versinken lassen, eine Art rituellen Vatermords, indem er mit einer Blausäure-Pistole auf M schießt. Die Geste löst eine Reihe narrativer Spannungen, die sich jedesmal ergeben hatten, wenn M und Bond sich gegenübergestellt fanden.

Von M auf den Weg der Pflichterfüllung um jeden Preis gelenkt, gerät Bond in Gegensatz zum Bösewicht. Der Gegensatz bringt Werte ins Spiel, von denen einige nur Varianten des Charaktergegensatzes sind. Gemessen an dem Bösewicht, der abscheulich und sexuell untauglich erscheint, steht Bond für Schönheit und Virilität. Die Monstrosität des Bösen kehrt konstant wieder; um sie zu bestimmen, ist es nötig, hier einen methodischen Begriff einzuführen, der auch für die Untersuchung anderer Kontrastpaare gilt. Unter den Varianten müssen wir zudem »Mittlerfiguren« berücksichtigen. Das heißt, es gibt Hintergrundfiguren, deren Rolle sich nur erklären läßt, wenn man sie als Varianten eines der Hauptcharaktere erkennt, von dem sie sozusagen einige Charaktermerkmale »tragen«. Die Mittlerfiguren treten gewöhnlich für die Frau und für den Bösewicht in Funktion, in abgeschwächter Form auch für M, wenn man als »Mittler« M's einige gelegentliche Mitarbeiter Bonds, wie zum Beispiel Mathis aus *Casino Royale,* ansieht, die Träger von Werten sind, die M auszeichnen (Appell an das Pflichtbewußtsein oder an die Methode).

Was die Erscheinungsformen des Bösewichts angeht, so wollen wir sie der Reihe nach anführen: Le Chiffre in *Casino Royale* ist bleich, glattrasiert, trägt das rote Haar im Bürstenschnitt, sein Mund sieht aus wie der einer Frau, er hat teuer anmutende falsche Zähne, kleine Ohren mit breiten Ohrläppchen, behaarte Hände, lacht nie. Mister Big in *Live,* ein Neger aus Haiti, hat einen Kopf, der einem Fußball gleicht, zweimal so groß wie ein normaler Kopf und kugelrund: »die Haut war grauschwarz, das Gesicht glänzend und aufgedunsen wie das einer Leiche, die eine Woche lang im Wasser gelegen hat. Er war kahl bis auf zwei Büschel grauen Haars über den Ohren. Er hatte weder Wimpern noch Augenbrauen, und die

Augen standen außergewöhnlich weit auseinander, so daß man immer nur eins, nie beide gleichzeitig sehen konnte. [...] Es waren die Augen eines Tiers, die keinen menschlichen Ausdruck hatten; sie schienen Flammen zu sprühen.« Sein Zahnfleisch wirkt anämisch blaß.

In *Diamonds* spaltet sich der Bösewicht in drei Mittlerfiguren auf. Da sind vor allem Jack und Seraffimo Spang, von denen der erste bucklig ist und rote Haare hat (»Bond [...] erinnerte sich nicht, je einen Buckligen mit roten Haaren gesehen zu haben«); seine Augen wirken, als seien sie von einem Tierausstopfer ausgeliehen worden, die Ohren haben überdimensionale Ohrläppchen, die Lippen sind rot und trocken, und er hat fast keinen Hals. Seraffimo hat ein elfenbeinfarbenes Gesicht, schwarze gerunzelte Brauen, struppiges Borstenhaar, »grausame und vorstehende« Kinnbacken; fügt man hinzu, daß Seraffimo die Tage in einer Wildwest-Geisterstadt zuzubringen pflegt, mit einer mit Silberlitzen besetzten schwarzen Lederhose bekleidet ist, silberne Sporen, Pistolen mit Elfenbeingriff und einen schwarzen Munitionsgürtel trägt, und daß er ein Eisenbahnmodell von 1870 fährt, das im viktorianischen Stil in Technicolor ausgestattet ist, so ist das Bild komplett. Die dritte Mittlerfigur ist jener Herr Winter, der mit einem Lederschildchen auf Reisen geht, das die Inschrift »Ich habe Blutgruppe F« trägt, und der in Wirklichkeit ein Killer im Dienste der Spang ist. Er ist ein dicker, verschwitzter Kerl mit einer Warze auf der Hand, einem welken Gesicht und Glotzaugen.

Hugo Drax aus *Moonraker* ist ein Meter achtzig groß und hat »außergewöhnlich breite« Schultern; sein Kopf ist dick und quadratisch, die Haare rot, die rechte Gesichtshälfte ist wegen einer schlecht gelungenen Plastik glänzend und runzelig, das rechte Auge größer als das linke und infolge einer Kontraktion der Augenlidhaut »schmerzlich gerötet«; er hat einen dichten rötlichen Schnurrbart, der Backenbart reicht bis zu den Ohrläppchen, ein paar Büschel hängen über dem Jochbein; der Schnurrbart verdeckt übrigens, wenn auch nur zu Teilen, den vorspringenden Kiefer und die nach außen stehenden Schneidezähne. Seine Handrücken sind mit rötlichen Haaren bedeckt. Insgesamt macht die Figur den Eindruck eines Zirkusdirektors.

In *From Russia* läßt der Bösewicht drei Mittlerfiguren auftreten: Red Grant, den professionellen Mörder im Solde der Smersch, der kurze, sandfarbene Wimpern hat, wasserblaue und verhangene Augen, einen kleinen grausamen Mund und unzählige Sommersprossen auf der milchweißen, groß- und tiefporigen Haut; den Oberst Grubozaboischikow, Chef der Smersch, der ein schmales, spitzes Gesicht hat, runde Augen wie zwei glänzende Kugeln, unter denen schwere, schlaffe Augensäcke hängen, einen breiten und bösen Mund und einen kurzgeschorenen Schädel; und schließlich Rosa Klebb, mit feuchten und bleichen nikotinfleckigen Lippen, einer rauhen, flachen und gefühllosen Stimme, ein Meter sechzig groß, ohne Kurven, mit gedrungenen Armen, kurzem Hals, kräftigen Fesseln, grauen Haaren, die zu einem dünnen und »obszönen« Knoten geflochten sind, »glänzenden Augen von der Farbe verblichener Kastanien«, vielen Sommersprossen, einer weißgepuderten spitzen Nase mit breiten Nüstern, einer feuchten »Mundhöhle, die sich weit öffnete und schloß, als würde sie unter der Haut von einem System von Drähten bewegt« – in der Gesamterscheinung ein sexuelles Neutrum. In *From Russia* findet sich übrigens noch eine Variante, die nur in wenigen anderen Romanen auftaucht: ein stark charakterisiertes Wesen betritt die Szene, das viele moralische Eigenschaften des Bösen hat, die es jedoch zu einem guten Zweck gebraucht, jedenfalls kämpft es auf Bonds Seite. Es kann eine gewisse Perversion verkörpern, und gewiß ist es Träger von Außergewöhnlichkeit, jedenfalls steht es auf der Seite der Loyalität. In *From Russia* ist es Darko Kerim, der türkische Agent. Analogien zu ihm sind der Chef der japanischen Spionage, Tiger Tanaka, in *You Only Live Twice,* Draco in *On Her Majesty's Secret Service,* Enrico Colombo in *Risico* (einer Erzählung aus *For Your Eyes Only*) und – zum Teil – Quarrel in *Dr. No.* Diese Figuren sind gleichzeitig ›Stellvertreter‹ sowohl des Bösewichts wie auch M's, wir nennen sie daher ambivalente Mittler. Mit ihnen befindet sich Bond in einer Art wettkämpferischen Bündnisses; er liebt und fürchtet sie zugleich, benutzt und bewundert sie, beherrscht sie und wird von ihnen beherrscht.

In *Dr. No* ist der Bösewicht außer durch seine überdimensionale Größe dadurch charakterisiert, daß er keine Hände hat; sie sind durch zwei Metallzangen ersetzt. Der glattgeschorene Kopf sieht aus wie ein umgekehrter Wassertropfen, die Haut ist durchscheinend, ohne Falten, die Wangen haben die Farbe alten Elfenbeins, die Augenbrauen wirken wie geschminkt, die Augen haben keine Wimpern, sie sehen aus wie »zwei kleine schwarze Münder«, die Nase ist dünn und endet dicht über dem Mund, der Grausamkeit und Entschiedenheit verrät.

Die gleichnamige Figur in *Goldfinger* ist geradezu ein Scheusal, wie es im Buche steht; was sie charakterisiert, ist der absolute Mangel an Proportionen: »Er war von kleiner Statur, höchstens einssechzig. Auf dem dicken Rumpf mit den plumpen, bäurischen Beinen saß nahezu halslos ein übergroßer, kugelrunder Kopf. Als hätten die einzelnen Körperpartien früher verschiedenen Männern gehört, so wenig fügte sich eine zur andern.« Kurz, er ist »ein häßlicher Zwerg mit roten Haaren und einem wunderlichen Gesicht«. Sein Mittler ist der Koreaner Oddjob – mit spatelförmigen Fingern, deren Spitzen glänzen, als wären es Knochen –, der ein hölzernes Treppengeländer mit einem Karateschlag zerbrechen kann.

In *Thunderball* taucht zum erstenmal Ernst Stavro Blofeld auf, der uns in *On Her Majesty's Secret Service* und *You Only Live Twice* wiederbegegnet, wo er endlich stirbt. Als seine Mittlerfiguren, die seinen Tod vorwegnehmen, haben wir in *Thunderball* den Grafen Lippe und Emilio Largo; beide sind schön und stattlich, wenn auch vulgär und grausam; ihre Abscheulichkeit ist eine innerliche. In *On Her Majesty's Secret Service* erscheint Irma Bunt, die verdammte Seele Blofelds, eine leicht abweichende Reinkarnation von Rosa Klebb, dazu eine Reihe Aushilfs-Schufte, die auf tragische Weise umkommen – einer wird von einer Lawine erfaßt, ein anderer von einem Zug. Im dritten Buch wird die Primärrolle vom schon in *Thunderball* beschriebenen Monstrum Blofeld wieder aufgenommen und zu Ende geführt: zwei Augen, die tiefen Teichen gleichen, umgeben, »wie die Augen Mussolinis«, von zwei Skleren von sehr klarem Weiß, von einer Symmetrie, die einen an Puppenaugen denken läßt, auch wegen der schwarzen, seidigen Frauenwimpern; zwei reine Augen in einem kindlich wirkenden Gesicht, das durch einen feuchten roten Mund (»wie eine schlecht vernarbte Wunde«) unter einer schweren Nase unterstrichen wird. Der Gesamteindruck ist der der Verstellung, Tyrannei und Grausamkeit »auf shakespeareschem Niveau«; er wiegt 120 Kilo. Wie in *On Her Majesty's Secret Service* hervorgehoben wird, hat Blofeld keine Ohrläppchen; die Haare haben Bürstenschnitt. Diese merkwürdige physiognomische Einheitlichkeit aller Bösewichte vom Dienst verleiht der Beziehung Bond – Bösewicht eine gewisse Konsistenz, besonders wenn man sich vor Augen hält, daß der Bösewicht zusätzlich durch rassische und biographische Merkmale gekennzeichnet ist.

Der Bösewicht stammt aus einem ethnischen Raum, der von Mitteleuropa bis zu den slawischen Ländern und zum Mittelmeerbecken reicht; gewöhnlich ist er ein Mischling und von niederer und undurchsichtiger Herkunft; er ist asexuell oder homosexuell, jedenfalls sexuell nicht »normal«. Mit außergewöhnlichen erfinderischen und organisatorischen Fähigkeiten begabt, hat er starke eigene Initiative entfaltet, die ihm erlaubt, erheblichen Reichtum zu häufen, und dank derer er für Rußland tätig ist. Zu diesem Zweck entwickelt er einen Plan von utopischen Dimensionen, der in den kleinsten Details durchgearbeitet ist und England oder die Freie Welt in ernste Schwierigkeiten bringen soll. In der Figur des Bösewichts summieren sich tatsächlich die negativen Werte, die wir in einigen Gegensatzpaaren identifiziert haben, insbesondere die Pole *Sowjetunion* und *nichtangelsächsische Länder* (die rassistische Verdammung trifft insbesondere die Juden, die Deutschen, die Slawen und die Italiener, die stets als mischblütig angesehen werden), zur Paranoia gesteigerte *Gier, Planung* als technologisierte Methodik, prunkender *Aufwand,* körperliche und psychische *Außergewöhnlichkeit,* körperliche und moralische *Perversion,* radikale *Illoyalität.*

Le Chiffre, der die Subventionierung der Aufruhrbewegung in Frankreich organisiert, entstammt einer »Mischung mediterraner Rassen mit preußischen und polnischen Vorfahren« und hat jüdisches Blut, wie an den »kleinen Ohren mit fleischigen Ohrläppchen zu erkennen« ist. Wenngleich er kein Falschspieler ist, verrät er seine Auftraggeber, um das beim Spiel verlorene Geld mit kriminellen Mitteln wiederzuerlangen; er ist Masochist (zumindest behauptet das seine Akte beim Secret Service), heterosexuell, hat einen Ring von Bordellen aufgezogen, seinen Besitz aber für einen aufwendigen Lebensstandard verschleudert.

Mister Big ist Neger, unterhält mit Solitaire ein zwielichtiges Ausbeutungsverhältnis (ihre Gunst hat er nie genossen), hilft den Sowjets mittels einer mächtigen kriminellen Vereinigung, die auf dem Voodoo-Kult basiert, sucht und vertreibt in den Vereinigten Staaten verborgene Schätze aus dem 17. Jahrhundert, kontrolliert verschiedene Rackets und geht darauf aus, die amerikanische Wirtschaft durch Einschleusung großer Mengen seltener Münzen in den Schwarzmarkt zu ruinieren.

Hugo Drax' Nationalität ist diffus – er ist Wahlengländer, in Wirklichkeit aber Deutscher; er hat die Kontrolle über das Kolumbit, ein zum Bau von Reaktoren notwendiges Material, und macht der britischen Krone eine riesige Rakete zum Geschenk; insgeheim plant er, die Rakete, die mit einem Atomsprengkopf versehen ist, auf London niedergehen zu lassen und selber nach Rußland zu fliehen (Gleichung *Kommunismus = Nazismus*); er frequentiert elitäre Clubs, spielt mit Leidenschaft Bridge, findet indes Geschmack nur am Falschspiel; seine Hysterie läßt keine nennenswerte sexuelle Aktivität vermuten.

Die oberen Chargen der Mittlerfiguren in *From Russia* sind Sowjets, die offenkundig aus der Arbeit für die kommunistische Sache ihren Wohlstand und ihre Macht ziehen. Rosa Klebb, erotisch uninteressiert, »mochte physischen Genuß am Akt haben, aber das Instrument spielte für sie dabei keine Rolle«; Red Grant ist eine Werwolf-Natur und tötet aus Leidenschaft; er lebt prächtig auf Kosten der sowjetischen Regierung in einer Villa mit Schwimmbad. Das utopische Element besteht in dem Plan, Bond in eine doppelte Falle zu locken, indem man sich einer Frau und einer Code-Chiffriermaschine als Köder bedient, mittels deren man ihn töten und der englischen Gegenspionage eine Schlappe beibringen will.

Doktor No ist ein chinesisch-deutsches Mischblut. Er arbeitet für Rußland, zeigt keine bestimmten sexuellen Neigungen (als er Honeychile in seiner Gewalt hat, will er sie den Krebsen von Crab Key zum Fraße vorwerfen), lebt von einer blühenden Guano-Industrie und schafft es, die ferngesteuerten Raketen der Amerikaner von ihrem Kurs abzubringen. In der Vergangenheit hat er sich ein Vermögen erworben, indem er die kriminellen Organisationen bestahl, deren Kassenwart er war. Er lebt auf seiner Insel in einem Palast von märchenhaftem Prunk, in einer Art künstlichen Aquariums.

Goldfinger ist wahrscheinlich baltischen Ursprungs, hat aber auch jüdisches Blut. Er lebt glänzend vom Handel und Schmuggel mit Gold, mit dem er kommunistische Bewegungen in Europa finanziert; er plant den Raub des Goldes von Fort Knox (nicht seine Verseuchung durch Radioaktivität, wie es uns der Film vorlügt) und entwendet, um die letzten Barrieren zu sprengen, der Nato eine taktische Atomwaffe. Er versucht, das Wasser von Fort Knox mit chemischen Mitteln zu vergiften. Er unterhält keine sexuellen Beziehungen zu dem jungen Mädchen, das er tyrannisiert, begnügt sich vielmehr damit, es mit Gold zu überhäufen. Er mogelt beim Spiel aus innerer Berufung und unter Einsatz kostspieliger Apparate wie Fernglas und Funkgerät; er mogelt, um Geld zu gewinnen, obschon er fabelhaft reich ist und stets mit einer beträchtlichen Goldreserve im Gepäck reist.

Blofeld hat einen polnischen Vater und eine griechische Mutter. Er nutzt seine Stellung als Angestellter beim Telegrafenamt dazu aus, in Polen einen ansehnlichen Handel mit geheimen Informationen anzufangen, wird Chef der größten unabhängigen Organisation für Spionage, Erpressung, Raub, Nötigung. Mit Blofeld erlischt übrigens Rußlands Rolle als Dauerfeind – wegen der inzwischen eingetretenen internationalen Entspannung –; sie wird fortan von der Organisation der Spectre übernommen. Spectre besitzt alle Merkmale der Smersch, einschließlich der Rekrutierung slawisch-lateinisch-deutscher Hilfskräfte, der Folterung und Liquidierung von Verrätern, der geschworenen Feindschaft zu den Mächten der Freien Welt. Die utopischen Pläne Blofelds bestehen in *Thunderball* darin, der Nato zwei Atombomben zu entwenden und dann England und Amerika zu erpressen; in *On Her Majesty's Secret Service* behandelt er in einer Gebirgsklinik Allergien bei Mädchen vom Lande, mit dem Ziel, sie zu bewegen, tödliche Viren auszustreuen, die den Viehbestand des Vereinigten Königreichs dezimieren sollen; und in *You Only*, der letzten Etappe von Blofelds Karriere, der inzwischen einem wahren Blutrausch verfallen ist, reduzieren sich – im engeren politischen Sinne – seine Pläne auf die Einrichtung eines phantastischen Selbstmordgartens, der, entlang den Küsten Japans, Legionen von Enkeln der Kamikaze anzieht, die begierig sind, sich durch exotische, hochgezüchtete tödliche Pflanzen vergiften zu lassen, was der demokratischen japanischen Bevölkerung schweren Schaden zufügt. Blofelds Neigung zu prunkvollem Aufwand manifestiert sich schon in seinem Lebensstil im Gebirge, auf dem Piz Gloria, aber ganz besonders auf der Insel Kiuschu, wo er wie ein mittelalterlicher Tyrann lebt und, in eine Eisenrüstung gehüllt, sich in seinem *hortus deliciarum* ergeht. Früher hatte sich Blofeld als ehrbegierig erwiesen (er strebte danach, als Comte de Bleuville anerkannt zu werden); er ist ein Meister der Planung, ein Genie der Organisation, so illoyal wie nur möglich, sexuell untauglich – er ist mit Irma Bunt verheiratet, die ebenfalls ein asexuelles und zudem abstoßendes Wesen ist; mit den Worten von Tiger Tanaka: Blofeld ist »ein Dämon, der menschliche Gestalt angenommen hat«.

Einzig die Bösewichte in *Diamonds* sind nicht im Einverständnis mit Rußland. In einem gewissen Sinn erscheint die Gangster-Internationale der Spangs wie eine Präfiguration der Spectre. Im übrigen besitzen Jack und Seraffimo durchaus die kanonischen Merkmale.

Den typischen Eigenschaften des Bösewichts stehen Bonds Qualitäten gegenüber, insbesondere seine *Loyalität* zum Service, das angelsächsische *Maß* der Maßlosigkeit des Mischbluts, die Wahl der *Entbehrung* und die Annahme des *Opfers* der ostentativen Prunksucht des Gegners, der Geniestreich *(Improvisation)* der kaltschnäuzigen Planung, der Sinn für das *Ideal* der Gier (Bond besiegt in verschiedenen Fällen den Bösewicht beim Spiel, gewöhnlich freilich läßt er die gewonnene enorme Summe entweder dem Service oder dem Mädchen vom Dienst zufließen, wie bei Jill Masterson; aber auch wenn er das Geld behält, macht er nie einen primär persönlichen Gebrauch davon). Übrigens wirken einige zentrale Gegensätze nicht nur in der Beziehung Bond – Bösewicht, sondern auch in Bonds Verhalten selber. So ist Bond normalerweise loyal, aber er verschmäht es nicht, den Gegner mittels unfairer Tricks zu schlagen; er betrügt den Betrüger und erpreßt ihn (vgl. *Moonraker* oder *Goldfinger*). Auch Außergewöhnlichkeit und Maß, Improvisation und Planung stehen sich in den Handlungen und Entscheidungen Bonds selbst gegenüber, in einer dialektischen Spannung zwischen Befolgung der Methode und improvisierten Entschlüssen, und gerade diese Dialektik gibt der Figur ihren Reiz, die eben deshalb triumphiert, weil sie nicht absolut perfekt ist (wie es dagegen M und der Bösewicht wären). Pflicht und Opfer erscheinen als Elemente eines inneren Kampfes jedesmal, wenn Bond unter Lebensgefahr den Plan des Bösewichts vereiteln soll, und in diesen Fällen gewinnt das patriotische Ideal (Großbritannien oder die Freie Welt) die Oberhand. Es spielt auch der rassistische Anspruch mit, die Überlegenheit des »britischen Menschen« unter Beweis zu stellen. In Bond stehen sich auch Luxus (Geschmack am guten Essen, gepflegte Kleidung, Interesse an luxuriöser Hotelunterkunft, Vorliebe für Spielsäle, Erfindung von Cocktails, etc.) und Entbehrung gegenüber (Bond ist immer bereit, auf den Luxus zu verzichten – auch wenn er in Gestalt einer sich anbietenden Frau erscheint –, um einer neuen Situation der Entbehrung entgegenzutreten, deren Klimax die Folter ist).

Wir haben uns so lange bei dem Gegensatzpaar Bond – Bösewicht aufgehalten, weil sich in ihm tatsächlich alle Oppositionen summieren, einschließlich des Spiels zwischen Liebe und Tod, das in der ursprünglichen Form eines Gegensatzes zwischen Eros und Thanatos, dem Lustprinzip und dem Realitätsprinzip, sich im Augenblick der Folter manifestiert (in *Casino Royale* explizit erläutert als eine Art von erotischer Beziehung zwischen Folterer und Gefoltertem).

Dieser Gegensatz vollendet sich in dem Verhältnis des Bösewichts zur Frau. Vesper wird von den Sowjets und daher von Le Chiffre tyrannisiert und erpreßt; Solitaire ist vom Big Man abhängig; Tiffany Case wird von den Spangs beherrscht; Tatjana ist Rosa Klebb und somit der sowjetischen Regierung untertan; Jill und Tilly Masterson werden, auf verschiedene Weise, von Goldfinger ausgenutzt, und Pussy Galore arbeitet in seinem Dienst; Domino Vitali muß sich, durch die körperliche Beziehung zu der Mittlerfigur Emilio Largo, den Launen Blofelds anpassen; die englischen Mädchen, die auf dem Piz Gloria zu Gast sind, stehen unter der hypnotischen Kontrolle Blofelds und der sittenstrengen Aufsicht der Mittlerin Irma Bunt; dagegen unterhält Honeychile nur eine symbolische Beziehung zur Macht des Dr. No, indem sie sich, rein und unerfahren, an den Ufern seiner verdammten Insel herumtreibt, bis dieser zum Schluß ihren nackten Körper den Krebsen vorwirft (Honeychile ist früher vom Bösewicht gedemütigt worden durch das Mittlerwerk des brutalen Mander, der sie vergewaltigt hatte, worauf sie ihn an einem Skorpionbiß sterben ließ und damit die Rache an No, der zu den Krebsen greift, vorwegnahm); und schließlich Kissy Suzuki, die auf ihrer Insel im Schatten des unheilvollen Schlosses von Blofeld lebt, dessen Herrschaft sie, gleich der gesamten Bevölkerung des Ortes, allegorisch erleidet. Zeitweilig wird Gala Brand, die Geheimagentin ist, die Sekretärin von Hugo Drax und tritt zu ihm in ein Verhältnis der Unterwerfung. Im größten Teil der Fälle wird diese Beziehung durch die Folter vervollständigt, die die Frau gemeinsam mit Bond erduldet. Hier wirkt der Gegensatz Liebe – Tod auch im Sinne einer intimeren erotischen Verbindung zweier Menschen, die gemeinsam eine schwere Prüfung erleben.

Dem Bösewicht unterworfen, ist die Frau bei Fleming indessen schon vorher für die Unterwerfung gefügig gemacht worden, da das Leben selbst die Mittlerrolle des Bösewichts übernommen hat. Das allen weiblichen Figuren gemeinsame Schema ist: 1. Die Frau ist gut und schön; 2. durch harte Prüfungen in der Jugend ist sie frigide und unglücklich geworden; 3. dies hat sie für das Dienstverhältnis zu dem Bösewicht tauglich gemacht; 4. in der Begegnung mit Bond realisiert sie ihre menschlichen Möglichkeiten; 5. Bond besitzt sie, verliert sie aber wieder.

Dieses Schema ist Vesper, Solitaire, Tiffany, Tatjana, Honeychile, Domino gemein; indirekt gilt es auch für Gala, und es ist gleichsam verteilt auf die drei weiblichen Mittlerfiguren Goldfingers (Jill,

Tilly und Pussy – die beiden ersteren haben eine demütigende Jugend hinter sich, die dritte ist von ihrem Onkel vergewaltigt worden; Bond besitzt die erste und die dritte, die zweite wird vom Bösewicht getötet, die erste durch Goldstaub gefoltert; die zweite und die dritte sind lesbisch, und Bond befreit nur die dritte; und so fort); unübersichtlicher und ungewisser verhält es sich bei der Mädchengruppe auf dem Piz Gloria – jedes von ihnen hat eine glücklose Vergangenheit, aber Bond besitzt nur eines von ihnen (parallel dazu heiratet er Tracy, die durch eine Reihe untergeordneter Mittlerfiguren in Unglück und Pein gestürzt worden war, die überdies von dem Vater Draco beherrscht wird, einem ambivalenten Mittler, und die schließlich durch Blofeld getötet wird, der in diesem Augenblick seine Herrschaft über sie krönt und durch den Tod die Liebesbeziehung beendet, die sie mit Bond unterhielt). Kissy Suzuki ist durch eine Hollywooderfahrung unglücklich geworden, die sie dem Leben und den Männern gegenüber skeptisch gestimmt hat.

Jedenfalls verliert Bond jede dieser Frauen, sei es aus eigenem, sei es aus fremdem Entschluß (in Galas Fall ist es die Frau, die, wenn auch widerwillig, einen anderen heiratet), entweder am Ende des Romans oder zu Beginn des nächsten (wie im Falle Tiffany Case). So kehrt die Frau in dem Augenblick, in dem sie die Polarität mit dem Bösewicht aufgibt, um mit Bond in eine Beziehung Läuterer – Geläuterte, Erlöser – Erlöste zu treten, unter die Herrschaft des Negativen zurück. In ihr hat ein langer Kampf zwischen Perversion und Reinheit stattgefunden (der ihr manchmal auch von außen aufgenötigt wird wie in der Beziehung Rosa Klebb – Tatjana), der sie in die Nähe der verfolgten Unschuld Richardsonschen Angedenkens rückt, sie zur Trägerin der Reinheit trotz und ungeachtet des Schmutzes macht – eine exemplarische Gestalt für eine Geschichte über Umarmung und Folter, könnte sie als die Löserin des Gegensatzes zwischen auserwählter Rasse und nichtangelsächsischem Mischblut erscheinen, da sie häufig aus einer inferioren ethnischen Zone stammt. Da aber die erotische Beziehung immer mit einem realen oder symbolischen Tod endet, findet Bond, nolens volens, stets zur Reinheit des ledigen Angelsachsen zurück. Die Rasse bleibt unbefleckt.

Die Spielsituationen und die als »Partie« verstandene Handlung

Die verschiedenen Gegensatzpaare (von denen wir nur ein paar Variationsmöglichkeiten betrachtet haben) erscheinen wie die Elemente einer *Ars combinatoria* mit ziemlich elementaren Spielregeln. Es ist klar, daß in der Begegnung beider Pole jedes Gegensatzes im Verlaufe des Romans Alternativlösungen geboten werden – der Leser weiß nicht, in welchem Augenblick der Handlung der Bösewicht Bond schlägt oder Bond den Bösewicht, und so fort. Die Information entsteht aus der Auswahl. Aber bis zum Schluß des Buchs muß sich die Algebra nach einem *vorgegebenen Kode* aufgelöst haben, wie beim chinesischen Moraspiel, das 007 und Tanaka zu Beginn von *You Only* spielen: Hand schlägt Faust, Faust schlägt zwei Finger, zwei Finger schlagen Hand. M schlägt Bond, Bond schlägt Bösewicht, Bösewicht schlägt Frau, auch wenn vorher Bond Frau schlägt, Freie Welt schlägt Sowjetunion, England schlägt die »unreinen« Länder, Tod schlägt Liebe, Maß schlägt Außergewöhnlichkeit, und so fort.

Diese Darstellung der Handlung in einer Terminologie des Spiels beruht nicht auf Zufall. Flemings Bücher sind von einigen Schlüsselsituationen bestimmt, die wir »Spielsituationen« nennen werden. Es gibt dort vor allem ein paar archetypische Situationen wie die Reise oder die Mahlzeit. Die Reise kann im Auto stattfinden (und hier kommt eine reiche Symbolik des für unser Jahrhundert typischen Automobils hinzu), im Zug (ebenfalls ein Archetyp, diesmal aus dem 19. Jahrhundert), im Flugzeug oder per Schiff. Aber es zeigt sich, daß eine Mahlzeit, eine Verfolgungsjagd im Auto oder eine wilde Hatz im Eisenbahnzug stets in der Form eines Zweikampfs, einer Partie, inszeniert werden. Bond stellt die Speisen zusammen, wie man die Stücke eines Puzzles zusammensetzt; er bereitet sich mit der gleichen skrupulösen Methodik auf die Mahlzeit vor, mit der er sich für eine Partie Bridge rüstet (vgl. die Konvergenz der beiden Elemente in einer Mittel-Zweck-Beziehung in *Moonraker*), und betrachtet die Mahlzeit als einen Spielfaktor. Genauso sind Zug und Auto Elemente eines mit dem Gegner eingegangenen Wettspiels – bevor die Reise beendet ist, hat einer der beiden seine Trümpfe ausgespielt und Schach matt geboten.

Es ist überflüssig, an den Vorgang zu erinnern, den die Spielsituationen im wahren Wortsinn, die konventionellen Glücksspiele, in jedem Buch von Fleming haben. Bond spielt immer, siegreich, mit dem Bösewicht oder einer seiner Mittlerfiguren. Die Präzision, mit der solche Partien beschrieben sind, wird Gegenstand weiterer Überlegungen in dem Kapitel sein, das wir der literarischen Technik widmen; hier sei hervorgehoben, daß, wenn diese Partien einen so breiten Raum beanspruchen, der Grund der ist, daß sie als reduzierte und formalisierte Modelle jener allgemeineren Spielsituation figurieren, die der gesamte Roman ist. Nachdem einmal die Kombinationsregeln der Gegensatzpaare gegeben sind, stellt sich der Roman als eine Folge von – dem Kode gehorchenden – »Zügen« dar, und er setzt sich nach einem perfekt gefeilten Schema zusammen.

Das gleichbleibende Schema ist das folgende:

A. M erteilt Bond Auftrag
B. Bösewicht erscheint vor Bond (eventuell vertreten durch eine Mittlerfigur)
C. Bond erteilt Bösewicht erste Lektion – beziehungsweise Bösewicht erteilt Bond erste Lektion
D. Frau präsentiert sich Bond
E. Bond besitzt Frau oder beginnt sie zu verführen
F. Bösewicht nimmt Bond gefangen (mit oder ohne Frau, und in verschiedenen Augenblicken)
G. Bösewicht foltert Bond (mit oder ohne Frau)
H. Bond schlägt Bösewicht (tötet ihn oder seinen Mittler oder ist Zeuge seines Todes)
I. Bond erholt sich und spricht mit der Frau, die er dann verliert.

Das Schema ist insofern gleichbleibend, als alle seine Elemente in jedem Roman auftreten (so daß man behaupten könnte, die fundamentale Spielregel laute so: »Bond zieht aus und schlägt in acht Zügen«, aber wegen der Ambivalenz Liebe – Tod müßte es in gewissem Sinne heißen: »Bösewicht reagiert und schlägt in acht Zügen«). Es ist nicht gesagt, daß die Züge immer in der gleichen Reihenfolge stattfinden müssen. Ein präzises Schema der hier untersuchten Romane würde ergeben, daß einige in der Reihenfolge A-B-C-D-E-F-G-H-I gebaut sind (z.B. *Dr. No*), doch häufig kommt es zu Inversionen und Verzahnungen verschiedener Art. Zuweilen begegnet Bond dem Bösewicht zu Beginn des Romans und erteilt ihm eine erste Lektion, und erst nachher erhält er den Auftrag von M. Das ist der Fall bei *Goldfinger*, der das Schema B-C-D-E-A-C-D-F-G-D-H-E-H-I zeigt, in dem man Wiederholungen gleicher Züge feststellen kann, z.B. zwei Begegnungen mit dem Bösewicht und zwei Spielpartien mit ihm, zwei Verführungen und drei Begegnungen mit Frauen, eine erste Flucht des Bösewichts, dann seine Niederlage und schließlich sein Tod etc. In *From Russia* vervielfacht sich die Gesellschaft der Bösewichte, auch infolge der Gegenwart des ambivalenten Mittlers Kerim, der im Kampf mit einer Mittlerfigur des Bösewichts steht, mit Krilenku, und infolge des doppelten tödlichen Duells zwischen Bond und Red Grant und Bond und Rosa Klebb, die zwar verhaftet wird, aber erst, nachdem sie Bond lebensgefährlich verletzt hat, so daß das äußerst komplizierte Schema B-B-B-B-D-A(B-B-C)E-F-G-H-G-H(I) entsteht. Hier gibt es einen langen Prolog in Rußland mit dem Aufzug der bösen Mittler und einem ersten Kontakt zwischen Tatjana und Rosa Klebb, Bonds Auftragsreise in die Türkei, eine lange Klammer, in der die Mittler Kerim und Krilenku auftreten und der letztere besiegt wird, die Verführung Tatjanas, die Flucht im Zug mit Folter und Tod, die Kerim stellvertretend erleidet, den Sieg über Red Grant, die zweite Runde mit Rosa Klebb, die, während sie geschlagen wird, Bond lebensgefährliche Verletzungen zufügt. Während der letzten Züge erlebt Bond in der Eisenbahn die Liebes-Rekonvaleszenz mit Tatjana und sieht die Trennung schon voraus.

Auch das Grundkonzept der Folter durchläuft Variationen. Manchmal besteht sie in einer direkten Quälerei, manchmal in einer Art Probe des Entsetzens, der Bond unterworfen wird, sei es durch den expliziten Willen des Bösewichts *(Dr. No)*, sei es per Zufall, auf der Flucht vor dem Bösewicht, immer aber als Folge der Schachzüge des Bösewichts (tragische Abfahrt im Schnee, Verfolgung, Lawine, mühsame Flucht durch die Schweizer Landschaft in *On Her Majesty's Secret Service*).

Neben der Serie der Grundzüge stehen zahlreiche Nebenzüge, die die Geschichte um unvorhergesehene Details bereichern, ohne deshalb das Grundschema zu verändern. Wollte man eine graphische Darstellung dieses Vorgehens versuchen, könnte man den Aufbau eines Romans, zum Beispiel von *Diamonds Are Forever,* so wiedergeben, daß man links die Abfolge der Hauptzüge, rechts die vielfachen Nebenzüge aufzeichnet:

         Langer merkwürdiger Prolog,
         der in den Diamantenschmuggel
         in Südafrika einführt.

A. M schickt Bond als scheinbaren Schmuggler nach Amerika.

B. Die Bösewichte (die Spangs) zeigen sich Bond indirekt in der Beschreibung, die er von ihnen bekommt.

D. Die Frau (Tiffany Case) begegnet Bond auf geschäftlichem Wege.

    Detailliert beschriebene Flugreise: im Hintergrund zwei böse Mittlerfiguren. *Spielsituation*, kaum wahrnehmbares Duell zwischen Beute und Jägern.

B. Erstes Auftauchen des bösen Mittlers Winter (Blutgruppe F) im Flugzeug.

B. Begegnung mit Jack Spang.

    Begegnung mit Felix Leiter, der Bond über die Spangs informiert.

E. Bond beginnt mit der Verführung Tiffanys.

    Langes Intermezzo: Rennen in Saratoga. Bond hilft Leiter und schadet dadurch den Spangs.

C. Bond erteilt Bösewicht erste Lektion.

    Auftauchen böser Mittler im Moorbad und Bestrafung des treulosen Jockeis: symbolische Vorwegnahme der Folterung Bonds. Die ganze Saratoga-Episode stellt eine präzise *Spielsituation* dar.
    Bond beschließt, nach Las Vegas zu gehen. Minutiöse Beschreibung des Milieus.

B. Auftauchen von Seraffimo Spang.

	Weitere lange und genau beschriebene *Spielsituation*. Partie mit Tiffany als Croupier. Spiel am Tisch, indirektes liebevolles Scharmützel mit Frau, indirektes Spiel mit Seraffimo. Bond gewinnt Geld.
C. Bond erteilt Bösewicht zweite Lektion.	
	Am folgenden Abend lange Schießerei von Auto zu Auto. Verbrüderung zwischen Bond und Ernie Cureo.
F. Spang nimmt Bond gefangen.	
	Lange Beschreibung von Spectreville und der Spielzeugeisenbahn von Spang.
G. Spang läßt Bond foltern.	
	Mit Hilfe Tiffanys wagt Bond phantastische Flucht auf Eisenbahnwagen durch die Wüste, verfolgt von der von Seraffimo gelenkten Spielzeuglokomotive. *Spielsituation*.
H. Bond schlägt Seraffimo, der mit der Lokomotive am Gebirge zerschellt.	
	Ruhepause mit Freund Leiter; Abreise per Schiff; lange liebesträchtige Genesung mit Tiffany; Austausch chiffrierter Telegramme.
E. Endlich besitzt Bond Tiffany.	
B. Der böse Mittler Winter tritt abermals in Erscheinung.	
	Spielsituation auf dem Schiff. Partie mit tödlichem Ausgang in vielen kleinen Zügen zwischen

	den beiden Killern und Bond. Die Spielsituation wird symbolisiert durch das verkleinerte Modell der Versteigerung auf dem Schiff.
	Die Killer nehmen Tiffany gefangen. Akrobatische Leistung Bonds, um in die Kabine des Mädchens zu gelangen und die Killer zu töten.
H. Bond schlägt die bösen Mittler endgültig.	
	Meditation über den Tod angesichts der beiden Leichen. Rückkehr nach Hause.
I. Bond weiß, daß er die verdiente Ruhe mit Tiffany genießen könnte. Aber...	
	...die Geschichte wechselt nach Südafrika, wo Bond das letzte Glied der Kette sprengt.
H. Zum dritten Mal schlägt Bond den Bösewicht in der Person Jack Spangs.	

Man könnte für jeden der zehn Romane ein ähnliches Schema aufstellen. Die Nebenhandlungen sind zahlreich und bilden die Muskulatur des jeweiligen Skeletts der Erzählung; sie sind zweifellos einer der Hauptreize von Flemings Werk, zeugen aber nur in einem oberflächlichen Sinn von seiner Erfindungskraft. Wie wir sehen werden, ist es leicht, die Nebenhandlungen auf präzise literarische Quellen zurückzuführen, weshalb sie als vertraute Verweise auf dem Leser bekannte Romansituationen fungieren. Der wirkliche Handlungsverlauf bleibt davon unberührt; die Spannung entsteht eigenartigerweise aufgrund völlig voraussehbarer Ereignisse. Vereinfacht gesagt, hat *jedes* Buch von Fleming folgendes Handlungsgerüst: Bond wird an einen bestimmten Ort gesandt, um den utopischen Plan eines abscheulichen Individuums von unklarer, allerdings zweifelsfrei nichtenglischer Herkunft zu vereiteln, das sich seiner organisatorischen oder produktiven Fähigkeiten nicht nur bedient, um Geld zu verdienen, sondern auch, um das Spiel der

Feinde des Westens zu spielen. Während er diesem Scheusal entgegentritt, trifft Bond auf eine Frau, die von jenem beherrscht wird und die er von ihrer Vergangenheit befreit, indem er eine erotische Beziehung mit ihr eingeht, die von der Gefangennahme durch den Bösewicht und durch die Folter unterbrochen wird. Aber Bond besiegt den Bösewicht, der auf entsetzliche Weise stirbt, und er erholt sich von den schweren Strapazen in den Armen der Frau, wenngleich ihm bestimmt ist, sie zu verlieren.

Man könnte sich fragen, wie ein erzählerisches Instrument funktionieren sollte, das dem Verlangen nach Sensationen und unvorhersehbaren Überraschungen Rechnung zu tragen hätte. In Wirklichkeit ist für den Roman der »gelben Serie«, sei es der Detektiv- oder der Action-Roman, nicht die Variation der Fakten typisch (worauf wir schon an anderer Stelle hingewiesen haben)[2], sondern die Wiederkehr eines bekannten Schemas, in dem der Leser etwas schon Dagewesenes wiedererkennen kann, das ihm lieb geworden ist. Nur scheinbar ist der »gelbe Roman« eine Informationen produzierende Maschine; in Wahrheit wird in ihm nur Überfluß produziert. Indem er vorgibt, den Leser aufzurütteln, bestätigt er ihn in einer Art imaginativer Faulheit und erzeugt Evasion – nicht weil er das Unbekannte erzählt, sondern das bereits Bekannte. Während im »gelben« Roman vor Fleming das unveränderliche Schema sich immerhin durch die Person des Polizisten und seine Umgebung, durch seine Arbeitsmethode und seine Ticks konstituiert und innerhalb dieses Schemas sich die von Mal zu Mal unvorhergesehenen Ereignisse aneinanderreihen (wobei die Figur des Schuldigen kaum im voraus absehbar ist), enthält das Schema in Flemings Romanen zwar die gleiche Kette von Ereignissen und die gleichen Charaktere der Nebenfiguren, aber von Anfang an ist der Schuldige mit seinen Merkmalen und seinen Plänen bekannt. Das Vergnügen des Lesers besteht somit darin, an einem Spiel teilzunehmen, dessen Figuren und Regeln – und sogar dessen Ausgang – er kennt; er zieht es aus der Beobachtung der minimalen Variationen, durch die der Sieger sein Ziel erreicht.

Man könnte einen Roman von Fleming mit einem Fußballspiel vergleichen, bei dem von Anfang an das Milieu, die Anzahl und Eigenart der Spieler und die Spielregeln bekannt sind, sowie die Tatsache, daß, was auch kommen möge, alles sich auf dem grünen Rasen abspielen wird, nur daß bei einem Fußballspiel bis zum

Schluß die entscheidende Frage offenbleibt: Wer wird gewinnen? Zutreffender noch verglich man die Bücher mit einer Partie Basketball zwischen den Harlem Globe Trotters und einer Provinzmannschaft. Von jenen weiß man genau, daß und mittels welcher Spielzüge sie siegen werden. Das Vergnügen bestünde hier darin zu beobachten, mit welchen virtuosen Einfällen die Globe Trotters das Finale hinauszögern, mit welchen ingeniösen Abweichungen sie dennoch das zuletzt Voraussehbare bestätigen und mit welchen Kunststücken sie den Gegner in den Tanz um den Ball verwickeln. In den Romanen Flemings wird also auf exemplarische Weise jenes Element des absehbaren Spiels und des absoluten Überflusses gefeiert, das typisch ist für Evasionsmechanismen, die im Rahmen der Massenkommunikation funktionieren. Solche narrativen Strukturen sind perfekt in ihrem Mechanismus; für sie zählen kommunizierbare Inhalte, nicht ideologische Aussagen. Allerdings steht fest, daß solche Strukturen unvermeidlich ideologische Positionen anzeigen und daß diese ideologischen Positionen nicht so sehr von den strukturierten Inhalten selbst sich herleiten, als vielmehr von der Art und Weise, wie diese Inhalte erzählerisch strukturiert sind.

Eine Manichäerideologie

Die Romane Flemings sind verschiedentlich des McCarthyismus, des Faschismus, des Rassismus, des Kults des Elitären und der Gewalt etc. bezichtigt worden. Es ist schwierig, nach unserer Analyse noch behaupten zu wollen, Fleming neige nicht dazu, den »britischen Menschen« den östlichen oder mediterranen Rassen für überlegen zu halten, oder Fleming sei kein eingefleischter Antikommunist. Immerhin ist es bezeichnend, daß er aufhört damit, das Böse mit Rußland zu identifizieren, als die internationale Lage die UdSSR dem öffentlichen Bewußtsein weniger bedrohlich erscheinen läßt; es ist ferner bezeichnend, daß Fleming, während er die Neger-Gang von Mr. Big beschreibt, sich zu einer Anerkennung der neuen afrikanischen Rassen und ihres Beitrags zur zeitgenössischen Kultur aufrafft (das Gangstertum der Schwarzen beweist für ihn den – inzwischen – hohen Standard der farbigen Völker auf jedem Gebiet); bezeichnend ist auch, daß der Verdacht jüdischer Herkunft, der gegenüber gewissen Personen geäußert wird, nun durch leisen Zweifel gedämpft wird. Sowohl in der Ablehnung wie im Freisprechen der »minderwertigen Rassen« geht Fleming nie über den alltäglichen Chauvinismus des gemeinen Mannes hinaus. Es stellt sich deshalb der Verdacht ein, unser Autor charakterisiere seine Figuren jeweils nicht aufgrund einer ideologischen Parteinahme, sondern aus rhetorischen Gründen.

Rhetorik soll hier in dem originären Sinn verstanden werden, den ihr Aristoteles gab: eine Kunst der Überredung, die als Vehikel dienen soll, um glaubwürdige Argumente über die *endoxa*, das heißt über Dinge vorzubringen, über die die meisten Leute einer Meinung sind.

Mit dem Zynismus des desillusionierten Gentleman will Fleming ein erzählerisches Instrument schaffen, das Erfolg verspricht. Zu diesem Zweck beschließt er, auf die sichersten und allgemeinsten Hilfsmittel zurückzugreifen, und bringt *archetypische Elemente* ins Spiel, Elemente, die sich in den traditionellen Märchen bereits gut bewährt haben. Sehen wir uns noch einmal die Charakterpaare an, die in Gegensatz zueinander treten: M ist der König und Bond der mit einer Mission beauftragte Ritter; Bond ist der Ritter und der Bösewicht der Drache; Frau und Bösewicht stehen zueinander wie die Schöne und das Tier; Bond, der die Frau zur Erweckung des Geistes und der Sinne führt, ist der Prinz, der Dornröschen aus dem Schlafe küßt; zwischen der Freien Welt und der Sowjetunion, England und den nichtangelsächsischen Ländern stellt sich die gleiche primitive epische Beziehung her wie zwischen Weiß und Schwarz, Gut und Böse. Fleming ist Rassist im gleichen Sinne, in dem es jeder Illustrator ist, der dem Teufel, wenn er ihn darzustellen hat, schiefe Ohren gibt; im gleichen Sinne wie die Amme, die vom schwarzen Mann spricht, um das Kind zu schrecken. Es ist eigenartig, daß Fleming mit der gleichen Indifferenz Antikommunist ist, wie er Antinazi oder antideutsch ist. Der Grund dafür ist nicht, daß er im einen Falle reaktionär und im anderen demokratisch wäre. Er ist Manichäer lediglich aus taktischen Erwägungen.

Fleming sucht elementare Gegensätze. Um den primären und allgemeinen Mächten ein Gesicht zu geben, greift er zu Klischees. Um die Klischees zu treffen, bequemt er sich der allgemeinen Meinung an. In einer Periode internationaler Spannung ist der böse Kommunist ein ebensolches Klischee, wie es das – inzwischen historisch festgelegte – vom unbestraften Naziverbrecher geworden ist. Fleming gebraucht beide mit ausgepichter Gleichgültigkeit.

Er mäßigt allenfalls seine Wahl durch Ironie, jedoch ist die Ironie kaschiert; sie zeigt sich nur in der Unglaubwürdigkeit der Übertreibung. In *From Russia* sind die Sowjets so monströs und unwahrscheinlich böse, daß es unmöglich ist, sie ernstzunehmen. Und dennoch stellt Fleming dem Buch ein kurzes Vorwort voran, in dem er behauptet, daß alle Greueltaten, die er schildert, auf Wahrheit beruhen. Er hat den Weg des Märchens gewählt, und ein Märchen muß als wahrscheinlich konsumiert werden können, sonst wird es zum satirischen Apolog. Es hat fast den Anschein, als schreibe der Autor seine Bücher für eine doppelbödige Lektüre, indem er sie sowohl denen widmet, die sie für bare Münze nehmen, als auch denen, die darüber lächeln. Aber die Voraussetzung für diese doppeldeutige Wirkung ist, daß der Ton authentisch, glaubhaft, naiv, von durchsichtiger Gräßlichkeit ist. Ein Mann, der eine solche Wahl trifft, ist weder Faschist noch Rassist; er ist vor allem ein Zyniker, ein Hersteller von Konsum-Erzählungen.

Wenn man Fleming schon reaktionär nennen will, dann nicht deswegen, weil er die schematische Rolle des »Bösen« mit einem Russen oder Juden besetzt. Er ist reaktionär, weil er exzessiv schematisiert. Schematisierung, manichäische Zweiteilung ist immer dogmatisch, intolerant; Demokrat ist, wer die Schemata verwirft und Nuancen anerkennt, Unterscheidungen macht, wer Widersprüche rechtfertigt. Fleming ist reaktionär, wie im Grunde das Märchen reaktionär ist, jedes Märchen – es ist der althergebrachte statisch-dogmatische Konservativismus der Märchen und Mythen, die eine elementare Weisheit vermitteln, die durch simples Licht- und Schattenspiel mitgeteilt wird, und sie vermitteln sie durch undiskutierbare Bilder, die kritische Unterscheidung nicht zulassen. Wenn Fleming »Faschist« ist, dann deshalb, weil typisch für den Faschismus seine Unfähigkeit ist, von der Mythologie zur Vernunft fortzuschreiten, seine Tendenz, mit Hilfe von Mythen und Fetischen zu herrschen und zu beherrschen.

An dieser mythologischen Natur partizipieren sogar die Namen der Protagonisten, die durch ein Bild oder einen Kalauer den Charakter der Figur von Anfang an unveränderlich bloßlegen, ohne ihr eine Chance zur Bekehrung oder Wandlung einzuräumen (es ist unmöglich, Schneewittchen zu heißen und nicht, äußerlich wie innerlich, weiß wie Schnee zu sein). Lebt der Bösewicht vom Spiel? Er heißt *Le Chiffre*. Steht er im Dienst der Roten? Er heißt *Red,* und er heißt *Grant,* wenn er für Geld arbeitet, nach Gebühr entlohnt wird. Ein Koreaner, der von Beruf Killer, freilich einer mit ungewöhnlichen Methoden ist, heißt *Oddjob* (»sonderbarer Beruf«), ein vom Golde Besessener *Auric Goldfinger;* ohne die Symbolik des Namens *No* für einen Bösewicht besonders hervorheben zu wollen, wird sogar das halb zerschnittene Gesicht von *Hugo Drax* lautmalerisch durch den schneidenden Klang des Nachnamens evoziert. Schön, transparent und telepathisch, läßt *Solitaire* an die Kälte des Diamanten denken; schick und an Diamanten interessiert, erinnert *Tiffany Case* an den größten New Yorker Juwelier und an das Beauty case eines Mannequins. Die Naivität im Namen *Honeychile* liegt auf der Hand, ebenso wie die sinnliche Unverblümtheit im Namen *Pussy* (eine anatomische Anspielung im Slang), *Galore* (noch ein Slang-Ausdruck, der »wohlgeformt« bedeutet). Stein in einem finstern Spiel ist *Domino;* eine zärtliche japanische Geliebte, die Quintessenz des Orients, ist *Kissy Suzuki* (sollte der Anklang des Nachnamens an den populärsten Vulgarisierer des Zen-Buddhismus auf Zufall beruhen?). Es erübrigt sich, von den Frauen minderen Interesses wie *Mary Goodnight* oder *Miss Trueblood* zu reden. Und wenn der Name *Bond*, wie Fleming behauptet, fast zufällig gewählt wurde, so mag es vielleicht Zufall gewesen sein, jedoch kein aberwitziger, denn das Modell für Stil und Erfolg gemahnt sowohl an die Eleganz der Bond Street wie an festverzinsliche Obligationen.

Es ist also klar, warum Flemings Romane einen so breiten Erfolg haben konnten: Sie setzen eine Kette elementarer Assoziationen in Gang, verweisen auf eine ursprüngliche, tiefe Dynamik. Und sie gefallen dem gebildeten Leser, der darin, mit einer Spur ästhetizistischer Selbstgefälligkeit, die Reinheit der primitiven Epik wiedererkennt, die schamlos und boshaft in eine aktuelle Terminologie übertragen worden ist; er zollt Fleming als dem gebildeten Mann Beifall, den er als einen der Seinigen, natürlich als besonders geschickt und unbefangen, erkennt.

Ein Lob, das Fleming wohl verdiente, wenn er nicht – neben dem offenen Spiel der archetypischen Gegensätze – ein zweites, weit verfänglicheres Spiel triebe: das Spiel der stilistisch-kulturellen Gegensätze, aufgrund dessen der gebildete Leser, der sich bei der Identifizierung der Märchenstruktur auf boshafte Weise als Komplize des Autors fühlte, sein Opfer wird: weil er dazu verführt wird, stilistische Erfindung dort zu sehen, wo lediglich – wie man sagen könnte – eine gelungene Montage des *déjà vu* vorliegt.

Die literarische Technik

Fleming »schreibt gut«, im banalsten, wiewohl rechtschaffenen Sinne des Wortes. Er beweist Sinn für Rhythmus, Klarheit, einen gewissen sinnlichen Geschmack am Wort. Das will nicht besagen, Fleming sei ein Künstler; dennoch schreibt er kunstvoll.

Die Übersetzung kann ihn im Stich lassen. *Goldfinger* folgendermaßen beginnen zu lassen: »James Bond stava seduto nella sala d'aspetto dell'aeroporto di Miami. Aveva già bevuto due bourbon doppi ed ora rifletteva sulla vita e sulla morte«[3], ist dem Original nicht gleichwertig: »James Bond, with two double Bourbon inside him, sat in the final departure lounge of Miami Airport and thought about life and death.« Der englische Satz ist aus einem einzigen Wurf, mit einer eigenen Konzinnität. Dagegen ist nichts einzuwenden. Fleming bleibt auf diesem Niveau.

Er erzählt entsetzliche und unwahrscheinliche Geschichten. Aber das läßt sich so und so machen. In *One Lonely Night* beschreibt Mickey Spillane ein von Mike Hammer verursachtes Blutbad folgendermaßen:

> »Sie hörten meinen Schrei und das betäubende Knattern der Maschinenpistole, hörten die Geschosse, die Knochen zerschlugen, Fleisch aufrissen, und das war alles. Während sie zu fliehen versuchten, sanken sie erschlafft zu Boden. Ich sah den Kopf des Generals buchstäblich zerplatzen und sich in einen Regen roter Splitter verwandeln, die auf den schmutzstarrenden Boden niederfielen. Mein Freund aus der Kabine der Untergrundbahn suchte die Geschosse mit den Händen aufzuhalten und löste sich in einen Alptraum blauschwarzer Löcher auf...«

Als Fleming den Tod Le Chiffres in *Casino Royale* beschreiben muß, wendet er zweifellos eine eher umsichtige Technik an:

> »Es machte etwas deutlicher ›paff‹, nicht lauter als das Geräusch einer Luftblase ist, die sich aus einer Tube Zahnpasta quetscht. Kein weiterer Laut, und unversehens öffnete sich auf der Stirn Le Chiffres ein drittes Auge in Höhe der beiden andern, genau dort, wo seine dicke Nase unter der Stirn hervorsprang. Es war ein kleines schwarzes Auge, ohne Wimpern und Augenbrauen. Einen Moment blickten die drei Augen in der Raum, dann fiel Le Chiffres Gesicht in sich zusammen, und die beiden seitlichen Augen verdrehten sich langsam zur Decke.«

Da ist mehr Zurückhaltung, mehr Stille, verglichen mit dem trommelnden Gewitter bei Spillane; und da sind auch ein barocker Geschmack am Bild und ein Im-Bild-Bleiben, ohne Affekt und ohne Kommentar, und eine Vorliebe für Wörter, die die Dinge mit Exaktheit »benennen«.

Nicht daß Fleming auf die grandguignolhafte Explosion verzichtete; er zeichnet sich sogar darin aus und schmückt seine Romane damit; aber wenn er das Makabre wie vor einem Rundhorizont orchestriert, versprüht er mehr literarisches Gift, als Spillane besitzt. Man denke an den Tod von Mister Big in *Live and Let Die*: Bond und Solitaire, die mit einem langen Seil ans Schiff des Banditen gefesselt sind, werden durchs Wasser geschleppt, um von den Korallenriffen in der Bucht zerfetzt zu werden; doch schließlich geht das Schiff, von Bond einige Stunden zuvor vorsorglich mit einer Mine behaftet, in die Luft, und die beiden Opfer wohnen in Sicherheit dem elenden Ende von Mister Big bei, der, schiffbrüchig, von den Haien gefressen wird:

»Es war ein riesiger Kopf, dem aus einer breiten Schädelwunde ein Schleier von Blut über das Gesicht lief... Bond konnte die Zähne in dem im Todeskampf auseinanderklaffenden Mund sehen. Das Blut legte sich über die Augen, die jetzt aus ihren Höhlen hervortreten mußten. Im Geiste konnte er das große kranke Herz hören, das unter der grauschwarzen Haut verzweifelt schlug. [...] The Big Man kam näher. Seine Schultern waren nackt, seine Kleider waren von der Explosion zerfetzt worden, aber die schwarze Seidenkrawatte hing ihm noch um den Hals; sie schwamm hinter dem Kopf her wie ein chinesischer Zopf. Eine kleinere Welle spülte ihm das Blut ein wenig aus den Augen, die weit aufgerissen waren und Bond mit einem irren Ausdruck fixierten. Es lag darin keinerlei Hilferuf, sie starrten nur wie wahnsinnig in eine Richtung. Nun war er ungefähr zehn Meter entfernt, und Bonds Augen blickten starr in die seinen, die sich plötzlich schlossen, während sich das Gesicht zu einer Grimasse des Schmerzes verkrampfte: ›Aaah‹, röchelte der verkrampfte Mund. Beide Arme hörten auf, das Wasser zu schlagen, der Kopf ging unter und tauchte wieder auf. Eine Wolke Blut rötete das Wasser. Zwei dunkle, vier oder fünf Meter lange Schatten tauchten aus der Blutwolke auf und stürzten sich wieder hinein. Der Körper im Wasser drehte sich auf eine Seite. Der halbe rechte Arm von The Big Man kam an die Oberfläche. Er war jetzt ohne

Hand, ohne Handgelenk, ohne Uhr. Aber der große kahle Kopf mit dem aufgerissenen Mund und dem blanken Gebiß lebte noch. [...] Dann erschien der Kopf wieder über dem Wasser. Der Mund war jetzt geschlossen. Die gelben Augen schienen immer noch Bond anzusehen. Die Schnauze des Hais tauchte wieder auf und näherte sich dem Kopf mit aufgesperrtem Rachen. Es gab ein schreckliches Krachen und eine große Bewegung im Wasser. Und Stille.«

In dieser Parade des Grausigen sind die Einflüsse des 18. und 19. Jahrhunderts unverkennbar: Das Schlußgemetzel, dem Folter und qualvolle Haft (am besten mit einer Jungfrau als Beigabe) vorausgehen, ist *gothic* reinsten Wassers. Die zitierte Seite ist ein Konzentrat, Mister Big stirbt langsamer; und nicht anders starb der Mönch von Lewis mehrere Tage lang, mit vom Sturz auf unwegsame Felswände zerbrochenem Körper. Aber Flemings haarsträubende Schauerszene ist mit physikalischer Genauigkeit beschrieben, wobei Bilder, und meistens Bilder von *Dingen*, aneinandergereiht sind. Die fehlende Armbanduhr an einem von Haifischen abgebissenen Handgelenk ist nicht nur ein Beispiel makabren Sarkasmus; die Absicht ist vielmehr die Hervorhebung des Wesentlichen durch das Unwesentliche, was typisch ist für eine *dinghafte* Erzähltechnik, eine Technik des beobachtenden Blicks zeitgenössischer Prägung.

Und hier bekommen wir ein neues Gegensatzpaar zu fassen, das nicht mehr die Struktur der Fabel beherrscht, sondern die Struktur von Flemings Stil: Es ist der Gegensatz zwischen dem Berichten gräßlicher und gigantischer Fakten und dem Berichten winziger Dinge, die illusionslos gesehen werden.

Es überrascht in der Tat bei Fleming einesteils die minutiöse und zwecklose Präzision, mit der er Seiten über Seiten Beschreibungen von – für den Handlungsverlauf offenkundig belanglosen – Gegenständen, Landschaften und Gesten gibt, und anderenteils der hektische Telegrammstil, mit dem er in wenigen Absätzen die unvermutetsten und unwahrscheinlichsten Abenteuer abtut. Typische Beispiele dafür sind in *Goldfinger* die zwei Seiten lange Gelegenheitsmeditation über einen getöteten Mexikaner, die fünfzehn Seiten zählende Beschreibung der Golfpartie, die rund fünfundzwanzig Seiten, die von einer langen Autofahrt durch Frankreich handeln, gegenüber den vier oder fünf Seiten, auf denen die Ankunft im falschen Krankenzug in Fort Knox und der Theatercoup dargelegt werden, der in dem Scheitern von Goldfingers Plan und dem Tod Tilly Mastersons kulminiert.

In *Thunderball* ist ein Viertel des Buchs der Beschreibung der Kur gewidmet, der sich Bond in der Klinik unterzieht, obwohl die Geschehnisse, die sich an diesem Ort zutragen, das Verweilen bei der Zusammenstellung von Diätgerichten, bei Massagetechnik und türkischen Bädern keineswegs rechtfertigen. Aber der überraschendste Passus ist vielleicht der, in dem Domino Vitali, nachdem sie Bond in der Bar des Kasinos ihr Leben erzählt hat, fünfzehn Seiten lang mit der Exaktheit eines Robbe-Grillet eine Zigarettenschachtel beschreibt. Hier liegt mehr vor als auf den dreißig Seiten, die in *Moonraker* aufgewandt werden, um die Vorbereitungen und die Abwicklung der Bridgepartie mit Sir Hugo Drax zu berichten. Hier entwickelt sich eine beträchtliche Spannung, auch für den, der die Bridgeregeln nicht kennt. Dort dagegen wirkt der Passus hinhaltend; auch erscheint es einigermaßen unsinnig, den verträumten Geist Dominos dadurch zu charakterisieren, daß man ihre Vorliebe für eine Phänomenologie ohne Zweck derart nuancenreich ausbreitet.

»Zwecklosigkeit« ist der richtige Ausdruck. Zwecklos ist es, daß *Diamonds Are Forever*, um uns in den Diamantenschmuggel in Südafrika einzuführen, mit einem Skorpion beginnt, der sich wie unter einer Lupe bewegt, makroskopisch wie ein prähistorisches Wesen, Protagonist einer Geschichte über Leben und Tod im animalischen Verstande, bis sie unterbrochen wird durch ein unversehens auftretendes menschliches Wesen, das den Skorpion zerquetscht und die Handlung in Gang setzt, als ob das, was vorher geschehen war, nichts weiter als die von einem raffinierten Graphiker umbrochenen Vorspanntitel eines Films darstellte, der dann in anderem Stil fortgesetzt wird.

Noch repräsentativer für diese Technik des zwecklos beobachtenden Blicks ist der Anfang von *From Russia*. Da haben wir eine ganze Seite Quasi-*nouveau-roman* vor uns, auf der virtuos der unbeweglich am Rand eines Schwimmbeckens liegende Körper eines Mannes beschrieben wird, der Pore für Pore, Härchen für Härchen von einer blaugrünen Libelle erkundet wird. Und während nun über der Szene der durchdringende Geruch des Todes lastet, den der Autor so geschickt beschworen hat, bewegt sich der Mann plötzlich und verjagt die Libelle. Der Mann bewegt sich, weil er lebt; er beabsichtigt, sich massieren zu lassen. Daß er, am Boden liegend, tot schien, hat keinerlei Bedeutung für die nachfolgende

Die literarische Technik

Geschichte. Flemings Werk steckt voll solcher Passagen von hoher Virtuosität, die eine Technik der Beiläufigkeit und einen Geschmack am Unwesentlichen bezeugen, welche die narrative Struktur der Geschichte nicht nur nicht verlangt, sondern geradezu zurückweist. Wenn die Geschichte zu ihren fundamentalen Knotenpunkten gebracht werden muß (zu den Haupt-»Zügen«, die oben aufgezählt worden sind), wird die Technik des beobachtenden Blicks aufgegeben – Robbe-Grillet wird durch Souvestre und Allain ersetzt, die Objektwelt macht Fantômas Platz.

Häufig ist es so, daß die Momente der beschreibenden Reflexion – besonders anziehend, da sie durch eine klare und wirkungsvolle Sprache unterstützt werden – mit den Polen »Aufwand« und »Planung« zusammengehen, während die der unreflektierten Handlung mit den Polen »Entbehrung« und »Improvisation« verknüpft sind. Der Gegensatz zwischen den beiden Techniken (oder die Technik dieses stilistischen Gegensatzes) beruht also nicht auf Zufall. Wäre dem so, dann gliche das Verfahren Flemings, der die Spannung einer zugespitzten Handlung unterbricht wie eine zum tödlichen Kampf angetretene Schar Unterwassertaucher, um ausgiebig die Unterwasserfauna und eine Korallenformation zu beschreiben, der naiven Technik von Salgàri, der, beispielsweise, seinen während einer Verfolgung über eine dicke Sequoiawurzel stolpernden Helden im Stiche läßt, um uns Ursprung, Eigenschaften und Verbreitung der Sequoia auf dem nordamerikanischen Kontinent zu schildern.

Bei Fleming hat der Exkurs eine doppelte Bedeutung: erstens ist er selten Beschreibung des Ungewöhnlichen – wie bei Salgàri oder Verne –, sondern *Beschreibung des schon Bekannten;* zweitens tritt er nicht als enzyklopädische Information auf, sondern als *literarische Evokation,* und als solche will er das erzählte Faktum »nobilitieren«.

Prüfen wir also diese beiden Punkte, weil sie die geheime Triebfeder von Flemings stilistischem Apparat enthüllen.

Fleming beschreibt niemals die Sequoia, die zu sehen der Leser nie Gelegenheit gehabt hat. Er beschreibt eine Partie Canasta, ein Serienauto, das Armaturenbrett eines Flugzeugs, einen Eisenbahnwagen, das Menü in einem Restaurant, die Packung einer in allen Tabakläden erhältlichen Zigarettenmarke. Fleming deutet mit wenigen Worten einen Angriff auf Fort Knox an, weil er weiß, daß keiner seiner Leser je Gelegenheit haben wird, Fort Knox auszurauben; und er ergeht sich in Erklärungen über das Lustgefühl, das einen beim Umspannen eines Steuers oder einer Cloche ergreifen kann, weil das Handlungen sind, die jeder von uns vollzogen hat, vollziehen könnte oder zu vollziehen wünschen könnte. Fleming verweilt dabei, das *déjà vu* mit geradezu photographischer Technik wiederzugeben, weil er so unsere Identifikationsbereitschaft anstacheln kann. Wir identifizieren uns nicht mit dem, der eine Atombombe stiehlt, sondern mit dem, der eine Luxusjacht fährt; nicht mit dem, der eine Rakete explodieren läßt, sondern mit dem, der eine lange Skiabfahrt unternimmt; nicht mit dem, der Diamantenschmuggel betreibt, sondern mit dem, der eine Mahlzeit in einem Pariser Restaurant bestellt. Unsere Aufmerksamkeit wird auf die möglichen und wünschenswerten Sachverhalte gelenkt. Hier wird die Erzählung realistisch, die Beobachtung zur Sucht; für den Rest, der zum Unwahrscheinlichen gehört, genügen wenige Seiten. Augenzwinkern ist angezeigt. Niemand ist gehalten, daran zu glauben.

Noch einmal: Das Vergnügen an der Lektüre wird nicht durch das Unglaubhafte und Neue geweckt, sondern durch das Naheliegende und Gewöhnliche. Es ist nicht zu leugnen, daß Fleming zur Beschwörung des Offensichtlichen eine verbale Strategie von seltenem Scharfsinn einsetzt; aber das, was uns diese Strategie lieb macht, liegt im Bereich des Überflüssigen, nicht des Informativen. Die Sprache verfährt hier genauso wie das Handlungsschema. Das größte Vergnügen darf nicht aus der Erregung hervorgehen, sondern allein aus der Ruhe.

Es ist oben gesagt worden, daß die minutiöse Beschreibung nicht enzyklopädische Information sein will, sondern literarische Evokation. Gewiß, wenn wir einen Tiefseetaucher dem Tod entgegenschwimmen sehen, über ihm ein milchigruhiges Meer und undeutliche Schatten phosphoreszierender Fische, die ihn streifen, dann schreibt sich seine Geste in einen Kontext herrlicher und ewiger, ambivalenter und gleichgültiger Natur ein, die uns einen tiefen moralischen Kontrast sichtbar macht. Man akzentuiere das Moment der apathischen und prächtigen Natur, und das Spiel ist gemacht. Wird ein Taucher von einem Haifisch gefressen, verzeichnet das normalerweise die Chronik und damit genug. Wenn aber jemand diesen Tod mit drei Seiten Phänomenologie der Korallen begleitet, was hat das dann noch mit Literatur zu tun?

Darin besteht das keineswegs neue Spiel einer Kultur aus zweiter Hand, je nachdem als »Midcult« oder als Kitsch[4] bezeichnet, das hier eine ihrer wirksamsten Manifestationen findet – wir wären geneigt, es wegen der Unbefangenheit und Bravour, mit der vorgegangen wird, für das am wenigsten ärgerliche zu halten, hätte dieses Kunststück nicht manche Leute dazu verleitet, Fleming anstatt für einen umsichtigen Verfertiger abwechslungsreicher Geschichten für einen Ausbund stilistischer Erfindungskraft anzusehen.

Das Spiel des Midcult bei Fleming ist manchmal gänzlich unverhohlen (wenn auch darum nicht weniger wirksam). Bond betritt die Kabine Tiffanys und schießt auf zwei Killer. Er »macht sie kalt«, ermuntert das entsetzte Mädchen und schickt sich an hinauszugehen:

> »Er würde endlich schlafen können, ihren geliebten Körper eng an den seinen geschmiegt und die Arme für immer um sie gelegt.
> Für immer?
> Als er langsam durch die Kabine zum Badezimmer ging, sah Bond in die glasigen Augen der Leiche auf dem Fußboden.
> Und die Augen des Mannes, der die Blutgruppe F gehabt hatte, sprachen zu ihm und sagten: ›Mister, nichts ist für immer. Nur der Tod ist von Dauer. Nichts ist für immer, außer, was du mit mir gemacht hast.‹«

Die kurzen Sätze, durch Absätze hervorgehoben wie Verse, die Einführung des Mannes durch das Leitmotiv der Blutgruppe, die biblische Prosopopöie der Augen, die »sprechen und sagen«, die schnelle und feierliche Meditation über die – genau besehen, ziemlich offenkundige – Tatsache, daß, wer einmal tot ist, es bleibt – das gesamte Arsenal eines falschen »Universalen« ist hier am Werk, das MacDonald schon beim späten Hemingway festgestellt hat. Aber dessen ungeachtet hätte Fleming das gute Recht, das Gespenst des Todes mit so gängigen literarischen Mitteln zu beschwören, wenn die plötzliche Meditation über das Ewige auch nur die geringste Funktion in der Entwicklung der Geschichte besäße. Was wird nun, da er vom Schauer des Unwiderruflichen gestreift wurde, James Bond tun? Absolut nichts. Er schafft die Leiche fort und geht mit Tiffany ins Bett.

Literatur als Collage

Fleming, die personifizierte Formel der Widersprüche einer Konsumkultur, baut also mit einer Technik des Massenromans elementare und dramatische Handlungsschemata, die auf märchenartigen Gegensätzen beruhen. Er beschreibt häufig Frauen und Sonnenuntergänge, Meeresgründe und Autos mit einer literarischen Technik aus zweiter Hand, wobei er oft dem Kitsch aufsitzt. Er streckt die eigene erzählerische Anstrengung mit einer Montage des Heterogenen, läßt Grand guignol und Nouveau roman miteinander abwechseln. Und er gebraucht das verschiedenartige Material mit einer solchen Unbefangenheit, daß man ihn, wohl oder übel, wenn schon nicht zu den Erfindern, so doch zu den geschickten Anwendern experimenteller Darstellungsformen zählen muß.

Es ist ziemlich schwierig – wenn man seine Romane jenseits der unmittelbaren und amüsierten Teilnahme am primären Effekt liest, den sie hervorrufen wollen – zu erkennen, bis zu welchem Grade er literarische Fragmente mit dem zynischen und spöttischen Geschmack an der Collage bewußt einsetzt.

Fleming ist gebildeter, als er zeigt. Das Kapitel 19 von *Casino Royale* beginnt folgendermaßen: »Wir sind dem Aufwachen nahe, wenn wir träumen, daß wir träumen.« Das ist eine bekannte Beobachtung, aber es ist auch ein Satz von Novalis. Und wenn man die lange Beratungssitzung der teuflischen Sowjets verfolgt, die in den Anfangskapiteln von *From Russia* das Verdammungsurteil über Bond sprechen (Bond selbst betritt, ahnungslos, erst im zweiten Teil die Szene), dann ist es schwierig, nicht an etwas wie einen ›Prolog in der Hölle‹ Goethescher Prägung zu denken.

Allenfalls kann man vermuten, daß solche Einflüsse, die gute Lektüre eines wohlhabenden Gentleman, im Gedächtnis des Autors fortwirkten, ohne bis in sein Bewußtsein zu dringen. Wahrscheinlich blieb Fleming der Welt des 19. Jahrhunderts verhaftet, als deren deutliches Erbe sich seine militaristische und nationalistische Ideologie, sein rassistischer Kolonialismus, sein viktorianischer Isolationismus zu erkennen geben. Seine Vorliebe für Reisen, große Hotels und für Luxuszüge ist noch ganz und gar Belle Epoque. Der Archetyp selbst des Zuges, der Reise im Orient-Expreß (wo man der Liebe und des Todes gewärtig zu sein hat), stammt aus der großen und kleinen romantischen und nachromantischen Literatur von Tolstoi über Dekobra bis Cendrars. Seine Frauengestalten, darauf haben wir schon hingewiesen, sind Richardsonsche Clarissen und entsprechen dem Archetyp, den Fiedler[5] ins Licht gerückt hat. Aber da ist noch mehr, da ist der Geschmack am Exotischen, der nicht zeitgenössisch ist, auch wenn man die Trauminseln im Jet anfliegen kann. In *You Only Live Twice* gibt es einen Garten der Qualen, der dem von Mirabeau geschilderten nur allzu ähnlich ist und dessen Pflanzen präzise wie in einem Lehrbuch beschrieben sind, was auf den *Traité des poisons* von Orfila verweist, vermittelt vielleicht sogar durch den Huysmans von *Là-bas*. Aber *You Only Live Twice* gemahnt in seiner exotischen Schwärmerei (drei Viertel des Buchs sind einer fast mystischen Einführung in den Orient gewidmet), in seinen Zitaten alter Dichter auch an die morbide Neugier, die uns mit Judith Gautier und ihrem *Le dragon impérial* von 1869 China entdecken hieß. Und wenn der Vergleich auch ausgefallen erscheinen mag, so wollen wir doch immerhin daran erinnern, daß Ko Li-tsin, der revolutionäre Dichter, an einen Drachen geklammert aus dem Gefängnis von Peking entflieht und Bond mit einem Ballon aus dem Schloß Blofelds entkommt (der Ballon trägt ihn weit hinaus aufs Meer, wo er, der inzwischen das Gedächtnis verloren hat, von den sanften Händen Kissy Suzukis empfangen wird). Zwar hängt Bond sich so an den Ballon, als stelle er sich vor, wie Douglas Fairbanks dergleichen getan haben würde; aber Fleming ist unleugbar gebildeter als seine Figur.

Wir wollen die Analogien nicht an den Haaren herbeiziehen und in der dubiosen und krankhaften Atmosphäre von Piz Gloria einen Reflex des Zauberbergs vermuten. Sanatorien befinden sich nun mal häufig im Gebirge, und im Gebirge ist es kalt. Und wir wollen auch Honeychile, die Bond im Meeresschaum wie eine Anadyomene erscheint, nicht mit dem »Vogelmädchen« von Joyce in Verbindung bringen. Zwei nackte, von Wellen umspülte Beine wirken überall gleich. Aber manchmal haben die Analogien nichts mit der psychologischen Atmosphäre zu tun, sondern sie betreffen die Struktur. So wird zum Beispiel in einer der Erzählungen aus *For Your Eyes Only*, in »Quantum of Solace«, von Bond berichtet, der, auf dem Chintzsofa des Gouverneurs der Bahamas sitzend, diesem zuhört, wie er, in einer Stimmung merkwürdigen Unbehagens, nach langen und labyrinthischen Präambeln, die weitschweifige und scheinbar zusammenhanglose Geschichte einer ehebrecherischen Frau und ihres rachsüchtigen Ehemanns erzählt – eine Geschichte psychischer und privater Ereignisse, durch die Bond sich so erschüttert fühlt, daß ihm die eigene gefährliche Arbeit weniger abenteuerlich und intensiv erscheint als das Geheimnis mancher banalen Existenz. Die Struktur dieser Erzählung, die Technik der Beschreibung und der Einführung der Personen, die Disproportion zwischen den Präambeln und der Zusammenhanglosigkeit der Geschichte – und hierin liegt ihre Hauptwirkung – gemahnen auf eigenartige Weise an den Verlauf vieler Erzählungen von Barbey d'Aurevilly.

Wir könnten auch daran erinnern, daß die Idee eines goldüberzogenen menschlichen Körpers bei Dimitri Mereschkowskij auftaucht (nur daß es sich da nicht um Goldfinger, sondern um Leonardo da Vinci handelt).

Möglich, daß Fleming gar nicht einer so vielfältigen und erlesenen Lektüre oblag, und in diesem Fall könnte man nur vermuten, daß er, durch Erziehung und psychische Disposition einer vergangenen Welt verhaftet, deren Lösungen und Geschmacksrichtungen unbewußt imitiert und Stilarten wiedererfunden habe, die in der Luft lagen. Wahrscheinlicher ist, daß er, mit dem gleichen Werkzynismus, mit dem er die Handlungen seiner Romane nach archetypischen Gegensätzen aufbaute, der Meinung war, die Wege der Phantasie könnten für den Leser unseres Jahrhunderts dieselben sein wie die des großen Feuilletons des 19. Jahrhunderts. Vielleicht hielt er es, nach der hausbackenen Normalität, ich sage nicht einmal Hercule Poirots, sondern vor allem Sam Spades und Michael Shaynes, Priestern einer urbanen und berechenbaren Gewalttätigkeit, für dringend nötig, die Phantasie wieder durch das gleiche Instrumentarium anzuregen, das Rocambole und Rouletabille, Fantômas und Fu Manchu berühmt gemacht hatte. Ja, vielleicht ist er noch weiter zurückgegangen, bis zu den Quellen der Schauerromantik, und von da zu deren morbidesten Verzweigungen. Eine Anthologie der Charaktere und Situationen seiner Romane mutete uns an wie ein Kapitel aus *La carne, la morte e il diavolo* von Praz.

Um mit seinen Bösewichten zu beginnen, deren rötlich leuchtende Blicke und deren bleiche Lippen an Marinos Archetyp des Satans erinnern, von dem Milton gelernt hat, von dem die Generation der Schwarzen Romantik gelernt hat: »In den Augen, in denen Schwermut wohnt und Tod,/ flammt trübes, scharlachrotes Licht./ Seine schrägen Blicke und verdrehten Pupillen/ gleichen Kometen, die Augenbrauen Blitzen./ Den Nüstern und den fahlen Lippen/...«[6]

Nur daß sich bei Fleming unbewußt eine Trennung vollzogen hat und die Merkmale des gleißenden Finsterlings: faszinierend und grausam, sinnlich und mitleidlos, sich auf die Figur des Bösewichts und diejenige Bonds verteilt haben.

Auf diese beiden Charaktere verteilen sich die Züge des Schedoni von Radcliffe und des Ambrosio von Lewis, des Korsaren und des Giaur von Byron; lieben und leiden ist das Verhängnis, das Bond verfolgt wie den René bei Chateaubriand: »Alles wurde ihm zum Verhängnis, sogar das Glück«; aber auch der Bösewicht gleicht René: »Wie ein mächtiger Unstern in die Welt geschleudert, steckte sein schädlicher Einfluß alle Wesen in seiner Umgebung an.«

Der Bösewicht, dessen Ruchlosigkeit mit dem Charme des großen Menschenführers gepaart ist, gleicht dem Vampir, und von Mérimées Vampir hat Blofeld fast alle Attribute (»Wer hätte dem Zauber seines Blicks widerstehen können? [...] Sein Mund ist blutig und lächelt wie der eines Schlafenden, den die Vision einer scheußlichen Liebe peinigt«); die Philosophie Blofelds, besonders die, die im Garten der Qualen von *You Only Live Twice* gepredigt wird, ist die des Göttlichen Marquis, vielleicht vermittelt in englischer Sprache durch Maturins *Melmoth:* »Es ist ohne weiteres möglich, Genuß am Leiden zu finden. Ich habe von Menschen gehört, welche Länder bereist haben, wo man täglich bei grauenvollen Hinrichtungen zuschauen kann, um sich jene Erregung zu verschaffen, die der Anblick von Leiden unfehlbar vermittelt...«

Und ein kleiner Traktat des Sadismus ist die Darstellung des Vergnügens, das Red Grant beim Töten empfindet. Nur werden sowohl Red Grant wie Blofeld (zumindest, wenn dieser im letzten Buch die böse Tat nicht mehr zu seinem Nutzen, sondern aus purer Grausamkeit begeht) als pathologische Fälle vorgestellt. Das ist nur natürlich, das Jahrhundert stellt seine Forderungen: Freud und Krafft-Ebing haben inzwischen argumentiert.

Es ist unnötig, beim Geschmack an der Folter zu verweilen, es sei denn, um an jene Seiten der *Journaux Intimes* zu erinnern, auf denen Baudelaire ihren erotischen Gehalt kommentiert; es ist vielleicht unnötig, das Modell von Goldfinger, Blofeld, Mister Big und Doktor No mit dem der »Übermenschen« der großen und der epigonalen Literatur in Zusammenhang zu bringen. Aber man kann nicht übersehen, daß von eben diesen auch Bond immerhin einige Züge trägt, und es mag nützlich sein, die verschiedenen Beschreibungen der Physiognomie des Helden – sein grausames Lächeln, das harte und schöne Gesicht, die Narbe quer über seiner Wange, der Haarschopf, der ihm rebellisch in die Stirn hängt, die Lust am Pomp – auf die Nachschöpfung des Byronschen Helden zurückzuführen, die Paul Féval in *Les mystères de Londres* entworfen hat:

> »Er war ein Mann in den dreißiger Jahren, wenigstens nach seinem Äußeren, von hohem, elegantem Wuchs und jeder Zoll ein Aristokrat. [...] Sein Antlitz war von bemerkenswerter Schönheit; die hohe, breite, faltenlose Stirn, nur von einer senkrecht verlaufenden feinen Narbe durchzogen. [...] Die Augen konnte man nicht sehen, ahnte aber unter den gesenkten Lidern ihre Kraft. [...] Die jungen Mädchen sahen ihn im Traum mit schwermütigem Auge, einer von Leidenschaften gezeichneten Stirn, einer Adlernase, einem teuflischen und zugleich göttlichen Lächeln. [...] Dieser Mann war ganz Empfindung [...] ein Mann, zum Guten wie zum Bösen gleich tüchtig: großzügig veranlagt, von Natur aus reiner Begeisterung fähig, doch nach Gelegenheit auch Egoist, kalt berechnend und je nach Laune imstande, die ganze Welt für eine Viertelstunde Vergnügen zu verkaufen. [...] Ganz Europa bewundert seinen orientalischen Prunk; schließlich wußte alle Welt, daß er während jeder Saison vier Millionen ausgab...«

Die Parallelität ist verwirrend, bedarf jedoch nicht der philologischen Kontrolle; der Prototyp wird auf Hunderten von Seiten einer Literatur erster und zweiter Hand ausgeschlachtet und verbreitet, und letztlich mochte ein ganzer Sektor britischer Dekadenz Fleming bei der Glorifizierung des gefallenen Engels, des Folterknechts, des *vice anglais* Vorschub geleistet haben; nicht weit entfernt, jedem wohlgeborenen Engländer vertraut, stand Oscar Wilde bereit, ihm den Kopf des Täufers als Modell für den großen grauen Kopf des aus dem Wasser auftauchenden Mister Big zu liefern. Was Solitaire angeht, die Bond im Zuge aufreizt und sich ihm gleichzeitig verweigert, so ist es Fleming selbst, der, bis in die Kapitelüberschrift hinein, für sie die Bezeichnung »Allumeuse« verwendet: ein Prototyp, der sowohl bei Barbey d'Aurevilly zum Vorschein kommt wie in der Prinzessin d'Este von Péladan, der Clara Mirabeaus und der *Madone* von Dekobra.

Nur daß Fleming, wie wir gesehen haben, für die Frau den dekadenten Archetyp der »belle dame sans merci«, die dem modernen Ideal der Weiblichkeit wenig entspricht, nicht akzeptieren mag, weshalb er diesen Typ mit dem Modell der verfolgten Unschuld koppelt. Auch hier sieht es ganz so aus, als habe er das ironische Rezept befolgt, das im vorigen Jahrhundert Louis Reybaud den

Verfassern von Fortsetzungsromanen gab, es sei denn, Fleming hatte genügend Geist, es von sich aus zu erfinden oder wiederzuentdecken: »Man nehme etwa eine junge, unglückliche, verfolgte Frau. Ferner einen blutrünstigen, brutalen Tyrannen...« etc. etc. So gesehen hätte Fleming einerseits ein kalkuliertes und lohnendes Geschäft betrieben und andererseits sich einem nostalgischen Gefühl der Beschwörung überlassen, was seinen Geschmack an einer halb ironischen und halb ernsthaften literarischen Collage auf der Kippe zwischen Spiel und Eingedenken erklären würde. So wie ja auch die viktorianische Ideologie, das anachronistische Gefühl eines erlesenen und makellosen Britentums im Gegensatz zu den »unreinen Rassen«, gleichzeitig Spiel und Beschwörung ist.

Da wir hier keine psychologische Interpretation der Person Fleming versuchen, sondern eine Analyse der Struktur seiner Texte, erscheint uns die Vermischung von literarischem Relikt und unbearbeiteter Chronik, von 19. Jahrhundert und Science-fiction, von aufregenden Abenteuern und Objektbesessenheit als eine mitunter reizvolle Konstruktion aus überraschenden Elementen, die oft gerade aufgrund dieser verlogenen »Bricolage« Leben bekommt und die manchmal ihre »Ready-made«-Natur verbirgt, um sich als literarische Erfindung darzubieten. In dem Maße, in dem es eine komplizenhafte und skeptische Lektüre zuläßt, ist das Werk von Fleming eine gelungene Unterhaltungs- und Evasionsmaschine, ein Resultat hoher handwerklicher Erzählkunst; in dem Maße, in dem es manchen den Schauder privilegierter poetischer Emotion empfinden läßt, ist es die soundsovielte Manifestation des Kitsches; in dem Maße, in dem es psychologische Mechanismen entfesselt, ist es nur eine subtile, aber nicht minder mystifizierende Spezies der Unterhaltungsindustrie.

Noch einmal: Eine Botschaft ist nicht eher wirklich abgeschlossen, als eine konkrete und situationsgebundene Rezeption sie bewertet. Wenn ein Akt der Kommunikation eine Modeerscheinung hervorruft, dann wird das definitive Urteil nicht im Rahmen des Buchs gesprochen, sondern in dem der Gesellschaft, die es liest.

Anmerkungen

1 Kingsley Amis, »James Bond e la critica«, in: *Il Caso Bond,* Milano 1965, dtsch.: *Der Fall James Bond,* München 1966.
2 Vgl. in diesem Band den Aufsatz über Superman.

3 [Deutsch: »James Bond saß im Wartesaal des Flughafens von Miami. Er hatte schon zwei doppelte Bourbon getrunken und dachte jetzt über Leben und Tod nach.« *A.d.Ü.*].
4 Vgl. den Aufsatz »Die Struktur des schlechten Geschmacks« in diesem Band, S. 59 ff.
5 Vgl. *Liebe, Sexualität und Tod. Amerika und die Frau*, Darmstadt 1964.
6 [Die folgenden Zitate sind, in der Übersetzung von Lisa Rüdiger, der deutschen Ausgabe des Werks von Praz, *Liebe, Tod und Teufel*, München 1963, entnommen. Das Marino-Zitat findet sich a.a.O. S. 52. *A.d.Ü.*].

Dieser Beitrag wurde aus dem Italienischen übersetzt von Annemarie Czaschke.